Practice of International Trade

21世纪高等院校经济管理类规划教材

国际贸易实务

□ 陈文汉 主编
□ 吕颖 白海霞 副主编

人民邮电出版社
北京

图书在版编目（CIP）数据

国际贸易实务 / 陈文汉主编. -- 北京 : 人民邮电出版社, 2012.7(2018.7重印)
21世纪高等院校经济管理类规划教材
ISBN 978-7-115-28275-0

Ⅰ. ①国… Ⅱ. ①陈… Ⅲ. ①国际贸易－贸易实务－高等学校－教材 Ⅳ. ①F740.4

中国版本图书馆CIP数据核字(2012)第172705号

内容提要

本书系统地介绍了国际贸易业务的整个流程、各个阶段的程序及应注意的问题，涵盖交易的准备、签约、履约和违约处理环节，还介绍了各种不同的贸易方式，以及在电子商务飞速发展的背景下国际贸易实务的最新发展。全书共分13章，主要包括导论，国际贸易术语与国际贸易惯例，合同的标的，国际货物运输，国际货物运输保险，进出口商品的价格，货款的支付，商品的检验，争议的预防与处理，国际货物买卖合同磋商，进出口合同的履行，经销、代理、寄售与展卖及其他贸易方式等，内容全面、完整。

本书的特点是将时效性、实用性、逻辑性和全面性结合在一起。特别是在时效性方面，本书力求体现当今国际贸易实务领域的最新变化和趋势，如对《2010年国际贸易术语解释通则》的全面阐释、人民币结算试点的介绍、国际贸易争端解决机制的介绍等。

本书实践性强，操作性强，既可供国际经济与贸易及相关专业的本科生和研究生学习，也可供各类有志于从事国际贸易的企业管理人员和业务人员使用。

◆ 主　　编　陈文汉
　副 主 编　吕　颖　白海霞
　责任编辑　刘　琦
◆ 人民邮电出版社出版发行　　北京市丰台区成寿寺路11号
　邮编 100164　　电子邮件 315@ptpress.com.cn
　网址 http://www.ptpress.com.cn
　固安县铭成印刷有限公司印刷
◆ 开本：787×1092 1/16
　印张：21.5　　　　2012年7月第1版
　字数：523千字　　　　2018年7月河北第6次印刷

ISBN 978-7-115-28275-0

定价：39.80元

读者服务热线：(010)81055256　印装质量热线：(010)81055316
反盗版热线：(010)81055315
广告经营许可证：京东工商广登字20170147号

前　言

随着经济全球化的不断深化和中国加入世贸组织，中国已经逐渐融入贸易、投资一体化的国际环境中。培养既具有扎实国际贸易专业知识、又拥有娴熟业务操作技能的复合型人才，已成为高校专业教育中不可缺少的重要工作。此外，《2010年国际贸易术语解释通则》的颁布、跨境贸易人民币结算试点的实施，也要求有一本与国际贸易实践发展相适应的全新教材，基于此，我们组织编写了这本国际贸易实务教材。

为了适应读者需求，本书在编写过程中体现了如下特点。

1. 内容前沿。教材内容紧贴国际贸易业务的最新发展，全面贯彻最新公布的相关规则，如《2010年国际贸易术语解释通则》、《跟单信用证统一惯例》、跨境贸易人民币结算业务等，使读者能与时俱进，尽早熟悉和运用最新的研究成果。

2. 业务详实。本书根据业务流程设置了逼真的业务环境，每章均提供一个业务仿真演练，使学生能直接针对职业岗位要求进行实践操作，从而培养其业务能力。

3. 结构新颖。本书在章节设置上，既考虑知识的连贯性、系统性，又考虑业务的先后性，既方便教师教，又方便学生学。

4. 样例丰富。本书在吸收同行最新研究成果的基础上，精选了书中案例，案例内容充分体现了职业标准、职业岗位、职业能力和培养要求；恰到好处的综合练习可以帮助学生理解和巩固所学的内容；与内容相关的单证样本可使读者将所学知识与实际工作进行零距离衔接，节约了读者的学习成本。

本书由陈文汉任主编，吕颖、白海霞任副主编，全书由陈文汉统稿。全书共13章，具体编写分工如下：第一章、第六章、第七章由陈文汉编写，第二章、第八章、第九章由尹萌编写，第三章、第四章、第十二章、第十三章由吕颖编写，第五章、第十章、第十一章由白海霞编写。本书的编写工作得到了傅文平同志的支持，在此表示感谢。

本书在编写的过程中参考了大量资料，借鉴了不少专家学者的研究成果，在此特向他们表示感谢。

由于编者水平有限，书中不足之处在所难免，敬请读者指正。作者邮箱：cwhan2008@163.com。

编　者

2012年6月

目　录

第一章 导 论

教学要求

能力目标

- 能够根据实际情况，寻找客户
- 能够根据进出口业务流程，开展国际贸易活动

知识目标

- 了解进出口业务流程
- 了解《国际贸易实务》的研究对象

开篇案例

没有书面合同，向谁追讨货款

国内出口企业A和B自2011年6月起累计向以色列买家C公司出运价值70万美元的冬季服装，支付方式分别为OA（赊账）90天和OA60天。C公司收货后，未按合同约定付款。由于投保了出口信用险，A、B两家公司遂以买家拖欠货款为由向中国信保通报出险情况，同时委托中国信保介入调查追讨。

中国信保经调查发现，A、B两家公司分别自1999年及2001年与C公司建立贸易关系，其后一直合作良好。考虑到涉案金额较大，买家拖欠动机不明，中国信保接到出险通知后，立即委托以色列律师进行调查。律师介入后，C公司亦委托其律师向中国信保出具书面声明，全盘否认与A、B两家公司之间的贸易关系，声称其只与另外一家中国D公司存在贸易关系。

据A、B两公司介绍，C公司是一家以色列家族企业，资金实力较强，每年均保持赴中国采购2～3次的频率。C公司在中国的采购过程，每次均由D公司带领其直接到A和B公司看样、下单，A和B公司一直认为D公司即C公司在中国地区的采购代理。因此，对于C公司完全否认贸易关系，A和B两公司均感意外。另据了解，除A和B公司外，C公司还通过D公司向中国多家出口企业采购，目前拖欠货款总额达100多万美元。

根据买卖双方提供的信息，结合双方历史交易记录，中国信保初步推测，C公司之所以一反常态、否认交易，很可能是其经营和资金出现了严重问题。而进一步的调查初步验证了中国信保的判断：由于以色列2006年下半年气候反常、冬季推迟，C公司从中国采购的冬季服装严重滞销，加之一个重要客户突然倒闭，导致C公司大量应收账款无法收回，元气大伤。

至此，C公司通过否认交易以达到逃脱到期债务的企图逐渐浮出水面。

A、B两公司虽然与C公司有多年交易历史，但一直未曾签订正式的贸易合同。虽然提单、发票等单据资料可以一定程度上佐证或还原贸易事实，但作为证明A、B与C公司存在合同债权债务关系的直接证据，法律效力有限。因此，如何确立A、B两公司与C公司的合同债权，成为本案后续追偿工作的难点。

A、B两公司与C公司在未签订任何书面合同的情况下保持了多年的贸易关系，这种表面上的风平浪静往往容易造成出口上的麻痹大意，从而忽视了潜在的交易风险。一旦买家的偿付能力或偿付意愿发生变化，出口商通常只能"哑巴吃黄连"，付出惨重的代价。

启示：国际货物买卖涉及不同的国家和地区，情况相当复杂。因此，国际货物贸易相比国内贸易，风险要大得多。那么，要能正常开展国际贸易，必须了解国际贸易的特点，掌握国际贸易业务流程。这也是国际贸易活动的第一步。本章从进口和出口两个方面介绍国际贸易的基本业务流程，以及辅导初学者如何学好这门课程。

国际贸易究其具体活动而言，主要包括国际货物贸易、国际技术贸易、国际服务贸易和国际投资。近些年来，国际技术贸易、国际服务贸易和国际投资在国际贸易活动中所占的比重逐步加大且发展迅速，但国际货物贸易仍然处于最主要的地位。

从学科的角度来看，《国际贸易实务》是一门主要研究国际货物买卖的具体过程以及相关活动内容与商务运作规范化的学科，也是一门具有涉外商务活动特点的实践性很强的综合性应用学科。从贸易活动来看，国际贸易实务是指国际商品交换或买卖的作业活动，包括进口和出口两个业务环节。

一、国际货物买卖业务的特点

国际货物买卖业务具有以下特点。

第一，国际货物买卖活动的困难大于国内货物买卖。这主要表现在：交易双方语言不通；法律、风俗习惯不同；贸易过程中障碍相对较多；市场调查不方便或不容易，难以了解交易伙伴的资信状况；交易技术复杂，交易洽谈不易，等等。

第二，国际货物买卖活动涉及的要素比国内货物贸易复杂。这主要表现在：国际货物买卖活动一般路途遥远，运输困难，往往会受到自然灾害等因素的影响；各国度量衡制度不同、商业习惯不一样、海关制度等相关贸易法规也不相同；国际市场汇率波动较大等。这些都使得国际货物买卖活动中的保险、商检、索赔和理赔难度加大。

第三，国际货物买卖活动的风险要比国内货物买卖大。这主要表现在：交易双方的成交量大，交易金额大，如有闪失，企业会面临破产的境地；此外，国际货物买卖活动还要承受政治风险、信用风险、海盗风险等，这些都加大了国际货物买卖活动的风险。

第四，国际货物买卖活动的营销手段比国内货物买卖活动更多。这主要表现在：除了通常的产品、价格、渠道、促销四大组合外，还有政治力量、公共关系以及其他的超经济、超国家的手段等。贸易参与者更多，立法人员、政府代理人、政党、社会团体也同样会参与进来。因而，国际货物买卖活动的行动规模与关系的微妙都是国内贸易所难以相比的。

第五，函电、电子邮件往来为主要的业务沟通形式。由于国际货物买卖活动中交易各方相隔甚远，面对面沟通只能通过展销会或出国推销等形式进行。因此，绝大多数的交易都是通过信函、电子邮件传递信息的。有的交易甚至从头至尾双方都未曾谋面过，全凭一纸信函的沟通。

国际货物买卖活动的这些特点，决定了从事国际商务活动的要求高、难度大。因而从事国际货物买卖活动的从业人员，不仅需要掌握国际货物买卖活动的基本原理、基本知识和基本技能与方法，还应该具备开拓创新的思维能力、驾驭市场和解决实际问题的应变能力。只有这样才能在国际货物买卖活动中取得佳绩，立于不败之地。

二、国际货物买卖合同

在国际商务活动中，合同（Contract）起着十分重要的作用。在业务活动的各个具体环节上，几乎都是通过合同的形式把有关当事人联系起来的。买卖双方各自按照规定的义务（Obligation）去履行合同，从而使得国际商务活动能够有条不紊地进行着。

1. 合同的一般概念

合同是指两个或两个以上的当事人，以发生、变更或消除某种民事法律关系为目的而达成的协议。所谓民事法律关系，一般是指依法律规范在当事人之间形成的民事权利与义务关系，主要包括财产所有权关系、债权关系、继承权关系。

2. 货物买卖合同

货物买卖合同（Sales Contract of Goods）是买卖合同中的一种，它买卖的是货物而不是其他东西。货物买卖合同一般是两个或两个以上的当事人，就指定的货物所有权，由卖方有偿地转让给买方而达成的协议。这个协议的主要内容是：卖方将属于他所有的货物交付给买方所有，而买方接受所交付的货物，并支付价金。这种口头或书面的协议，就是货物买卖合同。从上述概念来看，货物买卖合同有以下几个特点。

（1）合同主体，即当事人。从当事人一方来看，另一方当事人是外国人（自然人或法人）或者受外国法律支配的人。

（2）合同客体，即货物。从买方当事人来看，货物是存在国外的，货物的交付必须从卖方当事人的国境或关境内运抵买方当事人的国境或关境内，或者第三方当事人的国境或关境内。

（3）合同内容，即权利和义务。双方当事人发生权利和义务的纠纷或争议时，可能发生法律冲突，从而在解决纠纷时可能出现法律适用、法律选择以及国际惯例的引用问题。由于国际货物买卖合同含有涉外因素，因此，解决国际贸易的纠纷要比解决国内贸易的纠纷复杂得多。

3. 国际货物买卖合同的概念及涉外要素

国际货物买卖合同是指处于不同国家的买方与卖方之间一致达成的将有形动产作为出入国境或关境交易的共同意思表示。国际货物买卖合同是货物买卖合同中的一种，但它含有涉外因素。这种货物买卖合同，从国与国的关系来看，称为国际货物的买卖合同；从一个国家的角度来看，称为对外贸易合同或者出口贸易合同、进口贸易合同。国际货物买卖合同与国内货物买卖合同的主要区别是前者含有涉外因素。所谓涉外因素，一般反映在以下几个方面。

（1）合同的主体。从当事人一方来看，另一方当事人是外国人（自然人或法人）或者受外国法律支配的人。

（2）合同的客体，即货物。从买方当事人来看，货物是存在国外的，货物的交付必须从卖方当事人的国境或关境内运往买方当事人的国境或关境内，或者第三方当事人的国境或关境内。

（3）合同的内容，即权利和义务。双方当事人发生权利和义务的纠纷或争议时，可能发生法律冲突，从而在解决纠纷时可能出现法律适用、法律选择以及国际惯例的引用问题。由于国际货物买卖合同含有涉外因素，因此，解决国际贸易的纠纷要比解决国内贸易的纠纷复杂得多。

三、国际货物买卖合同中法律、惯例及公约的适用

合同中有关当事人双方的权利、义务是受到法律保护的，但国际货物买卖合同的双方当事人分处不同国家，各国法律又有所不同，一旦双方发生争议，究竟用哪个国家的法律裁决就成了双方当事人所关心的问题。因此，在合同中订明有关法律适用条款是解决国际贸易中“法律冲突”的唯一办法。国际货物买卖合同的法律适用有以下几种情况。

第一，适用当事人选择的国家的法律。如果当事人在合同中明确选择 A 国家的法律来解释，则该合同就适用 A 国家的法律。

第二，适用与合同有最密切联系国家的法律。如果当事人没有选择适用国家的法律，则适用与合同有最密切联系的国家法律。至于与合同有最密切联系的国家，则应视合同的具体情形由受理合同争议的仲裁机构或法院确定。例如，我国境内的某专业公司与一美国境内的百货公司在长春签订了一份纺织品买卖合同，价格条件是大连港船上交货。合同中并未提及该合同所适用的法律，但由于该合同的缔约地在长春，履约地在大连，均在中国境内，按国际司法的一般规则，可以认为中国与该合同有最密切的联系，应当适用中国法律。当然，本例也可适用某一国际贸易惯例或某一国际条约。

第三，适用国际贸易惯例。国际贸易惯例是指在国际贸易长期实践中形成的、为国际社会所普遍接受的通行做法和解释，但在法律上没有明文规定。

国际贸易惯例不同于各国的共同立法，也不是某一国的法律，除非另有规定，否则对买卖双方无强制性。有关国际贸易惯例的约束力问题，有以下几种情况。

一是如果合同中作出了与惯例相反的约定，只要这些约定是合法的，就将得到有关国家法律的承认和保护；二是如果合同明确表示采用某种惯例，则此惯例对双方有约束力；三是当双方在合同中对某些问题没有作出明确规定，尽管在合同中也未规定采用某些惯例，但事后双方又在该问题上发生争议而提交仲裁，各国法庭或仲裁机构往往会引用某些公认的或影响较大的惯例作为判决或仲裁案件的依据。因此，国际贸易惯例只有在当事人承认或在实践中采用时才对当事人有法律约束力。

在国际货物买卖中，国际商会制定的《2010 年国际贸易术语解释通则》、《跟单信用证统一惯例》（第 600 号出版物）、《托收统一规则》（第 522 号出版物），已为大多数国家的银行、进出口商接受和应用，并成为拥有世界性影响的国际贸易惯例。随着国际贸易的迅速发展，有些惯例中的内容已渐渐为某些国家的国内法所吸收，还有些内容则被国际条约所采纳。国际贸易惯例在国际贸易中起着举足轻重的作用。

第四，适用当事人所在国缔结或参加的国际条约。目前国际上常用的贸易条约和协定有通商航海条约、贸易协定和贸易议定书、支付协定、国际商品协定等，其中《联合国国际货物销售合同公约》（以下简称《公约》，于 1988 年 1 月 1 日起正式生效）已成为我国进行国际货物

买卖时所依据的最重要的一项国际公约。我国在批准《公约》时作了两项保留：一是我国不同意扩大《公约》的适用范围，认为《公约》对我国来说，仅适用于《公约》缔约国之间的有关当事人签订的贸易合同；二是我国认为，涉外合同的订立、修改、终止等均采用书面形式。

四、国际贸易业务的基本流程

对外贸易流程的环节很多，各个环节之间往往都有着密切联系。在实际工作中，还经常出现各环节先后交叉进行的情况。总体来说，进出口业务程序大体可分为交易前准备、交易磋商和签订合同以及履行合同三个阶段（见图 1.1、图 1.2）。这既是进出口业务的实际程序，也是本书的框架体系，即以合同要素为线索形成的核心业务内容和以业务程序为线索形成的操作内容。

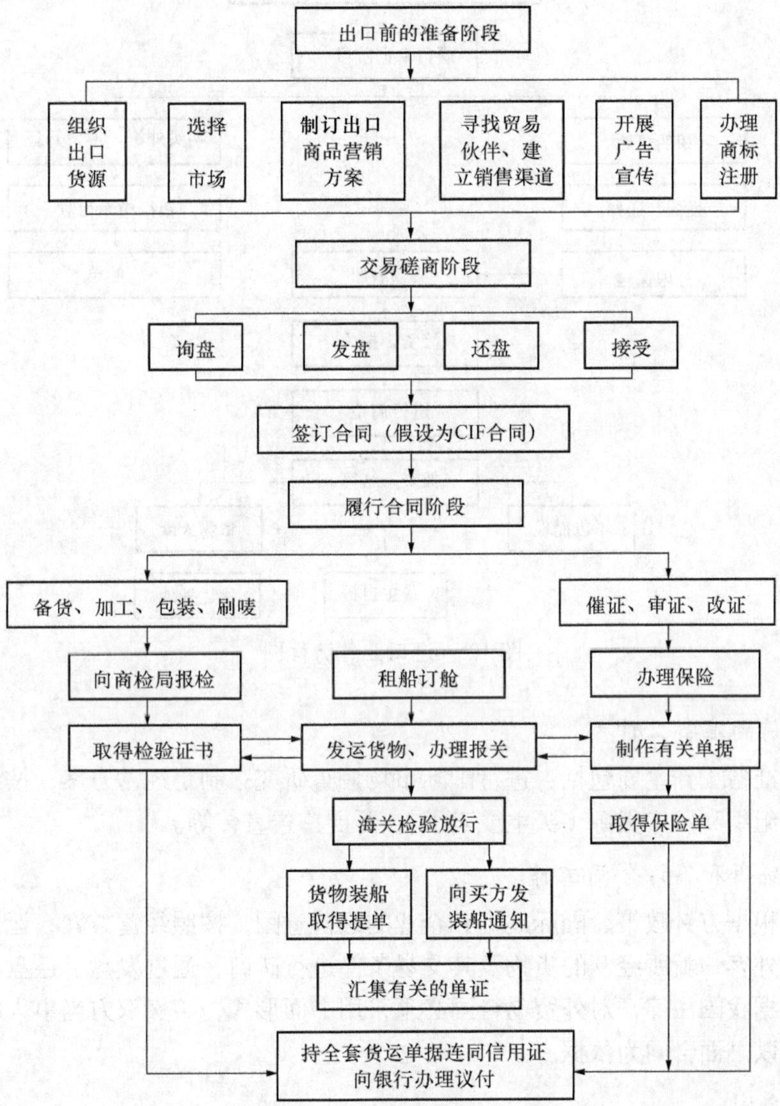

图 1.1　出口业务流程图

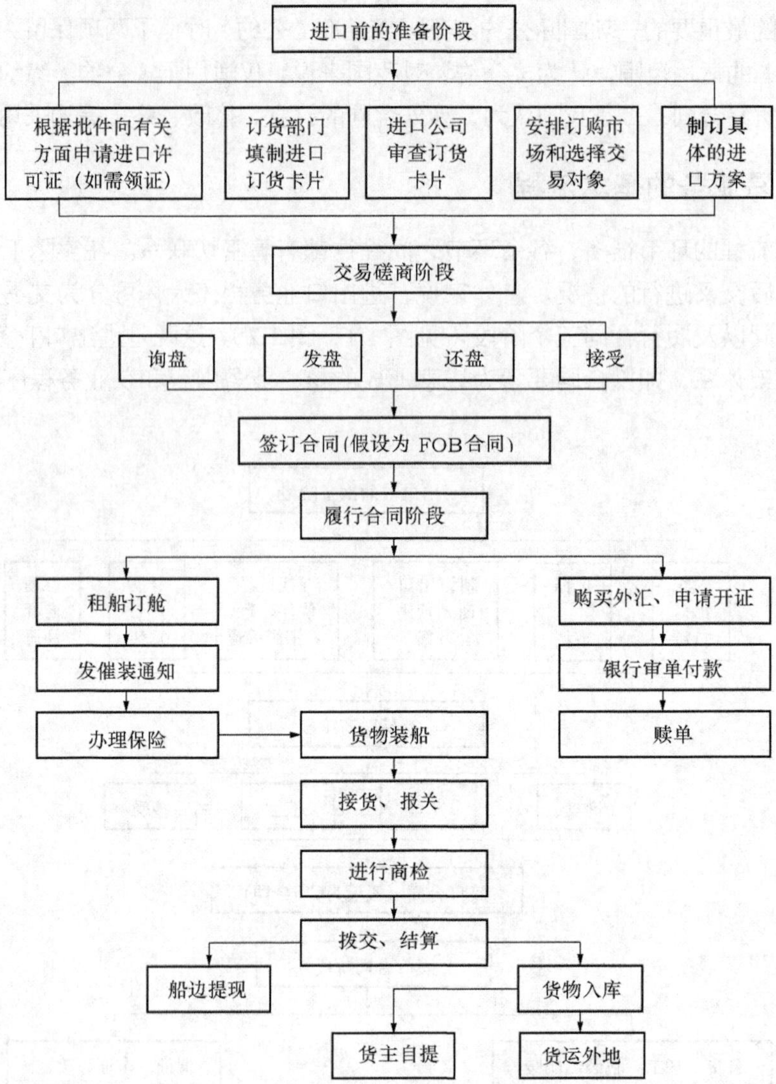

图 1.2　进口业务流程图

1. 交易前的准备工作

交易前的准备工作主要包括：进行国际市场调查研究；制定经营方案；按经营方案选择市场和客户，组织和落实货源（买主或卖主）；开展广告宣传等。

2. 交易磋商和签订合同工作

这主要是根据方针政策、国际规则和企业的经营意图，按照经营方案，运用国际市场通用做法，与国外客户就所经营的货物及其交易条件进行磋商，通过发盘、还盘和接受的程序达成协议。根据我国法律，对外贸易合同必须采用书面形式，买卖双方当事人履行各自义务和处理争议要以书面合同为依据。

3. 履行合同

履行合同即买卖双方当事人根据合同规定各自履行自己的义务。任何一方违反合同的规定，并使对方遭受损失时，均应依法承担赔偿对方损失的责任。

就进出口企业而言，履行出口合同的工作主要包括：按照合同备妥货物，如系采用信用证方式收汇的交易，要向客户催开信用证并于收到后根据合同进行审核，发现不符又不能接受的，应立即通知客户修改；然后向运输机构办理委托运输和装运等手续，其中包括租船（订舱）、报检、报关、保险、装船（或其他运输工具）等工作；在货物装运后，缮制单据，办理申领必要的出口凭证和证件；最后进行交单和向银行办理结汇（收取货款）等手续。履行进口合同则与出口内容相对应，后文均有详细介绍。

在履行合同过程中，若发生违约并造成一方受损时，就要进行索赔和理赔工作。在处理索赔、理赔过程中，如果发生争议，应以合同条款为依据，按照法律和惯例进行处理。

五、《国际贸易实务》的研究对象

《国际贸易实务》的研究对象主要有，针对国际货物买卖活动的特点和要求，从实践和法律的角度，分析研究国际货物贸易适用的法律和惯例，国际货物买卖过程的实际运作和总结国内外实践经验，以保证做到既能正确贯彻我国对外贸易的方针政策，创造最佳经济效益，又能按国际规范办事，广交朋友，做到与国际市场接轨。

国际间商品交换的具体过程，从一个国家的角度看，体现在进出口业务活动的各个环节。在这些环节中，由于存在彼此法律上的不同规定和贸易习惯上的差异，所以在涉及买卖双方的利害关系时，往往会出现矛盾和斗争。研究如何协调这种关系，在平等互利、公平合理的基础上达成交易，完成约定的进出口任务，就是本课程研究的中心课题。具体地说，本课程的研究对象，主要包括下列几个方面。

1. 国际货物贸易有关法律与惯例的运用

国际货物贸易必须按照国际货物买卖的有关法律与惯例进行，在洽商交易、订立合同、履行合同和处理货物贸易争议时，都离不开国际货物买卖的相关法律和惯例。这些相关的法律与惯例，是本课程研究的主要内容。

鉴于完成每笔交易，不仅需要销售合同，而且还需要运输合同、保险合同和融资合同，而国际贸易术语专对销售合同中买卖双方交接货物所承担的责任、风险和费用的划分作了具体解释。因此，特将有关贸易术语的惯例及其解释与运用单独作为一章加以详细阐述，而其他国际贸易惯例则结合其他章节的有关内容，分别予以介绍和说明。

2. 国际货物买卖合同条款的约定

合同条款是交易双方当事人在交接货物、收付货款和解决争议等方面的权利与义务的具体体现，也是交易双方履行合同的依据和调整双方经济关系的法律文件。按照各国法律规定，买卖双方可以根据“契约自主”的原则，在不违反法律的前提下，规定符合双方意愿的条款，这就必然导致合同内容的多样性。因此，研究合同中各项条款的法律含义及其所体现的权利与义务关系，是本课程研究最基本的内容。

在国际货物买卖合同中，除订明采用何种贸易术语成交外，应就合同的主体和成交商品的名称、品质、数量、包装、价格、运输、保险、支付、检验、索赔、不可抗力与仲裁等交易条件作出明确具体的规定。由于这些交易条件的内涵及其在法律上的地位和作用互不相同，故了解各种合同条款的基本内容及其规定办法，有着重要的法律和实践意义。

鉴于合同条款的重要性及其涵盖的内容很广泛，故本书以较大的篇幅将各项条款的内容分别加以介绍和说明。

3. 国际货物买卖合同的商订与履行

在国际货物贸易中,交易双方通过函电洽商和当面谈判就各项交易条件达成一致协议后，交易即告达成，一般的说，合同即告成立，买卖双方当事人就存在合同关系，彼此就应重合同、守信用，各自履行约定的义务。

合同的履行，是实现货物和资金按约定方式转移的过程。在履约过程中，环节很多，程序繁杂，情况多变，稍有不慎，某些环节出问题，或合同当事人违约，都会影响合同的履行，甚至可能引起争议或法律纠纷。因此，从事国际贸易的人员不仅要了解合同成立的法律步骤和履行合同的基本程序，而且还应了解如何处理履约当中产生的争议，并掌握违约的救济方法，以保障合同当事人的合法权益。

鉴于订立、履行合同和处理合同争议，都涉及合同当事人的正当权益，故研究如何依法订立合同、正确履行合同和妥善处理合同争议，就成为本课程不可缺少的一项重要内容。

4. 国际贸易方式的运用

随着国际经济关系的日益密切和国际贸易的进一步发展，国际贸易方式、渠道日益多样化和综合化。除传统的贸易方式外，还出现了融货物、技术、劳务和资本移动为一体的新型国际贸易方式。在国际贸易方式中，除单边进口和单边出口外，还包括包销、代理、寄售、展卖、商品期货交易；对销贸易、加工贸易、无纸贸易与电子商务等。介绍和阐述各种贸易方式的性质、特点、作用、基本做法与选用时的注意事项，也属本课程研究的一个重要方面。

六、《国际贸易实务》的教与学

根据国际贸易实务的课程性质、研究对象，在此提供一下可供参考的教与学的方法。

1. 剧本式实习模式

所谓剧本式实习模式是指教师给出进出口企业仿真的案例背景，像一幕幕剧本一样，设计出进出口贸易流程中各个环节的模拟操作程序及业务处理方法，具体包括：进出口交易磋商、合同的订立、进口商信用证的开立、出口商审证改证、备货、租船订舱、出口商制单结汇、进口商审单付汇等环节。学生在给出的案例背景下，通过扮演进出口贸易中的各种角色：出口商、进口商、进口商银行、出口商银行、承运人、海关、商检、外汇管理局等，熟练掌握各角色的业务操作及技巧，为将来毕业从事外贸工作打下坚实基础。

2. 案例分析

在国际贸易交易过程中，由于各种错综复杂的因素，经常出现一些问题，如国际结算中的“软条款信用证”、“贸易项下融资”等，它们还不断翻新，呈现出一些新的特征。特别是近些年国际经贸领域出现了很多新问题，这些直接反映到国际贸易结算业务中，于是出现了一些棘手的案例。这些都必须在实际教学中得到反映，并教授学生一些方法，掌握和处理这些问题。而传统的教科书式的教学方式严重脱离实际，缺乏实践环节。因此，如何教授给学生一些急需的实际动手能力而非华而不实的理论知识非常重要，案例教学是克服传统的教科书式教学方式最好的方法。具体来看：一方面，案例教学可以帮助学生加强对知识点的深刻理解。这门课程的原理可以说比较通俗易懂，很容易接受，但是如果不结合案例教学，往往内容十分空洞而且教出来的学生也只会“纸上谈兵”。例如，在介绍商品买卖合同中的各项条款时都会提到应注意“明确、具体”，否则在履行合同过程中容易引起纠纷。这个道理很容易接受，可是在实践中应该怎样明确具体的订立合同呢？若不明确具体会产生什么样的后果呢？这时就需要给出一个例子，使学生增强感性认识，更重要的是通过这个例子提高学生的实践能力。在此以品质条款为例加以说明。我国从美国进口收割机，合同中的品质条款为：“买新的××牌××型号收割机”。货到后打开包才发现，是一种旧样式的收割机，上面还有蜘蛛网但确实未用过。但实际想要的是 1998 年产的新型收割机。为什么会出现想要的与购买的不符呢？关键在于品质条款订立得有问题，不明确具体。怎样才能明确具体呢？学生在课堂上经过讨论后将品质条款更改为：“1998 年产新型××牌××型号收割机”。这时的品质条款可以说明确具体了。通过这个小例子使学生既能对原理知识有更深的理解又能让学生进入实践环节自己去订立合同条款，这样才能达到预期的教学效果；另一方面，更为重要的是案例教学可以帮助学生积累实践经验。国际贸易实务这门课程实践性很强，但是有许多实践经验往往很难从国际惯例中找到直接的答案，而这些实践经验又十分有助于学生对国际惯例的理解。案例作为桥梁可以起到抛砖引玉的作用。例如，根据《联合国国际货物销售合同公约》的解释，出口商所交货物应与合同相符，这样才能保证收汇的安全；而根据《跟单信用证统一惯例 NO500》的解释，出口商所交单据应与信用证相符才能保证收汇的安全。所以在实务操作中，要求信用证内容应与合同相符，这样才能保证卖方交货既与合同相符又与信用证相符，进而安全收回货款。若信用证与合同不符，应要求买方更改信用证。这个原理表面上的含义学生很容易理解和掌握，但在实践中的应用却是一个十分复杂的问题。现以一案例加以分析。一买方进口钢圆盘，合同中规定“每卷重 600 公斤，多卷捆在一起，每捆 3.5 吨左右”。而买方开来的信用证只规定：“每卷重 600 公斤”。无“多卷捆在一起，每捆 3.5 吨左右”的规定。多年的教学实践表明，绝大多数学生认为应该要求买方更改信用证。可是在实际业务中，这种情况往往是卖方按合同履约。原因在于信用证中已规定了的内容与合同是完全相符的，因此卖方按合同履约是既符合合同又符合信用证的规定。可以说卖方在收汇方面是安全的。通过上面的案例分析，学生可以开阔思路，将知识学活，并能积累一些实践经验，为走上工作岗位打下坚实的基础。

3. 加强对外交流

在“国际贸易实务”教学实践中，除了上述提及的教学方法外，还要想方设法培养学生的兴趣和实践能力。在具体教学实践过程中，如学习到国际结算部分的跟单信用证（Documentary Credit）和跟单托收（Documentary Collection）时，从开证行审核开证申请人出具的申请书，到议付行审核受益人提交的全套单据和票据，直至开证行复审由议付行转递的已经议付的信用证，这些关键环节不仅需要上述的案例教学法，还需要到实际部门进行亲身体验。所以，应带领学生到各大商业银行的国际业务部实践，直接将所学到的课本知识与实际相结合。同时，将从事银行国际结算业务的经验丰富的主管领导和校友请回学校，对相关的业务环节进行专题讲授和探讨，并解答学生在学习过程中遇到的各种问题，使学生能直接将所学变为所用。

4. 注重实验课程

在培养学生的动手能力方面，开设实验课程是非常有效的教学辅助手段。在信用证有关知识点的教学过程中，可将课堂上的老师讲授改为学生亲自实验的课程。以跟单信用证为例，从申请开证到开证行审核开证申请书，直至开出信用证并由通知行通知给受益人，这些环节统纳为一个题目——信用证的业务处理程序，在实验室里进行一次模拟信用证银行业务。这既增加了学生的感性认识，又提高了学生的学习热情，使原本枯燥无味的课程变成生动有趣的实践课。

通过以上实际教学方法的实施，可以大大缩短从学校“校门”到国际贸易“行门”的空间和时间距离，使国际贸易专业的毕业生走出校门后，及早胜任实际工作的需要。

技能训练

实训主题：利用网络寻找客户。

实训地点：教室/网络实验室。

实训目的：熟悉国际贸易的业务流程。

背景材料：利用 B2B 网站或者搜索引擎寻找欧洲市场上经营化妆品或者扫描仪的客户。

实训过程设计：根据寻找到的客户资料，编写一封希望建立业务关系的信函，发给自己的同桌，请他（她）审阅。

本章小结

《国际贸易实务》是一门主要研究国际货物买卖的具体过程以及相关活动内容与商务运作规范化的学科，也是一门具有涉外商务活动特点的实践性很强的综合性应用学科。

国际货物买卖活动的困难大于国内货物买卖；国际货物买卖活动涉及的要素比国内货物贸易复杂；国际货物买卖活动的风险要比国内货物买卖大；国际货物买卖活动的营销手段比国内货物买卖活动更多；函电、电子邮件往来为主要业务沟通形式。由于国际货物买卖活动中交易各方相隔甚远，面对面沟通只能通过展销会或出国推销等形式进行。国际货物买卖活动的这些特点，决定了从事国际商务活动的要求高、难度大。

在国际商务活动中，合同（Contract）起着十分重要的作用，在业务活动的各个具体环节上，几乎都是通过合同的形式把有关当事人联系起来的。

国际货物买卖合同的法律适用有以下几种情况：适用当事人选择的国家的法律；适用与合同有最密切联系国家的法津；适用国际贸易惯例。

总体来说，进出口业务程序大体可分为交易前准备、交易磋商和签订合同以及履行合同三个阶段。

《国际贸易实务》的研究对象主要有，针对国际货物买卖活动的特点和要求，从实践和法律的角度，分析研究国际货物贸易适用的法律和惯例，国际货物买卖过程的实际运作和总结国内外实践经验，以保证做到既能正确贯彻我国对外贸易的方针政策，创造最佳经济效益，又能按国际规范办事，广交朋友，做到与国际市场接轨。

综合练习

一、名词解释

国际贸易　国际贸易实务　货物买卖合同

二、问答题

1. 国际货物买卖有哪些特点？
2. 国际货物买卖合同由哪几部分构成，具体包括哪些条款？
3. 合法、有效的合同应具备哪些要素？
4. 国际货物买卖合同纠纷的法律适用应按哪些办法来确定？
5. 进出口业务的基本操作程序如何？

三、案例讨论

1. 阅读完开篇案例后，你的初步感受是什么？
2. 仅从开篇案例反映出的问题来看，你认为业务员应具备哪些知识与素养？
3. 从开篇案例的案情来看，该项业务处于出口程序中的哪个阶段，具体涉及了哪些业务内容？

第二章　贸易术语与国际贸易惯例

教学要求

能力目标

- 掌握贸易术语的含义和性质
- 明确国际贸易惯例的性质和作用
- 了解与贸易术语相关的国际贸易惯例
- 掌握《2010 通则》[①]中的 11 个贸易术语的具体内容
- 了解选用贸易术语时应考虑的主要因素

知识目标

- 理解贸易术语的产生及其含义
- 了解相关的国际贸易惯例及其作用
- 掌握《2010 通则》中的 11 个贸易术语
- 运用相关知识分析和解释贸易案例
- 正确选择最合适的贸易术语

开篇案例

选择正确的贸易术语签订国际买卖合同

北京某企业曾通过铁路运输方式向境外出售一批纺织品，该出口企业按约定交货时间，将备好的货物发运出去，取得了铁路承运人签发的运输单据。当买方在目的地车站凭单提货并验收后，却发现货物数量短少，遂以卖方违约为由，向卖方提出索赔。卖方则出具承运人签发的运输单据，来证明自己是按合同规定数量发运的，并未违约。买方则认为自己所提供的货物数量短少的证明文件是由双方认可的检验机构出具的，是合法有效的凭证。经协商不能取得一致意见后，买方依据合同中的仲裁条款提请仲裁。仲裁庭在审理该争议案时发现，双方在买卖合同中对于交货地点和风险转移的界限问题未作出明确规定，合同自始至终没有出现国际货物买卖合同中普遍采用的贸易术语。询问当事人时，其答复是“缺乏经验，做法不规范”。正是这种不合规范的做法，给解决合同争议带来了很大的困难。

[①] 《2010 年国际贸易术语解释通则》简称《2010 通则》,《2000 年国标贸易术语解释通则》简称《2000 通则》

启示：在国际货物买卖中，交易双方之所以产生纠纷，往往是没有明确规定各自应承担的义务，包括有关风险、责任和费用的划分等问题。如果每次交易都对这些进行磋商，费时费力，而且极易造成交易不成功。事实上，在国际贸易的长期发展实践中，形成的各种贸易术语及其有关国际惯例，明确当事人的基本义务和合理规定价格。本章就对这些术语和惯例进行介绍。

第一节 贸易术语的含义及其作用

由于贸易与商品价格的关系密切，通常贸易术语也被称为价格术语。但事实上贸易术语不但涉及商品的价格，也涉及交易的许多方面。本章将介绍贸易术语的国际惯例、主要国际惯例对贸易术语的解释、常用的贸易术语的使用等方面的知识。

一、贸易术语的含义和作用

国际贸易的买卖双方分处两国，远隔两地，在卖方出货和买方接货的过程中，往往有诸多问题需要双方来协商解决。例如以下这些问题。

（1）卖方在什么地方完成交货义务，以什么方式将指定的货物交给买方?

（2）货物在运输过程当中发生损失或灭失，该损失或灭失由谁来承担?

（3）货物的租船定舱、货物的保险以及进出口通关由谁来办理?

（4）货物的装卸费用、保险费和进出口通关的各项费用由谁来承担?

（5）买卖双方各需要提供哪些相关的单据?

在每 次交易过程中，以上的这些问题是必须要明确的，它涉及责任和费用的划分。而每一次交易的细节或多或少都存在着区别，所以以上的问题每一次都要重新磋商一次，这也大大增加了交易的成本。贸易术语正是为了解决这些问题，简化交易过程，在长期的国际贸易实践中逐渐产生和发展起来的。

贸易术语（Trade Terms），又称贸易条件或价格术语，指在长期贸易实践中形成的，以英文缩写表示商品价格构成，说明交货地点，确定买卖双方的责任、费用、风险划分等问题的专门用语。例如，FOB 术语下，卖方要在约定的装运港将货物装到买方指定的船上，并负责办理出口通关手续，买方则需要租船订舱，自己办理海上货运保险，并支付保险费。

贸易术语一旦确定下来，双方在贸易合同当中的权利和义务也相应地确定下来了。在磋商和订立合同时，采用了某种贸易术语，如FOB或CIF，就使该合同具有一定的特征，这些特征决定了贸易合同的性质，所以分别称之为“FOB 合同”或者“CIF 合同”。

国际贸易的买卖双方在规定价格时使用贸易术语，既可节省交易磋商的时间和费用，又可简化交易磋商和买卖合同的内容。划分买卖双方权利与义务的关系，有利于交易的达成和贸易的发展。

二、贸易术语的作用

从贸易术语的产生过程可以看出，贸易术语的作用主要表现在以下几个方面。

（1）简化洽商的内容，缩短成交的过程，节省业务费用。每一种贸易术语有其特定的含义，买卖双方只需商定按何种贸易术语成交，即可明确彼此在交接货物方面所应承担的责任、费用和风险。这就简化了交易手续，缩短了洽商交易的时间，从而有利于买卖双方迅速达成交易和订立合同。

（2）说明价格构成的因素，划分了买卖双方权利与义务的关系。由于贸易术语表示价格构成因素，所以买卖双方确定成交价格时，必须要考虑采用的贸易术语包含哪些属费用，如运费，保险费，装卸费，关税，增值税和其他费用。这就有利于买卖双方进行比价和加强成本核算。

（3）可确定一个买卖合同的性质，并要求全部合同条款与之适应。买卖双方商订合同时，如对合同条款考虑欠周，使某些事项规定不明确或不完备致使履约当中产生的争议不能依据合同规定解决的，可以援引起有关贸易术语的一般解释来处理。因为，贸易术语的一般解释已成为国际惯例，并被国际贸易界从业人员和法律界人士所理解和接受，从而成为了国际贸易中公认的一种类似行为规范的准则。

第二节　与贸易术语相关的国际贸易惯例

一、相关的贸易术语国际贸易惯例

早在 1812 年就已经出现了贸易术语。最初，对贸易术语并无统一的解释。不同的国家和地区对这些贸易术语有着不同的解释和做法，引起了当事人之间的误解和争议，严重影响了国际贸易的发展。后来某些国际组织和机构及商业团体，对贸易术语作出了统一的解释，订立了一些规则，这些解释和规则在一定范围内得到法律界和工商界的承认和运用，并在国际上被广泛采用，成为一般的国际贸易惯例。目前，在国际上有较大影响的有关贸易术语的惯例有以下三种。

（一）1932 年华沙—牛津规则

《华沙—牛津规则》（Warsaw-Oxford Rules 1932）是国际法协会专门为解释 CIF 合同而制定的。这一规则对 CIF 的性质、买卖双方所承担的风险、责任和费用的划分以及所有权转移的方式等问题都作了比较详细的解释。《华沙—牛津规则》在总则中说明，这一规则供交易双方自愿采用，凡明示采用《华沙—牛津规则》者，合同当事人的权利和义务均应援引本规则的规定办理。该规则最初于 1928 年在华沙举行会议，制订了 CIF 买卖合同的统一规则，共 22 条。后又经过 1930 年纽约会议、1931 年巴黎会议和 1932 年牛津会议修订为 21 条，定名为《华沙—牛津规则》（Warsaw-Oxford Rules 1932）。

（二）1941 年美国对外贸易定义修正本

1919 年美国九大商业团体制订了《美国出口报价及其缩写条例》，解释了有关对外贸易定义。1940 年在美国第 27 届全国对外贸易会议上对其做了修订，并改称为《1941 年美国对外贸易定义修正本》（Revised American Foreign Trade Definitions 1941）。该修正本于同年为美国商会、美国全国进口商协会和美国全国对外贸易协会所采用，并由全国对外贸易协会予以发行。该修正本对下列 6 种贸易术语作了解释。

（1）Ex point of Origin，即产地交货价。

（2）FOB，即运输工具上交货价。该术语又分 6 种。第一至第四种均属于在内陆某一指定地点交货价，第五种为装运港船上交货价，第六种为在进口国内陆某一指定地点交货价。

（3）FAS，即装运港船边交货价。

（4）CFR，即成本加运费（目的港）价。

（5）CIF，即成本加保险费、运费（目的港）价。

（6）EX. Dock，即目的港码头交货并完税价。

其中要特别提醒的是，对 FOB 术语的解释与国际商会制订的《国际贸易术语解释通则》有较大的区别。近年来，美国的一些组织曾表示放弃他们所惯用的《1941 年美国对外贸易定义修正本》，建议尽量采用国际商会的《国际贸易术语解释通则》。但我们应该对《1941 年美国对外贸易定义修正本》有所了解。在与其他国家进行贸易时，应明确贸易许可证所适用的惯例。

（三）《2010 年国际贸易术语解释通则》

《国际贸易术语解释通则》缩写形式为 INCOTERMS，它是国际商会为了统一对各种贸易术语的解释而制定的。最早的《通则》产生于 1936 年，后来为适应国际贸易业务发展的需要国际商会先后进行过多次修改和补充，最终形成了目前使用最为广泛的《2000 通则》，它于 2000 年 1 月 1 日起生效。《2000 通则》在过去的 10 年里，很好地促进了国际贸易的发展，得到了广泛的承认和采用。但是在实务当中了暴露出一些问题，例如运输过程实际交货地点与术语的要求不相符，实际提供的单据与术语的要求不一致，银行信用证相关要求与合同采用的贸易术语含义不一致，进出口双方实际承担了合同所采用术语规定的本不该承担的义务，等等。所以《2010 通则》应运而生。《2010 通则》共包括了 11 种贸易术语，如表 2.1 所示。

表 2.1 《2010 通则》贸易术语简表

简写	全称	采用运输方式
EXW	Ex Works 工厂交货	任何运输方式
FCA	Free Carrier 货交承运人	
CPT	Carriage Paid To 运费付至	
CIP	Carriage and Insurance Paid To 运费、保险费付至	
DAT *	Delivered at Terminal 目的地集散站交货	
DAP *	Delivered at Place 目的地交货	
DDP	Delivered Duty Paid 完税交货	
FAS	Free Alongside Ship 装运港船边交货	水上运输方式
FOB	Free On Board 装运港船上交货	
CFR	Cost and Freight 成本加运费	
CIF	Cost Insurance and Freight 成本加保险费、运费	

注：* 是新增加的术语。

从以上表格当中可以看出，《2010 通则》是按照各种贸易术语所适用的运输方式来分类的。例如，EXW、FCA、CIP、CPT、DAT、DAP、DDP 这 7 种贸易术语是适用于任何的运输方式，而 FAS、FOB、CFR、CIF 只适用于水上运输方式。

虽然《2010 通则》已于 2011 年 1 月 1 日正式生效，外贸从业人员应该学习掌握新规则，但是《2010 通则》实施之后并非《2000 通则》就自动作废，《2000 通则》仍然具有适用性。

二、《2010 通则》与《2000 通则》的比较

（一）贸易术语的变化

1. 新增 DAT 和 DAP 两个术语

新版本增加了 DAT 和 DAP 两个全新的术语。DAT（Delivered at Terminal）是指在指定目的地或目的港的集散站交货。DAP（Delivered at Place）是指在指定目的地交货。两者的主要差异是 DAT 下卖方需要承担把货物由目的地（港）运输工具上卸下的费用，DAP 下卖方只需在指定目的地把货物处于买方控制之下，而无须承担卸货费。此次增加是通过 DAP 取代了先前的 DAF、DES 和 DDU 3 个术语，而 DAT 取代了先前的 DEQ，且扩展至适用于一切运输方式。

2. 贸易术语分类的变化

《2000 通则》中的 13 种术语按术语缩写首字母分成 4 组，即 E 组、F 组、C 组以及 D 组。这种分类反映了卖方对买方的责任程度。然而，《2010 通则》将这 11 种术语分成了截然不同的两类。第一类包括那些适用于任何运输方式，包括多式运输的 7 种术语，EXW、FCA、CPT、CIP、DAT、DAP 和 DDP。第二类，实际上包含了比较传统的只适用于海运或内河运输的 4 种术语，FAS、FOB、CFR 和 CIF。

3. 术语义务项目的调整

每种术语项下买卖双方各自的义务虽然仍列出 10 个项目，但《2010 通则》不同之处在于，卖方在每一项目中的具体义务不再“对应”买方在同一项目中相应的义务，而是改为分别描述，并且各项目内容也有所调整。《2010 通则》中买卖双方的义务项目的修改主要包括：A1/B1 由“提供符合合同规定的货物/支付价款”修改为“卖方/买方的一般义务”；A2/B2 由“许可证，其他许可和其他手续”修改为“许可证，其他许可，安全清关和其他手续”；A6/B6“费用划分”修改为“费用分摊”；A8/B8 由“交货凭证，运输单据或有同等作用的电子信息”修改为“交货单据/运输证明”；A10/B10“其他义务”修改为“信息协助和相关费用”。

（二）术语义务内容的调整

1. 电子单据的变化

《国际贸易术语解释通则》的早期版本已经对需要的单据做出了规定，这些单据在有关各方同意的前提下可被电子数据交换信息替代，通常只适用于发票。不过《2010 通则》赋予电子通信方式完全等同的功效，只要各方当事人达成一致或者按照惯例执行。在《2010 通则》的生命期限内，这一规定有利于新的电子程序的演变发展。

2. 新增安全条款

如今对货物在转移过程中的安全关注度很高，因而要求检查货物确定不会因除其自身属

性外的原因而对生命财产造成威胁。因此，在各种术语的 A2/B2 和 A10/B10 条款内容中包含了买卖双方取得或提供帮助取得安全核准的义务，比如货物保管链。

3. 保险责任的变化

《2010 通则》是自协会货物保险条款修改以来的第一个版本，这个最新版本充分考虑了保险条款的变动。《2010 通则》在涉及运输和保险合同的 A3/A4 条款中罗列了有关保险责任的内容，原本它们属于内容比较泛化的“其他义务”的 A10/B10 款。为了阐明当事人的义务，对 A3/A4 款中涉及保险的内容作出修改，新增了保险责任自交货点起到目的地止，买卖双方互通信息的内容。

4. 连环销售的增加

在商品的销售中，有一种和直接销售相对的销售方式，货物在沿着销售链运转的过程中频繁地被销售好几次。在这种情况下，在一连串销售中间的销售商并不将货物“装船”，因为它们已经由处于这一销售串中的起点销售商装船。因此，连串销售的中间销售商对其买方应承担的义务不是将货物装船，而是“设法获取”已装船货物。着眼于贸易术语在这种销售中的应用，《2010 通则》的相关术语中同时规定了“设法获取已装船货物”和将货物装船的义务。

5. “船舷”的变化

《2000 通则》针对传统的适用于水上运输的主要贸易术语如 FOB、CFR 和 CIF，均强调以船舷为界来划分风险。这种划分风险的方式长期以来饱受争议。而实际上“船舷”只是个买卖双方活动领域之间假想的界限，不能反映各国港口的习惯做法。此次修订最终删除了“船舷”的规定，强调在 FOB、CFR 和 CIF 下买卖双方的风险以货物在装运港口被装上船时为界，而不再规定一个明确的风险临界点。

6. 码头装卸费的明确

码头装卸费，指的是承运人在码头收取的装卸费用。按照“C”组术语，卖方必须负责将货物运输至约定目的地：表面上是卖方自负运输费用，但实际上是由买方负担，因为卖方早已把这部分费用包含在最初的货物价格中。运输成本有时包括货物在港口内的装卸和移动费用，或者集装箱码头设施费用，而且承运人或者码头的运营方也可能向接受货物的买方收取这些费用。例如，在这些情况下，买方就要注意避免为一次服务付两次费，一次包含在货物价格中付给卖方，一次单独付给承运人或码头的运营方。《2010 通则》在相关术语的 A6/B6 条款中对这种费用的分配作出了详细规定，旨在避免这种情况的发生。

三、国际贸易惯例的性质和作用

国际贸易惯例是国际组织或权威机构为了削减贸易争端，以大量的贸易实践为基础而制定出来的，所以它虽然对国际贸易实践有普遍的指导意义，但它与习惯做法还是有区别的。国际贸易惯例并不是法律，不具有普遍约束力。但各国法律都允许当事人有选择使用国际贸易惯例的自由，一旦双方当事人在合同中采用了某项惯例，它就成为合同的一部分，对双方当事人具有约束力。国际商会在《2010 通则》的引言中指出，希望使用《2010 通则》的商人，应在合同中明确规定该合同受《2010 通则》的约束。许多大宗交易的合同中也都做出采用何种规则的规定，这有助于避免对贸易术语的不同解释而引起的争议。另一方面，如果双方在合同中既未排除，也未注明该合同适用某项惯例，在合同执行中发生争议时，受理该争议案的司法和仲裁机构也往往会引用某一国际贸易惯例进行判决或裁决，这是因为通过各国立法或国际公约赋予了它法律效力。例如，我国法律规定，凡中国法律没有规定的，适用国际贸易惯例。因此，在我国的对外贸易中，要适当地掌握和采用这些惯例，作为贸易从业人员，必须很好地学习和掌握各种惯例，特别是最新的《2010 通则》。了解这些惯例的最新动态，可以帮助贸易从业人员很好地从事国际贸易业务，避免发生贸易争端，减少不必要的贸易损失，促进我国的贸易发展。

小资料

国际惯例是法律吗

（1）惯例本身不是法律，它对贸易双方不具有强制性，故买卖双方有权在合同中作出与某项惯例不符的规定。

（2）国际贸易惯例对贸易实践仍具有重要的指导作用。一方面，如果双方都同意采用某种惯例来约束该项交易，并在合同中作出明确规定时，那么这项约定的惯例就具有强制性。另一方面，如果双方对某一问题没有做出明确规定，也未注明该合同适用某项惯例，在合同执行中发生争议时，受理该争议案的司法和仲裁机构也往往会引用某一国际贸易惯例进行判决或裁决。

第三节 《2010 通则》中的适合任何运输方式的贸易术语

《2000 通则》在过去的 10 年里对于国际贸易的发展起到了非常重要的作用，在以后很长一段时间内还将继续使用。《2010 通则》考虑到了全球范围内免税区的扩展，商业交往中电子通信运用的增多，货物运输中的安保问题以及运输实践中的许多变化。《2010 年国际贸易术语解释通则》更新并加强了“交货规则”——规则的总数从 13 降到 11，并为每一规则提供了更为简洁和清晰的解释。《2010 年国际贸易术语解释通则》同时也是第一部使得所有解释对买方与卖方呈现中立的贸易解释版本。

《2010 通则》一共有 11 个贸易术语，分为两大类，即适合任何运输方式的贸易术语和适合水上运输方式的贸易术语。本节将详细介绍适合任何运输方式的 7 种贸易术语。

一、EXW 术语

在《2010 通则》中，EXW 的全称是 Ex Works，即工厂交货。在使用这一术语时其后应注明《2010 年国际贸易术语解释通则》或 INCOTERMS 2010。

按《2010 通则》解释，EXW 是指当卖方在合同约定的交货时间内在其所在地或其他指定的地点（如工场、工厂或仓库等）将货物交给买方处置时，即完成交货。卖方不办理出口清关手续或将货物装上任何运输工具。在 EXW 术语下，双方都应该尽可能明确地指定货物交付地点，因为此时（交付前的）费用与风险由卖方承担。买方必须承当在双方约定的地点或在指定地受领货物的全部费用和风险。此外，卖方要提交商业发票以及合同要求的其他单证。

（一）买卖双方义务的规定

1. 货物的交付

卖方在其所在地或其他指定的地点（如工场、工厂或仓库等）将货物交给买方处置时，即完成交货。

2. 风险的转移

卖方承担指定交货地点前的一切风险。从交货之时起，买方必须承担货物灭失或损坏的一切风险，也就是说以买方在交货地点控制货物作为风险转移的界限。

3. 通关手续的办理

买方自行办理货物出口通关和进口通关所需的一切海关手续，并承担风险和费用，以取得出口和进口许可证或其他官方批准证件。

4. 主要费用的划分

卖方承担指定地点交货前的一切费用。而买方承担受领货物后的一切费用，其中包括将货物从指定的交货地点运往目的地的运费、出口和进口通关的手续费和关税及其他费用。

（二）使用 EXW 术语时应注意的问题

EXW 是卖方承担责任最小的术语，它比较适用于国内交易，所以不是国际贸易中的常用术语。但是由于它的卖方责任最小，所以成交时价格最低，对于买方来说有一定的吸引力。在使用时需要注意以下两个问题。

1. 货物交接的问题

卖方只需要在指定地点将货物交给买方处理即可，不需要将货物装上买方指派的运输工具。即使在实际中由卖方装载货物可能更方便，但卖方并没有义务为买方装载货物。若由卖方装载货物，相关风险和费用亦由买方承担。如果卖方在装载货物中处于优势地位，则使用由卖方承担装载费用与风险的 FCA 术语通常更合适。

2. 办理出口清关的问题

使用 EXW 术语时应了解，卖方并不需要办理出口清关手续，仅在买方要求办理出口手续时负有协助的义务，如卖方必须提供其掌握的货物安全检查所要求的任何信息，但货物被禁止出口的风险还是由买方承担的。因此如果买方不能直接或间接地办理出口清关手续，建议买方不要使用 EXW 术语。在这种情况下，按照《2010 通则》的解释，最好采用 FCA 术语。

二、FCA 术语

FCA 的全称是 Free Carrier，即货交承运人。在使用这一术语时其后也应注明《2010 年国际贸易术语解释通则》或 INCOTERMS 2010。

根据《2010 通则》的解释，在 FCA 条件成交时，卖方负责在合同中约定的日期或期限内在其所在城市或其他约定的地点将货物交给买方指定的各类运输方式的承运人完成其交货任务。此外，卖方要提交商业发票以及合同要求的其他单证。

在清关适用的地方，FCA 术语要求卖方办理货物出口清关。

（一）买卖双方义务的规定

1. 货物的交付

卖方按照约定，在指定的地点于约定的日期或者期限内，将货物交付给承运人或者买方指定的其他人，即完成交货义务。

2. 风险的转移

卖方承担在指定地点将货物交给承运人前的一切风险，买方承担指定地点将货物交给承运人后的一切风险。

3. 通关手续的办理

卖方自行办理货物出口通关的一切海关手续，取得出口许可证或其他官方批准证件，并承担相应的费用；买方自行办理进口通关所需的一切海关手续，以取得进口许可证或其他官方批准证件，并承担相应的费用。

4. 主要费用的划分

卖方承担在指定地点交货前的一切费用，包括办理出口应交纳的关税和其他费用；而买方承担受领货物后的一切费用，包括从指定地点承运货物的运费、进口通关的手续费和关税及其他费用。

（二）使用 FCA 术语时应注意的问题

1. 货物交接的问题

在 FCA 条件下，通常是由卖买双方安排承运人，与其订立运输合同，并将承运人的情况通知卖方。这里所说的承运人可以是拥有运输工具的实际承运人，也可以是运输代理人或其他人。按照《2010 通则》的解释，如果双方约定的交货地点是在卖方所在地，卖方要负责把货物装上卖方安排的承运人提供的运输工具；如果交货地点在其他地方，卖方只须将货物交给承运人，在自己所提供的运输工具上完成交货义务。《2010 通则》特别建议交易双方尽可能清楚地写明指定交货地内的交付地点。如果在约定地点没有明确的交货点，或者有几个交货点可供选择，卖方可以从中选择为完成交货义务最适宜的交货地点。

2. 风险转移的问题

FCA 术语下，买卖双方的风险划分是以货交承运人为界。在通常情况下是由买方负责订立运输合同的，买方必须要及时告知卖方其指定的承运人或者其他人的名称，使卖方能够发送货物。如果买方没有及时告知卖方，或者是其指定的承运人或其他人未接管货物，则买方承担自任何约定的交货期限届满之日起货物灭失或损坏的一切风险。

3. 运输合同的订立问题

买方应当自付费用订立从指定的交货地点运输货物的合同。卖方没有为买方订立运输合同的义务。但是，若经买方要求，或者依循商业惯例且买方未适时给予卖方相反指示，则卖方可以按照通常条件订立由买方承担风险与费用的运输合同。在任何一种情况下，卖方都可以拒绝订立此合同，且应立即通知买方。

案例 2.1 FCA 条件下买方的责任和义务

我方以FCA贸易术语从意大利进口布料一批，双方约定最迟的装运期为4月12日。由于我方业务员的疏忽，导致意大利出口商在4月15日才将货物交给我方指定的承运人。当我方收到货物后，发现部分货物有水渍，据查是因为货交承运人前两天大雨淋湿所致。据此，我方向意大利出口商提出索赔，但遭到拒绝。问：我方的索赔是否有理，为什么？

分析：我方的索赔是无理的。因为本案中，我方收到货物后，所发现的部分货物的水渍是因为我方业务员的疏忽而导致意大利商人推迟交货造成的，责任应由我方承担。因此，我方的索赔是无理的。

三、CPT 术语

CPT 的全称是 Carriage Paid to，即运费付至。在使用这一术语时其后应注明《2010 年国际贸易术语解释通则》或 INCOTERMS 2010。

根据《2010 通则》的解释，按 CPT 条件成交时，卖方必须自付费用签订将货物运至指定目的地的运输合同，并在合同约定的日期或期限内，将货物交给卖方自己指定的承运人或第一承运人，完成其交货任务。此外，卖方要提交商业发票以及合同要求的其他单证。

（一）买卖双方义务的规定

1. 货物的交付

卖方在合同中指定的时间和地点，将合同中规定的货物交给卖方自己指定的承运人或第一承运人就完成了交货义务。

2. 风险的转移

卖方承担在指定地点将货物交给承运人前的一切风险，买方承担指定地点将货物交给承运人后的一切风险。

3. 通关手续的办理

卖方自行办理货物出口通关的一切海关手续，取得出口许可证或其他官方批准证件，并承担相应的费用；买方自行办理进口通关所需的一切海关手续，以取得出口和进口许可证或其他官方批准证件，并承担相应的费用。

4. 主要费用的划分

卖方承担在指定地点交货前的一切费用，包括办理出口应交纳的关税和其他费用。此外，卖方要负责签订从指定地点承运货物的合同，并承担相关的运费；而买方承担受领货物后的一切费用，包括办理进口通关的手续费和关税及其他费用。

（二）使用 CPT 术语时应注意的问题

1. 风险和费用划分的问题

CPT 术语下卖方要负责订立从启运地到指定目的地的运输合同并支付相关的运费，但是风险的转移点并没有延伸到目的地。所以，风险和费用在不同的地方发生转移。按照《2010通则》解释，买卖双方当事人应在买卖合同中尽可能准确地确定以下两点：第一，发生转移至买方的交货地点，即为风险的转移点；第二，须订立的运输合同中载明的指定目的地，即费用的划分点。这里风险转移点在先，而费用转移点在后。所以，货物自交货地点至目的地运输途中的风险由买方承担，而不是卖方，卖方只承担货物交给承运人控制之前的风险。如果使用多个承运人将货物运至指定目的地，且买卖双方并未对具体交货地点有所约定，则合同默认风险自货物由买方交给第一承运人时转移，卖方对这一交货地点的选取具有排除买方控制的绝对选择权。

2. 责任和费用的划分问题

CPT 术语下，卖方只是承担从交货地点到指定目的地的正常运费。正常运费之外的其他相关费用，一般由买方负担。货物的装卸费可以包括在运费中，统一由卖方负担，也可以由双方在合同中另行规定。

3. 与 FCA 的比较

按照《2010 通则》解释，按这两种术语成交的相同点在于：卖方的交货地点相同，都是在约定地点将货物交给承运人控制后完成交货；风险的转移也是相同的，卖方承担的风险都是在交货地点随着交货义务的完成而转移；两个贸易术语都适合各种运输方式；二者在保险方面的规定也是相同的，如果需要办理保险，都是由买方自负风险和费用办理，与卖方无关。

两个贸易术语的不同点在于责任和费用的划分不同。采用 FCA 术语成交时，从交货地点至目的地的运输合同由买方订立，运费也由买方负担。而采用 CPT 术语时，订立运输合同的责任改为卖方，运费由卖方负担。

四、CIP 术语

CIP 的全称是 Carriage and Insurance Paid to，即运费、保险费付至。在使用这一术语时其后应注明《2010 年国际贸易术语解释通则》或 INCOTERMS 2010。

根据《2010 通则》解释，按 CIP 条件成交，卖方必须在合同约定的日期或期限内，在约定的地方（该地在双方间达成一致）向卖方自己指定的承运人或是第一承运人发货，完成其交货义务。此外，卖方必须签订合同和支付将货物运至目的地的运费。在 CIP 条件下，由卖方自行办理保险。此外，卖方要提交商业发票以及合同要求的其他单证。

（一）买卖双方义务的规定

1. 货物的交付

当卖方将货物交付与承运人时而不是货物到达目的地时，卖方已经完成其交货义务。

2. 风险的转移

卖方承担在指定地点将货物交给承运人前的一切风险，买方承担指定地点将货物交给承运人后的一切风险。

3. 通关手续的办理

卖方自行办理货物出口通关的一切海关手续，取得出口许可证或其他官方批准证件，并承担相应的费用；买方自行办理进口通关所需的一切海关手续，取得进口许可证或其他官方批准证件，并承担相应的费用。

4. 主要费用的划分

卖方承担在指定地点交货前的一切费用，包括办理出口应交纳的关税和其他费用；卖方要负责签订从指定地点承运货物的合同，并承担相关的运费；此外，卖方还要办理货运保险，承担保险费。而买方承担受领货物后的一切费用，包括办理进口通关的手续费和关税及其他费用。

（二）使用 CIP 术语时应注意的问题

1. 风险和费用划分的问题

与 CPT 术语一样，卖方要负责订立从启运地到指定目的地的运输合同并支付相关的运费，但是风险的转移点并没有延伸到目的地。所以，风险和费用在不同的地方发生转移。买卖双方在买卖合同中也要确定两个地点：发生转移至买方的交货地点（即为风险的转移点）和指定目的地（即费用的划分点）。

2. 责任和费用的划分问题

在 CIP 术语下，卖方承担将货物运输至具体交货地点的费用，因此双方最好尽可能明确具体的交货地点，卖方应签订与贸易合同相匹配的运输合同。如果卖方按照运输合同在指定的目的地卸货并且支付相关费用，除非双方另有约定，卖方无权向买方追讨费用。

3. 保险合同的订立问题

卖方必须订立保险合同以防买方货物在运输途中的灭失或损坏风险。买方应注意到 CIP 术语只要求卖方投保最低限度的保险险别。如买方需要更多的保险保障，则需要与卖方明确地达成协议，或者自行作出额外的保险安排。

五、DAT 术语

在《2010 通则》中，DAT 的全称是 Delivered at Terminal，即终点站交货。在使用这一术语时其后应注明《2010 年国际贸易术语解释通则》或 INCOTERMS 2010。

根据《2010 通则》解释，在 DAT 项下，卖方在合同中约定的日期或期限内将货物运到合同规定的目的港或目的地指定的终点站卸货后将货物交给买方处置，即完成交货。此外，卖方要提交商业发票以及合同要求的其他单证。

（一）买卖双方义务的规定

1. 货物的交付

当卖方卸货后将货物交给买方处置即完成交货，它与 DAP 的主要区别是：DAT 下卖方需要把货物由目的地（港）运输工具上卸下，DAP 下卖方只需在指定目的地把货物处于买方控制之下，而无须卸货。

2. 风险的转移

卖方需要承担在指定的终点站，将货物从交货的运输工具上卸下，并交给买方处置之前的一切风险，买方承担受领货物之后的一切风险。

3. 通关手续的办理

卖方自行办理货物出口通关的一切海关手续，取得出口许可证或其他官方批准证件，并承担相应的费用；买方自行办理进口通关所需的一切海关手续，取得进口许可证或其他官方批准证件，并承担相应的费用。

4. 主要费用的划分

卖方承担在指定地点交货前的一切费用，包括办理出口应交纳的关税和其他费用；卖方要负责签订承运货物的运输合同将货物送到指定目的地，并承担相关的运费和卸货费用，以及货物经由他国过境运输的费用。而买方承担受领货物后的一切费用，包括办理进口通关的手续费和关税及其他费用。

（二）使用 DAT 术语时应注意的问题

1. 术语的性质

该术语是《2010 通则》中新增的术语之一，它取代了《2000 通则》当中的 DEQ，且扩展至适用于一切运输方式，这是适应当代运输发展的需要。由于集装箱在国际物流中越发充当起主流角色，很多货物使用海洋运输方式也往往在集装箱堆场进行交接，甚至实行“门”对“门”的交接。因此，《2010 通则》中用 DAT 取代了《2000 通则》中的 DEQ。

2. “终点站”的范围

根据《2010 通则》解释，“终点站”包括任何地方，无论约定或者不约定，包括码头、仓库、集装箱堆场或公路、铁路或空运货站，且不论该地点有无遮盖。这就说明它的范围相当宽泛，可以在露天，也可以在室内。为了避免引起争议，《2010 通则》建议当事人尽量明确地指定终点站的名称和具体位置，并在运输合同中做出明确规定。

3. 风险和费用的划分问题

卖方承担将货物运至指定目的地和卸货所产生的一切风险和费用；买方承担受领货物后的一切风险和费用。此外，若当事人希望卖方承担从终点站到另一地点的运输及管理货物所产生的风险和费用，那么此时应该选择 DAP（目的地交货）或 DDP（完税后交货）术语作为贸易条件。

六、DAP 术语

DAP 的全称是 Delivered at Place，即目的地交货。在使用这一术语时其后应注明《2010年国际贸易术语解释通则》或 INCOTERMS 2010。

根据《2010 通则》解释，在 DAP 下，卖方在合同中约定的日期或期限内在指定的交货地点，将仍处于交货的运输工具上尚未卸下的货物交给买方处置即完成交货。卖方须承担货物运至指定目的地的一切风险。此外，卖方要提交商业发票以及合同要求的其他单证。

（一）买卖双方义务的规定

1. 货物的交付

卖方只需在指定目的地把货物处于买方控制之下，而无须卸货，就完成了交货义务。它与前面 DAT 的主要区别是：DAT 下卖方需要把货物由目的地（港）运输工具上卸下，DAP

下卖方只需在指定目的地把货物处于买方控制之下，而无须卸货。

2. 风险的转移

卖方需要承担货物运至指定目的地之前的一切风险，买方承担受领货物之后的一切风险。

3. 通关手续的办理

卖方自行办理货物出口通关的一切海关手续，取得出口许可证或其他官方批准证件，并承担相应的费用；买方自行办理进口通关所需的一切海关手续，取得进口许可证或其他官方批准证件，并承担相应的费用。

4. 主要费用的划分

卖方承担在指定地点交货前的一切费用，包括办理出口应交纳的关税和其他费用；卖方要负责签订承运货物的运输合同将货物送到指定目的地，并承担相关的运费，以及货物经由他国过境运输的费用。而买方承担受领货物后的一切费用，包括指定目的地将货物从交货运输工具上卸下以受领货物的一切卸货费，办理进口通关的手续费和关税及其他费用。

（二）使用 DAP 术语时应注意的问题

1. 术语的性质

该术语也是《2010 通则》中新增的术语之一，它取代了《2000 通则》当中的 DAF、DES 和 DDU，该术语不考虑所选用的运输方式的种类，同时在选用的运输方式不止一种的情形下也能适用。贸易术语在传统上被运用于表明货物跨越国界传递的国际销售合同。然而，世界上一些地区的大型贸易集团，像东盟和欧洲单一市场的存在，使得原本实际存在的边界通关手续变得不再那么有意义。《2010 通则》针对这种情况进行了合理的修改。

2. 风险和费用的划分问题

尽管卖方承担货物到达目的地前的风险，该术语仍建议双方将交货目的地指定得尽量明确。建议卖方签订恰好匹配该种选择的运输合同。如果卖方按照运输合同承受了货物在目的地的卸货费用，那么除非双方达成一致，卖方无权向买方追讨该笔费用。

案例 2.2 DAP 条件下买方的责任和义务

我国A公司出口一批货物，DAP术语成交，不可撤销信用证付款，2月20日交货。1月下旬，A公司的货物装船驶向目的港。此时买方要求货装船后卖方将全套提单空邮给买方，以便及时凭以办理进口通关手续，我方即以照办。但海上风浪过大，船舶迟到几天才到达目的港，遭到买方降价要挟，经过争取对方才未予以追究。货物到达目的港后，对卸货费用由谁负担的问题双方发生了争议。最后，由我方负担卸货费用，但我方却蒙上了不小的损失。

分析：此案中，尽管采用了DAP，卖方不用承担卸货费用，但合同中最好明确规定卸货费用由谁承担。虽然按照按《2010年通则》的规定，应该由买方承担卸货费用，但最终却由我方承担。主要是该进口国的习惯做法是由出口方承担卸货费用，这与《2010年通则》的有关规定不太一致。所以，买卖双方在签订国际货物买卖合同时，最好在合同中明确规定货物到达目的地或目的港后的卸货费用由谁承担，这样可避免买卖双方产生争议和纠纷。

3. DAP与CIP的区别

根据《2010通则》的解释，CIP条件下，卖方要将合同规定的货物运到目的地的指定地点，这个地点可以在两国的边境指定地点，也可以是在目的港的船上，还可以是进口国国内的某一地点。这与DAP的条件十分相似，但要注意，两者的交货地点并不相同，采用CIP时，卖方只是承担责任和费用，将货物运到目的地指定地点，风险却是在将货物交给承运人时即转移给买方。而采用DAP时，卖方的交货地点即在目的地的约定地点，卖方承担的风险也是在该地点实际交货时才转移给买方。另外，采用CIP时，卖方有义务按合同的约定自负风险和费用，办理货运保险。而在采用DAP时，货运途中的风险是由卖方自己来承担的，保险也是为了自己的利益，所以卖方并不对买方承担必须办理保险的义务。

七、DDP术语

DDP的全称是Delivered Duty Paid，即完税交货。在使用这一术语时其后应注明《2010年国际贸易术语解释通则》或INCOTERMS 2010。

根据《2010通则》解释，在DDP项下，卖方在合同中约定的日期或期限内，将货物运到合同规定的目的地的指定地点，并办理进口清关手续，在交货运输工具上将货物交给买方处置，即完成交货。此外，卖方要提交商业发票以及合同要求的其他单证。此术语也是卖方承担责任最大的一个术语。

（一）买卖双方义务的规定

1. 货物的交付

卖方在指定的目的地办理完进口清关手续，将在交货运输工具上尚未卸下的货物交与买方，完成交货。

2. 风险的转移

卖方需要承担货物交给买方处置之前的一切风险，买方承担受领货物之后的一切风险。

3. 通关手续的办理

卖方需自行办理货物出口通关的一切海关手续，取得出口许可证或其他官方批准证件，并承担相应的费用；同时卖方也需办理进口通关所需的一切海关手续，取得进口许可证或其他官方批准证件，并承担相应的费用。

4. 主要费用的划分

卖方承担在指定地点交货前的一切费用，包括签订承运货物的运费，以及货物经由他国过境运输的费用，办理出口和进口通关的手续费和关税及其他费用；而买方承担受领货物后的一切费用，包括指定目的地卸货的费用。

（二）使用DDP术语时应注意的问题

1. 术语的性质

DDP术语下卖方承担最大责任。卖方承担将货物运至指定的目的地的一切风险和费用，并有义务办理出口清关手续与进口清关手续，对进出口活动负责，以及办理一切海关手续。如果卖方直接办理进口手续有困难，也可要求买方协助办理。如果卖方不能直接或间接地办理进口许可证，则不应该使用 DDP 术语。如果双方希望买方承担所有进口清关的费用和风险，则应采用 DAP 术语。如果双方当事人同意在卖方承担的义务中排除货物进口时应支付的某些费用（如增值税），应写明“Delivered Duty Paid，VAT Unpaid”，即“完税后交货，增值税未付”。否则，任何增值税或其他应付的进口税款由买方承担。

2. 风险和费用的划分问题

因为到达指定地点过程中的费用和风险都由卖方承担，建议当事人尽可能明确地指定目的地。建议卖方在签订的运输合同中也正好符合上述选择的地点。如果卖方致使在目的地卸载货物的成本低于运输合同的约定，则卖方无权收回成本，当事人之间另有约定的除外。

3. 根据情况妥善办理投保事项

根据《2010 通则》，按照 DDP 术语成交，卖方对买方并无义务订立保险合同，但由于卖方要承担加大的风险，为了能在货物受损或灭失时及时得到经济补偿，一般情况下，卖方应办理货运保险。在选择投保的险别时，应根据货物的性质、运输方式及运输路线来灵活决定。

第四节 《2010 通则》中的适合水上运输方式的贸易术语

一、FAS 术语

FAS 的全称是 Free Alongside Ship，即装运港船边交货，又称“靠船价格”。在使用这一术语时其后应注明《2010 年国际贸易术语解释通则》或 INCOTERMS 2010。

根据《2010 通则》解释，在 FAS 项下，卖方在合同规定的日期或期限内在指定装运港将货物交到买方指定的船边（如码头上或驳船上），即完成交货。另外，卖方要提交商业发票以及合同要求的其他单证。

（一）买卖双方义务的规定

1. 货物的交付

卖方必须在买方指定的装运港，在买方指定的装货地点（如果有指定的装货地点），将货物交至买方指定的船边，或者取得已经交付的货物。不论用哪种方式，卖方必须在约定的日期或者期限内，按照该港的习惯方式交付货物。

2. 风险的转移

在指定装运港将货物交到买方指派船只的旁边时，货物损坏或灭失的风险由卖方转移给买方。

3. 通关手续的办理

卖方自行办理货物出口通关的一切海关手续，取得出口许可证或其他官方批准证件，并承担相应的费用；买方自行办理进口通关所需的一切海关手续，取得进口许可证或其他官方批准证件，并承担相应的费用。

4. 主要费用的划分

卖方承担指定装运港交货前的一切费用，包括办理出口通关的手续费和关税及其他费用；而买方承担受领货物后的一切费用，其中包括将货物从指定的装运港运往目的地的运费、进口通关的手续费和关税及其他费用。

（二）使用 FAS 术语时应注意的问题

1. 术语的性质

卖方在船边交付货物或者获得已经交付装运的货物。这里所谓的“获得”迎合了链式销售，在商品贸易中十分普遍。当货物通过集装箱运输时，卖方通常在终点站将货物交给承运人，而不是在船边。在这种情况下，FAS 不适用，而应当适用货交承运人即 FCA 术语。

2. 风险和费用的划分问题

当事方应当尽可能明确地在指定装运港指定出装货地点，这是因为到这一地点的费用与风险由卖方承担，并且根据港口交付惯例这些费用及相关的手续费可能随时发生变化。

3. 应了解不同惯例对 FAS 的解释

根据《2010 通则》的解释，FAS 术语只适用于包括海洋运输在内的水上运输方式，交货地点只能在装运港。但是按照《1949 年美国对外贸易定义修订本》的解释，FAS 是 Free Along Side 的缩写，即指交到运输工具的旁边，并不一定是装运港的船边。因此，在同北美国家的交易中使用 FAS 术语时，应在 FAS 后面加上 Vessel 字样，以明确表示 “船边交货”。

4. 要注意船货衔接问题

在 FAS 条件下，从装运港至目的港的运输合同由买方负责订立，买方要及时将船名和要求装货的具体时间、地点通知卖方，以便卖方及时办理备货出运工作。卖方也应将货物交至船边的情况及时通知买方，以利于办理装船事项。如果指派的船只未按时到港接收货物，或者比规定的时间提前停止装货，或者买方未能及时发出派船通知，只要货物已被清楚地划出，或者以其他方式确定为本合同项下的货物，由此而产生的风险和损失均由买方承担。另外，如果买方所派的船只不能靠岸，卖方要负责用驳船把货物运至船边，仍在船边交货，装船的责任和费用由买方负担。

二、FOB 术语

FOB 的全称是 Free on Board，即船上交货，习惯上称为装运港船上交货，该术语后面应注明货物装运港的名称，如 FOB 上海。在使用这一术语时其后应注明《2010 年国际贸易术语解释通则》或 INCOTERMS 2010。

根据《2010 通则》解释，在 FOB 项下，卖方在合同规定的装运期在指定的装运港，将货物交致买方指定的船只上，或者指（中间销售商）设法获取这样交付的货物。一旦装船，买方将承担货物灭失或损坏造成的所有风险。FOB 是国际贸易中常用的贸易术语之一。

（一）买卖双方义务的规定

1. 货物的交付

指卖方在指定的装运港，将货物交至买方指定的船只上，或者指（中间销售商）设法获取这样交付的货物。一旦装船，买方将承担货物灭失或损坏造成的所有风险。

2. 风险的转移

卖方承担指定装运港装上船之前的一切风险，买方承担指定装运港装上船之后的一切风险。

3. 通关手续的办理

卖方自行办理货物出口通关的一切海关手续，取得出口许可证或其他官方批准证件，并承担相应的费用；买方自行办理进口通关所需的一切海关手续，取得进口许可证或其他官方批准证件，并承担相应的费用。

4. 主要费用的划分

卖方承担指定装运港装船前的一切费用,包括办理出口通关的手续费和关税及其他费用；而买方承担货物装船后的一切费用，其中包括将货物从指定的装运港运往目的地的运费、进口通关的手续费和关税及其他费用。

（二）使用 FOB 术语时应注意的问题

1. “船舷”概念的删除

《2000 通则》针对传统的适用于水上运输的主要贸易术语如 FOB、CFR 和 CIF，均强调以船舷为界来划分风险。《2010 通则》最终删除了“船舷”的规定，强调在 FOB、CFR 和 CIF 下买卖双方的风险以货物在装运港口被装上船时为界，而不再规定一个明确的风险临界点。

2. 费用和风险划分的问题

一旦装船，买方将承担货物灭失或损坏造成的所有风险。卖方被要求将货物交至船只上或者获得已经这样交付装运的货物。这里所谓的“获得”迎合了链式销售。在农矿产品销售中，货物经常在链条运转中被销售多次，这种情况发生时，在链条中间环节的卖方并不“船运”这些货物，因为这些货物已经由最开始的卖方船运了。连环运转中间环节的卖方，履行对买方的义务，并不是通过船动货物，而是通过取得已经被“船运”货物。为了明确起见，《2010 通则》中，包含了“取得已船运货物”的义务，以此将作为通则的相关规则中船运义务的替代义务。FOB 不适用于货物在装船前移交给承运人的情形。例如，货物通过集装箱运输，并通常在目的地交付。在这些情形下，适用 FCA 术语。

3. 船货衔接的问题

按照 FOB 术语成交的合同属于装运合同，由于 FOB 条件下是由买方负责安排运输工具，即租船订舱，所以这就存在一个船货衔接的问题。如果处理不当，自然会影响到合同的顺利执行。根据有关法律和惯例，如果买方未能按时派船，这包括未经对方同意提前将船派到和延迟派到装运港，卖方都有权拒绝交货。而且由此产生的各种损失，如空舱费、滞期费及卖方增加的仓储费等，均由买方负担。如果买方指派的船只按时到达装运港，而卖方却未能备妥货物，那么，由此产生的上述费用则由卖方承担。有时双方按 FOB 价格成交，而后来买方又委托卖方办理租船定舱，卖方也可酌情接受。但这属于代办性质，其风险和费用仍由买方承担，就是说运费和手续费由买方支付。而且如果卖方租不到船，其不承担责任，买方无权撤销合同或索赔。总之，按 FOB 术语成交，对于装运期和装运港要慎重规定，签约之后，有关备货和派船事宜，也要加强联系，密切配合，保证船货衔接。

4. 个别国家对 FOB 不同的解释

以上有关 FOB 的解释都是按照国际商会的《2010 通则》作出的。然而，不同的国家和不同的惯例对 FOB 的解释并不完全统一。它们之间的差异在有关交货的地点、风险划分界限以及卖方承担的责任义务等方面的规定上。如在北美国家采用的《1941 年美国对外贸易定义修订本》中，将 FOB 概括为 6 种，其中前三种是在出口国内陆指定地点的内陆运输工具上交货。第四种是在出口地点的内陆运输工具上交货，第五种是在装运港船上交货，第六种是在进口国指定内陆地点交货。上述第四种和第五种在使用时应加以注意。因为这两种术语在交货地点上有可能相同，如都是在纽约交货，如果买方要求在装运港口的船上交货，则应在 FOB 和港名之间加上“轮船 Vessel”字样，如“FOB VESSEL NEWYORK”，否则，卖方有可能按第四种情况在纽约的内陆运输工具上交货。

即使都是在装运港船上交货，关于风险划分界限的规定也不完全一样。按照《1941 年美国对外贸易定义修订本》的解释，卖方责任之三规定：“承担货物一切灭失及/或损坏责任，直至在规定日期或期限内，已将货物装载于轮船上为止。”另外，关于办理出口手续问题上也存在分歧。按照《2010 通则》的解释，FOB 条件下，卖方义务是“自负风险和费用，取得出口许可证或其他官方批准证件，并办理货物出口所必需的一切海关手续”。但是，按照《1941 年美国对外贸易定义修订本》的解释，卖方只是“在买方请求并由其负担费用的情况下，协助买方取得由原产地及/或装运地国家签发的，为货物出口或其目的地进口所需的各种证件”。

鉴于上述情况，在我国同美国、加拿大等国家从事的进出口业务中，采用 FOB 成交时，应对有关问题在合同中具体订明，以免因解释上的分歧而引起争议。

5. 装船费用的承担问题

按照 FOB（Free on Board）的字面意思（船上交货）来看，卖方要负责支付货物装上船之前的一切费用。但由于该术语历史悠久，各个国家和地区在使用时对于“装船”的概念没有统一明确的解释，在装船作业的过程中涉及的各项具体费用，如将货物运至船边的费用、吊装上船的费用、理舱和平舱的费用等，究竟由谁来负担，各国的惯例或习惯做法也不完全一致。为了说明装船费用的负担问题，买卖双方往往在 FOB 术语后加列附加条件，形成了 FOB 的变形。这些附加条件如下。

① FOB Liner Terms（FOB 班轮条件），指装船费用按照班轮的做法处理，即由船方或买方承担。所以，采用这一变形，卖方不负担装船的有关费用。

② FOB Under Tackle（FOB 吊钩下交货），指卖方负担费用将货物交到买方指定船只的吊钩所及之处，而吊装入舱及其他费用，概由买方负担。

③ FOB Stowed（FOB 理舱费在内），指卖方负责将货物装入船舱并承担包括理舱费在内的装船费用。理舱费是指货物入舱后进行安置和整理的费用。

④ FOB Trimmed（FOB 平舱费在内），指卖方负责将货物装入船舱并承担包括平舱费在内的装船费用。平舱费是指对装入船舱的散装货物进行平整所需的费用。

⑤ FOBST（FOB Stowed and Trimmed）（FOB 平舱、理舱费在内）。在许多标准合同中，为表明由卖方承担包括理舱费和平舱费在内的各项装船费用，常采用 FOBST（FOB Stowed and Trimmed）来表示。

案例 2.3 《2010 通则》与《2000 通则》中 FOB 术语下船舷的概念

一份FOB上海出口瓷器的合同，在装运港货物吊装入舱的过程中发生跌落造成损失。定损后发现，一部分是货物跌落海中的损失，还有一部分是货物跌落船舶甲板上造成的损失。那么这些损失应该由谁来承担？

分析：按照《2000通则》的规定，风险转移以“货越船舷”为界。案例中的第一种损失意味着货物没有越过船舷，当然更没有装上船，所以这种损失卖方承担；案例中的第二种损失意味着货物已经越过船舷，而且已经在甲板上，所以认定为货物越过船舷装上了船，这种损失应该由买方承担。对第二种损失判定责任归属很显牵强，更多的是从理论上考虑怎么既能符合“货越船舷”的规定又能满足卖方交货义务的要求，但因人们认识和理解上的差异，现实应用中会带来不确定性结果。变化后，《2010通则》打破了这种认识上和理解上的模糊，只要卖方交货义务没有完成，就意味着风险没有转移给买方。对于卖方交货义务的规定更为细致：“在装运地点卖方交付货物至买方指定的船舶上，若有可能，在规定的装运港将货物交至买方指示的船舶上或者取得如此交付货物（by procuring goods so delivered）。但无论哪种情况，卖方必须在规定的时间或规定期限内并按港口惯常方式交付货物。”因此，按照《2010通则》的规定，案例中的这两类损失都属于货物没有装上船舶，卖方交货义务没有完成而发生的货物损失，风险没有转移给买方，因此应该都由卖方承担。

三、CFR 术语

CFR 的全称是 Cost and Freight，即成本加运费付至，又称运费在内价，在使用这一术语时其后应注明《2010 年国际贸易术语解释通则》或 INCOTERMS 2010。

根据《2010 通则》解释，在 CFR 项下，卖方应在合同约定的日期或期限内，交付货物于船舶之上或采购已如此交付的货物，而货物损毁或灭失之风险从货物转移至船舶之上起转移，卖方应当承担并支付必要的成本加运费以使货物运送至目的港。

（一）买卖双方义务的规定

1. 货物的交付

当卖方将货物交付与承运人时而不是货物到达目的地时，卖方已经完成其交货义务。这一点与 CPT、CIP、CIF 是一样的。

2. 风险的转移

卖方承担货物在指定装运港交付之前的一切风险，买方承担货物在指定装运港交付之后的一切风险。

3. 通关手续的办理

卖方自行办理货物出口通关的一切海关手续，取得出口许可证或其他官方批准证件，并承担相应的费用；买方自行办理进口通关所需的一切海关手续，取得进口许可证或其他官方批准证件，并承担相应的费用。

4. 主要费用的划分

卖方承担指定装运港装船前的一切费用，包括办理出口通关的手续费和关税及其他费用，货物运输费用和由交付货物而产生的一切其他费用，包括装载货物的费用，以及按照运输合同约定由卖方支付的在约定卸货港口卸货产生的费用；而买方承担货物交付之后的一切费用，包括进口通关的手续费和关税及其他费用。

（二）使用 CFR 术语时应注意的问题

1. “船舷”概念的删除

与 FOB 一样，《2010 通则》最终删除了“船舷”的规定，强调 CFR 术语下买卖双方的风险以货物在装运港口被装上船时为界，而不再规定一个明确的风险临界点。

2. 费用和风险划分的问题

该术语有两个关键点，因为风险转移地和运输成本的转移地是不同的。尽管合同中通常会确认一个目的港，而不一定确认或未必指定装运港，即风险转移给买方的地方。如果买方对装运港关乎买方的特殊利益（特别感兴趣），建议双方就此在合同中尽可能精确地加以确认，这是因为以此产生的成本加运费由卖方承担。此外，必须订立与目的港选择精确相符的运输合同，否则，因买方原因致使运输合同与卸货点由于目的港规定不清而产生额外费用，除非双方达成一致，否则卖方无权从买方处收回这些费用。

3. 与 CPT 的区别

对于货物在装到船舶之上前即已交给（原为交付）承运人的情形可能不适用，例如通常在终点站（即抵达港、卸货点，区别于 port of destination）交付的集装箱货物。在这种情况下，宜使用 CPT 规则（如果当事各方无意越过船舷交货）。

4. 装船通知的重要性

按照 CFR 条件达成的交易，卖方需要特别注意的问题是，货物装船后必须及时向买方发出装船通知，以便买方办理投保手续。因为一般的国际贸易惯例和有些国家的法律，如英国《1893 年货物买卖法》（1979 年修订）中规定：“如果卖方未向买方发出装船通知，致使买方未能办理货物保险，那么，货物在海运途中的风险被视为卖方负担”。这就是说，如果货物在运输途中遭受损失或灭失，由于卖方未发出通知而使买方漏保，那么卖方就不能以风险在船舷转移为由免除责任。由此可见，尽管在 FOB 和 CIF 条件下，卖方装船后也应向买方发出通知，但 CFR 条件下的装船通知，具有更为重要的意义。

5. 卸货费用的负担问题

按照 CFR 条件成交，货到目的港后的卸货费由谁负担也是一个需要考虑并加以明确的问题。如果使用班轮运输，由于装卸费用已打入班轮运费中，故在卸货费由谁负担上不会引起争议，而大宗商品一般采用租船运输，在租船运输情况下，卸货费用由谁负担呢？由于各国和地区有不同的习惯做法，为避免在卸货费用负担上引起争议，便产生了 CFR 的变形。业务中常见的 CFR 变形有以下几种。

① CFR Liner Terms（CFR 班轮条件），指卸货费按班轮做法处理，即买方不负担卸货费。

② CFR Landed（CFR 卸至码头），指由卖方承担卸货费，包括可能涉及的驳船费在内。

③ CFR Ex Tackle（CFR 吊钩下交货），指卖方负责将货物从船舱吊起一直卸到吊钩所及

之处（码头上或驳船上）的费用，船舶不能靠岸时，驳船费用由买方负责。

④ CFR Ex Ship's Hold（CFR 舱底交货），按此条件成交，船到目的港在船上办理交接后，由买方自行启舱，并负担货物由舱底卸至码头的费用。

【案例 2.4】CFR 术语下装船通知的发出

1997年，某进出口公司按CFR条件与法国一进口商签订一批抽纱台布出口合同，价值8万美元。货物于1月8日上午装船完毕，业务员因当天工作较忙忘记向买方发装船通知（SHIPPING ADVICE），次日上班时才想起并发出装船通知。法商收到我装船通知后立即向当地保险公司投保，不料该保险公司已获悉装载该货的轮船已于9日凌晨在海上遇难而拒绝承保。法方即来电称“由于你方晚发装船通知，以致我方无法投保，因货轮已罹难，货物损失应由你方负担并应赔偿我方利润及费用损失8 000美元”。不久我方通过银行寄去的全套货运单证被退回。

分析：按CFR条件成交，根据《2010通则》的规定“卖方应当给予买方所有/任何（后者更恰切，与《2000通则》形成对比）其需要的充分通知，以便买方能够采取通常必要的提货措施。”“充分”既指内容上的充分，也指时间上的充分，即卖方应及时发出装船通知，以便买方有充分的时间为风险已转移至买方的货物投保。如卖方未尽到此义务，则应对由此产生的损失负责。此时，货物虽已“越过船舷”，风险仍应由卖方负担。

本案中的法商是我方的老客户，经我方向其申述困难并致歉后不再坚持索赔，但我方钱货两空的教训实在深刻。可见CFR术语下卖方及时发装船通知的重要性。

四、CIF 术语

CIF 的全称是 Cost Insurance and Freight，即成本加保险费、运费。在使用这一术语时其后应注明《2010 年国际贸易术语解释通则》或 INCOTERMS 2010。

根据《2010 通则》解释，在 CIF 项下，卖方将货物装上船或（中间销售商）设法获取这样交付的商品。货物灭失或损坏的风险在货物于装运港装船时转移向买方。卖方须自行订立运输合同，支付将货物装运至指定目的港所需的运费和费用。

（一）买卖双方义务的规定

1. 货物的交付

卖方必须将货物装船运送或者（由承运人）获取已经运送的货物，在上述任一情况下，卖方必须在合意日期或者在达成合意的期限内依港口的习惯进行交付。

2. 风险的转移

卖方承担货物在指定装运港交付之前的一切风险，买方承担货物在指定装运港交付之后的一切风险。

3. 通关手续的办理

卖方自行办理货物出口通关的一切海关手续，取得出口许可证或其他官方批准证件，并承担相应的费用；买方自行办理进口通关所需的一切海关手续，取得进口许可证或其他官方批准证件，并承担相应的费用。

4. 主要费用的划分

卖方承担指定装运港装船前的一切费用，包括办理出口通关的手续费和关税及其他费用，货物运输费用和由交付货物而产生的一切其他费用，包括装载货物的费用，以及按照运输合同约定由卖方支付的在约定卸货港口卸货产生的费用，另外，卖方还需要承担办理货运保险的保险费用；而买方承担货物交付之后的一切费用，包括进口通关的手续费和关税及其他费用。

（二）使用 CIF 术语时应注意的问题

1. “船舷”概念的删除

与 FOB 和 CFR 一样，《2010 通则》中最终删除了“船舷”的规定，强调 CIF 术语下买卖双方的风险以货物在装运港口被装上船时为界，而不再规定一个明确的风险临界点。

2. 交货的问题

卖方必须将货物送至船上或者（由中间销售商）承接已经交付的货物并运送到目的地。除此之外，卖方必须签订一个运输合同或者提供这类的协议。这里的“提供”是为一系列的多项贸易过程（“连锁贸易”）服务，尤其在商品贸易中很普遍。

CIF 术语并不适用于货物在装上船以前就转交给承运人的情况，例如，通常运到终点站交货的集装箱货物。在这样的情况下，应当适用 CIP 术语。

3. 费用和风险划分的问题

该术语因风险和费用分别于不同地点转移而具有两个关键点。合同惯常会指定相应的目的港，但可能不会进一步详细指明装运港，即风险向买方转移的地点。如买方对装运港尤为关注，那么合同双方最好在合同中尽可能精确地确定装运港。

当事人最好尽可能确定在约定的目的港内的交货地点，卖方承担至交货地点的费用。当事人应当在约定的目的地港口尽可能精准地检验，而由卖方承担检验费用。卖方应当签订确切适合的运输合同。如果卖方发生了运输合同之下的于指定目的港卸货费用，则卖方无须为买方支付该费用，除非当事人之间约定。

4. 办理货运保险的问题

卖方须订立货物在运输途中由买方承担的货物灭失或损坏风险的保险合同。买方须知晓在 CIF 规则下卖方有义务投保的险别仅是最低保险险别。如买方望得到更为充分的保险保障，则需与卖方明确地达成协议或者自行做出额外的保险安排。

5. 象征性交货问题

从交货方式来看，CIF 是一种典型的象征性交货。所谓象征性交货是针对实际交货而言。前者指卖方只要按期在约定地点完成装运，并向买方提交合同规定的包括物权凭证在内的有关单证，就算完成了交货义务，而无须保证到货。后者则是指卖方要在规定的时间和地点，将符合合同规定的货物提交给买方或其指定人，而不能以交单代替交货。可见，在象征性交货方式下，卖方是凭单交货，买方是凭单付款。只要卖方如期向买方提交了合同规定的全套合格单据（名称、内容和份数相符的单据），即使货物在运输途中损坏或灭失，买方也必须履行付款义务。反之，如果卖方提交的单据不符合要求，即使货物完好无损地运达目的地，买方仍有权拒绝付款。但是，必须指出，按 CIF 术语成交，卖方履行其交单任务，只是得到买方付款的前提条件下，他还必须履行交货义务。如果卖方提交的货物不符合要求，买方即使已经付款，仍然可以根据合同的规定向卖方提出索赔。

案例 2.5　CIF 术语下合同的性质

某进出口公司以CIF伦敦向英国某客商出售供应圣诞节的应季杏仁一批。由于该商品的季节性较强，买卖双方在合同中规定，买方须于9月底以前将信用证开抵卖方，卖方保证不迟于12月5日将货物运抵目的港。否则，买方有权撤销合同。如卖方已结汇，卖方必须将货款退还买方。请分析该合同中有关条款是否合理。

分析： 这一合同的性质不再属于CIF合同。因为合同条款内容与CIF本身的解释相抵触。抵触有二：一是合同在C1F条件下竟规定了“到货日期”，这与CIF价格术语所赋予的风险界限划分的本意相反，按CIF是装运港交货，货物超越船舷后的一切风险均由买方负责，如果限定到货日期，岂不是要卖方承担超越船舷后的一切风险；二是CIF是“象征性交货”，只要卖方提供齐全、正确的货运单据，买方不能拒收单据，拒付贷款。而该合同竟规定如货运船只不能如期到达，买方将收回货款，实际上成了货到付款。由此看来，该合同的一些主要条款已与CIF价格术语的本意相抵触。尽管名义上是按CIF成交，但实质上并不是CIF合同。

第五节　贸易术语的选用

一、选用贸易术语要考虑的主要因素

因为贸易术语决定了买卖合同的性质，所以买卖双方洽商交易时，首先考虑的是贸易术语的选择问题。为了采用适当的贸易术语，需要考虑的因素很多，主要的有下列几点。

1. 体现平等互利和双方自愿的原则

在国际贸易中，按何种贸易术语成交买卖双方应本着平等互利的精神。从方便贸易和促进成交出发，在彼此自愿的基础上商订，不宜强加于人。一般来说，在装运地或装运港交货情况下，是否按带保险的条件成交，可根据国际贸易的一般习惯做法。原则上应着重买方的意见，由买方选择。

2. 考虑运输条件

《2000 通则》对每种贸易术语适用于何种运输方式，都分别作了明确具体的规定，因此，买卖双方采用何种贸易术语，首先应考虑采用何种运输方式。此外，买卖双方还应考虑本身的运输力量以及安排运输有无困难。在本身有足够运输能力或安排运输无困难的情况下，可争取按由自身安排运输的条件成交（如按 FCA、FAS 或 FOB 进口，按 CIP、CIF 或 CFR 出口），否则应酌情争取按由对方安排运输的条件成交。

对于《2010 通则》，首先要了解多式联运带来的变化。由于集装箱在国际物流中越发充当主流角色，很多货物即便使用海洋运输方式也往往在集装箱堆场进行交接，甚至进行“门到门”的交接。因此，《2010 年通则》删除 DEQ、DES，增加了 DAT 和 DAP。国际商会也

多次强调 FOB、CFR 和 CIF 术语越发不如 FCA、CPT 和 CIP 等术语更加实用，尤其是在集装箱带来的多式联运条件下，后三种术语更加方便当事人对货物的交接。我国很多进出口企业，无论是沿海地区，还是内陆地区，长期习惯使用 FOB、CFR 以及 CIF 三种传统的贸易术语，而对 FCA、CPT、CIP 等不习惯采用。随着运输业技术的不断革新，特别是集装箱运输和国际多式联运的迅速发展，传统贸易术语 FOB、CFR 和 CIF 的弊端显现，特别是我国一些内地省份外贸也非常发达，采用 FOB、CFR、CIF 等直接导致卖方的交货风险扩大，费用负担增加，从而影响收汇。

3. 考虑货源的基本情况

国际贸易中的货物品种很多，不同类别的货物具有不同的特点，它们在运输方面要求各不相同，故安排运输的难易不同，运费开支大小也有差异。这是使用贸易术语应考虑的因素，此外，成交量的大小，也直接涉及安排运输是否有困难和经济上是否合算。当成交量太小，又无班轮通航的情况下，负责安排运输的一方，势必会增加运输成本，故选用贸易术语时，也应予以考虑。

4. 考虑船舷为界有无实际意义

在装运港交货条件下，按照一般传统的解释，关于货物费用和风险的划分，以装运港船舷为界。但实际操作当中，如要求卖方在船舶到港前即将货物交到货站，或采用滚装、滚卸或集装箱运输时，由于费用和风险以航舷为界来划分已失去实际意义，在此情况下，就不宜采用 FOB、CFR 或 CIF 术语成交，而应分别选用相应的 FCA、CPT 或 CIP 术语更为适宜。

《2010 通则》当中最终删除了“船舷”的规定，强调在 FOB、CFR 和 CIF 下买卖双方的风险以货物在装运港口被装上船时为界，而不再规定一个明确的风险临界点，所以双方无意于船舷为界时，也可选择用《2010 通则》作为标准进行贸易。

5. 考虑运输途中的风险

在国际贸易中，交易的商品一般需要通过长途运输，货物在运输过程中可能遇到各种自然灾害，意外事故等风险，特别是当遇到战争或遭到人为障碍与破坏的时期和地区，则运输途中的风险更大。因此，买卖双方洽商交易时，必须根据不同时期，不同地区，不同运输路线和运输方式的风险情况，结合购销意图来选用适当的贸易术语。

6. 考虑办理进出口货物结关手续有无困难

在国际贸易中，关于进出口货物的结关手续，有些国家规定只能由结关所在国的当事人安排或代为办理，有些国家则无此项限制。因此，买卖双方为了避免承担办理进出口结关手续有困难的风险，在洽商交易以前，必须了解有关政府当局关于办理进出口货物的具体规定，以便选用适当的贸易术语。例如，当某出口国政府当局规定，买方不能直接或间接办理出口结关手续，则不宜按 EXW 条件成交，而应选 FCA 术语成交。

二、使用《2010 通则》的注意事项

Incoterms 的不同版本主要适用于跨境（关境） 贸易，《2010 通则》试图供国内贸易或区域内贸易的双方采用。一方面，在实务中很多交易者将国际贸易术语解释通则运用于纯粹

的国内贸易合同；另一方面，在一些区域内贸易中，例如欧盟的成员国之间，国与国之间的边界手续已不那么重要了。《2010 通则》首次正式明确这些术语不仅适用于国际贸易的合同，也适用于国内贸易或区域内贸易的合同。

1. 要在合同中明确表明援引通则的版本，避免不必要的麻烦

虽然《2010 通则》于 2011 年 1 月 1 日正式生效，但是《2010 通则》实施之后并非《2000 通则》就自动作废了。因为国际贸易惯例本身不是法律，对国际贸易当事人不产生强制性约束力。国际贸易惯例在适用的时间效力上并不存在“新法取代旧法”的说法，即《2010 通则》实施之后并非《2000 通则》就自动废止，当事人在订立贸易合同时仍然可以选择适用《2000 通则》，甚至《1990 通则》。

2. 重视“使用指南”选择合适的贸易术语

每一种《2010 通则》中的术语在其条款前面都有一个使用指南。指南解释了每种术语的基本原理：何种情况应使用此术语；风险转移点是什么；费用在买卖是如何分配的。这些指南并不是术语正式规则的一部分：它们是用来帮助和引导使用者准确有效地为特定交易选择合适的术语。每种术语的使用指南都对买卖双方如何选择合适的术语有较清晰的指导，比如选用贸易术语时要考虑所采用的运输方式和货物的种类（是否是集装箱货物）等。买卖双方除了要熟悉每种术语下双方责任义务的规定外，还不能忽视了使用指南。

3. 风险的临界点仍需确定

此次修订删除了 FOB、CFR 和 CIF 项下的船舷界限，但在装运港作业时的意外风险仍可能存在，那么风险如何划分的所谓临界点的问题仍不可避免。双方在订立合同时要考虑到该问题。新版本意图将具体问题留待当事人自行解决，这就需要双方在订立合同时考虑到该问题，必要时可在商定的基础上另行规定双方认可的风险临界点。

4. 电子文件取代纸文件

通则的早期版本对所需单据进行了规定，这些单据可被电子数据交换信息替代。应国际贸易市场的电子货运趋势，《2010 通则》赋予了电子通信方式完全等同的功效：只要各方当事人达成一致，电子文件可取代纸张文件。在《2010 通则》的生命期里，这一规定有利于新的电子单证的演变发展。

5. 重视适用于各种运输方式的贸易术语的使用

随着国际贸易运输方式的发展变化，即集装箱、多式联运和滚装船运输的广泛发展，以及很多处于内陆的国家或者地区、省份对外贸易的增多，常用贸易术语 FCA、CPT、CIP 有取代 FOB、CFR、CIF 的趋势。因此，在实际业务中，应有意识地去使用 FCA、CPT、CIP，而不是在应该用 FCA、CPT、CIP 时，仍不恰当地使用 FOB、CFR、CIF，使买卖双方的责任无法真正明确下来，尤其是增大了卖方的责任、风险、费用，为日后合同的履行埋下隐患。

《2010 通则》令世人耳目一新，但也要看到其缺憾：《2010 通则》不是创制了一套完美无瑕的新规则，更没有在国际贸易领域引导一场根本性的变革。身处缓和与动荡并存的“后危机时代”，国际与国内贸易趋同化已成为不可阻挡的潮流，加之电子商务的功能日益增强，挣脱精神的枷锁，打开思想的闸门，追寻 Incoterms 修订者的思想轨迹具有更加深远的意义。

也许十年后，《2010 通则》又会被新的规则取代。

技能训练

实训主题： CFR 交易下的货物纠纷案。

实训地点： 教室。

实训目的： 运用所学知识，分析 CFR 货物交付及风险转移的问题。

背景材料

1993 年，美国出口商 A 与韩国进口商 B 签订了一份 CFR 合同，规定 A 出售 1 000 吨小麦给 B。小麦在装运港装船时是混装的，当时在 A 装运的 3 000 吨散装小麦中，有 1 000 吨是卖给 B 的，货物运抵目的港后，将由船公司负责分拨 1 000 吨给 B。

但受载船只在途中遇到高温天气小麦发生变质，致使该批货物损失 1 200 吨，其余 1 800 吨安全运抵目的港。

但 A 在货到目的港时声称，出售给 B 的 1 000 吨小麦已在运输途中全部损失，并且认为按 CFR 合同，A 对此项风险不负任何责任。

买方则要求卖方履行合同，双方争执不下，遂根据合同中的仲裁条款请求仲裁解决。仲裁机构经过取证，最后裁决卖方不应推卸自己交货的责任，对货物在途中发生的损失不能转嫁给买方。

（1）在 CFR 合同项下，风险的转移点是哪里？（《2000 通则》和《2010 通则》中对于 CFR 术语的风险转移点有什么不同的规定）

（2）本案例当中，货物的损失应该由谁来承担？

实训过程设计：

（1）指导教师布置学生课前预习背景材料；

（2）将全班同学平均分成小组，按每组 5～6 人进行讨论；

（3）指导教师对小组讨论过程和发言内容进行评价总结，并讲解本材料的分析结论（先评定小组成绩，在小组成绩中每一个人参与讨论占小组成绩的 40%，代表发言内容占小组成绩的 60%）。

本章小结

贸易术语表明价格的构成，确定了交接货物时买卖双方的责任、费用和风险的划分，明确了买卖双方在交接货物中应尽的责任和义务。4 个有关贸易术语的国际贸易惯例，包括《1932 年华沙—牛津规则》、《1941 年美国对外贸易定义修订本》、《2000 年国际贸易术语解释通则》和《2010 年国际贸易术语解释通则》。这些贸易惯例一旦被商人采纳，对买卖双方就具有约束力。

《2010 通则》的出现不同程度改变了原有的贸易方式，充分考虑到近 10 年贸易领域出现的新变化，内容更清晰简洁，操作性和指导性进一步加强，更符合当前贸易实务的需要。《2010

通则》将 11 种贸易术语分为两大类：第一类包括那些适用于任何运输方式，包括多式运输的 7 种术语，有 EXW、FCA、CPT、CIP、DAT、DAP 和 DDP；第二类，实际上包含了比较传统的只适用于海运或内河运输的 4 种术语，FAS、FOB、CFR 和 CIF。这种分类方式更适合现代运输的实际情况。

正因为贸易术语决定了贸易合同的性质，明确了买卖双方在交接货物中应尽的责任和义务，所以实践中要能够根据实际情况选择正确的贸易术语作为交易条件，这样在进出口贸易当中才能避免遭受不当的损失。这也是学习贸易术语的基本出发点。

综合练习

一、单项选择题

1.《2010 通则》中贸易术语共有（ ）。

A. 7 种　　B. 11 种　　C. 13 种　　D. 14 种

2. CIF 合同下，用租船运输，如卖方不承担卸货费用，应在合同中选用（ ）。

A. CIF Liner Terms　　B. CIF Ex Tackle

C. CIF ExShip' s Hold　　D. CIF Landed

3. 按照《2010 通则》规定，如果双方以 CFR 术语成交，买卖双方风险划分界线为（ ）。

A. 以货越船舷为界　　B. 以船上交货为界

C. 以目的港交货为界　　D. 合同中需明确规定

4. 国际贸易惯例的适用是以当事人的意思自治为基础的，这表明（ ）。

A. 惯例即是行业内的法律　　B. 惯例有强制性

C. 当事人有权在合同中作不符合惯例的规定　　D. 法院会维护惯例的有效性

5.《1932 年华沙一牛津规则》是由国际法协会制定的，其是专门解释（ ）术语的国际惯例。

A. FOB　　B. CIF　　C. CFR　　D. FCA

6.《1941 年美国对外贸易定义修订本》的主要适用范围是在（ ）。

A. 全球　　B. 北美洲　　C. 亚洲　　D. 欧洲

7. 按照《1932 年华沙一牛津规则》的规定，如果该规则与合同具体内容发生矛盾，应该以（ ）为准。

A. 协议　　B. 合同　　C. 规则　　D. 无明确规定

8. 以 FOB/CIF 术语成交的合同，应当由（ ）来办理保险。

A. 卖方/买方　　B. 买方/买方　　C. 买方/卖方　　D. 卖方/卖方

9. 就卖方承担的费用而言，下列术语排列顺序正确的是（ ）。

A. FOB>CFR>CIF　　B. FOB>CIF>CFR

C. CIF>FOB>CFR　　D. CIF>CFR>FOB

10.《2010 通则》中新增加的两个贸易术语是（ ）。

A. DES、DAT　　B. DAT、DAP　　C. DAF、DAP　　D. DAF、DEQ

11. 采用 CPT 术语，如双方未能确定目的地买方受领货物的具体地点，则交接货物的具体地点应为（　　）。

A. 由卖方选择　　B. 由承运人选择

C. 由买方选择　　D. 买卖双方另行协商决定

12. 按 CIF Tianjin 成交的进口合同中，卖方完成交货任务的地点最有可能是在（　　）。

A. 纽约港　　B. 纽约市　　C. 天津港　　D. 天津市内

13. 按《1941 年美国对外贸易定义修订本》货物装船时的风险划分界线为（　　）。

A. 码头　　B. 船舱　　C. 船舷　　D. 公海

14. CPT 术语的合同，卖方转移给买方货物风险的时间为（　　）。

A. 合同货物划拨到合同项下时　　B. 卖方将货物交给买方指定的承运人时

C. 卖方将货物交到合同指定地点时　　D. 卖方将货物交给第一承运人时

15. 在 FOB 合同中，如果卖方不承担装船的费用，应在合同中选用（　　）。

A. FOB Under Tackle　　B. FOB Stowed

C. FOB Trimmed　　D. FOB Liner Terms

17. 由买方负责出口清关手续，并承担相关费用的贸易术语是（　　）。

A. FCA　　B. DDP　　C. EXW　　D. DAT

18. 由卖方负责进口清关手续，并承担相关费用的贸易术语是（　　）。

A. DAT　　B. DEQ　　C. DDU　　D. DDP

二、简答题

1. 什么是贸易术语，为什么国际贸易中要采用贸易术语？

2.《2010 通则》中包含有多少种贸易术语，它们是如何分组的？

3. DAT 和 DAP 分别是什么意思，它们之间有什么区别？

4.《2010 通则》与《2000 通则》相比有哪些改变的地方？

5. 在使用《2010 通则》时，要注意哪些问题？

三、案例分析题

1. 我方进口商以 FOB 条件从巴西进口橡胶，但是我方由于租船困难，不能在合同规定的时间内到达装运港接运货物，从而出现了较长时期的货等船现象，于是巴西方面要求撤销合同并向我方进口商提出赔偿损失的要求。巴西出口商的做法是否合理？

2. 我某公司按 CIF 条件向欧洲某国进口商出口一批草编制品。合同中规定由我方向中国人民保险公司投保了一切险，并采用信用证方式支付。我出口公司在规定的期限、指定的装运港装船完毕，船公司签发了提单，然后在中国银行议付了款项。第二天，出口公司接到客户来电，称：装货海轮在海上失火，草编制品全部烧毁，要求我公司出面向保险公司提出索赔，否则要求我公司退回全部货款。

3. 2000 年 8 月，美国某贸易公司（以下简称进口方）与我国江西省某进出口公司（以下简称为出口方）签订合同购买一批日用瓷具，价格条件为 CIF 旧金山。出口方随后与某运输公司（以下简称承运人）签订将货物运至装运港宁波的运输合同。10 月初出口方将货物备妥，装上承运人派来的货车。途中由于驾驶员的过失发生了车祸，耽误了时间，错过了规定的装船日期。我出口方迅即与进口商洽商要求将装船期延展半个月，并告知进口方两集装箱瓷具可能受损。美国进口方回电同意延期，但要求货价应降 5%。我出口方回电据理力争，最终做出让步，受震荡的两箱降价 2.5%，其余降价 1.5%，为此受到的货价、利息等有关损失共计 15 万美元。除承运人赔偿损失 5.5 万美元外，出口方实际损失 9.5 万美元。

从本案例我们能吸取什么教训？

4. 我国某公司以 CFR 上海条件从国外进口一批货物，由国外卖方负责租船运输。支付方式为不可撤销即期信用证，卖方在信用证规定的期限内交付了符合要求的单据，我方开证银行按规定向其支付了货款，并通知某公司前来付款赎单。某公司付了款取得单据后，却迟迟得不到有关货物的消息，后来得知，该批货物的承运人是一家小公司，船离港后不久就宣告破产了，船货俱告失踪。我公司受到巨额损失。

问题：

（1）这种事件的发生说明了什么问题？

（2）在海运进出口业务中，应怎样选择贸易术语？

第三章　合同的标的

教学要求

能力目标

- 能够应用品质的表示方法，订立商品的品质条款
- 能够解释溢短装条款，并应用数量条款和溢短装条款订立合同的数量条款
- 能够解释中性包装并进行操作，能够选用和实际合适的包装

知识目标

- 了解商品品质的概念，掌握品质的表示方法，理解品质条款的内容和订立品质条款应注意的问题
- 了解计量单位、计量方法，理解常用计量单位及其换算，掌握数量条款及溢短装条款的规定方法
- 了解国际货物买卖对运输包装和销售包装的要求，熟悉各类包装标志，掌握常见的中性包装的操作方法，掌握运输标志的设计方法和包装条款的订立方法

开篇案例

“手工制造书写纸”名称引起的纠纷

我国某公司出口日本某客商“手工制造书写纸（Handmade Writing Paper）”一批。日方收到货物后经检验发现货物部分制造工序为机械操作，而我方提供的单据均表示该货物为手工制造。按照该国法律应属“不正当表示”和“过大宣传”，致使进口人（即用户）遭用户退货，蒙受巨大损失，因而要求我方赔偿。我方拒绝，主要理由有二：该商品的生产工序基本是手工操作，且关键工序完全采用手工；该交易是经买方当面看样品成交的，而且实际品质和样品一样。因此，应认为所交货物与商定的品质一致。后经有关人士调解后，双方在友好协商中取得谅解。

启示：案例中由于双方对所交货物与商定的品质是否一致而产生分歧。事实上，这也是国际货物贸易中常见问题。那么，各国对有关交货品质是如何规定的呢？有哪些习惯做法呢？本章除介绍品质条款外，还对数量、包装等条款进行介绍。

第一节　商品的品名和品质

商品的名称和品质是国际货物买卖双方首先需要商定的交易条件，是买卖双方进行交易的物质基础，如果商品的名称和品质不明确，买卖双方也就失去了洽商的依据，无法开展交易，因此，商品的名称和质量是国际货物买卖合同中的主要条款之一。

一、商品的品名

商品的名称（Name of Commodity）或称"品名" 是指能使某种商品区别于其他商品的一种称呼或概念，商品的名称在一定程度上体现了商品的自然属性、用途以及主要的性能特征。

买卖双方洽商交易时，首先要明确买卖什么商品，并在合同中订明成交商品的名称，故品名条款是合同中不可缺少的一项主要交易条件。按照国际上有关的法律和惯例，对成交商品的描述，是构成商品说明的一个组成部分，是买卖双方交接货物的一项基本依据，它直接关系到买卖双方的权利和义务。因此，在销售合同中列明商品的名称，就成为必要的条件，品名条款在进出口合同中占有很重要的地位。

（一）商品命名的方法

对商品命名的方法很多，往往要根据商品某一方面的特点，来确定其名称。可以按商品的重要用途命名，如自行车、运动鞋等；可以按商品所含的重要成分或所使用的重要材料命名，如豆奶、羊毛衫、玻璃杯等；可以按商品的外观及造型命名，如绿豆、黑芝麻等；也可以按商品的制作工艺命名，如手工编织毛衣等。对商品恰当的命名要高度概括其主要特征。

好的商品名称，不但能高度概括出商品的特性，而且还能促进消费者的消费心理，诱发消费者的购买欲望。为了同生产或销售同类商品的厂商或销售商区别开来，商品的名称又常常与品牌名相融合，构成描述、说明货物的重要部分。参与国际货物买卖的交易双方只有明确了商品的名称，即买卖什么商品，才能进一步确定商品的质量，即以什么样的具体商品进行交易。所以，商品的名称是国际货物买卖合同中必须具备的内容。

（二）品名条款的基本内容

在进出口合同中，品名条款并无统一格式，通常都是在"商品名称"或"品名"的标题下，列明买卖双方成交商品的名称，也有的只在合同的开头部分，载明交易双方同意买卖某种商品的文句。

品名条款的内容，一般取决于成交商品的品种和特点。一般地说，合同中通常只规定商品具体名称即可。但有些商品，因其具有不同的品种、商标、等级、型号，为了明确起见，在品名条款中，还必须将该商品的具体品种、商标、等级和型号的描述也包括进去，以便作进一步的限定。此外，有的还将品质规格也包括进去。在此情况下，它就不单是品名条款，而实质上是品名条款与品质条款的综合表述。

（三）进出口商品分类目录

进入国际市场的商品种类繁多，名称各异。即使同一种商品也可能因品种、品牌、产地、花色、型号、外观等不同而存在着千差万别。在进出口贸易中，买卖双方因语言习惯不同，同一种商品的称呼也有可能不一致。为了避免因商品名称引起的分歧，方便各国海关的贸易统计，人们就运用一定的规则，按一定的标准对商品进行了一定的分类，来规范商品名称。

国际上关于商品分类的标准影响最大的，使用国家最多的当属海关合作理事会 1998 年实施的《商品名称及编码协调制度》(The Harmonized Commodity Description and Coding System，简称 H.S.，编码制度)。它把国际上成千上万种商品进行分类，形成完整、系统的分类系统，再用数码代替，即形成 H.S.编码。中国海关为了海关征税和海关统计工作的需要，根据《商品名称及编码协调制度》分别编制了《中华人民共和国海关进出口税则》和《中华人民共和国海关统计商品目录》，对我国进出口商品进行了分类。现行的为 2002 年版的商品分类目录。

小资料　H.S.编码表示的方法

H.S.78.05——铅管及管子附件

解读：上述编码表示第 78 章“铅及其制品”中第 5 个税目“铅管及管子附件”。对 4 位税目可以继续细分，细分到第 5 位为一级子目号，细分到第 6 位为二级子目号，形成 6 位数的协调制度编码号，也称作 6 位子目号或 6 位商品组号。

我国进出口商品编码的表示方法：我国进出口商品编码实行 8 位编码。前 6 位与国际通用的完全一致，后两位是根据我国关税、统计和贸易管理的需要进行的细分。

例如 编码 7 8　　0 1　　1000　——精炼铅

解读：　　章　　税（品）目　5678

其中，章，税（品）目，5、6 位数级子目号列为《协调制度》原有的编码，7、8 位数级子目号列为我国增加的编码。

（四）规定品名条款应注意的问题

对于商品的品名，签订国际货物销售合同应注意以下问题。

1. 必须明确、具体，避免空泛笼统

商品的品种和规格繁多，即使是同一种商品，其规格、型号不同也会造成商品相当大的差距。因此，在订立品名条款时，可在商品名称栏内标明商品类别总称，如文具、家具、工艺品、瓷器等，但同时应将具体商品名称及规格，用附表详细列明，以便日后开立信用证和缮制单据时使用。

2. 尽可能使用国际上通用的名称

对于商品的名称及其译名，应力求准确、易懂，并符合国际上的习惯称呼。若使用地区性的名称，双方应事先就其含义达成共识，以利合同的履行。

3. 注意选用合适的品名

对于不同的商品，有关国家海关税则的有关规定、进出口限制规定以及国际货物运输的收费标准不尽相同。选择合适的品名，有利于商品进入目标市场，并方便进出口，从而尽可能节省费用、降低成本。

案例 3.1 商品品名条款引发的争议

韩国KM公司向我BR土畜产公司订购大蒜650吨，双方当事人几经磋商最终达成了交易。但在缮制合同时，由于山东胶东半岛地区是大蒜的主要产区，通常我国公司都以此为大蒜货源基地，所以BR公司就按惯例在合同品名条款打上了“山东大蒜。”可是在临近履行合同时，大蒜产地由于自然灾害导致歉收，货源紧张。BR公司紧急从其他省份征购，最终按时交货。但KM公司来电称，所交货物与合同规定不符，要求BR公司作出选择，要么提供山东大蒜，要么降价，否则将撤销合同并提出贸易赔偿。试问，KM公司的要求是否合理？并评述此案。

分析：本案是由于商品品名条款所引发的争议。KM公司的要求合理。品名和品质条款是合同中的重要条件，一旦签订合同，卖方必须严格按合同的约定交货。另外，在表示商品品质的方法中，有一种是凭产地名称买卖，产地名称代表着商品的品质。不同产地的同种货物品质可能存在着很大的差别，因此KM公司要求提供山东大蒜的要求是合理的。其实，遇到上述情况，BR公司可以援引不可抗力条款，及时通知买方，要求变更合同或解除合同。

二、商品的品质

商品的品质是商品的外观形态和内在品质的综合。商品的外观形态是通过人们的感觉器官可以直接获得的商品的外形特征，如商品的大小、长短、结构、造型、款式、色泽、光彩、宽窄、轻重、软硬、光滑粗糙以及味觉、嗅觉等。商品的内在品质则是指商品的物理性能、化学成分、生物特征、技术指标和要求等。一般需借助各种仪器、设备分析测试才能获得。例如，纺织品的断裂强度、伸长率、回潮率、缩水率、防雨防火性能、色牢度、化工商品的熔点、沸点、凝固点等。

在国际市场上，商品的品质问题是个最为重要的问题。商品品质的优劣不仅影响商品的价格、销售数量和市场份额，而且关系到商品的实际使用效能，以至关系到商品信誉、企业信誉和国家形象。合同中的品质条件不仅是构成商品说明的重要组成部分，也是买卖双方交接货物的主要依据。据《联合国国际货物销售合同公约》的有关规定，卖方交付的货物必须与合同规定的品质、规格相符，如果卖方交货品质、规格与合同规定不符，不论价款是否已付，买方有权要求卖方减价、赔偿损失，甚至可以拒收货物和撤销合同。因此，提高商品品质，保持商品品质的稳定性，已经成为各国商家增强市场竞争力的重要手段。我国政府也把“以质取胜”作为扩大出口和发展对外贸易的基本战略之一。

（一）商品品质的表示方法

在国际货物买卖中，商品种类纷繁复杂，商品本身的特点，制造加工情况，市场交易习惯等各不相同，规定商品质量的方法也多种多样，归纳起来，主要分为两大类：凭实物表示，凭文字说明表示。

1．凭实物表示

凭实物表示成交商品的质量，通常包括看货成交和凭样品成交两种方式，具体如表 3.1 所示。

表 3.1　商品品质的表示方法

<table>
<tr><td rowspan="3">凭实物表示</td><td colspan="2">看货成交</td></tr>
<tr><td rowspan="2">凭样品成交</td><td>凭卖方样品</td></tr>
<tr><td>凭买方样品</td></tr>
<tr><td rowspan="4">凭文字说明表示</td><td colspan="2">凭规格、等级或标准</td></tr>
<tr><td colspan="2">凭品牌或商标</td></tr>
<tr><td colspan="2">凭说明书和图样</td></tr>
<tr><td colspan="2">凭产地名称或地理标志</td></tr>
</table>

（1）看货成交。

买卖双方采取看货成交时，通常是先买方（或其代理人）在卖方所在地验看货物，达成交易后，只要卖方交付的是经买方验看过的商品，买方就不得对卖方交货品质提出异议。

在国际货物贸易中，由于交易双方相距遥远，买方到卖方所在地验看货物有诸多不便，即使卖方有现货在手，买方也有代理人代为验看货物，也无法逐件查验，故采取看货成交的情况较少。看货成交的做法，多在寄售、拍卖和展卖业务中采用。

（2）凭样品成交。

国际贸易中，买卖双方在洽商时，由卖方或由买方提出少量足以代表商品质量的实物作为样品，要求对方确认，样品一经确认便成为买卖双方交接货物的质量依据，这种表示商品质量的方法，在国际贸易中称为“凭样品买卖”（Sale of Sample）。这是由于这些商品本身的特点，难以用文字说明表示商品质量，或出于市场习惯而采用的一种方法，实物样品通常是从一批商品中抽取出来或者是由生产部门设计、加工出来的。

条款示例 1：玩具熊，货号 Z0507，16cm，戴帽子和围巾。详情依据 2010 年 9 月 26 日卖方寄送的样品。

在国际货物贸易中，按样品提供者的不同，样品可分为下列几种。

卖方样品（Seller’s Sample）。由卖方提供的样品称为“卖方样品”。凡凭卖方样品作为交货的品质依据者，称为“凭卖方样品买卖”。在此情况下，在买卖合同中应订明：“品质以卖方样品为准”（Quality as per Seller’s Sample），日后，卖方所交整批货（Bulk）的品质，必须与其提供的样品相同。

买方样品（Buyer’s Sample）。买方为了使其订购的商品符合自身要求，有时也提供样品交由卖方依样制造，如卖方同意按买方提供的样品成交，称为“凭买方样品买卖”。在此情况下，买卖合同中应订明：“品质以买方样品为准”（Quality as per Buyer’s Sample）。日后，卖方所交整批货的品质，必须与买方样品相符。

对等样品（Counter Sample）。在国际货物贸易中，卖方如不愿采用凭买方样品交易，卖方可根据买方提供的样品，加工复制出一个类似的样品交买方确认，这种经确认后的样品，称为“对等样品”或“回样”，也可称之为“确认样品”（Confirming Sample）。当对等样品被买方确认后，则日后卖方所交货物的品质，必须以对等样品为准。此外，买卖双方为增进彼此对对方商品的了解，往往采用互相寄送样品的做法。这种以介绍商品为目的而寄出的样品，一般应标明“仅供参考”（For Reference Only）字样，以免与标准样品混淆。在寄送“参考样品”的情况下，如买卖合同中未订明交货品质以该样品为准，而是约定了其他方法来表示品质，就不是凭样品买卖，此样品对交易双方均无约束力。

2. 凭文字说明表示

在国际货物买卖中，大多数商品采用文字说明来规定其质量，用文字说明表示商品质量的方法具体包括以下几种。

（1）凭规格买卖（Sale by Specification）。

商品的规格（Specification of Goods）是指用以反映商品质量的若干主要指标，如成分、含量、纯度、容量、性能、大小、长短、粗细等。商品不同，表示商品质量的指标亦不同。商品用途不同，要求的质量指标也会有所不同。用商品的规格来确定商品质量的方法称为凭规格买卖，这种表示质量的方法简单方便、准确具体，在国际贸易中使用最为广泛。

条款示例 2：煤，干态发热量 300kJ/kg 以上；全水分 8%以下，干态挥发度 25%以上，干态灰分 10%～12%，干态全灰度 1%以下，粒度 0～50mm，100%。

条款示例 3：素面缎	门幅（英寸）	长度（码）	重量（姆米）	成分
	55	32/48	16.5	100%真丝

（2）凭等级买卖（Sale by Grade）。

商品的等级指（Grade of Goods）同一类商品，按其质地的差异，或尺寸、形状、重量、成分、构造、效能等的不同，用文字、数字或符号所作的分类。

同一类商品不同等级的产生是长期生产与贸易实践的结果。等级不同的商品规格不同，买卖双方对交易商品等级理解一致时，只需在合同中明确等级即可。但对于双方不熟悉的等级内容，则最好明确每一等级的具体规格。

条款示例 4：Fresh Hen Eggs，shell light brown and clean，ever in size

Grade AA: 60 —65gm per egg

Grade A: 55 —60gm per egg

Grade B: 50 —55gm per egg

Grade C: 45 —50gm per egg

Grade D: 40 —45gm per egg

Grade F: 35 —40gm per egg

（3）凭标准买卖（Sale by Standard）。

标准是指商品规格的标准化，商品的标准一般由标准化组织、政府机关、行业团体、商品交易所等规定并公布，世界各国都有自己的标准。另外，还有国际标准和国外先进标准。

国际标准是指国际标准化组织制定的标准以及其他国际组织规定的某些标准。国外先进标准是指发达国家的国家标准，如英国为 BS，美国为 ANSI，法国为 NF，德国为 DIN，日本为 JISJAS 等。这些国际标准和国外先进标准均在国际贸易中被广泛采用。我国有国家标准、行业标准、地方标准和企业标准。我国外贸实践中，除使用国际标准和某些外国的标准外，也有使用我国的国家标准。

小资料

国际标准化组织（International Organization for Standardization）简称 ISO，是世界上最大的非政府性标准化专门机构，是国际标准化领域中一个十分重要的组织。ISO 的任务是促进全球范围内的标准化及其有关活动，以利于国际间产品与服务的交流，以及在知识、科学、技术和经济活动中发展国际间的相互合作。它显示了强大的生命力，吸引了越来越多的国家参与其活动。许多人会注意到，"ISO" 与国际标准化组织全称（International Organization for Standardization）的缩写并不相同，为什么不是 "国际标准化组织 IOS" 呢？其实，"ISO" 并不是其全称首字母的缩写，而是一个词，它来源于希腊语，意为 "相等"。现在有一系列用它作前缀的词，诸如 "isometric"（意为 "尺寸相等"）、"isonomy"（意为 "法律平等"）。从 "相等" 到 "标准"，内涵上的联系使 "ISO" 成为组织的名称。

在国际贸易中，买卖一些质量容易变化的农产品，以及品质构成条件复杂的某些工业制成品时，买卖双方常以同业公会、交易所、检验局等选定的标准来表示商品的质量。以标准表示商品质量的方法主要有以下两种。

在国际贸易中，对于某些品质变化较大而难以规定统一标准的农副产品，往往采用 "良好平均品质"（Fair Average Quality，F.A.Q）这一术语来表示其品质。"良好平均品质" 是指一定时期内某地出口货物的平均品质水平，一般是指中等货而言。其具体解释和确定办法有：①指农产品每个生产年度的中等货，采用这种解释时，一般农产品收获后经过对产品进行广泛抽样，从中制定出该年度的 "良好平均品质" 标准和样品，并予以公布，作为该年度 "FAQ" 的标堆；②某一季度或某一装船月份在装运地发运的同一种商品的 "平均品质"，一般是从各批出运的货物中抽样，然后综合起来，取其中者作为良好平均品质的标准。

在我国出口的农副产品中，也有用 "FAQ" 来说明品质的。但是，"FAQ" 一般是指大路货，是与 "精选货" 相对而言的，而且在合同中除了标明大路货外，还定有具体规格。在交货时，则以合同规定的具体规格作为依据。

条款示例 5：中国桐油，大路货。规格：游离脂肪酸最高 4%。

上好可销品质（Good Merchantable Quality，G.M.Q）是指卖方交易品质只需保证为上好的、适合于销售的品质即可。如果卖方所交货物无该类货物通常的使用目的，无市场交易可能，则由卖方承担责任。显然这种标准更为笼统，一般只适用于木材或冷冻鱼等物品。我国在对外贸易中很少使用。

（4）凭牌名或商标买卖。

商品的牌名是指厂商或销售商所生产或销售商品的牌号，又称品牌。商标则是牌号的图案化，是特定商品的标志。使用牌名与商标的主要目的是使之区别于其他同类商品，以利于销售。

在国际贸易中，在市场上行销已久，质量稳定，信誉良好的产品，其牌名或商标也往往为买方或消费者所熟悉和喜爱。生产厂商或销售商凭牌名或商标来表示商品的质量，与买方达成交易，这种方法称为“凭牌名或商标买卖”。

（5）凭说明书和图样买卖。

在国际货物买卖中，有些机器、电器、仪表、大型设备、交通工具等技术密集型产品，由于其结构复杂，制作工艺不同，无法用样品或简单的几项指标来反映其质量全貌，对于这类商品买卖双方除了要规定其名称、商标牌号、型号等外，通常还必须采用说明书来介绍该产品的构造、原材料、产品形状、性能、使用方法等，有时还附以图样、图片、设计图纸、性能分析表等来完整说明其具有的质量特征。例如，在合同中规定，品质和技术数据必须与卖方所提供的产品说明书相符。

（6）凭产地名称或凭地理标志买卖。

有些地区的产品，尤其是一些传统农副产品，具有独特的加工工艺，在国际上享有盛誉，对于这类商品的销售，可以采用产地名称或地理标志来表示其独特的品质。如以一个国家为标志的，法国香水（France Perfume）、德国啤酒（German Beer）、中国梅酒（China Plum Wine）；以某个国家的某一地区为标志的，中国东北大米（China Northeast Rice）、四川榨菜（Sichuan Preserved Vegetable）；以某个国家某一地区的某一地方为标志的，绍兴花雕酒（Shaoxing Hua Diao Chiew）、庐山云雾茶。这些标志不仅标注了特定商品的产地，更重要的是无形中对这些商品的特殊质量和品味提供了一定的保障。

（二）品质条款的基本内容

1. 品质条款的一般内容

表示商品质量的方法不同，合同中品名质量条款的内容也各不相同。在凭样品买卖时，合同中除了要列明商品的名称外，还应订明凭以达成交易的样品的编号，必要时还要列出寄送的日期。在凭文字说明买卖时，应针对不同交易的具体情况在买卖合同中明确规定商品的名称、规格、等级、标准、牌名、商标或产地名称等内容。在以说明书和图样表示商品质量时，还应在合同中列明说明书、图样的名称、份数等内容，举例如下。

例 1　样品号 NT002　长毛绒玩具熊　尺码　24 英寸

Sample NT002　Plush Toy Bear　Size　24"

例 2　光明牌婴儿奶粉　Bright Brand Infant Milk Powder

例 3　柠檬酸钠　规格：（1）符合 1980 年版英国药典标准

（2）纯度：不低于 90%

Sodium Citrate　Specifications:（1）In conformity with B.P.1980

（2）Purity: Not less than 99%

2. 品质机动幅度条款与质量公差

在国际贸易中，卖方交货品质必须严格与买卖合同规定的品质条款相符，但是，某些商品由于生产过程中存在自然损耗，以及受生产工艺、商品本身特点等诸多方面原因的影响，难以保证交货质量与合同规定的内容完全一致。对于这些商品，如果条款规定过死或把质量指标订得绝对化，必然会给卖方的顺利交货带来困难。为此，订立合同时可在质量条款中规定一些灵活条款，卖方所交商品质量只要在这规定的灵活范围内，即可以认为交货质量与合同相符，买方无权拒收。常见的规定办法有以下两种。

（1）质量的机动幅度条款。质量机动幅度是指对特定质量指标在一定幅度内可以机动，具体方法有规定范围、极限和上下差异三种。质量机动幅度主要适用于初级产品，以及某些工业制成品的质量指标。

① 规定范围。指对某项商品的主要质量指标规定允许有一定机动的范围。

例 1　色织条格布　　阔度 41/42"

Yarn-dyed Gingham　　Wild 41/42"

例 2　B601　番茄酱　28/30　浓缩度

B601　Tomato　Paste 28/30　Concentration

② 规定极限。指对某些商品的质量规格，规定上下极限，如最大、最高、最多，最小、最低、最少。

例 1　活黄鳝　　每条 75 克以上

Live Yellow Eel　　75g and up per piece

例 2　鱼粉　蛋白质 55%以上

脂肪　最高 9%

水分　最高 11%

盐分　最高 4%

砂分　最高 4%

Fish Meal	Protein	55% Min
	Fat	9% Max
	Moisture	11% Max
	Salt	4% Max
	Sand	4% Max

③ 规定上下差异。即在规定某一具体质量指标的同时，规定必要的上下变化幅度，有时为了包装的需要，也可订立一些灵活办法。

例 1　灰鸭毛　含绒量 18%允许上下 1%

（allowing 1% more or less　）

例 2　冻猪后腿肌肉成品包装，去皮、骨和皮下脂肪，尽可能少留剩余脂肪，每块净重不低于 2.200 千克，为保持每箱净重 25 千克，允许有一块肉低于此标准（one piece of lower weight is to be allowed）。

（2）质量公差（Quality Tolerance）。质量公差是指允许交付货物的特定质量指标有在公认的一定范围内的差异。在工业品生产过程中，对产品的质量指标产生一定的误差有时是难以避免的，如手表走时每天误差若干秒，某一圆形物体的直径误差若干毫米。这种误差若为某一国际行业所公认，即成为“质量公差”。交货质量在此范围内即可认为与合同相同。

对于国际同行业有公认的“质量公差”，可以不在合同中明确规定。但如果国际同行业对特定指标并无公认的质量差异，或者买卖双方对质量公差理解不一致；或者由于生产原因，需要扩大公差范围时，也可在合同中具体规定质量公差的内容，即买卖双方共同认可的误差。

卖方交货质量在质量机动幅度或质量公差允许的范围内，一般均按合同单价计价，不再另作调整。但有些商品，也可按交货时的质量状况调整价格，这时就需要在合同中规定质量增减价条款。

（三）规定品名条款应注意的问题

（1）凡能用一种方法表示品质的，一般不宜同时用两种或两种以上的方式来表示。因为用两种或两种以上方式表示时，就要求交付的货物品质必须同时符合所规定的品质条款，有一条不符，就视为违约。

（2）品质条款的内容和文字要做到简单、具体、明确，既能分清责任，又方便检验检疫。应避免使用“大约”、“左右”等笼统字眼。

（3）对于凭样品买卖应注意以下几点。

① 提供的样品要有代表性，品质既不要偏高，也不要偏低。偏高会造成交货困难，偏低则在价格上吃亏。

② 有必要留存一份和数份复样（Duplicated Sample），以备日后交货或处理争议时使用。对于留存的复样以及寄发的样品应注意编号和注明日期，以便日后查找。

③ 要留有一定余地，在合同中列明“品质与样品大致相同”的条款，以利于卖方日后交货。

④ 对买方提供的样品，应防止卷入侵犯第三者工业产权的纠纷，一般的做法就是在品质条款中规定：如果发生买方来样引起侵犯第三者工业产权的事情，一概由买方负责，与卖方无涉。

⑤ 以介绍商品为目的的参考样品与成交样品和标准样品不同。这种宣传用的样品最好标明“仅供参考”（for reference only）字样，以免与标准样品混淆。

（4）对某些凭说明书买卖的机电产品，特别是技术性强、金额大的产品，应订立品质保证条款和技术服务条款，明确卖方在交货后若干时期内，保证其出售的商品品质符合说明书上规定的指标。

案例 3.2 中德大麻品质纠纷案

我国某出口公司向德国商人出口大麻一批，合同中的品质条款如下：

含水（最高）：15%，含杂质（最高）：3%。

在谈判过程中，我方曾向买方寄过样品，订约后又电告对方成交货物与样品相似。结果，货到德国后，经检验，虽然品质达到合同规定的规格要求，但是，买方拿出货物的品质规格比样品低7% 的检验证明，要求我方赔偿损失600英镑。

我方出口公司陈述说，这笔交易在交货时商品是经过挑选的，因该商品系农产品，不可能做到与样品完全相符，但不至于比样品低7%。由于我方出口公司已将留存的样品遗失，对自己的陈述无法加以证明，我仲裁机构难以处理，最后只好赔付了一笔品质差价而结案。

分析：本案焦点是：此笔交易究竟是凭规格买卖，还是凭样品买卖，或者是既凭规格又凭样品买卖；如果是既凭规格又凭样品买卖，卖方是否需要负品质与样品不符的责任。

凭样品买卖是指交易双方约定以样品作为交货的依据的买卖。双方的这种约定，既可以是明示的，也可以是默示的。前者是指以样品为交货依据，并在合同中明确加以规定；后者是指根据交易的情况推断当事人有以样品为交货依据的意思。

从以上案情看，我方已在合同中订明了以规格表示的品质条款，本应属凭规格买卖的合同。但是，在成交前又向对方寄去样品，而且没有声明是参考样品，订约后又通知对方货物与样品相似，这就使该项交易变成既凭规格又凭样品的买卖，使自己受到双重标准的约束，对方则可以选用其中最优的品质要求。

因此，在该业务中，我方是应在赔偿后吸取教训的。如果交易货物的品质能够以规格确定，就不需要再寄送样品，更不能轻易地确认交货品质与样品相似。为了进行商品宣传可以寄送样。

第二节　商品的数量

商品的数量是国际货物销售合同中不可缺少的主要交易条件之一，没有确定商品数量的合同是一纸空文。《联合国国际货物销售合同公约》规定，按约定数量交货是卖方的一项基本义务，卖方交货数量不得少于约定的数量，如卖方未按约定期限内交货，买方有权提出损害赔偿要求。许多国家的法律规定也都把数量条件作为合同的要件，卖方必须按约定数量交货，否则，买方有权要求赔偿损失，甚至拒收货物。

由于交易双方约定的数量是交接货物的依据，因此，正确掌握成交数量和订好合同中的数量条款，具有十分重要的意义。

一、国际贸易中常用的计量单位

在进出口贸易中，由于商品的种类繁多、特性各异，所以计量单位和计量方法也多种多样。加上各国所采用的度量衡制度也不相同，所以在进出口业务中，了解各种度量衡制度，熟悉各种计量单位和计量方法十分重要。

（一）进出口贸易中常用的度量衡制度

在国际交易中，通常采用公制（The Metric System）、英制（The British System）、美制（The U.S. System）和国际标准组织在公制基础上颁布的国际单位制（The International system of Units）。根据《中华人民共和国计量法》规定："国家采用国际单位制。国际单位制计量单位和国家选定的其他计量单位，为国家法定计量单位。"目前，除个别特殊领域外，一般不许再使用非法定计量单位。我国出口商品，除照顾对方国家贸易习惯约定采用公制、英制或美制计量单位外，应使用我国法定计量单位。我国进口的机器设备和仪器等应要求使用法定计量单位，否则一般不许进口，如确为特殊需要，也必须经有关标准计量管理部门批准。

由于度量衡制度不同，即使是同一计量单位所表示的数量差别也很大。就表示重量的吨而言，实行公制的国家一般采用公吨，每公吨为 1 000 公斤；实行英制的国家一般采用长吨，每长吨为 1 016 公斤；实行美制的国家一般采用短吨，每短吨为 907 公斤。此外，有些国家对某些商品还规定有自己习惯使用的或法定的计量单位。以棉花为例，许多国家都习惯于以包（bag）为计量单位，但每包的含量各国解释不一。如美国规定棉花每包净重为 480 磅；巴西棉花每包净重为 396.8 磅；埃及棉花每包为 730 磅。又如糖类商品，有些国家习惯采用袋装，古巴规定每袋糖为 133 公斤，巴西规定每袋糖为 60 公斤等。由此可见，了解各种不同度量衡制度下各计量单位的含义及其计算方法是十分重要的。

（二）计量单位

国际市场上商品的计量单位很多，选择什么单位计量主要取决于商品的种类和特点，以及交易的计量习惯。通常使用下列几种。

（1）按重量（weight）计算。这是当今国际货物贸易中广为使用的一种计量方法，许多农副产品、矿产品和制成品，都按重量计量。按重量计量的单位有公吨（metric ton）、长吨（long ton）、短吨（short ton）、公斤（kilogram）、克（gram）、盎司（ounce）等。对黄金、白银等贵重商品，通常采用克或盎司来计量。钻石之类的商品，则采用克拉（crat）作为计量单位。

案例 3.3

某出口公司在某次交易会上与外商当面谈妥出口大米10 000吨，每吨USD275 F.O.B.中国口岸。但我方在签约时，合同上只笼统地写了10 000吨（ton），我方当事人主观认为合同上的吨就是指公吨（Metric ton）。后来，外商来证要求按长吨（Long ton）供货。如果我方照证办理则要多交160.5吨，折合美元44 137.5USD。于是我方要求修改信用证，而外商坚持不改，双方发生贸易纠纷。

分析：本案争议主要是由于我方签约人员对计量单位的无知造成的。1长吨=1.06吨，这是两种度量衡制度。所以业务人员在订立货物的数量条款时，一定要明确是何种度量衡制度，以免成交时陷入被动。

（2）按数量（number）计算。大多数工业制成品，尤其是日用消费品、轻工业品、机械产品以及一部分土特产品，均习惯于按数量进行买卖。其所使用的计量单位有件（piece）、双（pair）、套（set）、打（dozen）、卷（roll）、令（ream）、罗（gross）以及袋（bag）和包（hale），等等。

（3）按长度（length）计算。在金属绳索、丝绸、布匹等类商品的交易中，通常采用米（meter）、英尺（foot）、码（yard）等长度单位来计量。

（4）按面积（area）计算。在玻璃板、地毯、皮革等商品的交易中．一般习惯于以面积作为计量单位，常见的有平方米（square meter）、平方英尺（square foot）、平方码（square yard），等等。

（5）按体积（volume）计算。按体积成交的商品有限，仅用于木材、天然气和化学气体等。属于这方面的计量单位，有立方米（cubic meter）、立方英尺（cubic foot）、立方码（cubic yard），等等。

（6）按容积（capacity）计算。各类谷物和流体货物，往往按容积计量。其中，美国以蒲式耳（bushel）作为各种谷物的计量单位，但每蒲式耳所代表的重量，则因谷物不同而有差异。例如，每蒲式耳亚麻籽为56磅，燕麦为32磅，大豆和小麦为60磅。公升（liter）、加仑（gallon）则用于酒类、油类商品。

二、商品重量的计量方法

在国际货物贸易中，按重量计量的商品很多。根据一般商业习惯，通常计算重量的方法有下列几种。

（一）毛重

商品本身重量加包装的重量称为毛重（Gross Weight）。这种计重办法一般适用于粮食、饲料等低值商品。

（二）净重

凡商品本身重量，即除去其包装物后的实际重量称为净重（Net Weight），这是国际贸易中最常见的计重方法。不过，有些价值较低的农产品或其他商品，有时也采用“以毛作净”（Gross for Net）的办法计重。例如，蚕豆100吨，单层麻袋包装以毛作净。所谓“以毛作净”，实际上就是以毛重当作净重计价。

在采用净重计重时，对于如何计算包装重量，国际上有下列几种做法。

（1）按实际皮重计算。实际皮重即指包装的实际重量，它是指对包装逐件称量后所得的总和。

（2）按平均皮重计算。如果商品所使用的包装比较划一，重量相差不大，就可以从整批货物中抽出一定的件数，称出其皮重，然后求出其平均重量，再乘以总件数，即可求得整批货物的皮重。近年来，随着技术的发展和包装材料及规格的标准化，用平均皮重计算净重的做法已日益普遍，有人把它称为标准皮重。

（3）按习惯皮重计算。有些商品，由于其所使用的包装材料和规格已比较定型，皮重已为市场所公认，因此在计算其皮重时，就毋需对包装逐件过秤，按习惯上公认的皮重乘以总件数即可。

（4）按约定皮重计算。即以买卖双方事先约定的包装重量作为计算的基础。

国际上计算皮重的方法很多，究竟采用哪一种方法来求得净重，应根据商品的性质、所使用包装的特点、合同数量的多寡以及交易习惯，由双方当事人商定并在合同中具体订明，以免履约时引起争议。

（三）公量

国际货物贸易中的棉毛、羊毛、生丝等商品有较强的吸湿性，其所含的水分受客观环境的影响较大，故其重量很不稳定。为了准确计算这类商品的重量，国际上通常采用按公量计算的办法，即以商品的干净重（指烘去商品水分后的净重）加上国际公定回潮率与干净重的乘积得出其重量。计算公式有下列两种。

公量＝商品干净重×（1+公定回潮率）

公量 = 商品净重 ×（1+公定回潮率）÷（1+实际回潮率）

（四）理论重量

对于某些按固定规格生产和买卖的商品，只要其规格一致，每件重量大体是相同的，一般可以从其件数推算出总量。但是这种计重方法是建立在每件货物重量相同的基础上的，重量如有变化，其实际重量也会产生差异，因此只能作为计重时的参考。

（五）法定重量与实物净重

按照一些国家海关法的规定，在征收从量税时，商品的重量是以法定重量计算的。所谓法定重量是商品重量加上直接接触商品的包装物料，如销售包装等的重量。而除去这部分重量所表示出来的纯商品的重量，则称为实物净重。

三、合同中的数量条款

（一）数量条款的基本内容

合同中的数量条款，主要包括成交商品的具体数量和计量单位，有的合同还需规定确定数量的方法。

国际货物买卖中，有些商品是可以加以精确计量的，如金银、药品、生丝等。但在实际业务中，有许多商品受本身特性、生产、运输或包装条件以及计量工具的限制，在交货时不易精确计算，如散装谷物、油类、水果、粮食、矿砂、钢材以及一般的工业制成品等，它们的交货数量往往难以完全符合合同约定的某一具体数量。为了便于合同的顺利履行，减少争议，买卖双方通常都要在合同中规定数量的机动幅度条款，允许卖方交货数量可以在一定范围内浮动。

以下是国际货物买卖合同中的一些数量条款实例。

示例 1　Quality：800MT，3% more or less at　Seller's Option.

800 吨，卖方可溢装或短装 3%。

示例 2　Quality:1 000MT

The seller's have the option to load 5% moer or less than the quality contracted if it is necessary for the purpose to meet the shipping space and each difference shall be settled at the contracted price.

1 000 吨，卖方有权比合同约定数量多装或少装 5%以满足装货场所的要求，所差数量按合同价格结算。

（二）数量的机动幅度条款

买卖合同中的数量机动幅度条款一般就是溢短装条款（More or Less Clause）。所谓溢短装条款，就是在规定具体数量的同时，再在合同中规定允许多装或少装的一定百分比，卖方交货数量只要在允许增减的范围内即为符合合同有关交货数量的规定。

1. 机动幅度的规定方法

在出口业务中，关于交货的机动幅度，大致有以下几种规定方法。

（1）合同中明确具体地规定数量的机动幅度。这种做法是在合同中具体规定允许交货数量有一定范围的机动，一般仅适用于矿产品、煤炭、粮谷、化肥等大宗交易。例如：5 000 吨，卖方可以溢装或者短装 5%（5 000m/t，with 5% more or less at seller's option）。按照此规定，卖方实际交货数量如果为 4 750 吨，或者 5 250 吨，买方都不得提出异议。

（2）合同中未明确规定数量机动幅度，但在交易数量前加上"约"字。为使装货数量可以有所机动，合同中对数量规定为"约"数，但在进出口合同中，一般不宜采用大约、近似、左右等带伸缩性的字眼，因为各国和各行业对这类词语的解释不一，有的理解为 2%的伸缩，也有的理解为 5%，甚至 10%的伸缩，容易引起争议。值得注意的是，如果合同中采用信用证支付方式，按《跟单信用证统一惯例》规定，这种约数，可解释为交货数量有不超过 10%的增减幅度。

（3）在合同中没有明确规定机动幅度的情况下，卖方交货的数量原则上应与合同规定的数量完全一致。但在采用信用证支付方式时，根据《跟单信用证统一惯例》的规定，"除非信用证规定所列的货物数量不得增减，在支取金额不超过信用证金额的条件下，即使不准分批装运，货物数量亦允许有 5%的伸缩。"据此，以信用证支付方式进行散装货物的买卖，交货的数量可有增减 5%的机动幅度。

2. 溢短装的决定权

在合同规定有机动幅度的条件下，一般是由卖方行使多交或少交的选择权，有时也可由买方选择。如果涉及海洋运输，由于交货量的多少与承载货物的船只的舱容关系非常密切，交货的机动幅度一般由安排舱容和装载货物的一方，根据具体情况作出选择。例如，采用 FOB 条件成交，由买方负责签订运输合同，安排租船订舱，则数量的机动幅度一般就由买方和船方共同协商予以确认；如果采用 CIF 或 CFR 条件成交，由卖方负责安排租船订舱，则数量的机动幅度一般由卖方和船方来决定。

3. 溢装、短装数量的计价方法

目前，对在机动幅度范围内超出或低于合同数量的多装或少装部分，一般是按合同价格计价结算。但是，由于在数量上的多装或少装，在一定条件下关系到买卖双方的利益，因此，根据《联合国国际货物销售合同公约》规定，卖方多交货物后，买方若收取了超出部分，则要按合同规定支付相应的价款。在国际货物买卖中，尤其是大宗货物，买卖双方从签订合同开始到实际履行合同，需要相当一段时间。买卖双方所约定的商品价格，可能会发生较大的波动，尤其是那些商品价格较敏感或季节性较强的商品更是如此。为了防止有权选择溢短装的当事人利用行市的变化，有意多装或少装，以获取额外的好处，有的合同中规定，多装或少装部分不按合同价格计算，而代之以按装船日的行市或目的地的市场价格计算；如果双方未能就装船日或到货日，或是市场价格取得协议，则可交由仲裁机构解决。

此外，在少数场合，也有使用"约"数条款来表示实际交货数量可有一定幅度的伸缩，即在某一具体数字前加"约"或类似含义的文字。按《跟单信用证统一惯例》规定，这种约数，可解释为交货数量有不超过 10% 的增减幅度。由于"约"数的含义在国际贸易中有不同解释，容易引起纠纷，如果买卖双方一定要使用"约"数条款时，双方应事先在合同中明确允许增加或减少的百分比，或在“一般交易条件”协议中加以规定，否则不宜采用。

案例 3.4

某单位对中东某国家出口电扇1 000台，国外来证规定不允许分运。但在出口地发现有40台的包装破裂，有的风罩变形，有的开关按钮脱落。临时更换已来不及，为保证质量起见，发货人员认为根据《惯例》规定，即使不准分运，在数量上也许可有5%的伸缩。如果甩下40台，伸缩幅度并未超过5%，结果实装960台。当持单到银行议付时，银行则不予议付。问其故何在？

分析：《跟单信用证统一惯例》规定：除非信用证规定货物数量不得增减，只要支取的金额不超过信用证金额，则可有5%的增减幅度。但当信用证规定的数量按包装单位或以个数计数时，则此增减幅度不适用。该单位出口的电风扇是以个数计量的，所以不适用5%的增减幅度。

（三）订立数量条款应注意的问题

1. 正确掌握成交数量

在确定出口商品成交量时，应当考虑国外的供求状况、国内货源的供应情况、国际市场的价格动态以及外商的资信情况和经营能力等因素。在确定进口商品的成交数量时，应考虑国内的实际需要和支付能力、进口商品的质量和价格水平以及市场行情变化等因素。

2. 合理约定数量机动幅度

数量机动幅度的选择究竟由谁行使合适，应视成交条件和双方当事人的意愿而定。一般地说，如采用海运，应由负责安排船舶运输的一方来选择比较合适。例如，按FOB条件成交，应由派船接货的买方来选择；按CFR或CIF条件成交，应由派船送货的卖方来选择。此外，也可规定由船长根据舱容和装载情况作出选择。

3. 溢短装数量的计价方法要公平

在通常情况下，对机动幅度范围内多装或少装部分，一般按合同价格计算，但为了防止合同当事人利用市场行情的变化，故意多装或少装，以获取额外收入，也可在合同中规定，多装或少装部分，不按合同价格计价，而按装船时或到货时的市场价格计价，以体现公平合理的原则。

4. 数量条款的规定应明确、具体

在数量条款中，对成交商品的具体数量、使用何种计量单位和计量方法、数量机动幅度的大小及其选择权由谁掌握以及溢短装部分的具体作价办法等内容，都应一一订明。此外，对成交数量一般不宜采用“大约”、“近似”、“左右”等带伸缩性的字眼来表示，以免引起分歧而给履约造成困难。

案例 3.5

某粮油食品进出口公司出口一批驴肉到日本。合同规定，该批货物共25吨，装1 500箱，每箱净重16.6千克。如按规定装货，则总重量应为24.9吨，余下100千克可以不再补交。当货物运抵日本港口后，日本海关人员在抽查该批货物时，发现每箱净重不是16.6千克而是20千克，即每箱多装了3.4千克。因此该批货物实际装了30吨。但在所有单据上都注明了24.9吨。议付货款时也按24.9吨计算，白送5.1吨驴肉给客户。

此外，由于货物单据上的净重与实际重量不符，日本海关还认为我方少报重量有帮助客户逃税的嫌疑，向我方提出意见。经我方解释，才未予深究。但多装5.1吨驴肉，不再退还，也不补付货款。本案说明了什么问题？

分析：世界上许多国家的海关一般对货物进口都实行严格的监管，如进口商申报进口货物的数量与到货数量不符，进口商必然受到询查，如到货数量超过报关数量，就有走私舞弊之嫌，海关不仅可以扣留或没收货物，还可追究进口商的刑事责任。

本案中，由于我方的失误，不仅给自己造成损失还给进口商带来麻烦。

第三节　商品的包装

在国际货物贸易中，除少数商品难以包装、不值得包装或根本没有必要包装而采用散装或裸装外，其他绝大多数商品都需要有适当的包装。

商品的包装是保护商品在流通过程中的品质完好和数量完整的重要条件，是实现商品的使用价值与增加价值的必要工具之一。适当的商品包装，对保护、保存商品，美化、宣传商品以及方便商品的贮存、运输、销售和使用都起着重要作用。出口商品包装也是提高商品在国际市场的竞争能力，扩大销售，增加售价的有效手段。在实际业务中，对出口商品的包装，应力求做到符合科学、经济、牢固、美观、适销的要求。

在国际货物贸易中，交易双方都十分重视商品的包装和包装条件的约定，都视包装为说明货物的重要组成部分，视包装条件为买卖合同中的一项主要交易条件。根据《联合国国际货物销售合同公约》第 34 条（1）款的规定："卖方须按照合同规定的方式装箱或包装，卖方交付的货物，如未按合同规定的方式装箱或包装，就构成违约。"因此，为明确双方当事人的责任，通常都应在买卖合同中对商品的包装作出明确和具体的规定。

一、商品包装的分类

根据在流通过程中所起作用的不同，商品包装可分为运输包装和销售包装两大类。

（一）运输包装（Transport Packing）

运输包装又称大包装、外包装（Outer Packing），是将货物装入特定容器，或以特定方式成件或成箱的包装。运输包装的作用有二：一是保护货物在长时间和远距离的运输过程中不被损坏和散失；二是方便货物的搬运、储存和运输。

1. 运输包装的分类

运输包装的方式和造型多种多样，包装用料和质地各不相同，包装程度也各有差异，这就导致货物运输包装的多样性，如表 3.2 所示。

表 3.2 包装的分类标准和种类

分类标准	种类
包装方式	单件运输包装和集合运输包装
包装造型	箱、袋、包、桶和捆
包装材料	纸制包装，金属包装，木制包装，塑料包装，麻制品包装，竹、柳、草制品包装，玻璃制品包装和陶瓷包装等
包装质地	软性包装、半硬性包装和硬性包装
包装程度	全部包装、局部包装

2. 运输包装的标志

运输包装的标志指为了方便货物运输、装卸及储存保管，便于识别货物和防止货物损坏而在商品外包装上刷写的标志。按其作用分为运输标志、指示性标志和警告性标志等。

（1）运输标志（Shipping Mark）俗称“唛头”，其作用是在运输过程中使有关人员易于辨认货物，便于核对单证，避免货物在运输中发生混乱或延误，使货物顺利和安全地运抵目的地。运输标志通常刷印在运输包装明显的部位，由一些字母、数字及简单的文字组成，有的还伴有几何图形。主要包括以下三项基本内容。

收/发货人的名称代号、简单的几何图形。

目的港或目的地的名称。如货物运至的目的港或目的地有同名的，还应注明所在国家或地区名称；如需经由某港口或某地转运的，还需表明转运地名称，如经××港转运。

件号。指本批每件货物的顺序号和总件数。

此外，有时应进口人要求，为便于查对在运输标志中还加列有合同号、发票号、信用证号、进口许可证号、货物的花色号、型号、色泽等有关内容，但这不是运输标志必须具备的组成部分，而是视交易的具体情况和买主的要求而定。

如图 3.1 所示是运输标志的一些示例。

例 1

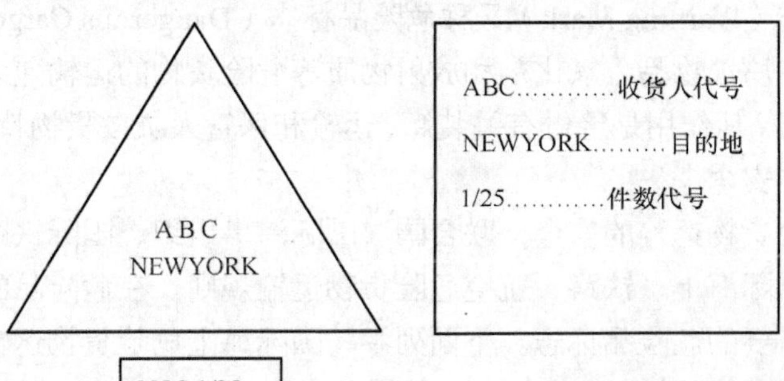

图 3.1 运输标志

小资料

为了便于电子计算机技术在运输和单证流转方面的应用，避免运输标志内容过多、过繁造成差错和困难，影响顺利交货，联合国欧洲经济委员会简化国际贸易程序工作组，在国际标准化组织和国际货物装卸协会的支持下，曾制定标准运输标志，向国际贸易界推荐使用。该标准运输标志由 4 个要素按照一定程序排列构成。以下是这 4 个要素。

（1）收货人或买方的名称字首或简称。

（2）参照号码。例如，买卖合同号码、订单号码或发票号码等。

（3）目的地。货物的最终目的港或目的地的名称。

（4）件数号码。包装货物的每件货物的顺序号和总件数均需标上。例如，“No.1/100”、“No.2/100”，直到“No.100/100”

（2）指示性标志（Indicative Mark）是根据商品的特性，对一些容易破、残损、变质的商品，在搬运装卸操作和存放保管条件方面所提出的要求和注意事项，用图形或文字表示的标志。例如，“怕湿”、“向上”、“小心轻放”和“禁用手钩”等。

为了统一各国运输包装指示标志的图形与文字，一些国际组织，如国际标准化组织（ISO）国际航空运输协会（IATA）和国际铁路货运会议（RID）分别制定了包装储运指示性标志，并建议各会员国予以采纳。我国制定有运输包装指示性标志的国家标准，所用图形与国际上通用的图形基本一致，如图 3.2 所示。

图 3.2　指示性标志

（3）警告性标志（Warning Mark）又称危险品标志（Dangerous Cargo Mark）是指在装有爆炸品、易燃物品、腐蚀物品、氧化剂和放射物质等危险货物的运输包装上用图形或文字表示各种危险品的标志。其作用是警告有关装卸、运输和保管人员按货物特性采取相应的措施，以保障人身和物资的安全。

为保证国际危险货物运输的安全，联合国、国际海事组织、国际铁路合作组织和国际民航组织分别制定有国际海上、铁路、航空危险货物运输规则。在危险品的外包装上应分别依照上述规则，刷写必要的危险品标志。下面列举《国际海上危险货物运输规则》简称《国际危规》所规定的一些危险品标志，如图 3.3 所示。

图 3.3　警告性标志

（二）销售包装（Selling Packing）

又称小包装（Small Packing）、内包装（Inner Packing）或直接包装（Immediate Packing），是在商品制造出来以后以适当的材料或容器所进行的初次包装。销售包装除了保护商品的品质外，还有美化商品，宣传推广，便于陈列展销，吸引顾客和方便消费者识别、选购、携带和使用，从而能起到促进销售，提高商品价值的作用。有的商品如照相胶卷、罐头食品只有进行了销售包装，生产才真正完成。

1. 销售包装的种类

销售包装可采用不同的包装材料和不同的造型结构与式样，这主要根据商品特性和形状而定。常见的销售包装有下列几种。

（1）带有悬挂装置的挂式包装。指带有“吊钩”、“吊带”、“网兜”、“挂孔”等装置的包装，这类包装便于悬挂。

（2）堆叠稳定性强的堆叠式包装。如罐瓶盒类的商品，其包装的盖部和底部在造型设计上可以相互吻合，以使货物能在商店货架上堆叠摆放。

（3）附有提手装置的携带式包装。为方便顾客携带，在包装上附有提手装置的包装。

（4）便于开启的易开包装。指密封的容器上设有容易开启装置的包装，如易拉罐。

（5）带有自动喷出流体的喷雾包装。指包装是一个液体喷雾器，使用时按动按钮液体即可自动喷出。

（6）将配套成交的不同商品装入同一包装内的配套包装。指经常同时使用的不同种类和不同规格的货物搭配成套的包装。

（7）礼品包装。即专门作为礼品的包装。

（8）具备多种用途的复用包装。这种包装除用作出售货物的包装外，还可用来存放其他货物或供观赏，具有多种用途。

2. 销售包装的装潢和文字说明

商品销售包装上的装潢和文字说明是美化商品、宣传商品、吸引消费者，使消费者了解商品特性和妥善使用商品的必要手段。装潢、图案和文字说明通常直接印刷在商品包装上，也有采用在商品上粘贴、加标签、挂吊牌等方式。

销售包装的装潢，通常包括图案与色彩，装潢应美观大方，富有艺术吸引力，并突出商品的特性；同时，还应适应进口国或销售地区的民族习惯和爱好，以利扩大出口。文字说明通常包括商品名称、商标品牌、数量规格、成分构成与使用说明等内容。这些文字说明应与销售包装的装潢画面紧密结合、和谐统一，以达到树立产品及企业形象、提高宣传和促销的目的，使用的文字说明或粘贴、悬挂的商品标签和吊牌等，还应注意不违反有关国家的标签管理条例的规定。例如，有的国家明文规定所有进口商品的文字说明必须使用本国文字。

（三）中性包装与定牌生产

1. 中性包装

中性包装指既不标明生产国别、地名和厂商的名称，也不标明商标或牌号的包装。也就是说，在出口商品包装的内外，都没有原产地和出口厂商的标记。中性包装包括无牌中性包装和定牌中性包装两种。

（1）无牌中性包装是指包装上既无生产国别、厂名、地名，又无商标和品牌的包装。它主要用于一些尚待进一步加工的半成品的包装。例如，供印染用的棉坯布等。国外超市定购低值易耗的日用消费品时，也有要求无牌包装的。之所以这样要求是因为不需要广告宣传，可节省广告费，降低销售成本，从而达到薄利多销的目的。

（2）定牌中性包装是指买方要求出口商在商品及包装上使用买方指定的商标或品牌，但无生产地名和厂名的包装。这是进口商借助品牌优势扩大销路的需要。

2. 定牌生产

定牌生产指卖方按买方的要求，在其出售的商品或包装上标明买方指定的商标或品牌。

当前，世界许多国家的超级市场、大百货公司和专业商店，对其经营出售的商品，都要在商品上或包装上标有本商店使用的商标或品牌，以扩大本店知名度和显示该商品的身价。许多国家的出口厂商，为了提高售价和扩大销路，也愿意接受定牌生产。

按照国际贸易中的习惯做法，我国也接受定牌生产，其具体做法有下列几种。

（1）在定牌生产的商品和/或包装上，只用外商所指定的商标或品牌，而不标明生产国别和出口厂商名称，这属于采用定牌中性包装的做法。

（2）在定牌生产的商品和/或包装上，标明我国的商标或品牌，同时也加注国外商号名称或表示其商号的标记。

（3）在定牌生产的商品和/或包装上，采用买方所指定的商标或品牌的同时，在其商标或品牌下标示“中国制造”字样。

二、合同中的包装条款

（一）合同包装条款的主要内容

进出口贸易合同中，包装条款一般包括包装材料、包装方式、包装规格、包装标志和包装费用负担等内容。商品的包装条件会涉及买卖双方的利益，包装方式对进口商在市场上销售有一定的影响。故买卖双方洽谈交易时必须对包装问题谈妥，并在合同中订立明确。

以下是国际货物买卖合同中包装条款的一些实例。

示例 1　木箱装，内衬防潮纸，每箱净重 20 千克。

In wooden cases lined with waterproof paper of 20kg net each.

示例 2　国际标准茶叶纸箱装，24 纸箱装一托盘，10 托盘装一集装箱（整箱）

In international tea boxes，24 boxes on a pallet，10pallets in a FCL container.

（二）订立包装条款时需注意的问题

（1）要考虑商品特点，适合运输要求。进出口贸易商品大多需要远洋运输，一般要求包装要能防止泄漏，防止盗窃，适应气候变化，同时要根据具体商品的特点实施相应包装。

（2）必须明确具体。买卖双方在洽谈时，要充分地进行意见交流，合同中有关的包装条件要明确具体，不要使用“卖方惯用包装”、“习惯包装”等笼统概念。订立时明确具体，事后分歧就少。例如，某种商品包装条款订为：“进口纸箱包装，内塑料袋，每箱净重10公斤。”

（3）运输标志的使用。按国际贸易习惯，运输标志一般由卖方确定，但也有买方要求由自己确定的。若由买方确定时，应在合同中具体规定运输标志的式样和内容，买方提供的时间，同时规定，逾期未收到买方通知时由卖方自定。

（4）包装费用的负担。包装费用一般包括在货价中，不另计价，在包装条款中无须说明。但是，买方若要求特制包装，导致包装费用超出正常程度，使产品成本增加时，则需要明确超出的费用由谁负担。

案例 3.6

某乡镇企业与香港M贸易公司签订了一份出口烤花生合同，规定数量为40吨，纸箱包装，每箱装10袋，每袋450克。付款采用信用证方式，签约后15天内将信用证开到该乡镇企业，交货期在4月30日以前。因客户对内包装袋不满意，决定使用自己的包装袋，于是包装条款中附带一句“内包装由港方提供”。3月20日签约后的14天，港方开来信用证，该乡镇企业审核无误后即组织加工，同时催促对方发送包装袋。4月15日加工完毕，但包装袋仍未到，在多次催促之后，包装袋于4月24日到货。出口方立即组织装袋打包，但仍未赶上4月28日的船期，而下一班船是5月8日，超过原订交货期。于是，出口方于4月28日致电港方，由于迟交包装袋，导致未能按时交货，要求改证。但遭到对方拒绝，并要求将信用证改为托收结汇。出口方表示同意。货到香港后，港方突然来函称市场看跌，要求降价10%。该乡镇企业在极为被动的情况下，经交涉减让了8%，才得以办理赎单手续。

分析：本案例中属于由于买方没有及时提供约定包装导致最后我方交货延误。通常交易中商品包装由卖方提供，若买方对于包装有特殊要求，则应该由买方提供或者承担相关的费用。我方在该案例中的失误在于没有能够在合同中明确对方提交货物内包装的时间，导致我方货物准备好了，但是由于对方内包装没有到位，而没能够及时出运导致延期，不得不接受对方降价的要求。

技能训练

实训主题：订立合同标的品质、数量和包装条款。

实训地点：教室。

实训目的：运用学过的知识，订立合同的质量、数量和包装条款。

背景材料

我国 ABC Trading Co. Ltd.，与日本大阪 NYK Trade and Development Corp. 公司签订一份

出口东北大豆的合同，采用单层麻袋（Single Gunny Bag），允许5%的溢短装，共1000吨，货物从上海运往日本大阪（Osaka），双方签订的合同号码为01-368-98。

实训过程设计：

（1）将全班同学平均分成小组，按每组5～6人进行讨论；

（2）采用合理的方法规定商品的品质，订立品质条款；

（4）订立数量条款；

（5）订立包装条款，并制作运输标志。

本章小结

品名条款是合同中的主要条款。品名是买卖双方交接货物的重要依据。品名条款的内容是在商品名称的标题下，列明所要成交商品的具体名称。规定品名条款，应具体、明确，实事求是。

品质是决定商品价格高低的重要因素。品质条款是买卖合同中的重要条件。在国际贸易中，表示品质的方法有两大类：以实物表示品质和以说明表示品质。为了便于交货，对凭说明进行的买卖，可加列公差条款或品质机动幅度条款，允许交货品质可在一定范围内高于或低于合同规定。

数量条件是买卖双方交接货物的依据。计量单位常用的有按重量、数量、长度、面积、体积、容积等。重量的计算方法包括毛重、净重、皮重、公量、理论重量、法定重量等。统一度量衡制度对买卖双方非常重要。为了便于交货，对于某些商品，在合同中应加订数量的机动幅度，即溢短装条款。

商品包装是商品生产的继续。包装应体现科学、经济、牢固、美观、适销等要求。包装根据其在流通领域中的作用可分为运输包装和销售包装。中性包装和定牌生产常见于流通领域，而条形码更是进入国外超级市场的必要条件。运输包装上的标志可分为识别标志、指示性标志和警告性标志。销售包装上的标志常有条形码、标签等。包装条款一般应包括包装方式、包装材料、包装规格、包装标志和包装费用的负担等。

综合练习

一、单项选择题

1. 在品质条款的规定上，对某些比较难以掌握其品质的工业制成品或者农副产品，可以在合同中规定（　　）。

A. 溢短装条款　　B. 增减价条款

C. 品质公差或者品质机动幅度　　D. 规定采用商品净重计价

2. 对于价值比较低，外包装比较轻的商品，往往采取（　　）计算其重量。

A. 以毛作净　　B. 法定重量

C. 净重　　D. 理论重量

3. 某公司与外商签订了一份出口某商品的合同，合同中规定的出口数量为500吨。在溢短装条款中规定，允许卖方交货可增减 5%，但是未对多交部分货物如何计价给予规定。卖方依照合同多交了20吨，根据《公约》的规定，该20吨货物应该采用（　　）作价。

A. 市场价　　B. 议定价　　C. 合同价　　D. 参考价格

4. 我某进出口公司拟向欧洲出口服装一批，在洽谈合同条款的时候，就服装款式可以要求对方提供（　　）。

A. 样品　　B. 规格　　C. 商标牌号　　D. 产地

5. 我国现行的法定计量单位是（　　）。

A. 公制　　B. 国际单位制　　C. 美制　　D. 英制

6. 珠宝、首饰等商品具有独特性质，在出口规定其品质时，最好采用（　　）表示商品品质。

A. 样品磋商　　B. 文字说明　　C. 看货成交　　D. 图片说明

7. 凭样品买卖时，如果合同无其他规定，则卖方所交货物（　　）。

A. 可以和样品大致相同　　B. 必须要和样品完全一致

C. 允许合理公差　　D. 允许包装规格有一定幅度的差异

8. 买卖合同中规定溢短装条款，是允许卖方（　　）。

A. 在交货质量上有一定幅度的差异　　B. 在交货数量上有一定幅度的差异

C. 在包装规格上允许一定幅度的差异　　D. 在价格上允许一定幅度的增减

9. 某公司出口电扇1 000台，纸箱包装，合同和信用证均规定不允许分批装运。装船时候有40台包装破裂，风罩变形，不能出口。根据《UCP600》的有关规定，只要货款不超过信用证总金额，交货数量允许有5%的增减。据此，发货人（　　）。

A. 可以装运960台　　B. 必须装运1 000台

C. 可以装运950～1 050台的任意数量　　D. 可以装运950台

10. 国际贸易中以重量计量的商品大部分（　　）。

A. 按毛重计价　　B. 按净重计价

C. 按皮重计价　　D. 按“净重+皮重”计价

11. 外贸中的大包装又称为（　　）。

A. 全部包装　　B. 运输包装　　C. 销售包装　　D. 中性包装

12. “龙口粉丝”中用来表面商品品质的方法是（　　）。

A. 凭商标或品牌　　B. 凭标准　　C. 凭规格　　D. 凭产地名称

13. 在国际贸易中，关于包装由谁供应的通常做法是（　　）。

A. 由卖方提供包装，包装连同商品一起交付买方

B. 由卖方提供包装，但交货后，卖方将原包装收回

C. 由买方提供包装或包装材料

D. 由厂家免费提供包装

14. 某卖方同意以每吨300美元的价格向买方出售1 200吨一级大米，麻袋包装，合同和信用证金额都为36万美元。但卖方实际交付货物时，大米的价格已发生了波动。因价格波动，现在一级大米的价格是350美元/吨，而三级大米的价格为300美元/吨，则（　　）。

A. 卖方可交三级大米替代一级米

B. 卖方应按合同规定交货

C. 因价格波动卖方可按比例少交 5%的货物

D. 卖方可以多交 5%货物，且采用市场价格

15. 某公司向国外某客商出口 50 吨小麦，卖方实际交货时多交了 2 吨，下列买方的决定错误的是（　　）。

A. 收取 52 吨货物　　B. 拒收 52 吨货物

C. 收取多交货物的 1 吨　　D. 拒收多交的 2 吨货物

二、多项选择题

1. 在国际贸易中，按样品提供者的不同，凭样品成交可分为（　　）。

A. 凭卖方样品买卖　　B. 凭买方样品买卖

C. 凭对等样品买卖　　D. 凭图样买卖

E. 凭参考样品买卖

2. 表示商品品质的方法有（　　）。

A. 样品　　B. 商标牌号

C. 产地名称　　D. 规格、等级和标准

E. 看货交易

3. 标准运输标志的内容有（　　）。

A. 收货人的代码　　B. 参考号

C. 目的地　　D. 产地标志

E. 货物包装的件数

4. 以下属于运输包装标志的有（　　）。

A. 运输标志　　B. 条形码

C. 指示性标志　　D. 警告性标志

E. 重量、体积和产地标志

5. 包装条款的内容主要包括（　　）。

A. 包装材料　　B. 包装方式

C. 包装规格　　D. 包装标志

E. 包装费用

6. 商品包装按在流通领域中所起作用的不同分为（　　）。

A. 运输包装　　B. 销售包装

C. 中性包装　　D. 定牌生产

E. 集装箱包装

7. 目前，国际贸易中通常使用的度量衡制度有（　　）。

A. 公制　　B. 英制

C. 美制　　D. 国际单位制

E. 法制

8. 运输包装的主要作用在于（　　）。

A. 保护商品　　B. 防止货损货差

C. 促进销售　　D. 宣传商品

E. 吸引客户

9. 采用中性包装的目的是（　　）。

A. 避开进口国家、地区的关税和非关税壁垒 B. 适应交易特殊需要
C. 使出口厂商加强对外竞销 D. 使出口厂商扩大出口
E. 利用进口方的商业信誉

10. 在货物买卖合同中，数量机动幅度的选择权可由（　　）。

A. 船方行使 B. 卖方行使
C. 买方行使 D. 中间商行使
E. 开证行行使

11. 溢短装条款主要包括（　　）。

A. 数量机动幅度 B. 机动幅度选择权
C. 交货数量 D. 计量单位
E. 溢短装部分作价方法

12. 下列是以实物表示商品品质的方法有（　　）。

A. 凭样品成交 B. 凭标准买卖
C. 看货买卖 D. 凭产地名称买卖
E. 凭商标买卖

13. 在采用净重计重时，国际上通常计算包装重量的做法有（　　）。

A. 按实际皮重计算 B. 按平均皮重计算
C. 按习惯皮重计算 D. 按约定皮重计算
E. 按法定皮重计算

14. 数量条款主要涉及（　　）。

A. 成交数量确定 B. 计量单位确定
C. 计量方法确定 D. 数量机动幅度的掌握
E. 品质公差确定

15. 对于以文字说明进行的买卖，允许卖方所交货物的品质，可以在一定范围内高于或低于合同规定，可加列（　　）。

A. 品质机动幅度条款 B. 商品的质量条款
C. 商品成交数量条款 D. 品质公差条款
E. 商品规格条款

三、计算题

1. 某公司出口生丝，买卖双方约定标准回潮率为 11%。现有生丝 105 吨，经过测定，回潮率为 13%，问符合双方约定回潮率的重量应为多少公吨？

2. 某公司出口水产品 10 吨。合同规定为箱装，每箱净重为 10 公斤，数量和金额均允许增减 5%。问该批货物最多能装多少箱，最少应装多少箱？

四、案例分析

1. 案例一

按约定数量交货但遭拒付案

1998 年 6 月，中方某出口企业与美国某公司签订了一份本厂生产产品的出口合同，数量为 600 吨（允许溢短装 5%），单价为 CIF 纽约 520 美元/吨，总值为 312 000 美元，结算方式

为不可撤销即期信用证，装运期为 1998 年 8 月。

7 月 12 日，对方按约定开来了信用证，经审核，信用证中货物的数量、单价、总值均按合同开立，从表面上看，这是一份完全按合同开立的信用证。

8 月 10 日，该企业按信用证“数量为 600 吨，可溢短装 5%”的规定装运 630 吨货物，并制作全套的单据于 8 月 16 日向开证行收款。

8 月 20 日，我出口企业接到由通知行转来的拒付书，理由是发票金额为 327 600 美元，大于信用证金额 312 000 美元。

我出口企业经分析明白，原来信用证的金额未包括溢装的 5%的货物款。只好重新开出金额为 312 000 美元的发票，向开证行收回了部分货款。其余 30 吨的货款，进口商拒绝付款，而这时我出口企业已没有控制货物所有权的任何凭证，鉴于金额比较小，要通过诉讼程序解决比较麻烦，该出口企业只得放弃收款的权利，给企业造成 15 600 美元的损失。

问题：

（1）我出口企业失利的原因？

（2）该案例给您什么启示？

2. 案例二

品质表示方法使用不当引起正义争议

中国 A 公司曾向 B 外商出售一批农产品。成交前，该公司给外商寄送过样品。签约时，在合同品质条款中规定了商品的具体规格。签约后，卖方经办人员又主动电告买方，确认“成交商品与样品相似”。在货物装运前，中国进出口商品检验检疫局进行了检验并签发了品质规格合格证书。但该批货物运到目的地后，买方认为，所交货物品质比样品低，要求减价。卖方认为，合同并未规定凭样成交，而且所交货物，经检验符合约定的规格，故不同意减价。于是买方便请当地检验机构检验，出具了交货品质比样品低 7%的证明，并据此提出了索赔要求，卖方拒赔。由于合同中未规定仲裁条款，而发生争议后，双方又达不成仲裁协议，买方遂请中国仲裁机构协助处理解决此案争议。鉴于签约前卖方给买方寄送过样品，签约后卖方又主动确认“交货与样品相似”且存样已经遗失，故在仲裁机构的协调下，由卖方赔付买方品质差价的办法了结此案。

问题：

（1）你认为中国仲裁机构会这样处理的理由是什么？

（2）我方应该吸取哪些教训？

第四章 国际货物运输

教学要求

能力目标

- 能够掌握各种运输方式的特点，合理选用货物运输方式
- 能够办理运输手续，订立装运条款
- 能够掌握运输单据的内容，制作和审核单据

知识目标

- 了解国际货物运输的特点和规律
- 熟悉各种运输方式的特点及操作程序，特别是现代化的运输方式
- 掌握货运单据的性质、作用以及买卖双方交付货物的相关环节

开篇案例

埋下隐患的装运条款——未明确转运港

内地A公司从香港特别行政区B公司进口A套德国设备，合同价格条件为CFR广西梧州，装运港是德国汉堡，装运期为开出信用证后90天内，提单通知人是卸货港的外运公司。

合同签订后，A公司于7月25日开出信用证，10月18日香港B公司发来装船通知，11月上旬B公司将全套议付单据寄交开证行，A公司业务员经审核未发现不符并议付了货款。船运从汉堡到广西梧州包括在香港转船正常时间应在45～50天。12月上旬，A公司屡次查询梧州外运公司都无货物消息，怀疑B公司倒签提单，随即电询B公司，B公司答复已如期装船。12月下旬，A公司仍未见货物，再次电告B公司要求联系其德国发货方协助查询货物下落。B公司回电说德国正处圣诞节假期，德方无人上班，没法联络。A公司无奈只好等待。元月上旬，圣诞假期结束，B公司来电，称货物早已在去年12月初运抵广州黄埔港，请速派人前往黄埔办理报关提货手续。此时货物海关滞报已40多天，待A公司办好所报关提货手续已是次年元月底，发生的滞箱费、仓储费、海关滞报金、差旅费及其他相关费用达十几万元。造成上述结果的原因主要有以下几个。

（1）合同未列明转运港。A公司按经验想当然认为转运港是香港，卸货港是梧州。可德国发货方并不知道香港—梧州有船来往，他们安排了汉堡—香港—广州—梧州的运输路线，且该路线是合理的。

（2）合同的规定提单通知人为卸货港的外运公司较笼统。货抵黄埔后，黄埔外运不知货

主是谁。按原外贸公司进口合同标准合适，提单“收货人”通常为“凭指定”，“通知人”为“目的港外运公司”。A公司认为合同目的港是梧州，因此他们只和梧州外运联系，根本没想到黄埔外运。

启示：上述案例表明，影响国际货物运输的因素很多，在国际长途运输过程中，情况复杂多变，稍有不慎，就可能导致各种风险和损失，甚至影响进出口运输任务的完成。因此，合理选择与运用各种运输方式，切实订好合同中的各项装运条款和妥善处理国际货物运输、交接中的实际问题，有着重要的实践与经济意义。

在国际贸易中，货物从出口国转到进口国必须通过运输来实现。国际货物运输是一门比较复杂的科学，也是国际贸易中必不可少的一个环节。它有线长面广、中间环节多、时间性、情况复杂、风险大等特点，任何一个环节出现疏漏，都有可能对合同的顺利履行产生重大影响。作为从事国际贸易的人员，只有掌握国际货物运输的基本知识，才能在交易磋商及签订合同时充分考虑有关情况，使合同运输条款的订立更加明确、具体、合理，为合同的顺利履行奠定基础。

第一节　海洋运输方式

国际货物运输包括海洋运输、铁路运输、航空运输、邮包运输、集装箱运输与国际多式联运以及国际河流运输、公路运输与管道运输等。海洋运输历史最为悠久，它是利用海轮在国内外港口之间，通过一定的航区和航线进行货物运输的一种方式。目前，它占国际贸易货物运输的比重最大。根据有关统计，世界贸易货运总量的 2/3 以上，我国进出口货物货运量中约 90%是通过海洋运输的。海洋运输之所以成为国际贸易中最主要的运输方式，除了地理条件因素之外，与海洋运输本身的特点息息相关。

一、海洋运输方式的特点

（一）运量大。船舶在海上航行，利用天然广阔的海洋，通过能力大，载重量大，其他任何运输方式都无法与之相比。一般远洋货轮的载重量都在万吨以上，最大的油轮达 55 万吨级，其载重量相当于 2500 个火车皮。

（二）运费低。海洋航道天然形成，港口设备一般均为政府修建，再加之由于运量大、航程远，分摊于每吨中的费用成本较低，充分发挥了规模经济效益。据统计，海运运费一般为铁路运费的 1/5、公路运费的 1/10、航空运费的 1/30，这为低值大宗货物的运输提供了有利的条件。

（三）对货物的适应性强。远洋船舶可适应多种货物运输的需要，对超重、超长货物有较强的适应性，且不受道路和轨道的限制，可利用天然航道，四通八达。若遇政治、经济、自然等贸易条件的变化，可随时改选最佳航线。

（四）速度慢。与其他运输方式相比，海洋运输速度较慢。班轮的航行速度也只有 30 海里/小时左右，其他商船的速度则更慢，因而不宜用来运输那些易腐烂的货物。

（五）风险大。船舶在海上航行，受气候和自然条件的影响较大，航期有时得不到保证，遇险的可能性很大。全世界每年遇险的沉船一般都在 300 艘左右。同时，海洋运输也存在着社会风险，如战争、罢工、贸易禁运等。因此，海洋货物运输需要保险，以转嫁损失。

二、海洋运输的经营方式

海洋运输按船舶经营方式的不同，可分为班轮运输（Liner Transport）和租船运输（Shipping by Chartering）。

（一）班轮运输

1. 班轮运输概述

班轮运输又称定期船运输，是指船舶在固定的航线上和固定港口间，按事先公布的船期表航行，并按事先公布的费率计收运费，从事客货运输的经营方式。班轮运输有以下特点。

（1）具有“四固定”的基本特点，即固定的航线、固定的来往港口、固定的船期表和相对固定的运费。

（2）船方负责货物装卸。装卸费含在运费中，货方不再另付。

（3）船货双方的权利义务与责任豁免，以船方签发的提单条款为依据。

（4）承运货物的品种、数量比较灵活，主要承运对象是杂货，与大宗货物相比具有批次多、批量小、货价高等特点。

2. 班轮运费

班轮运输费用是班轮公司为运输货物而向货主收取的费用，包括货物从装运港至目的港的海上运费以及货物的装卸费。班轮运费是按照班轮运价表的规定计算的，不同的班轮公司会有不同的班轮运价表，通常按照各种商品的不同积载系数以及不同性质和不同价值，结合不同航线加以确定。

班轮运费包括基本运费和附加费两部分。前者是指货物从装运港运到卸货港所应收取的基本运费，它是构成全程运费的主要部分。后者是指对一些需要特殊处理的货物，或者由于突然事件的发生或客观情况变化等原因而需另外加收的费用。

基本运费的计收标准，根据不同商品，通常采用下列几种方式。

（1）按货物毛重，又称重量吨计收运费，运价表内用“W”表示。

（2）按货物的体积/容积，又称尺码吨计收运费，运价表内用“M”表示。

（3）按毛重或体积计收，由船公司选择其中收费较高的计收，运价表中以“W/M”表示。

（4）按商品价格计收，又称为从价运费，运价表内用“A/V”或“Ad/Val”表示。从价运费一般按货物的 FOB 价格的百分之几收取。

（5）在货物重量、尺码或价值三者中选择最高的一种计收，运价表中用“W/M or Ad/Val”表示。

（6）按货物重量或尺码选择其高者，再加上从价运费计算，运价表中以“W/M plus Ad/Val”表示。

（7）按每件货物作为一个计费单位收费，如活牲畜按“每头”，车辆按“每辆”收费。

（8）临时议定价格，指由货主和船公司临时协商议定。通常适用于承运粮食、豆类、矿石、煤炭等运量较大、货值较低、装卸容易、装卸速度快的农、副产品和矿产品。议价货物的运费率一般较低。

在实际业务中，基本运费的计算标准，以按货物的毛重（“W”）和按货物的体积（“M”）或按重量、体积选择（“W/M”）的方式为多。贵重物品则多按货物的 FOB 总值（“A/V”）计收。

上述计算运费的重量吨和尺码吨，统称为运费吨（freight ton），又称计费吨。现在国际上一般都采用公制（米制），其重量单位为吨（metric ton，缩写为 M/T），尺码单位为立方米（cubic metre，缩写为 M）。计算运费时，1 立方米作为 1 尺码吨。

附加费的计费办法，有的是在基本运费基础上，加收一定的百分比；有的按每运费吨加收一个绝对数计算。附加费名目繁多，通常有下列几种。

（1）超重附加费。每件商品的毛重超过规定重量时所征收的附加运费。如需转船，每次转船加收一次。

（2）超长附加费。每单件货物的长度超过一定限度时，所加收的附加费用。如需转船，均加收一次。

（3）选卸附加费。对于选卸货物需要在积载方面给予特殊安排的，就会增加一定的手续和费用，甚至有时会发生翻舱。由于上述原因而追加的费用，称为选卸附加费。

（4）直航附加费。一批货达到规定的数量，托运人要求将这批货物直接抵达非基本港口卸货，船公司为此加收的费用，称为直航附加费。

（5）转船附加费。货物需要转船运输的话，船公司必须在转船港口办理换装和转船手续，由上述作业所增加的费用，称为转船附加费。

（6）港口附加费。由于某些港口的情况比较复杂，装卸效率较低或港口收费较高等原因，船公司特此加收一定的费用，称为港口附加费。

除上述各种附加费外，船公司有时还根据各种不同情况临时决定增收某种费用，例如燃油附加费、货币附加费、绕航附加费等，班轮运费通常是按照班轮运费表的规定计收的。

小资料

计算班轮运费的方法

先根据货物的英文名称从货物分级表中查出有关货物的计费等级和其计算标准；然后再从航线费率表中查出有关货物的基本费率；最后加上各项需支付的附加费率，所得的总和就是有关货物的单位运费（每重量吨或尺码吨的运费），再乘以计费重量吨或尺码吨，即得该批货物的运费总额。如果是从价运费，则按一定的百分率乘 FOB 货值即可。因此班轮运费的计算公式为 $F = F_b + S = fQ + S$ 或 $F = f(1+\Sigma S)Q$。

式中，F 为总运费；F_b 为基本运费；f 为基本费率；Q 为货运量；S 为附加运费；ΣS 附加运费之和。

例：某公司出口 100 箱洗衣粉到西非某港口城市。该商品的包装为塑料,每袋 1 磅重。外包装为纸箱，每箱 100 袋。箱的尺寸为：长 47cm、宽 39cm、6cm。试计算该批货物的运费。

先按洗衣粉英文名称（Detergents）的字母顺序从运价表中查找它属于几级货，按什么标准计算。经查该商品为 5 级货，按“M”标准计算。然后再按航线查找 5 级货，“M”的基本费率为多少，有无附加费。经查，去西非航线的 5 级货每尺码吨基本运费为 HK 367，另加转船费 15%、燃油费 33%、港口拥挤费 5%。

将查得的数据代入公式，计算如下：

F=f（1+∑S）Q

=［367×（1+15%+33%+5%）×0.47×0.39×0.36×100］

=3705.18（港元）

（二）租船运输

1. 租船运输概述

租船运输又称不定期船运输，是指根据双方协商的条件，船舶所有人（即船东）将船舶的全部或一部分出租给租船人使用，以完成特定的货物运输任务，租船人按约定的运价或租金支付运费的商业行为。这种运输方式的特点主要有以下三方面。

（1）按租船人和船东签订的租船合同安排航行。租船与班轮不同，船舶没有预订的船期表、航线和港口，航行时间亦不固定。因此，船舶走什么航线，运什么货物，以及航行时间等，都按租船人的要求，由船东确认后而定。

（2）大宗货物、整船运输。租船主要是从事大宗货物的运输，如谷物、油类、矿砂、木材等。另外租船有时也承运一些特种货物，如冷藏货、危险品，以及一般班轮不能或不愿承运的货物。

（3）运价不固定。租船运价的高低，经常随国际租船市场上的实际船货供求情况而变动。租船运费一般来说要比班轮运价低廉些。

2. 租船运输的方式

在国际海运业务中，租船运输主要有以下二种基本方式。

（1）定程租船。又称程租船或航次租船，是指以航程为基础的一种租船方式。它是由船东提供船舶，在租船人指定的港口之间承运一个或数个航次的货物运输。定程租船按其运输航次的不同又可分为：单程租船、来回航次租船、连续航次租船、包运合同租船和期租航次租船。

（2）定期租船。又称期租船，指按一定期限租赁船舶的方式。期租船的租期从数月到数年不等，有的甚至租到船舶报废。

定程租船与定期租船的主要区别表现在以下几方面。

① 租船方式不同。定程租船以船舶航程为租用对象；而定期租船以船舶租用期限为租用对象。

② 租金计算不同。定程租船按装运货物的吨数计算租金，租金可直接表现货物运输成本；而定期租船是按月以每一夏季载重吨或按每日租金额计算租金，租金不能表现为货物运输成本。

③ 费用负担不同。定程租船人只负担运费、滞期费等几项费用，其他大部分费用如航线所需的燃料费、港口费用及港口代理费等均由船东负担；而定期租船租东只负担船舶营运费，其他大部分费用如航行所需燃料费、供水及港口捐税、港口费用、装卸费、平舱费和理舱费等均由租船人负担。

④ 船舶调度权不同。定程租船由船东掌握船舶的调度权，所以适用于货物单一，装卸港较少的大宗货物运输；而定期租船由租船人掌握船舶的调度权，租给人可按需要选择任何航线挂靠任何港口。

⑤ 船舶技术管理不同。定程租船的船舶管理和技术工作均由租般人负责；而定期租船船东要全面了解和掌握舰艇性能和基本技术知识，掌握船舶动态，加油、审查航海日记和机房日记。

（3）光船租船。它是期租的一种，所不同的是船东提供的船舶是一艘空船，既无船长，又不配备船员，承租人自己配备船长和船员，负责船员的给养和船舶营运管理所需的一切费用。这种方式极少使用，通常船东不愿将光船交给租方，只有在船东想卖船，而买方又无力一次付清的情况下，采取这一方式，然后待租方分期付足价款后，再转移船舶的所有权。

3. 租船运输的装卸费

租船运输情况下，有关货物的装卸费用由租船人和船东协商确定后在租船合同中作出具体规定。具体做法主要有以下四种。

（1）船方负担装货费和卸货费（Liner Terms）。该方法又可称为“班轮条件”，即装卸费用按班轮做法，货物的装卸费用包括在运费内，即租船人负担运费，装卸费由船方负责支付。在此条件下，船货双方一般以船边划分费用，多用于木材和包装货物的运输。

（2）船方管装不管卸（Free Out，F.O.）。即船方负担装货费，但不负担卸货费。

（3）船方管卸不管装（Free In，F.I.）。即船方负担卸货费，而不负担装货费。

（4）船方装和卸均不管（Free In and Out，F.I.O.）。即船方既不负担装货费，也不负担卸货费。这种条件一般适用于散装货。采用这一规定方法时，必要时还需明确规定理舱费和平舱费由谁负担，如规定由租方负担，则称为“船方不管装卸、理舱和平舱”条款。

4. 租船运输合同

（1）租船合同的含义及种类。租船合同是指船舶出租人与租船人按照契约自由的原则达成的协议，依照此协议，船舶出租人将船舶全部或部分提供给租船人使用，租船人向船舶出租人支付一定的运费或租金；而且，协议中还就双方当事人的权利与义务，责任与豁免等事项用条款的形式加以规定，以明确双方的经济、法律关系。

一般而言，依据租船出租方式，租船合同可以分为三种基本类型，即航次租船合同、定期租船合同和光船租船合同。相比而言，在国际货物运输领域，航次租船合同在三者当中应用最为广泛。

航次租船合同又称程租船合同，属于海上货物运输合同的一种，一般用于大宗货物的国际海上运输。根据我国《海商法》的规定，“航次租船合同，是指船舶出租人提供船舶或者船舶的部分舱位，装运约定的货物，从一港运至另一港，由承租人支付约定运费的合同。”

航次租船合同的承租人并不占有和控制船舶，而只是在装运港交付货物，由船舶出租人负责运往目的港。

（2）租船合同条款。航次租船合同的标准格式大都是由各个国际航运组织制定的。航次租船合同范本很多，根据船舶航行的航线、承运货物种类等不同而有所区别。由波罗的海国际航运公会（the Baltic and International Maritime Conference，BIMCO）制定的统一杂货租船合同（Uniform for General Charter，GENCON，简称“金康”），适用于不分航线的杂货运输。GENCON 合同是最具有代表性的航次租船合同，实践中的使用也最为频繁，下文将结合 GENCON94 版本说明航次租船合同条款的主要内容。

航次租船合同一般都订有下列条款。

第一，船舶说明条款。包括船名、船舶国籍或船旗、船舶建造年月和船级和船舶吨位。

第二，预备航次条款。所谓预备航次，是指船舶完成上一航次后，从本合同的装货港的前一港口驶往本合同的装货港的一段航程。预备航次是合同规定的航次，即船舶出租航次的一部分。合同中船东所承担的明示及默示义务，同样适用于预备航次。

第三，船东责任条款。在航次租船合同中，船东对货物的责任由合同具体规定。在 GENCON94 相应条款下，船东仅对下列三种原因造成的货物灭失、损坏或延迟交货负责：货物积载不善或疏忽；船东或其经理未能恪尽职守使船舶在各方面适航并适当地配备船员，装备和供给船舶；船东或其经理的行为或过失。

第四，运费支付条款。收取运费对船东来说是整个租船合同中最重要的内容。运费条款也是合同的条件条款之一。在 GENCON94 中有涉及运费方面的规定，主要是关于运费如何计算、如何支付、支付的时间、使用的外币和汇率等内容。

第五，装卸条款。在航次租船合同下，船舶的时间损失是由船东承担的，因此船东总是期望尽量缩短每个航次的时间，以提高船舶的营运效率。该条款对装卸费用、装卸时间等内容加以规定，本书将在后面章节介绍。

第六，滞期费和速遣费条款。滞期费条款是与装卸时间条款相联系的一项重要条款。本书将在后面章节介绍。

第七，销约条款。如果船舶未能在规定的日期或之前备妥装货（无论停靠泊位与否），租船人有解除本合同的选择权，如果船东要求，租船人至少应在本船预计抵达装货港前 48 小时宣布是否行使此项选择权；如果本船因海损或其他事故而延期，应尽快通知租船人，如果本船延期超过预计准备就绪装货日期（受载期）10 天以上时，租船人有解除本合同的选择权。

第八，留置权条款或租船人责任中止条款。留置权条款是保证船东利益的条款。船东因运费、空舱费、滞期费、延滞损失等事项对货物享有留置权。租船人应对空舱费和在装货港发生的滞期费（包括延滞损失）负责，亦应对运费和在卸货港发生的滞期费（包括延滞损失）负责，但仅以船东对货物行使留置权后仍不能得到偿付为限。

第九，提单条款。提单是现代国际贸易中不可或缺的单据。为了配合贸易的需要，航次租船合同中一般也都规定船东或船长有签发提单的义务。

第十，共同海损条款。在租船合同中一般都有共同海损条款，其主要内容是关于在发生共同海损时采用哪种理算规则，在何地理算等。一般来说，共同海损需按 1974 年约克—安特卫普规则理算，货物所有人须偿付货物所应分摊的共同海损费用，即使此项费用系由船东雇员的疏忽或过失所造成的。

第十一，佣金条款。佣金是付给代理人的费用及酬劳，一般由船东按运费总额的 1%～5%支付给代理人。除非租船合同内有相反规定，佣金的计算基数是不包括空舱费和滞期费的。由于代理人不是租船合同的缔约方，如果船东未按合同规定支付佣金，代理人自己是无法起诉船东的，但可以通过租船人提起诉讼。

第十二，通用罢工条款。租船人和船东对由于罢工或停工而阻碍或延误履行本合同规定的义务所引起的后果，概不负责。

第十三，战争条款。该条款也是航次租船合同的重要组成部分，其作用是在一旦遭遇战争风险时，明确船东与租船人之间的权利义务关系。

第十四，通用冰冻条款。本条款的主要作用是针对船舶在装卸港口因冰冻而阻碍货物装卸的情况，明确船东与租船人的权利和义务。

此外，航次租船合同中还包括双方互有碰撞责任条款、新杰森条款和仲裁条款等。

第二节　集装箱运输方式

集装箱运输（Container Transport），是指以集装箱这种大型容器为载体，将货物集合组装成集装单元，以便在现代流通领域内运用大型装卸机械和大型载运车辆进行装卸、搬运作业和完成运输任务，从而更好地实现货物“门到门”运输的一种新型、高效率和高效益的运输方式。它适用于海洋运输、铁路运输及国际多式联运等。

一、集装箱的含义和种类

（一）集装箱的含义

集装箱又称“货柜”、“货箱”，原义是一种容器，现指具有一定的强度和钢度，专供周转使用并便于机械操作和运输的大型货物容器。因其外形像一个箱子，又可以集装成组货物，故称“集装箱”。国际标准化组织根据集装箱在装卸、堆放和运输过程中的安全需要，规定了作为一种运输工具的货物集装箱的基本条件，即：

（1）能长期地反复使用，具有足够的强度；

（2）途中转运不用移动箱内的货物，可以直接换装；

（3）可以进行快速装卸，并可以从一种运输工具直接方便地转换到另一种运输工具；

（4）便于货物的装满和卸空；

（5）具有 1 立方米，即 35.32 立方英尺以上的内容积。

（二）集装箱的分类

1．杂货集装箱（Dry Container）

杂货集装箱又称通用集装箱，适于装载各种干杂货，包括日用百货、食品、机械、仪器、医药及各种贵重物品等。这种集装箱为最常利用的标准集装箱，国际标准化组织建议使用的 13 种集装箱均为此类集装箱。

2. 冷藏集装箱（Refrigerated Container）

这种集装箱附有冷冻机，用以装载冷冻货物或冷藏货物。

3. 散货集装箱（Dry Bulk Container）

用以装载大豆、大米、麦芽、面粉、饲料以及水泥、化学制品等各种散装的粉粒状货物的集装箱。

4. 开顶集装箱（Open Top Container）

这种集装箱适于装载玻璃板、钢制品、机械等重货，可以使用起重机从顶部装卸。

5. 框架集装箱（Flat Rack Container）

用以装载不适于装在干货集装箱或开顶集装箱的长大件、超重货、轻泡货、重型机械、钢管、裸装机床和设备的集装箱。

6. 罐状集装箱（Tank Container）

适用于酒、油类、化学品等液体货物，并为装载这类货物而具有特殊结构和设备的集装箱。

在集装箱运输中，以20英尺长集装箱作为标准箱，同时也是港口计算吞吐量和船舶大小的一个重要度量单位。通常以TEU（Twenty-foot Equivalent Unit）表示，意即“相当于20英尺单位”。在统计不同型号的集装箱时，按集装箱的长度换算成20英尺单位（TEU）加以计算。

（三）常见集装箱的规格

国际贸易货物运输中常见集装箱规格尺寸如下：

规格	内径	容积
20′C	5.89m × 2.35m × 2.38m	ABT.27CBM
40′C	11.9m × 2.35m × 2.38m	ABT.58CBM
40′HC	11.9m × 2.35m × 2.69m	ABT.67CBM

小资料

集装箱运输的起源

集装箱运输起源于美国，1956年美国海陆运输公司将一艘油轮进行改装，在甲板上设置了一个可供装载16个35尺的集装箱平台，在纽约至休斯敦航线上作首次航行。试航三个月，获得巨大的经济效益，得到了货主的好评。此后，引起了世界各国的广泛关注，很多国家纷纷效仿，集装箱运输得到迅速发展。

二、集装箱运输的特点

（一）扩大成组单元，提高装卸效率，降低劳动强度

在装卸作业中，装卸成组单元越大，装卸效率越高，托盘成组化与单件货物相比，装卸单元扩大了20～40倍，而集装箱与托盘成组化相比，装卸单元又扩大了15～30倍。所以，

集装箱化对装卸效率的提高是个不争的事实。

（二）减少货损、货差，提高货物运输的安全与质量水平

货物装入集装箱后，在整个运输过程中不再倒载，由于减少了装卸搬运的次数，就大大减少了货损、货差，提高了货物装运的安全和质量。据我国的统计，用火车装运玻璃器皿，一般破损率在 30%左右，而改用集装箱运输后，破损率下降到 5%以下。在美国，类似运输破损率不到 0.01%，日本也小于 0.03%。

（三）缩短货物在途时间，降低物流成本

集装箱化给港口和场站的货物装卸全机械化和自动化创造了条件，标准化的货物单元加大，提高了装卸效率，缩短了车船在港口和场站停留的时间。据航运部门统计，一般普通货船在港停留时间约占整个营运时间的 56%，而采用集装箱运输，则在港时间可缩短到仅占营运时间的 22%。这一时间的缩短，对货主而言就意味着资金占用大幅度下降，可以很大程度地降低物流成本。

（四）节省货物运输包装费，简化理货工作

集装箱是坚固的金属（或非金属）箱子，集装箱化后，货物自身的包装强度可减弱，包装费用下降。据统计，用集装箱方式运输电视机，本身的包装费用可节约 50%。同时，由于集装箱装箱通关后，一次性铅封，到达目的地前不再开启，从而简化了理货工作，降低了相关费用。

（五）减少货物运输费用

集装箱可节省船舶运费，节省运输环节的货物装卸费用。由于货物安全性提高，运输中保险费用也相应下降。据英国有关方面统计，该国在大西洋航线上开展集装箱运输后，运输成本仅为普通件杂货运输的九分之一。

三、集装箱运输货物的装箱与交接

由于集装箱是一种新的现代化运输方式，它与传统的货物运输有很多不同，做法也不一样，目前国际上对集装箱运输尚没有一个行之有效并被普遍接受的统一做法。但在处理集装箱具体业务中，各国大体上做法近似，现根据当前国际上对集装箱业务的通常做法，简介如下。

（一）集装箱货物装箱方式

根据集装箱货物装箱数量和方式可分为整箱和拼箱两种。

（1）整箱（Full Container Load，FCL）是指货方自行将货物装满整箱以后，以箱为单位托运的集装箱。这种情况在货主有足够货源装载一个或数个整箱时采用，除有些大的货主自己置备有集装箱外，一般都是向承运人或集装箱租赁公司租用一定的集装箱。空箱运到工厂或仓库后，在海关人员的监管下，货主把货装入箱内、加锁、铝封后交承运人并取得站场收据，最后凭收据换取提单或运单。

（2）拼箱（Less Than Container Load，LCL）是指承运人（或代理人）接受货主托运的

数量不足整箱的小票货运后，根据货类性质和目的地进行分类整理。把去同一目的地的货，集中到一定数量拼装入箱。由于一个箱内有不同货主的货拼装在一起，所以叫拼箱。这种情况在货主托运数量不足装满整箱时采用。拼箱货的分类、整理、集中、装箱（拆箱）、交货等工作均在承运人码头集装箱货运站或内陆集装箱转运站进行。

（二）集装箱货物交接方式

如上所述，集装箱货运分为整箱和拼箱两种，因此在交接方式上也有所不同，纵观当前国际上的做法，大致有以下 4 类。

1. 整箱交，整箱接（FCL/FCL）

货主在工厂或仓库把装满货后的整箱交给承运人，收货人在目的地以同样整箱接货。换言之，承运人以整箱为单位负责交接。货物的装箱和拆箱均由货方负责。

2. 拼箱交，拆箱接（LCL/LCL）

货主将不足整箱的小票托运货物在集装箱货运站或内陆转运站交给承运人，由承运人负责拼箱和装箱运到目的地货站或内陆转运站，由承运人负责拆箱，拆箱后收货人凭单接货。货物的装箱和拆箱均由承运人负责。

3. 整箱交，拆箱接（FCL/LCL）

货主在工厂或仓库把装满货后的整箱交给承运人，在目的地的集装箱货运站或内陆转运站由承运人负责拆箱后，各收货人凭单接货。

4. 拼箱交，整箱接（LCL/FCL）

货主将不足整箱的小票托运货物在集装箱货运站或内陆转运站交给承运人。由承运人分类调整，把同一收货人的货集中拼装成整箱，运到目的地后，承运人以整箱交，收货人以整箱接。

上述各种交接方式中，以整箱交、整箱接效果最好，也最能发挥集装箱的优越性。

（三）集装箱货物交接地点

集装箱货物的交接，根据贸易条件所规定的交接地点不同一般分为：

（1）门到门（Door to Door）：从发货人工厂或仓库至收货人工厂或仓库；

（2）门到场（Door to CY）：从发货人工厂或仓库至目的地或卸箱港的集装箱堆场；

（3）门到站（Door to CFS）：从发货人工厂或仓库至目的地或卸箱港的集装箱货运站；

（4）场到门（CY to Door）：从起运地或装箱港的集装箱堆场至收货人工厂或仓库；

（5）场到场（CY to CY）：从起运地或装箱港的堆场至目的地或卸箱港的集装箱堆场；

（6）场到站（CY to CFS）：从起运地或装箱港的集装箱堆场至目的地或卸箱港的集装箱货运站；

（7）站到门（CFS to Door）：从起运地或装箱港的集装箱货运站至收货人工厂或仓库；

（8）站到场（CFS to CY）：从起运地或装箱港的集装箱货运站至目的地或卸箱港的集装箱堆场；

（9）站到站（CFS to CFS）：从起运地或装箱港的集装箱货运站至目的地或卸箱港的集装箱货运站。

以上9种交接方式，进一步可归纳为以下4种方式。

（1）门到门：这种运输方式的特征是，在整个运输过程中，完全是集装箱运输，并无货物运输，故最适宜于整箱交，整箱接。

（2）门到场站：这种运输方式的特征是，由门到场站为集装箱运输，由场站到门是货物运输，故适宜于整箱交，拆箱接。

（3）场站到门：这种运输方式的特征是，由门至场站是货物运输，由场站至门是集装箱运输，故适宜于拼箱交，整箱接。

（4）场站到场站：这种运输方式的特征是，除中间一段为集装箱运输外，两端的内陆运输均为货物运输，故适宜于拼箱交，拆箱接。

四、集装箱运输的主要单证

一般来说，集装箱运输的主要单证有场站收据、装箱单、集装箱提单以及各种清单。这些单证将集装箱运输的全过程贯穿起来，确立了各方之间的权利和义务的关系，又充分体现了集装箱运输的特点及其严密性和复杂性。

1. 场站收据（Dock's Receipt，D/R）

场站收据是国际集装箱运输专用出口货运单证，它是由承运人签发的证明已收到托运货物并对货物开始负有责任的凭证。场站收据一般是在托运人口头或书面订舱，与船公司或船代达成货物运输的协议，船代确认订舱后由船代交托运人或货代填制，在承运人委托的码头堆场、货运站或内陆货站收到整箱货或拼箱货后签发生效，托运人或其代理人可凭场站收据向船代换取已装船或待装船提单。

2. 集装箱装箱单（Container Load Plan，CLP）

集装箱装箱单是详细记载每一个集装箱内所装货物的名称、数量及箱内货物积载情况的单证。每个载货集装箱都要制作这样的单证，它是根据已装进箱内的货物情况制作的，是集装箱运输的辅助货物舱单。集装箱装箱单是详细记载箱内所载货物情况的唯一单证，因此在国际集装箱运输中，集装箱装箱单是一张极为重要的单证。

3. 集装箱提单（BILL OF LOADING，B/L）

该单证是由集装箱运输经营人或其代理人在收到或接管货物后签发给发货人或托运人的一种凭证，证明运输物品已被接收或装船，并待进行海上运输后，在指定港口把货物交给正当的提单持有人的一种有价证券。也是表示运输公司和货主间有关运输条件的运输合同，体现了所记载的货物方面的权利，通常通过背书的方式流通，是押汇票据的主要附属单据，分为装货提单和收货待运提单。

集装箱的其他运输单证与传统货场运输单证基本相同，这里就不一一赘述。

五、集装箱运输的费用

（一）集装箱运费的构成

（1）集装箱海运运费是集装箱通过船舶在海上运输时的费用。根据集装箱内货物交接方式的不同，在具体确定运费时也分为整箱货和拼箱货两种。其中整箱货按箱计费，拼箱货按照所运输货物的计费吨计算运费。

（2）堆场服务费也叫码头服务费，对于集装箱进口业务来说包括两方面，装船港堆场接收出口的整箱货以及堆存和搬运至装卸桥下的费用。同理，对于集装箱进口业务来说也包括两方面，即在卸船港装卸桥下接收集装箱的费用和将集装箱堆存和搬运至堆场的费用。堆场服务费一般向发货人和收货人分别收取。

（3）拼箱服务费是指承运人对出口货物装箱或进口货物拆箱而产生的费用。拼箱服务费一般包括以下费用：将空箱从集装箱堆场运至货运站；将装好货物的集装箱从货运站运至堆场（装船港码头）；在卸货港将集装箱从码头堆场运至货运站（卸货港）；在货运站货物的正常搬运；理货；签发场站收据、装箱单；必要的分票；在一定期限内的堆存、封箱、拆箱、做标记；提供集装箱内货物的积载图，等等。

（4）集散运费也叫支线运输运费，是指内河、沿海的集散港至集装箱出口堆场之间的集装箱运输。通常，集装箱在集装箱港口装船后，就可以签发集装箱联运提单，承运人将这种集散行为产生的费用叫做集散运费。

（5）内陆运费主要有两种情况：一种是承运人负责内陆运输的费用；另外一种是货主自己负责内陆运输的费用。在第一种情况下，承运人负责的费用根据承运人运价本和有关提单条款的内容确定，主要包括区域运费、无效托运费、变更装箱地点所引起的费用、装箱时间延迟费、清扫费等；在第二种情况下，由货主自己负责的费用主要包括集装箱装卸费、超期使用费、内陆运输费等。

（二）集装箱运费的计算方法

1. *拼箱货海运运费计算方法*

集装箱运输的拼箱货运费的计算，基本上是按照杂货运费的计算标准来进行。这里不再重复介绍。

拼箱货物海运运费 = 基本运费+各项附加费=基本运价 × 计费吨+各项附加费

2. *整箱货海运运费计算方法*

对于整箱托运的集装箱货物来说，其运费的收取主要有两种方式：一是同拼箱货物一样，按实际运费吨计算；二是根据集装箱的类型按箱收取运费，这是目前普遍采用的形式。当然在托运人委托承运人装货的情况下，承运人还要向托运人收取有关装货、理货和装箱的费用。

第三节　其他运输方式

一、铁路运输

铁路运输具有运量大、速度快、受天气影响条件小、安全可靠、风险小且有高度的连续性等特点。因此，铁路运输量仅次于海洋运输。但是，与海洋运输相比，铁路运输费用较高，还要受固定线路的限制，需要进行辅助运输。铁路运输可分为国内铁路货物运输和国际铁路货物联运两种。

（一）国内铁路货物运输

国内铁路货物运输是指在本国范围内办理的货物运输。内地运往港澳地区的货物一般要使用铁路运输，供港货物运输和正常的国内铁路运输稍有区别。货物在内地装车发运到深圳北站，再由设在深圳的外贸机构通过原车直接过轨至香港九龙车站。或者将货物运至深圳北站后卸车再装汽车经文锦渡公路口岸运至香港。也可将货物运至广州南站，再用驳船转运至香港。

（二）国际铁路货物联运

国际铁路货物联运是指在两国或两国以上的铁路运送中使用一份统一的国际联运票据，并且由一国铁路向另一国铁路移交货物时不需要发货人和收货人参加，由铁路运输方负责全程运送，办理交接的一种运输方式。

采用国际铁路货物联运，有关当事国事先必须有书面的约定。欧洲国家的铁路联运开始较早，许多欧洲国家先后参加了《国际货约》。从 1951 年 4 月 1 日起，我国参加了《国际铁路货物联运协定》(简称《国际货协》)，开始了国际铁路联运。

采用国际铁路货物联运，对简化运输手续，节省运输时间，加速资金周转，减少运输费用都非常有利。目前，我国对朝鲜、俄罗斯的大部分进出口货物和东欧一些国家的进出口货物，都是采用国际铁路联运的方式运送货物。

小资料

国际铁路琥珀屋联运

早在 1890 年，欧洲各国在瑞士首都伯尔尼举行的各国铁路代表大会上就制定了《国际铁路货物运送规则》，1938 年修改为《国际铁路货物运送公约》。

1951 年 4 月 1 日起，我国同苏联开办了铁路联运。同年 11 月，苏联和东欧各国签订了《国际铁路货物联运协定》。1954 年 1 月我国参加了《国际铁路货物联运协定》，接着，朝鲜、蒙古、越南也参加了该协定。

二、国际航空货物运输

航空运输是一种现代化的运输方式，它与海洋运输、铁路运输相比，具有速度快、货运质量高，且不受地面条件限制等优点。航空运输最适宜运送急需物资、鲜活商品、精密仪器和贵重物品等。

1. 航空运输的主要方式

国际航空货物运输的主要方式如表 4.1 所示。

表 4.1　国际航空货物运输方式

方式	特点
班机运输	有固定的时间、航线、始发站、途经站和目的站
包机运输	包租整架飞机或由几个发货人联合包租一架飞机运送货物
集中托运	将若干单独发运的货物组成一整批货物，采用一份航空总运单发运到同一目的站，收货、报关后分拨给收货人
航空快递	专业经营此项业务的机构，与航空公司密切合作，用最快的速度在“货主—机场—收件人”之间传送

2. 航空运输的承运人

（1）航空运输公司，它是航空货物运输业务中的实际承运人，负责办理从起运机场至到达机场的运输，并对全程运输负责。

（2）航空货运代理公司。可以是货主的代理，负责办理航空货物运输的订舱，在始发机场和到达机场的交、接货与进出口报关等事宜；也可以是航空公司的代理，办理接货并以航空承运人的身份签发航空运单，对全程运输负责。

3. 航空运输的运价

航空运输的运价是指从启运机场到目的机场的运价，不包括其他额外费用（如提货、进出口报关、交接和仓储费用等）。航空运价一般是按重量（公斤）或体积（6000 立方厘米折合 1 公斤）计算的，以两者中高者计算为准。

航空运价有特种货物运价、等级运价和一般货物运价三种，航空运费选择其中一种计算。如遇两种运价均可适用时，应首先使用特种货物运价，其次是等级运价，最后是一般货物运价。

（1）特种货物运价（Special Cargo Rate，SCR）是由参加国际航空运输协会的航空公司，根据在不同航线上有经常性特种货物运输的发货人的要求，或为促进某地区某种货物的运输，向国际航空运输协会提出申请，经同意后制定的。特种货物运价往往低于普通货物的运价。其目的是向发货人提供一种优惠的运价，使发货人能允分使用航空公司的运力，航空公司在公布特种货物运价时，同时公布起码重量。

（2）货物等级运价（Class Cargo Rate，CCR）仅适用于在指定的地区内少数货物的运价，通常是在一般货物运价基础上加减一定百分比。当某一种货物没有特种货物运价可适用时，方可使用合适的等级运价，其起码重量规定为 5 公斤。

（3）一般货物运价（General Cargo Rate，GCR）。当一批货物没有特种货物运价，也没有可适用的等级运价时，就必须使用一般货物运价，承运一般货物以 45 公斤为划分点，45 公斤以上的一般货物运价比 45 公斤以下一般货物的运价低，换言之，货物的重量越大其运价就越低。

4. 国际航空运输公约

航空业有跨国的特征，因而航空货物运输的发展必然伴随着调整其统一实体法规范的国际公约的产生与发展。这其中较有影响力的国际航空运输公约有：《华沙公约》（1929 年）、《海牙议定书》（1955 年）、《瓜达拉哈拉公约》（1961 年）、《危地马拉议定书》（1971 年）、《蒙特利尔第一号附加议定书》（1975 年）等。

在这些文件中《华沙公约》是最基本的，其他各项公约和议定书都是对《华沙公约》的补充或修改，所以，上述这些文件又被合称为华沙体系。它们一方面彼此内容相关，而另一方面却又相互独立，而《华沙公约》的缔约国并不自然成为之后其他议定书的参加国，也不一定受其管辖。在上述公约和议定书中，以《华沙公约》和《海牙议定书》的适用最为广泛，已经为世界大多数国家所认可。

三、国际多式联运与大陆桥运输

（一）国际多式联运

国际多式联运是一种利用集装箱进行联运的新的运输组织方式。它以集装箱为媒介，把海、陆、空各种传统的单一运输方式有机地结合起来，组成国际间的连贯运输。通过一次托运，一次计费，一份单证，一次保险，即将货物的全程运输作为一个完整的单一运输过程来完成。《联合国国际货物多式联运公约》对国际多式联运所下的定义是："国际多式联运是按照多式联运合同，以至少两种不同的运输方式，由多式联运经营人把货物从一国境内接运货物的地点运至另一国境内指定交付货物的地点。"

1. 国际多式联运的特征

根据联合国的上述定义，国际多式联运应具备以下特征。

（1）必须有一个多式联运合同。合同中明确规定多式联运经营人与托运人之间的权利、义务、责任和豁免。该合同是区别多式联运与一般运输方式的主要依据。

（2）必须由一个多式联运经营人对货物运输的全程负责。多式联运经营人是指本人或通过其代表订立多式联运合同的任何人，其可以充任实际承运人办理全程或部分运输业务，也可以是无船承运人将全程运输交由各段实际承运人来履行。多式联运经营人负有履行多式联运合同的责任，对全程运输负总的责任。

（3）必须使用一份包括全程的多式联运单据。

（4）必须是包括两种以上运输方式的国际间的货物运输。

（5）必须是全程单一的运费费率。其中包括全程各段运费的总和、经营管理费用和合理的利润。

（6）必须是国际间货物运输，适用国际运输的法规。

2. 国际多式联运的优点

多式联运集中了各种运输方式的特长，能够达到优化运输的效果。其责任统一，手续简便。选择多式联运方式，不论货物运程多远，不论由几种运输方式来完成货物运输，无论经过几次转运，不论运输环节多么复杂，托运人只需办理一次委托，支付一次运费，办理一次保险，取得一份联运单据，就可以将货物从发货人手中运到收货人手中。

（二）大陆桥运输

大陆桥运输（Land Bridge Transport）是指利用横贯大陆的铁路（公路）运输系统，作为中间桥梁，把大陆两端的海洋连接起来的集装箱连贯运输方式。简单地说，就是两边是海运，中间是陆运，大陆把海洋连接起来，形成海—陆联运，而大陆起到了"桥"的作用，所以称之为"陆桥"。而海—陆联运中的大陆运输部分就称之为"大陆桥运输"。

大陆桥运输是集装箱运输开展以后的产物，始于 1967 年，多采用铁路运输系统来运送集装箱货物，故又称国际铁路集装箱运输。目前世界上的大陆桥有以下几种。

1. 西伯利亚大陆桥

西伯利亚大陆桥又称欧亚大陆桥，是利用俄罗斯西伯利亚铁路作为陆地桥梁，将太平洋远东地区（东起纳霍德卡港）与波罗的海及黑海沿岸以及西欧大西洋口岸连起来，全长约 13000 公里，东接日本、韩国、菲律宾等国家和我国的台湾、香港地区，西抵英国以及西欧、中欧、北欧大陆各国和中近东地区。在运输方式上逐步演绎出海路/铁路、铁路/公路和铁路/铁路相联合的方式。由于这条线横贯亚洲和欧洲，故称欧亚大陆桥，又称第一欧亚大陆桥。

2. 北美大陆桥

北美大陆桥包括两条路线，一条是从西部太平洋口岸至东部大西洋口岸的铁路（公路）运输系统，另一条是从西部太平洋口岸至南部墨西哥湾沿岸的铁路（公路）运输系统。该大陆桥将日本港至美、加西部港口的海运和美、加东部港口至欧洲的海运连接起来，形成海/陆/海的连贯运输。

3. 新亚欧大陆桥

新亚欧大陆桥于 1992 年投入运营，东起我国江苏连云港，经陇海、兰新线，接北疆铁路，出阿拉山口与哈萨克斯坦的德鲁日巴站接轨，穿过哈萨克斯坦、俄罗斯，经白俄罗斯、波兰、德国直达荷兰鹿特丹，将太平洋西岸港口与里海、波罗的海及大西洋沿岸各港衔接。该大陆桥总长 10 800 公里，与我国 8 条铁路相沟通，跨越我国 11 个省和自治区，在我国境内总长 4 134 公里，是连接亚、欧两洲最便捷的信道，比海上航程可缩短 9 000 多公里。据估算，使用新亚欧大陆桥将货物自我国运至欧洲，每 20 英尺标准集装箱较海运节省运费最多达 600 美元，还可减少 50%的运输时间，比第一条亚欧大陆桥运距缩短 2 000～2 500 公里，节省运输时间 5 天，节省运费 10%以上。

四、其他运输方式

（一）公路运输

公路运输与铁路运输同为陆上运输的基本方式。它机动灵活、速度快、简捷方便，可深入到有公路的各个角落，做到“门到门”服务。同时，它又是其他运输方式不可缺少的辅助运输手段。但是，公路运输载货量有限，运输成本高、风险大。而随着高速公路网的逐步形成，公路运输将担负更重要的作用。

公路运输在我国进出口货物运输中占有日益重要的地位，它担负着我国港口、车站和机场集散进出口货物的任务。我国同许多周边国有公路相通连，我国同这些国家的进出口货物可以经由公路运输，我国内地同港澳地区的部分进出口货物也是通过公路运输的。随着我国公路建设的扩展，特别是高速公路的增加，公路运输在实现多式联运和“门到门”运输中，将担负更重要的角色。

（二）邮政运输

邮政运输是一种简便的运输方式。国际上各国邮政部之间签订有协议和公约，可以相互传递邮件包裹，从而形成国际邮件运输网。邮政运输可分为邮件和包裹两大类。近年来，随着民航快递服务和特快专递业务的迅速发展，许多国家都设有专递公司，传递范围遍及全球各地。

小资料

万国邮政联盟（Universal Postal Union

万国邮政联盟（以下简称“邮联”）是世界上最大的国际邮政运输组织。它是在 1874 年 9 月由德国发起，邀请了 22 个国家在瑞士的伯尔尼开会，经讨论共同签署的第一个国际邮政公约，即伯尔尼条约，并据以成立了“邮政总联盟”，也就是邮联的前身。1878 年 5 月，该联盟在巴黎召开第二次代表大会，修订了伯尔尼条约，定名为《万国邮政公约》(Universal Convention of Post)，并把“邮政总联盟”改名为“万国邮政联盟”，一直沿用至今。根据邮联组织法规定，邮联的宗旨是：组成一个国家间邮政领域，以便相互交换邮件；组织和改善国际邮政业务，以利国际合作的发展；推广先进经验，给予会员国邮政技术援助。邮联的组织机构有：①大会，为邮联的最高权力机构，每 5 年举行一次；②执行理事会，为大会休会期间的执行机构；③邮政研究咨询理事会，研究邮政技术和合作方面问题并就此提出改进建议以及推广邮政经验和成就；④国际局，为邮联的中央办事机构，设在瑞士伯尔尼，其主要任务是对各国邮政进行联络、情报和咨询，负责大会筹备工作和准备各项年度工作报告。

（三）管道运输

管道运输是一种特殊的运输方式，它是货物在管道内借助高压气泵的压力将液体或气体货物输往目的地。这种方式不受地面条件影响，可连续作业，并且运量大、速度快、成本低、货损小。但管道建设固定投资大。

管道运输在美国、欧洲的许多国家以及石油输出国组织的石油运输方面起到了积极作用。我国管道运输起步较晚，因石油、天然气运输的需要也逐步发展起来。

（四）江河运输

江河运输是水上运输的重要组成部分，它是连接内陆腹地与沿海地区的纽带，在运输和集散进出口货物中起着重要的作用。

我国拥有四通八达的江河航运网，长江、珠江等主要河流中的许多港口已对外开放，我国同一些邻国还有国际河流相通连，这就为我国进出口货物通过江河运输和集散提供了十分有利的条件。

五、美国 OCP 运输

“OCP”是 Overland Common Points 的缩写，译作“陆路共通点”，是用来说明海上运输目的地的术语。所谓“陆路共通点”，是指美国西海岸有陆路交通工具与内陆区域相连通的港口。美国内陆区域，是以落基山脉为界，即除紧临太平洋的美国西部九个州以外，其以东地区均为适用 OCP 的地区范围。OCP 的运输过程就是远东地区出口到美国的货物海运到美国西部港口（旧金山、西雅图或者洛杉矶）卸货，再通过陆路交通（主要是铁路）向东运至指定的内陆地区。

按 OCP 运输条款规定，凡是经过美国西海岸港口转往上述内陆地区的货物，如按 OCP 条款运输，就可享受比一般直达西海岸港口更为优惠的内陆运输费率，一般约低 3%～5%。相反方向，凡从美国内陆地区启运经西海岸港口装船出口的货物同样可按 OCP 运输条款办理，可享受比一般正常运输更低的优惠海运运费，每吨约为 3～5 美元。

采用 OCP 运输条款必须满足以下条件。

（1）货物最终目的地必须属于 OCP 地区范围，这是签订 OCP 运输条款的前提。

（2）货物必须经由美国西海岸港口中转。因此，在签订贸易合同时，有关货物的目的港应规定为美国西海岸港口，即为 CFR 或 CIF 美国西海岸港口条件。

第四节 运 输 单 据

运输单据是承运人收到承运货物后签发给托运人的证明文件，它是交接货物、处理索赔和结算货款的重要单据。在国际货物运输中，运输单据种类很多，其中包括海运提单、铁路运单、航空运单、多式联运单据和邮件收据等。现将主要单据作如下介绍。

一、海运提单

海上货物运输单据主要为海运提单，此外，还有近年开始使用的海上货运单。

（一）海运提单的性质和作用

海运提单（Ocean Bill of Loading，B/L）是证明海上运输合同和货物由承运人接管或装船，以及承运人保证据以交付货物的凭证。同时，海运提单也是收货人在目的港据以向船公司或其代理提取货物的凭证。它的性质和作用体现在下列几个方面。

1. 货物收据

提单是承运人（或其代理人）出具的货物收据，证明承运人已收到或接管提单上所列的货物。

2. 物权凭证

海运提单是货物所有权的凭证，它在法律上具有物权证书的作用，船货抵达目的港后，承运人应向海运提单的合法持有人交付货物。海运提单可以通过背书转让，以实现货物所有权的转移。

3. 运输契约的证明

海运提单本身并不是运输契约，它只是承运人与托运人之间订立的运输契约的证明。海运提单条款中明确规定了承、托双方之间的权利与义务、责任与豁免，它是处理承运人与托运人之间争议的法律依据。

（二）海运提单的签发

1. 提单签发人

我国《海商法》第 72 条规定："货物由承运人接收或者装船后，应托运人的要求，承运人应当签发提单。提单可以由承运人授权的人签发。提单由载货船舶的船长签发的，视为代表承运人签发。”可见，提单的签发人包括承运人、承运人的代理人和船长。但如提单由承运人的代理人签发，则代理人必须经承运人的合法授权委托。

2. 提单签发的地点和日期

提单是根据大副签署的收货单，在与提单记载的各项内容核对无误后才签发的。如果收货单上有批注，则提单签发人就应如实转批在提单上。提单签发的地点应在货物的装船港。提单签发的日期应当是货物实际装船完毕的日期，并且与大副签署的收货单签发的日期相一致。

3. 提单的份数

提单有正本提单和副本提单之分。正本提单一般是一式数份，以防提单的遗失、被窃或迟延到达或在传递过程中发生意外事故造成灭失。各国海商法和航运习惯都允许签发数份正本提单，并且各份正本提单都具有同等效力，但以其中一份提货后，其他各份均自动失效。副本提单的份数视需要而定，它虽然没有法律效力，不能据以提货，但却是装运港、中转港及目的港的代理人和载货船舶不可缺少的补充货运文件，可以补充舱单上不足的内容和项目。

4. 提单的补发

在国际贸易业务中，如遇到提单遗失，托运人要求补发时，应分别下列不同的情况予以处理。（1）正本提单结汇后，在寄送途中遗失。此时收货人可在目的港凭提单副本和银行出具保证书提取货物，并依照一定的法定程序声明提单作废，无须另行再补发提单。（2）提单在结汇前遗失。此时应由托运人提供书面担保，经承运人或其代理人同意后补发另行编号的新的提单；同时把有关情况转告承运人在目的港的代理人或者通知人，并声明原提单作废，以避免发生争议。

（三）海运提单的基本内容

世界各船公司都有自己印就的提单格式，其基本内容大致相同，一般包括提单正面的记载事项和提单背面印就的运输条款。

1. 提单正面内容

提单正面的记载事项，分别由托运人和承运人或其代理人填写，通常包括下列事项：（1）托运人；（2）收货人；（3）被通知人；（4）装货港；（5）卸货港；（6）船名及航次；（7）唛头及件号；（8）货名及件数；（9）重量与体积；（10）运费预付或运费到付；（11）正本提单的份数；（12）船公司或其代理人的签章；（13）签发提单的地点及日期。

2. 提单背面条款

在班轮提单背面，通常都有印就的运输条款，这些条款是作为确定承运人与托运人之间以及承运人与收货人及提单持有人之间的权利和义务的主要依据。提单中的运输条款，起初是由船方自行规定的。后来由于船方在提单中加列越来越多的免责条款，使货方的利益失去保障，并降低了提单作为物权凭证的作用。为了缓解船、货双方的矛盾并照顾到船、货双方的利益，国际上为了规范提单条款的内容，曾先后签署了有关提单的国际公约，其中包括：

（1）1924 年签署的《关于统一提单的若干法律规则的国际公约》，简称《海牙规则》；

（2）1968 年签署的《布鲁塞尔议定书》，简称《维斯比规则》；

（3）1978 年签署的《联台国海上货物运输公约》，简称《汉堡规则》。

由于上述三项公约签署的历史背景不同，内容不一，各国对这些公约所持有的态度也不相同，因此，各国船公司签发的提单背面条款也就互有差异。

（四）海运提单的种类

海运提单可从不同角度进行分类，现择其主要的列举如下。

1. 按货物是否装船，可分为已装船提单和备运提单

（1）已装船提单（on board bill B/L，shipped B/L）。这是指承运人已将货物装上指定船舶后所签发的提单，其特点是提单上必须以文字表明货物已经装上某船，并载明装船日期，同时还应由船长、船东、承运人或其代理人签字。

（2）备运提单（received for shipment B/L）。这种提单又称收讫待运提单，即承运人已收到托运货物等待装运期间所签发的提单。在签发备运提单情况下，发货人可在货物装船后凭此调换已装船提单；也可经承运人或其代理人在备运提单上批注货物已装上某具名船舶及装船日期，签署后使之成为已装船提单。

按国际贸易惯例，除非另有约定，卖方有义务向买方提交已装船提单。

2. 根据提单上对货物外表状况有无不良批注可分为清洁提单和不清洁提单

（1）清洁提单（clean B/L）。指货物在装船时“表面状况良好”，承运人在提单没有标明货物及/或包装有缺陷的提单。银行一般只接受清洁提单，因为清洁提单是提单转让时所必备的条件。

（2）不清洁提单（unclean B/L，foul B/L）。这是指承运人在签发的提单上带有明确宣称货物及/或包装有缺陷状况的条款或批注的提单。

按国际贸易惯例，除非另有约定，卖方有义务提交清洁提单，清洁提单也是提单转让时必须具备的基本条件之一。

3. 根据提单收货人抬头的不同可分为记名提单、不记名提单和指示提单

（1）记名提单（straight B/L）指提单上的收货人栏内填明特定收货人名称，只能由该特定收货人提货。由于这种提单不能经过背书方式转让给第三方，不能流通，故其在国际贸易中很少使用。

（2）不记名提单（bearer B/L）指提单上的收货人栏内没有指明任何收货人，只注明提单持有人（bearer）字样，承运人应将货物交给提单持有人。谁持有提单，谁就可以提货。不记名提单无须背书转让，流通性极强，采用这种提单风险大，故其在国际贸易中很少使用。

（3）指示提单（order B/L）是指提单上的收货人栏填写“凭指示”（to order）或“凭某人指示”（to order of...）字样。这种提单可经过背书转让，故其在国际贸易中广为使用。背书的方式又有“空白背书”和“记名背书”之分。前者是指背书人（提单转让人）在提单背面签名，而不注明被背书人（提单受让人）名称；后者是指背书人除在提单背面签名外，

还列明被背书人名称。记名背书的提单受让人如需再转让，必须再加背书。目前在实际业务中使用最多的是“凭指示”并经“空白背书”的提单，习惯上称其为“空白抬头、空白背书”提单。

4. 按运输方式分类，可分为直达提单、转船提单和联运提单

（1）直达提单（direct B/L）是指轮船中途不经过换船而驶往目的港所签发的提单。凡合同和信用证规定不准转船者，必须使用这种直达提单。

（2）转船提单（transshipment B/L）是指从装运港装货的轮船，不直接驶往目的港，而需在中途换装另外船舶所签发的提单。在此种提单上要注明“转船”或“在××港转船”字样。

（3）联运提单（through B/L）是指经过海运和其他运输方式联合运输时由第一承运人所签发的包括全程运输的提单。它如同转船提单一样，货物在中途转换运输工具和进行交接，由第一承运人或其代理人向下一承运人办理。应当指出，联运提单虽包括全程运输，但签发联运提单的承运人一般都在提单中规定，只承担他负责运输的一段航程内的货损责任。

5. 按船舶营运方式的不同，可分为班轮提单和租船提单

（1）班轮提单（liner B/L）是指由班轮公司承运货物后所签发给托运人的提单。

（2）租船提单（charter party B/L）是指承运人根据租船合同而签发的提单。这种提单受租船合同条款的约束。银行或买方在接受这种提单时，通常要求买方提供租船合同的副本。

6. 根据提单内容的繁简，可分为全式提单和略式提单

（1）全式提单（long form B/L）是指不仅具有提单正面内容，而且在提单背面列有承运人和托运人权利和义务详细条款的提单。

（2）略式提单（short form B/L）是指提单背面无条款，而只列出提单正面的必须记载事项的提单。这种提单内一般都印有“本提单货物的收受、保管、运输和运费等事项，均按本公司全式提单上的条款办理”的字样。

7. 根据提单使用效力不同，可分为正本提单和副本提单

（1）正本提单（original B/L）是指提单上有承运人、船长或其代理人签名盖章并注明签发日期的提单。这种提单在法律上是有效的单据。正本提单上必须要标明“正本”（original）字样。正本提单一般签发一式两份或三份（个别也有只签发一份的），凭其中的任何一份提货后，其余的即作废。为防止他人冒领货物，买方与银行通常要求卖方提供船公司签发的全部正本提单，即所谓“全套（full set）”提单。

（2）副本提单（copy B/L）是指提单上没有承运人、船长或其代理人签字盖章，而仅供参考之用的提单。副本提单一般都标明“副本”（copy）或“不可转让”（non-negotiable）字样。

8. 其他种类提单

（1）集装箱提单（container B/L）。这是指由负责集装箱运输的经营人或其代理人，在收到货物后签发给托运人的提单。其中包括集装箱联运提单及多式联运单据等。

（2）舱面提单（on deck B/L）。这是指承运货物装在船舶甲板上所签发的提单，故又称为

甲板货提单。由于货物装在甲板上风险较大，故托运人一般都向保险公司加保甲板险。承运人在签发提单时加批“货装甲板”字样。《海牙规则》不适用甲板货，除非在提单条款中明确注明。货物装在甲板上受损的风险很大，所以进口商一般不愿意货物装在甲板上，不接受甲板货提单。根据跟单信用证统一惯例的规定，除非信用证另有约定，否则银行不接受甲板货提单。

（3）过期提单（stable B/L）。这是指错过规定的交单日期或者晚于货物到达目的港日期的提单。前者，是指卖方超过提单签发日期后 21 天才交到银行议付的提单。根据跟单信用证统一惯例的规定，如信用证无特殊规定，银行将拒绝接受在运输单据签发日后超过 21 天才提交的单据。后者是在近洋运输时容易出现的情况，故在近洋国家间的贸易合同中，一般都有“过期提单可接受”的条款。

二、电子提单

（一）电子提单的含义

电子提单是一种利用电子数据交换信息系统（EDI）系统对海运途中的货物支配权进行转让的程序。

随着科学技术和现代通信的发展，国际运输已开始利用现代化的计算机技术，通过 EDI 来实现在国际运输途中货物所有权的转移。运用电子数据交换信息系统后，托运和承运行为都是通过 EDI 网络相连的计算机系统来进行，待货物装上船后，承运人计算机向托运人计算机发出确认信息，整个过程都通过计算机完成，承运人和托运人签订的是电子提单。

（二）电子提单的特点

电子提单的载体和操作过程不同于传统书面提单。与传统提单相比，电子提单具有以下特点。

（1）货物运输过程中所涉及的当事人，如卖方、发货人、银行、买方和收货人等均以承运人（或船舶）为中心，通过专有计算机密码告知运输途中货物所有权的转移时间和对象。承运人在收到托运人货物后，即会将一份货物收据连同一个密码传送给发货人，发货人就可以凭密码提货或指定收货人。在转让货物时，承运人会取消原由出让人所掌握的密码，并向受让人核发新的密码，从而谁持有密码，谁就持有货物的所有权。

（2）在完成货物的运输过程后使用电子提单时，通常情况下不出现任何书面文件。目前国际上使用的电子提单转让程序是利用 EDI 系统根据特定密码使用计算机实现的。收货人提货，只要出示有效证件证明身份，由船舶代理验明即可。

（3）电子提单表现为储存于计算机存储器中的电子数据，其交换和处理也由计算机自动进行。应用 EDI 时，租船定舱由计算机自动进行，承运人在收到货物之后发给发货人一份收讯电，这相当于传统上的承运人签发提单。该收讯电除包含装运货物的说明外，还包括传统提单在背面所记载的条款内容。

（三）电子提单的国际规则

20 世纪 90 年代后，为了便于电子提单的使用与规范，联合国设计制定了“联合国行政、商业、运输电子数据交换规则”（UN/EDIFACT）等一系列规则。在此基础上，国际海事委员会在制定《国际海事委员会海运单统一规则》的同时特别组成了电子提单专题委员会，专委会主持制定了《国际海事委员会电子提单规则》，并于1990年在国际海事委员会第34届大会上获得了通过。

根据《国际海事委员会电子提单规则》的主旨，该规则基于以下原则：本规则基于完全自愿的原则，经当事方同意援用后适用；在不与本规则冲突的情况下，电子传输贸易数据交换行动统一规则将指导本规则当事方的行动；本规则项下的电子数据交换应符合联合国行政、商业、运输电子数据交换规则的有关标准；本规则不改变现行的法律适用，其所产生的法律问题将由各国国内立法解决。

《国际海事委员会电子提单规则》规定的内容主要包括定义、程序、数据效力、运约一般条件、适用法、签约时间、地点、收货、控制权、运约后手、密码、交付、诉权、要求文件选择权以及电信效力等。目前，世界上许多国家都在进行EDI立法时对电子提单进行确认和调整。

三、海运单

海运单（Sea Way Bill）是证明海上运输合同和货物由承运人接管或装船，以及承运人保证据以将货物交付给单证所载明的收货人的一种不可流通的单证，故称“不可转让海运单”（Non-negotiable Sea Way Bill）。

海运单与海运提单不同，它不是物权凭证，因而不可转让。收货人不凭海运单提货而是凭到货通知提货。因此，海运单收货人一栏应填写实际收货人的名称和地址，以利于货物到达目的港后通知收货人提货。近年来，欧洲、北美和某些远东、中东地区的贸易界越来越倾向于使用不可转让的海运单，这主要是因为海运单便于进口商及时提货，且简化手续、节省费用，还可以在一定程度上减少以假单据进行诈骗的现象。另外，由于EDI技术在国际贸易中的广泛使用，不可转让海运单更适用于电子数据交换信息。1990年国际海事委员会曾通过《1990年国际海事委员会海运单统一规则》，该规则适用于不使用可转让提单的运输合同，全部或部分经海上履行的任何运输合同。

四、其他运输单据

（一）铁路运输单据

铁路运输可分为国际铁路联运和国内铁路运输两种方式，前者使用国际铁路联运运单，后者使用国内铁路运单，现将这两种铁路运输单据分别说明如下。

1. 国际铁路联运运单

国际铁路联运运单是国际铁路联运的主要运输单据，它是参加联运的发送国铁路与发货人之间订立的运输契约，其中规定了参加联运的各国铁路和收、发货人的权利与义务。它对收、发货人和铁路都具有法律约束力。当发货人向始发站提交全部货物，并付清应由发货人支付的一切费用，经始发站在运单和运单副本上加盖始发站承运日期戳记，证明货物已被接妥承运后，即认为运输合同已经生效。

运单正本随同货物到达终点站，并交给收货人。它既是铁路承运货物出具的凭证，也是铁路与货主交接货物、核收运杂费和处理索赔与理赔的依据。运单副本于运输合同缔结后交给发货人，它是卖方凭以向收货人结算货款的主要证件。

2. 承运货物收据

承运货物收据（Cargo Receipt）是在特定运输方式下所使用的一种运输单据，它既是承运人出具的货物收据，也是承运人与托运人签订的运输契约。我国内地通过铁路运往港、澳地区的出口货物，一般多委托中国对外贸易运输公司承办。当出口货物装车发运后，对外贸易运输公司即签发一份承运货物收据给托运人，以作为对外办理结汇的凭证。此外，它还是收货人凭以提货的凭证。

承运货物收据的格式及内容和海运提单基本相同，主要区别是它只有第一联为正本。在该正本的反面印有"承运简章"，载明承运人的责任范围。该简章第二条规定，由该公司承运之货物，在铁路、轮船、公路、航空及其他运输机构范围内，应根据各机构的规章办理。可见，这种承运货物收据不仅适用于铁路运输，也可用于其他运输方式。

（二）航空运单

航空运单（Air Way Bill）是承运人与托运人之间签订的运输契约，也是承运人或其代理人签发的货物收据。航空运单还可作为承运人核收运费的依据和海关查验放行的基本单据。但航空运单不是代表货物所有权的凭证，也不能通过背书转让。收货人提货不是凭航空运单，而是凭航空公司的提货通知单。在航空运单的收货人栏内，必须详细填写收货人的全称和地址，而不能做成指示性抬头。

航空运单依签发人的不同可分为主运单（Master Air Way Bill）和分运单（House Air Way Bill）。前者是由航空公司签发的，后者是由航空货运代理公司签发的。两者在内容上基本相同，法律效力相当，对于收、发货人而言，只是承担货物运输的当事人不同。

（三）邮件收据

邮件收据（Parcel Post Receipt）是邮件运输的主要单据，是邮局收到寄件人的邮包后所签发的凭证。当邮包发生损坏或丢失时，它还可以作为索赔和理赔的依据，但邮件收据不是物权凭证。

邮寄证明（Certificate Of Posting）是邮局出具的证明文件，据此证实所寄发的单据或邮包确已寄出并作为邮寄日期的证明。有的信用证规定，出口商寄送有关单据、样品或包裹后，除要出具邮件收据外，还要提供邮寄证明，作为结汇的一种单据。

专递收据（Courier Receipt）是特快专递机构收到寄件人的邮件后签发的凭证。根据《跟单信用证统一惯例》的规定，如信用证要求邮件收据或邮寄证明，银行在接受的邮件收据或邮寄证明表面注有信用证规定的寄发地处盖戳并加注日期，该日期即为装运或发运日期。如信用证要求专递或快递机构出具的单据，银行对这种快递单据将予以接受。

五、多式联运单据

多式联运单据（Multimode Transport Document，MTD）是指证明多式联运合同，以及证明多式联运经营人接管货物并负责按照合同条款交付货物的单据。按照联合国国际货物多式联运公约的规定，多式联运单据是多式联运合同的证明，也是多式联运经营人收到货物的收据和凭以交付货物的凭证，同一多式联运单据须包括全程运输。根据发货人的要求，多式联运单据可以做成可转让的，也可以做成不可转让的。多式联运单据如签发一套一份以上的正本单据，应注明其份数，其中一份完成交货后，其余各份正本即失效。副本单据没有法律效力。为了促进国际多式联运的开展，国际商会曾制定了《联合运输单据统一规则》，该规则对多式联运单据作了明确具体的规定。

多式联运单据与联运提单在形式上有相同之处，但在性质上不同。

（1）提单的签发人不同：多式联运单据由多式联运经营人签发，而且可以是完全不掌握运输工具的“无船承运人”，全程运输均安排各分承运人负责；联运提单由承运人或其代理人签发。

（2）签发人的责任不同：多式联运单据的签发人对全程运输负责；而联运提单的签发人仅对第一程运输负责。

（3）运输方式不同：多式联运提单的运输既可用于海运与其他方式的联运，也可用于不包括海运的其他运输方式的联运；联运提单的运输限于海运与其他运输方式的联合运输。

（4）已装船证明不同：多式联运提单可以不表明货物已装船，也无须载明具体的运输工具；联运提单必须是已装船提单。

第五节　合同中的装运条款

在国际贸易中，存在着“交货”和“装运”两种不同的用语，因此，也就有“交货时间”和“装运时间”两种不同的提法。在使用 FOB、CIF、CFR 及 FCA、CIP、CPT 等 6 种装运术语达成的交易中，卖方在装运港或装运地将经出口清关的货物装到船上或者交付给承运人以运交买方就算完成了交货义务。因此，在采用上述 6 种术语订立合同的情况下，“交货”和“装运”在一定意义上是一致的。在实际业务中，人们往往把它们当作同义词来使用，但应当指出，在这类合同中，货物交由“承运人”的所谓“交货”，在尚未转让货运单据之前，只是推定交货，货物的占有权并未转移到买方手中，所以，这种“交货”与采用实际交货术语合同中把货物的占有权置于买方实际控制之下的交货是完全不同的，从这个意义讲，“装运”和“交货”是两个不同的概念。因此。在实际业务中，即使按上述 FOB、CIF、CFR 及 FCA、CIP、CPT 等 6 种术语达成的合同，最好还是把“装运条款”与“交货条款”严格分开，以避免产生误解。

至于其他术语，均采实际交货方式，且分属启运与到达术语，所以按这些术语达成交易时，“装运”和“交货”则是两个完全不同的概念，决不能加以混淆或相互代替使用。

一、装运时间

装卸时间是指允许完成装卸任务所约定的时间，它一般以天数或小时数来表示。

（一）装运时间的规定方法

根据国际贸易中有关法律与惯例的解释，装运期与交货期都是买卖合同中的主要条件，如合同一方当事人违反装运期或交货期，另一方当事人有权要求赔偿损失，甚至撤销合同。由此可见。装运期与交货期在合同中占有重要的法律地位，合同当事人必须按约定时间装运或交付货物。在国际贸易买卖合同中，应当写明成交商品装运与交付的期限。装运期的规定方法，由买卖双方共同商定，一般不采用规定某一个具体日期，如于某月某日装运的做法。在实际业务中，主要有以下 6 种做法。

1. 规定某月装运

在国际货物买卖合同中，通常规定一段期间（A Period Of Time）装运。而使用最广的是规定在某月装。

示例 1　20××年 3 月装

Shipment during March，20…

示例 2　20××年 6 月份装

Shipment during June 20…

按此规定，卖方可分别从 20××年 3 月 1 日至 3 月 31 日和 20××年 6 月 1 日至 6 月 30 日，这一段期间内的任何时候装运出口。

2. 规定跨月装运

有时所规定的一段可供装运的期间，可从某月跨到下月，甚至更后的月份。

示例 1　2011 年 2/3 月装

Shipment during Feb./Mar.2011

示例 2　2011 年 2/3/4 月装

Shipment during Feb./Mar./Apr.2011

按此规定，卖方可分别从 2011 年 2 月 1 日至 3 月 31 日和从 2011 年 2 月 1 日至 4 月 30 日这段期间内任何时间装运出口。

3. 规定在某月月底或某日前装运

即在合同中规定一个最迟装运的期限，这个最迟装运期限，既可以是某一月份的月底，也可以是某一天。

示例 1　2011 年 5 月底或以前装运

Shipment at or before the end of May 2011

即自订立合同之日起，在 2011 年 5 月 31 日或于此日前的任何日期装运。

示例 2　不晚于 2011 年 6 月底装运

Shipment not later than the end of June 2011

即自订立合同之日起，最迟不超过 6 月 30 日装运。

示例 3　2011 年 7 月 15 日或以前装运

Shipment on or before July 15th 2011

即自订立合同之日起，最迟不能迟于 2002 年 7 月 15 日装运。

4. 规定在收到信用证后若干天内装运

对某些外汇管制较严的国家和地区的出口交易，或对买方资信情况不够了解，或专为买方特制的出口商品，为了防止买方不按时履行合同而造成损失，在出口合同中可采用在收到信用证后一定时间内装运的方法规定装运时间，以保障出口企业的利益。

示例 1　收到信用证后 45 天内装运

Shipment within 45 days after receipt of L/C

但是，在采用此种装运期的规定时，必须同时规定有关信用证开到的期限。

示例 2　买方必须最迟于 6 月 15 日将有关信用证开抵卖方

The Buyers must open the relative L/C to reach the Sellers before June 15th

如不订明信用证开到期限，则可能由于买方拖延开证，使卖方无法及时安排生产、包装、装运，而陷于被动。

5. 规定在某一特定日期装运、具备某一条件（如接到确认样品通知书等）后确定装运期以及使用近期装运术语等做法。

例如："于 20× ×年 5 月 5 日装运"（Shipment on 5th May 20..），按此规定，卖方必须在 20× ×年 5 月 5 日这一天将货物装运。可是，国际货运情况错综复杂，不可控因素很多，要保证做到在选定的某一天将货物装运较难做到，所以，在实际业务中极少使用。

6. 笼统规定近期装运。较为多见的有："迅速装运"（Prompt Shipment）、"立即装运"（Immediate Shipment）、"尽快装运"（Shipment As soon As Possible）三种。由于这些术语在各国、各行业中解释不一，不宜使用。国际商会制定的《跟单信用证统一惯例》也明确规定不宜使用此类术语，如果使用，银行将不予受理。

（二）规定装运时间的注意事项

1. 应考虑货源和船源的实际情况

如对货源心中无数，盲目成交，就有可能出现到时交不了货，而形成有船无货的情况。在按 CFR 和 CIF 条件出口和按 FOB 进口时，还应考虑船源的情况，如船源无把握就盲目成交或者没有留出安排舱位的合理时间而规定在成交的当月交货或装运，则可能出现到时租不到船或订不到舱位而形成有货无船的情况。

2. 对装运期的规定要明确

在买卖合同中，应明确规定装运的具体期限。对"立即装运"和"尽速装运"等词语，应用时必须慎重。近期装运术语的含义，在各国、各地区和各行业中并无统一的解释。为避免误解而引起纠纷，除买卖双方对这类术语的解释已有一致的理解外，在买卖合同中也应尽量避免使用。

3. 装运期限应当适度

装运期限的长短，应视不同商品和租船订舱的实际情况而定。对货源充沛和船舶来往频繁的港口，或者对急需商品和易腐货物，装运期或交货期可适当短一些；对船舶往来很少的偏僻港口，则装运期或交货期应适当长一些。

4. 应注意装运期或交货期同开证日期之间的衔接

在采用信用证付款方式时，装运期与交货期同开证日期是互相关联的。因此，在约定装运期或交货期的同时，应一并约定开证日期，并考虑其与开证日期的相互衔接。

5. 应注意装运期或交货期与信用证有效期之间的间隔

为了便于卖方在装运或交货之后有时间缮制有关单据和向银行办理结汇手续，装运期或交货期与信用证有效期之间应留有合理的间隔时间，一般来说，信用证结汇有效期应比装运期或交货期长半个月至一个月。

二、装运港与目的港

装运港（Port Of Shipment）是指货物起始装运的港口。目的港（Port Of Destination）是指最终卸货的港口。

国际货物买卖合同中，约定装运地（港）和目的地（港），既有利于卖方按约定地点组织货源和发运货物，也有利于买方按约定地点接运或受领货物。由此可见，约定装运地（港）和目的地（港）对确保履行进出口合同，具有十分重要的意义。

以下就 FOB、CIF、CFR 及 FCA、CIP、CPT 等 6 种术语的合同中有关装运港（地）和目的港（地）的规定方法和有关的问题作简要介绍。

（一）装运港或装运地的规定办法

在国际贸易中，装运港或装运地一般由卖方提出，经买方同意后确定。在实际业务中，应根据合同使用的贸易术语和运输方式正确选择和确定装运地点。

（1）买卖合同通常只规定一个装运港或装运地，如“装运港：上海”（Port of shipment: Shanghai）。

（2）有时按实际业务需要，例如货物分散在多处，或磋商交易时尚不能确定在何处发运货物，也可规定两个或多个港口或地方的名称，必要时甚至可作笼统规定。以下是出口合同中规定两个或两个以上装运港或装运地的示例。

装运港：青岛和上海

Port of shipment: Qingdao and Shanghai

装运港：青岛/大连/上海

Port of shipment: Qingdao/Dalian/Shanghai

装运港：中国港口

Port of shipment: China Ports

（3）选择装运港的规定办法。当买卖合同中规定两个或多个装运地，或对此仅作笼统规定时，凡由卖方负责安排运输的 CFR、CIF、CPT、CIP 合同，可由卖方于实际装运货物时在合同规定的范围内任意选定装运港或装运地；凡由买方负责安排运输，即由买方选派接运船舶或指定承运人的 FAS、FOB、FCA 合同，则卖方应在合同规定的装运时间前的一段适当的时间，或者按合同规定的时限将选定的装运港或装运地通知买方，以便买方凭以办理派船接运或指定承运人等事宜。

（二）目的港或目的地规定办法

在国际货物买卖合同中，目的港（地）一般由买方提出，经卖方同意后确认。目的港的规定方法主要有以下几种。

（1）买卖合同通常只规定一个目的港或目的地，如“目的港：纽约”（port of destination : New York）。

（2）有时按实际业务需要，例如买方有不同的使用或销售地，而商订合同时尚不能确定供何处使用和销售，也可规定两个或两个以上的目的港或目的地，个别的甚至也有做笼统规定的。由买方在装运期开始前适当时间通知卖方，凭以安排装运。以下是出口合同中规定两个或两个以上目的港或目的地的示例。

目的港：伦敦/利物浦

Port of destination: London/Liverpool

目的港：伦敦/利物浦/曼彻斯特

Port of destination: London/Liverpool/Manchester

（三）约定装运地（港）与目的地（港）的注意事项

在进出口合同中，规定装运地（港）或目的地（港）条款，通常应从产销情况、装卸条件和运输等因素来考虑，特别是签订 FOB 进口合同和 CIF 或 CFR 出口合同时，对国外装卸港的规定，更应考虑周全，审慎从事。在洽商进出口合同中的装运地（港）和目的地（港）条款时，应当注意下列事项。

1. 要注意装运地（港）与目的地（港）的具体条件

在选择装运地（港）或目的地（港）时，应考虑当地管理制度和办法、社会治安状况、是否堵塞和拥挤、气候变化情况、有无冰封期、有无直达班轮、装卸设施的好坏、装卸效率的高低和运输装卸费用的大小等。注意上述条件有利于作出正确的抉择和采取相应的对策。

2. 要注意装卸地（港）与目的地（港）有无重名的问题

在世界范围内，海运港口重名的很多。例如：波特兰（Portland）港，在美国和其他国家有同名港，且在美国东部和西部各有 1 个波特兰港；澳大利亚和加拿大均有悉尼（Sydney）港；而维多利亚（Victoria）港，在世界上竟有 12 个之多；在黎巴嫩和利比亚各有 1 个的黎波里（Tripoli）港。为了防止在交接货物中发生差错，在进出口合同中，除列明港口名称外，还应注明该港口所在国家和地区的名称。

3. 应按就近的原则选定装运地（港）与目的地（港）

为了加速货运和节省运输费用，一般地说，装运地（港）应尽可能靠近货源地，目的地（港）应尽可能靠近用货部门，以利于缩短运输里程、节约运输能力、减少中间环节，从而降低运输成本。

4. 装运地（港）与目的地（港）的规定应当明确

在订立海运进出口合同时，常有规定了两条不同航线的三个目的港却没有明确由谁来选择目的港的情况，致使履行合同受到影响。

三、分批装运和转运

国际货物买卖合同项下的货物，特别是大宗货物，有时需要分批装运，有的货物则需要中途转换运输工具。为了明确交易双方的责任与义务，需要分别约定分批装运和转运条款。

（一）分批装运（Partial Shipments）

1. 分批装运的含义

分批装运是指一个合同项下的货物先后分若干期或若干批装运。在国际贸易中，有的交易因为数量较大，或是由于备货、运输条件、市场需要或资金的限制，有必要分期分批交货、到货者，则可在进出口合同中规定分批装运条款。

一个合同能否分批装运，应视合同中是否规定允许分批装运而定，如合同中未明文规定允许分批，按外国合同法，不等于允许分批装运。但有的国际规则，例如国际商会制订的《跟单信用证统一惯例》就规定："除非信用证另有规定，分批支款及/或装运均被允许"。按此惯例规定，在信用证业务中，除非信用证明示不准分批装运，卖方即有权分批装运。有鉴于此，为防止误解，在我国的外贸实践中，如需要分期分批装运的，一般均应在进出口合同中作明确具体的规定。

2. 分批装运的规定方法

（1）只原则规定允许分批装运，对于分批的具体时间、批次和数量均不作规定。这种做法对卖方来说比较主动，可以根据货源和运输条件，在合同规定的装运期内灵活掌握。

（2）在规定分批装运条款时，具体订明每批装运的时间和数量。这种做法往往是根据买方对货物的使用或转售的需要出发确定的，对卖方的限制较严。例如，"3 月至 6 月分 4 批每月平均装运"（Shipment during March/June in four equal monthly lots）以及类似的限批、限时、限量的条款，卖方的机动余地很小，只要其中任何一期没有按时、按量装运，除非合同规定，每批构成一份单独的合同，就可作为违反合同论。假如信用证也作相同规定，当其中任何一期未按规定装运，则本期及以后各期均不得凭以装运支款。因此，在出口业务中，接受此类条款时，应予慎重对待，以免造成被动。但从买方角度看，这种做法从使用或转售的需要出发进行安排，有利资金和仓储周转。

有必要指出，按惯例：除非信用证明示不准分批装运，可视作允许分批装运；运输单据表面上注明同一运输工具、同一航次、同一目的地的多次装运，即使注明不同的装运日期或不同装货地点，也不视作分批装运；货物经邮运或专递运输，如邮局收据或邮寄证明或专递收据或发运单的表面上系由信用证规定的发运地并于同一日期盖戳、签署或以其他方式证实，则该邮寄或专递装运将不作分批装运论。

案例 4.1 同一航次的同一船只货物分装是否违反分批装运条款

信用证规定：40，000 M/T；8/9月份装运，不准分批装运；装运港：大连/青岛；目的港：纽约;东海号货轮V.198，8月30日在大连港装运货物22，000M/T；然后开往青岛港，9月3日在青岛港装运货物18，000M/T，装运完毕开往目的港纽约。请问这种做法，是否违反信用证规定，为什么？

分析：根据《跟单信用证统一惯例》：在不同时间，不同口岸，将同一合同项下货物装上同一航次，同一运输工具上，并去同一目的地的，不能算是分批装运。本案中信用证要求不准分批，卖方虽然是8月30日在大连港，9月3日在青岛港分别装运货物一批，但是都装在同一航次的同一运输工具上，并开往同一目的地纽约，所以不算分批。因此，卖方实际做法不违反信用证规定。

3. 规定分批装运的注意事项

交易双方如同意分批装运，应在买卖合同中具体列明每批货物装运的时间和数量。同时，应根据需要和可能来规定分批装运。对每批装运的时间要有适当的间隔。

一笔交易的货物，不宜规定在短时间内分若干批装运，以免给安排装运带来实际困难，从而影响整个合同的履行。

案例 4.2　未能按要求装运造成的损失

中国A公司与美国B公司签订了一份大米销售合同，A公司出口大米1.2万吨，凭不可撤销即期信用证付款。合同规定："2003年5～10月分6批每月平均装运。" B公司按时开出信用证，A公司在5～7月每月平均装运2 000吨，银行已分批凭单付款。然而，第四批货物由于中间环节有误，备货不及，A公司于9月1日首先在宁波港装运了1 200吨，然后该船又驶往连云港，于9月3日装运同样品质大米800吨。A公司向付款银行提交两套单据办理付款事宜时，银行认为单证不符，拒绝付款。银行提出的不符点有二：一是信用证没有规定每月允许分批装运，而A公司提交了两套装运单据，与信用证不符；二是提单签发日迟于信用证规定的日期。据此，开证行援引UCP600的规定宣布信用证该批及以后各批均告失效。而在此时，B公司因资金紧张，遂以A公司延迟交货，银行宣布信用证失效为由拒付该批货款，并宣布该批及以后各批均失效。A公司与B公司协商未果，最终以A公司折价处理该批货物，双方解除合同关系告终。

分析：该案例说的是分批装运的另外一种情况。在本案中，A公司提交的两套提单签发日期为9月1日和9月3日，迟于信用证规定的8月31日前装运的交单日期，造成单证表面不符，银行拒收单据。而A公司在第四批交货过程中未能在规定期限装运，因而银行宣布信用证对该期和以后各期均失效是合理的。

（二）转运

1. 转运的含义

转运（Transshipment）是指一个合同项下的货物从装运地运至目的地的运输过程中，中途需要转换运输工具。例如，卖方出售的货物，如没有直达船驶往目的港或船期不固定或航次间隔时间太长。为了便于装运，卖方往往要求在合同中增加允许转运（Transshipment to be allowed）的条款。

一般来说，允许转运对卖方比较主动，但要增加费用支出。而货物在转运时有可能增加损耗或散失，而且易使运程延迟，所以是否允许转运或在何地转运往往是买卖合同的重要内容。《跟单信用证统一惯例》规定，可准许转运，为了明确责任和便于安排装运，买卖双方是否同意转运，应在合同中注明。

2. 约定转运条款的注意事项

合同当事人约定转运条款时，应当注意下列几点。

（1）载明交易双方同意转运，并对转运的办法和转运费的负担作出明确具体的约定。

（2）转运条款通常是与装运时间条款结合起来规定的。例如：1/2/3 月份装运，允许由香港转运。

（3）合同中是否规定允许转运或不准转运条款，应视具体情况而定。一般来说，不准转运通常都是由买方提出，经卖方同意后确定。但应特别指出的是，在 FOB 进口合同中，买方则不宜提出不准转船的条款，以免约束自己而导致不利的后果。

（三）分批装运和转运条款

国际货物买卖合同中的分批、转运条款通常是与装运时间条款结合起来规定的。以下是合同中关于分批装运和转运的一些实例。

示例 1　20××年 10/11/12 月份装运，允许分批和转运

Shipment during Oct. /Nov. /Dec. 20…，with partial shipments and transshipment allowed

示例 2　20××年 1/2 月份每月各装一批

Shipment during Jan. /Feb. 20…，in two about equal lots

示例 3　20××年 1/2 月份分两批大约平均装运

Shipment during Jan. /Feb. 20…，in two monthly lots（in two monthly shipments）

示例 4　20××年 1/2 月份每月平均装运，允许转运

Shipment during Jan. /Feb. 20…，in two equal monthly lots（in two monthly shipments），transshipment to be allowed

示例 5　3/4 月份分两次装运，禁止转运

During Mar. /Apr. in two shipments，transshipment is prohibited

案例 4.3　误解装运条款引起争端

中方，某粮油A公司于某年以CIF条件与英国贸易B公司达成交易，向其出售一笔棉籽油。总数量为840吨，允许分批装运。对方开来信用证中有关装运条款规定："840吨棉籽油，装运港：广州，允许分二批装运；460吨于9月15日前至伦敦，380吨于10月15日前至利物浦"。粮油进出口公司于8月3日在黄埔港装305吨至伦敦，计划在月末再继续装155吨至伦敦的余数，9月末再装至利物浦的380吨。第一批30吨装完后即备单办理议付，但单据寄到国外，开证行于8月15日提出单证不符，不能议付货款。请分析原因。

分析：该案例涉及对国际货物买卖合同中装运条款的理解问题。误解装运条款就会引起争端，甚至导致货款两空的结果。A公司单证不符点主要有以下两点：一是信用证只允许分二批装运，即460吨至伦敦，380吨至利物浦。而该公司于8月3日仅装305吨至伦敦，意即余155吨准备继续再装，这样违背了信用证的规定。二是信用证规定装运港为广州港，根据提单记载，其装运港为黄埔，不符合信用证的要求。

四、装运通知

在国际贸易实际业务中，交易双方为了相互配合，共同搞好运输工具与货物的衔接，以及便于交接货物和办理货运保险，彼此都要在事前或事后承担相互通知的义务，以利于合同的履行。因此，装运通知就成为运输条款中不可缺少的一项重要内容。在海运进出口业务中，有时将装运通知称作装船通知。

根据国际贸易惯例，在按 CFR 或 FOB 条件成交时，卖方装船后，应及时向买方发出装船通知，以便买方及时办理货运保险，否则卖方要承担货物运输途中的风险。

（一）装运通知的主要内容

装运通知的内容，根据不同的成交条件、不同的运输方式和不同的通知意图而定。按国际贸易实际业务的一般做法，如买卖双方按 FOB 条件成交时，卖方一般在约定的装运期开始前 30 天或 45 天向买方发出货物备妥通知，以便买方派船接运货物，防止出现有货无船或货等船的情况。买方接到此项通知后，应将其所派船舶的名称及到港受载日期等事项及时通知卖方，以便卖方安排装船事宜，防止出现有船无货或船等货的情况。如采用 CFR 条件成交，卖方按约定时间、地点装船后，应及时将合同项下的货物装载情况向买方发出装船通知，以便买方及时投保货运险，并做好接货准备和安排办理进口通关手续。

（二）约定装运通知的注意事项

鉴于装运通知很重要，因此，交易双方在规定装运通知时，应当注意下列问题。

（1）要明确装运通知的时间。为了便于顺利履行合同，事先明确相互通知的时间很有必要，以免因装运通知不及时而使车、船、货的衔接与货物的交接出现脱节情况，或者出现来不及投保货运险甚至漏保的情况。

（2）酌情确定装运通知的内容。装运通知的内容，繁简不一，一般根据实际需要而定。例如，在某机械进出口公司制定的格式合同中，其装运通知栏内载明：卖方应予货物装船完毕后 8 小时内将合同号、货名、实际数量、毛重总数、发票金额、船名及提单号和装船日期等通知买方。如系超长、超重或超高的货物，还应逐件列明其毛重、长度、宽度和高度。如系危险货物，应将危险物品的性质及处理办法，也一并通知买方。

五、装卸时间、滞期费与速遣费

在国际货物运输中，当大量货物需要采用租船运输时，通常在租船合同中约定好装卸时间、装卸率和滞期、速遣费条款，以促使租船人快速装卸。但实际上负责装卸货物的不一定是租船人，而往往是买卖合同的一方当事人。因此，负责安排租船的买方或卖方，为了便于日后签订租船合同，便先在买卖合同中约定装卸时间、装卸率和滞期、速遣费条款。

（一）装卸时间、滞期费与速遣费的规定

1. 装卸时间

装卸时间是指允许完成装卸任务所约定的时间，通常以天数或小时数来表示。装卸时间的规定方法很多，主要有下列几种。

（1）日或连续日。所谓日，是指午夜至午夜连续 24 小时的时间，也就是日历日数。以“日”表示装卸时间时，从装货或卸货开始，到装货或卸货结束，整个经过的日数，就是总的装货或卸货时间。在此期间内，不论是实际不可能进行装卸作业的时间（如雨天、施工，或其他不可抗力），还是星期日或节假日，都应计为装卸时间。这种规定，对租船人很不利。

（2）累计 24 小时好天气工作日。这是指在好天气情况下，不论港口习惯作业为几小时，均以累计 24 小时作为一个工作日。如果港口规定每天作业 8 小时，则一个工作日便跨及几天的时间。这种规定对租船人有利，而对船方不利。

（3）连续 24 小时好天气工作日。这是指在好天气情况下，连续作业 24 小时算一个工作

日，如中间因坏天气影响而不能作业的时间应予扣除。这种方法一般适用于昼夜作业的港口。当前，国际上采用这种规定的较为普遍，我国一般采用此种规定办法。

由于各国港口习惯和规定不同，在采用此种规定办法时，对星期日和节假日是否计算也具体订明。如在工作日之后加订“星期日和节假日除外”，或者规定“不用不算，用了要算”或“不用不算即使用了也不算”。对星期六或节假日前一天怎样算，也应予以明确。

除了具有一定含义的日数表示装卸时间的办法外，有时关于装卸时间并不按日数或每天装货物的吨数来规定，而只是按“港口习惯速度尽快装卸”，这种规定不明确，容易引起争议，故采用时应审慎行事。

为了计算装卸时间，合同中还必须对装卸时间的起算和止算时间加以约定。

关于装卸时间的起算时间，各国法律规定或习惯并不完全一致，一般规定在船长向承租人或其代理人递交了“装卸准备就绪通知书”以后，经过一定的规定时间，开始起算。

我国规定的递交（与接受）装卸准备就绪通知的时间是从 10:00 ~ 17:00；星期六从 10:00 ~ 12:00，但与日本规定的例外。

关于止算时间，现在世界各国习惯上都以货物装完或卸完的时间，作为装卸时间的止算时间。

2. 装卸率

所谓装卸率，即指每日装卸货物的数量。装卸率的具体规定，一般应按照港口习惯的正常装卸速度，本着实事求是的原则。装卸率的高低，关系到完成装卸任务的时间和运费水平，装卸率规定过高或过低都不合适。规定过高，完不成装卸任务，要承担滞期费的损失；反之，规定过低，虽能提前完成装卸任务，可得到船方的速遣费，但船方会因装卸率低，船舶在港时间长而增加运费，致使租船人得不偿失。因此，装卸率的规定应当合适。

3. 滞期费和速遣费

如果在约定的允许装卸时间内未能将货物装卸完，致使船舶在港内停泊时间延长，给船方造成经济损失，则延迟期间的损失，应按约定每天若干金额补偿给船方，这项补偿金叫滞期费；反之，如按规定的装卸时间和装卸率，提前完成装卸任务，使船方节省了船舶在港的费用开支，船方将获取利润的一部分给租船人作为奖励，叫速遣费。按惯例，速遣费一般为滞期费的一半。滞期费和速遣费通常约定为每天若干金额，不足一天者，按比例计算。

（二）约定装卸时间、装卸率与滞期、速遣费条款的注意事项

1. 装卸时间的约定应明确合理

明确合理地约定装卸时间，有利于滞期费与速遣费的计算与支付。规定装卸时间的方法很多，其中有的对租船人有利，有的则不利。就负责安排租船的买方或卖方而言，应考虑从中选择于己有利的规定方法。例如，按日历日数，即从装货开始到卸货结束的整个天数都算作装卸时间。此种规定，显然对租船人不利。因为，其中有些实际上无法进行装卸作业的时间（如节假日、恶劣天气或发生不可抗力）也算作装卸时间。又如，按港口习惯速度尽快装卸，此种规定方法不明确，容易引起争议，一般不宜采用。当前，国际上普遍采用而且比较公平合理的是按连续 24 小时好天气工作日计算装卸时间。在采用此种规定方法时，对有关装卸港的法定节假日是否计算和如何算法，以及装卸时间的起算和止算时间，也应一并作出明确具体的规定。

2. 要注意实事求是地约定装卸率

滞期费及速遣费与约定的装卸率密切相关。装卸率是指每日装卸货物的数量，一般应按照装卸港的正常装卸速度来确定。如装卸率规定过高，完不成装卸任务，租船人要承担滞期费的损失；反之，规定过低，虽能提前完成装卸任务，可从船方获取速遣费，但船方会因装卸率低影响船舶周转速度而增加出租船舶的租金，反而使租船人得不偿失。因此，约定买卖合同中的装卸率时，要注意掌握实事求是的原则。

3. 要注意滞期费与速遣费的比例是可争取改变的

按国际航运一般惯例，速遣费通常为滞期费的一半，这是船方片面维护自身利益的习惯做法，它不符合对等的原则。但是，在船多货少的情况下，这种习惯做法也是可以打破的。租方可以利用租船市场上船源供过于求的有利形势，争取滞期费与速遣费每天金额相等。滞期费与速遣费，通常约定为每天若干金额，不足一天者，按时间比例计算。在这里，需要特别指出的是，有的程租船合同，如GENCON（金康）标准合同格式中规定，滞期最多为10天，若超过10天，租方就要负责赔偿船方实际损失，其损失比滞期费高。这一点应当引起大家注意。

小资料

关于滞期费的计算

船东和租船人通过传真方式签订了T轮航次租船合同，租船合同中的有关条款规定货物及数量：3 000吨散装铁砂；受载期：2002年11月2日至5日；装/卸港：韩国釜山港/日本横滨港；装货速度：装卸两港，每晴天工作日800吨，星期日、节假日除外，除非使用；滞期费/速遣费：装港滞期费每天1 800美元，不足一天按比例计算，没有速遣费；滞期费/延滞费：应在卸货结束后15天内结算；其他条款和条件依据金康格式租船合同的规定。

该轮于11月8日09: 00时托运人检查货舱，货舱干净干燥，船长此时递交了装货准备就绪通知书并被接受，该轮自此时起开始等待货物；11月11日20：00时至11月13日14：00时下雨；11月13日14：00时开始装货；12月1日15：00时装货结束。在履行合同过程中，双方当事人就T轮在装港的滞期费产生争议。租船合同的规定，该轮于11月8日09：00时经托运人检查货舱干净干燥后，船长于此时递交了装货准备就绪通知书。因此，装货时间应于11月8日14：00时起算。该轮共装载3 030吨铁砂，按租船合同规定的装货率每天800吨计算，允许的装货时间为3天18小时54分（3.787 5天）。经查，装货时间起算后，扣除11月11日20：00时至24：00时雨天4小时、11月12日00：00时至24：00时雨天24小时、11月13日00：00时至14：00时雨天14小时，截止到11月15日02：54时，允许的装货时间已经用完。因此该轮于1月15日02：54时进入滞期。根据装港装货事实记录的记载，在该轮进入滞期后，并无因船东原因而延误的时间，因此装货时间应连续计算，截止于12月1日15：00时装货结束时，该轮共滞期16天12小时6分（16.504天）。试计算滞期费。

滞期费争议是航次租船合同中最经常产生的争议。本案涉及装卸时间的起算、装卸时间扣除以及装卸时间的计算等一些基本问题。

分析如下。

根据相关规定的装货起算时间，以及租船合同条款规定，滞期费计算如下：

滞期费 = 滞期费率 × 滞期天数

= 1 800美元/天 × 16.504天

= 29 707.20美元

技能训练

实训主题：缮制货运单据。

实训地点：教室。

实训目的：运用所学知识，填制各种单据。

背景材料

INVOICE NO.：TAR20057149　　INVOICE DATE：MAR.2，2005

B/L NO.：GSG05-723　　B/L DATE.：MAR.15，2005

FORM A NO.：GZ7/88067/0589　　POLICY NO：TES3478921

SHIPPING MARK：N/M　　PACKED IN 200 PAPER SACKS

CONTAINER，SEAL NO：TEXU3730336/KHS487605/20'

NAME OF STEAMER：PUDONG SENATOR V.743

WEIGHT：N.W.：@40KGS　　G.W.：@40.7KGS

该货物是完全自产品

ISSUE OF A DOCUMENTARY CREDIT

Sender	:	IBSPITTM414 *SANPAOLO IMI S.P.A *PAVIA，ITALY
Receiver	:	SOGECN22 *SOCIETE GENERALE *（GUANGZHOU BRANCH） *GUANGZHOU，CHINA
27	:	Sequence of Total 1/1
40A	:	Form of Documentary Credit IRREVOCABLE
20	:	Documentary Credit Number 3109/1065
31C	:	Date of Issue 050206　FEB. 6，2005
31D	:	Date and Place of Expiry 050406 APR.6，2005
50	:	Applicant ARELLA AND C.　SPA PIAZZA COLLEGIO CAIROLIN.3 27100 PAVIA，ITALY

59　　: Beneficiary

GUANGDONG　TEA　IMP.　& EXP.　CORP

26-30/F.，GUANGDONG FOREIGN ECONOMICS &TRADE BUILDING

351 TIANHE RODE，GUANGZHOU，CHINA

32B　　: Currency Code，Amount

USD　(US DOLLAR)

USD 37，636.00　(US DOLLARS THIRTY SEVEN THOUSAND SIX HUNDRED AND THIRTY SIX ONLY)

39A　　: Percentage Credit Amt Tolerance

10/10

41A　　: Available with/by

ANY BANK BY NEGOTIATION AGAINST THE DOCUMENTS DETAILED HEREIN AND BENEFICIARY'S

DRAFTS AT SIGHT DRAWN ON US FOR 100 PCT OF THE INVOICE VALUE

43P　　: Partial Shipments

NOT ALLOWED

43T　　: Transshipment

ALLOWED

44A　　: Loading in Charge

CHINESE　PORT

44B　　: For Transport to…

LA SPEZIA PORT

44C　　: Latest Date of Shipment.

050320　　MAR 20，2005

45A　　: Descript.　Of Goods

4538 CHINA BLACK TEA ABT.4，000 KGS.　@ USD 4.50/KG

5380 CHINA GREEN TEA ABT.4，000 KGS.　@ USD 5.20/KG

CIFC3% LA SPEZIA PORT　(1×20'FCL/200 PAPER SACKS)

PACKED IN PAPER SACKS，PALLETIZED AND CONTAINERIZED AS PER THE SALES CONFIRMATION NO.BTS78905.

THE PRICE IS TO BE UNDERSTOOD PER KILO NET SHIPPED WEIGHT CIF GENOVA LESS 3 PERCENT COMMISSION，INCLUDING PACHING.

46A　　: Documents Required

1)SIGNED COMMERCIAL INVOICE，ORIGINAL PLUS TWO COPIES，EVIDENCING THAT THE GOODS SHIPPED COMPLY WITH THE S/C NO.BTS78905 DATE 050112

2) 3/3 CLEAN ON BOARD BILLS OF LOADING MADE OUT TO THE ORDER OF ARELLA AND C.　SPA MARKED FREIGHT PREPAID AND

NOTIFY TO CASASCO AND NARDI-VIA DON GIOVANNI
CALABRIA，30-20132 MILANO PHONE
02-2729241
3）CERTIFICATE OF WEIGHT
4）CERTIFICATE OF ORIGN FORM A ISSUE BY THE COMPETENT LOCAL AUTHORITY IN TWO COPIES
5）MARINE INSURANCE POLICY/CERTIFICATE COVERING ALL RISKS AND WAR RISK FOR 110 PERCENT OF THE CIF INVOICE VALUE

47A : Additional Conditions
+/− 10 PCT IN AMOUNT，QUANTITY AND WEIGHT IS ALLOWED
ALL DOCUMENTARY MUST INDICATE THIS CREDIT NUMBER
PLEASE SEND DOCUMENTS TO:
SANPAOLO IMI SPA
VIA PABIO FILAI N.2-27100 PAVIA （ITALY）

71B : Charge
ALL BANKING CHARGE AND COMMISSIONS OUSIDE OF ITALY FOR BENEFICIARY'S ACCOUNT

49 : Confirmation Instructions
WITHOUT

78 : Instruction of Pay/Accept/Negotiation Bank
AT RECEIPT OF DOCUMENTS IN CONFORMITY WITH CREDIT TERMS，WE SHALL CREDIT YOU AS PER YOUR INSTRUCTIONS AT MATURITY DATE.

57D : "Advise Through" Bank-Name & Addition
SOCIETE GENERALS-GUANGZHOU BRANCH
21ST FLOOR PEACE WORLD PLAZA
362-366 HUANSHI EAST ROAD GUANGZHOU

72 : Sender to Receiver Information
SUBJECT TO ICC PUS 500，1993 REVISION AND SUBJECT TO THE UNIFORM RULES FOR BNAK TO BANK REIMBURSEMENT UNDER DOC. CREDIT ICC PUB 525

实训过程设计：

（1）指导教师布置学生课前预习背景材料；

（2）将全班同学平均分成小组，按每组5～6人进行讨论；

（3）信用证中的装运条款是怎样规定的；

（4）根据上述资料，填制装箱单、海运提单。

PACKING LIST

Export: ______________________

____

____

INV. DATE: ______________________

INV. NO: ______________________

B/L NO: ______________________

S/C NO: ______________________

L/C NO: ______________________

Transport details :

____

____

Marks and Numbers	Description of goods	Quantity	G.W	N.W	Meas.
	TOTAL				

SAY TOTAL:

____

签 章

BILL OF LADING

Shipper:	B/L No.
Consignee:	C O S C O 中国远洋运输（集团）总公司 CHINA OCEAN SHIPPING（GROUP）CO.
Notify Address	

Place of receipt					
Ocean Vessel	Port of loading				
Port of Discharge	Place of Delivery				
Marks & Nos.	No. of Package & Description of Goods			Gross Weight Kgs	Measurement m^3
FREIGHT & CHARGES	Revenue Tons.	Rate Per	Prepaid	Collect	
Prepaid at	Payable at	Place and date of issue			
Total Prepaid	No. of Original B（s）/L	Stamp & Signature			

LADEN ON BOARD THE VESSEL

Date

By

本章小结

国际货物运输是国际贸易中不可缺少的重要环节。海洋运输是运用最广泛的一种运输方式，其经营方式有班轮运输和租船运输两种。班轮运输运费一般是由基本运费和附加费两个部分构成。租船运输包括航次租船、定期租船和光船租船。租船合同用以明确双方的经济、法律关系。目前，GENCON 合同是最具有代表性的航次租船合同，实践中的使用也最为频繁。

除海洋运输外，国际贸易中常用的运输方式还包括铁路运输、航空货物运输、集装箱运输、国际多式联运、邮包运输以及公路、内河、大陆桥、邮政和管道运输等。铁路运输可以分为国际铁路货物联运和国内铁路货物运输。国际航空运输方式有班机运输、包机运输、集中托运、航空快递业务等。集装箱运输目前已成为国际上普遍采用的一种重要的运输方式。国际多式联运可以提高运输的组织水平，改善不同运输方式间的衔接工作，实现各种运输方式的连续运输。

运输单据是承运人收到承运货物签发给出口商的证明文件，它是交接货物、处理索赔与理赔以及向银行结算货款或进行议付的重要单据。不同的运输方式使用的运输单据也各有不同，主要有海运提单、海运单、铁路运单、邮政收据、航空运单和多式联运单据等。

海运提单的性质和作用可以概括为以下三个方面：货物收据、物权凭证和运输契约的证明。海运提单的种类有已装船提单与备运提单，清洁提单与不清洁提单，记名提单、不记名提单与指示提单，直达提单、转船提单与联运提单等。

在国际货物买卖合同中，买卖双方必须就交货时间、装运地和目的地、能否分批装运和转船、转运等问题在合同中作出明确规定。明确、合理地规定装运条款，是保证进出口合同顺利履行的重要条件。滞期费和速遣费一般是航次租船合同中的条款。速遣费率通常为滞期费率的一半。

综合练习

一、单项选择题

1. 海洋运输一般分为租船运输和（　　）。

A. 定期运输　　B. 专线运输

C. 内河运输　　D. 班轮运输

2. 就收货人抬头而言，（　　）作为抬头的提单风险较大。

A. Straight B/L　　B. Order B/L

C. Bearer B/L　　D. Open B/L

3. 用班轮运输货物，在规定计收标准时，如果采用“A. V”的规定办法，则表示（　　）。

A. 按货物的毛重计收　　B. 按货物的体积计收

C. 按货物的件数计收　　D. 按货物的价值计收

4. 我国内地经由铁路运输，供应港澳地区的货物，发货人凭以向银行结汇的运输单据为（　　）。

A. 铁路运单正本　　B. 铁路运单副本第二联

C. 铁路运单副本第三联　　D. 承运货物收据备运提单

5. 海运提单之所以能够向银行办理抵押贷款，是因为（　　）。

A. 海运提单是承运人签发的货物收据　　B. 海运提单可以转让

C. 海运提单是运输契约的证明　　D. 海运提单具有物权凭证的性质

6. 提单上批注有“被雨淋湿”、“三箱破损”等文字，称为（　）。

A. 清洁提单　B. 不清洁提单　C. 记名提单　D. 指示提单

7. 指示提单要求提单的“收货人”栏内（　）。

A. 留空不填　　B. 填写“凭指示”

C. 填写收货人名称　　D. 填写付款银行名称

8. 对班轮运费的理解，正确的是（　）。

A. 包括装卸费，不计滞期费、速遣费　　B. 包括装卸费，应计速遣费、滞期费

C. 包括装卸费和滞期费，不计速遣费　　D. 包括装卸费和速遣费，不计滞期费

9. 如海运班轮提单的收货人（抬头）作成“to order”，则该提单（　）。

A. 不能背书转让

B. 仅凭交付即可转让

C. 须经背书转让

D. 既可背书转让，也可凭交付转让，由转让人自行决定

10. 如出口合同中装运时间规定为“Shipment during May/June 2007 in two equal monthly shipments”，则卖方应在 5、6 两个月内，（　）。

A. 每月装运两批货物，每批数量相等　　B. 分两批装运货物

C. 每月装运一批货物　　D. 每月装运一批，每批数量相等

11. 海运提单日期应理解为（　）。

A. 货物开始装船的日期　　B. 货物装船过程中任何一天

C. 货物装船完毕的日期　　D. 签订运输合同的日期

12. 按照货物重量或体积或价值三者中较高的一种计收，运价表内以（　）表示。

A. “W/M”　　B. “W/M plus Ad Val”

C. “W/M or Ad Val”　　D. “Ad Val”

13. 具有国际多式联运和“门到门”运输性质的运输方式是（　）。

A. 邮包运输　B. 大陆桥运输　C. 铁路运输　D. 公路运输

14. 倒签提单是指（　）。

A. 货物实际装船时间晚于提单上填写的装船时间的提单

B. 晚于提单上所载明货物到达目的港的提单

C. 晚于货物实际装运日期 21 天签发的提单

D. 交单时间超过提单签发日期 21 天的提单

15. 预借提单是指（　）。

A. 货物实际装船时间晚于提单上填写的装船时间的提单

B. 晚于提单上所载明货物到达目的港的提单

C. 晚于货物实际装运日期 21 天签发的提单

D. 货物还未装船情况下，托运人要求船公司预先借出“已装船提单”，依此而签发的提单

16. 过期提单是指（　）。

A. 货物实际装船时间晚于提单上填写的装船时间的提单

B. 晚于合同装运期所签发的提单

C. 交单时间超过提单签发日期 21 天的提单，或者晚于货物到达目的港的提单

D. 货物还未装船情况下，托运人要求船公司预先借出“已装船提单”，依此而签发的提单

17. 速遣费是（　　）。

A. 向租船方收取的一笔罚金

B. 给予负责装卸货物的一方的一笔奖金

C. 向出口人收取的一笔罚金

D. 给予进口人的一笔奖金

18. 滞期费是（　　）。

A. 卖方向买方交纳延误交货的罚款

B. 负责装卸货物的一方向船方缴纳延误船期的罚款

C. 买方向卖方交纳延误开证的罚款

D. 班轮运输情况下，合同中规定负责订舱的一方因延误船期向另一方交纳的罚款

19. 小件急需品和贵重货物宜采用（　　）运输方式。

A. 海洋　　B. 铁路　　C. 航空　　D. 邮包

20. 关于分批装运和转运下列说法正确的是（　　）。

A. 一笔成交的货物在不同时间和地点分别装在同一航次、同一条船上应视为分批装运

B.《UCP600》规定，除非信用证另有规定，否则不允许分批装运

C.《UCP600》规定，如信用证规定在指定时期内分批装运，其中一批如未按批装运，信用证对该批和以后各批货物均告失效

D.《UCP600》规定，除非信用证另有规定，否则不允许转运

二、多项选择题

1. 海运提单是（　　）。

A. 保险单据　　B. 物权凭证

C. 货物收据　　D. 运输契约

E. 运输契约的证明

2. 班轮运输的特点是（　　）。

A. 行使航线及停靠港口固定　　B. 开航及到港时间较固定

C. 运费率相对固定　　D. 装卸费由船方负担

E. 承运货物较灵活，尤其适用于少量货物及杂货运输

3. 过期提单是指（　　）。

A. 货物实际装船时间晚于提单签发时间的提单

B. 晚于提单上所载明货物到达目的港的提单

C. 晚于货物实际装运日期 21 天签发的提单

D. 交单时间超过提单签发日期 21 天的提单

E. 提单记载内容错误，不再具有效力的提单

4. 为了统一提单背面条款的内容，国际上先后签署的国际公约有（　　）。

A.《海牙规则》　　B.《维斯比规则》

C.《汉堡规则》　　D.《联合国国际货物销售合同公约》

E.《日内瓦规则》

5. 为了便于运输和装卸，节约人力物力，国际标准化组织规定简化了运输标志，将其内容减少到如下哪几项（　　）。

A. 收货人代号　　B. 参考号码

C. 目的地名称　　D. 件数号码

E. 发货人代号

6. 构成国际多式联运应具备的条件有（　　）。

A. 要有一个国际多式联运合同

B. 使用一份包括全程运输的多式联运单据

C. 由一个多式联运经营人对全程运输总负责

D. 全程单一的运费费率

E. 至少是两种不同运输方式的组合

三、计算题

1. 上海某公司出口自行车零件 267 箱，货物毛重为 15 692 公斤，尺码为 22.069 立方米，货物由上海港运往日本的大阪港（Osaka），试计算出口运费总额为多少美元（计收标准 W/M，每运费吨 80 美元）？

2. 上海某公司有一批打字机需从上海出口到澳大利亚的悉尼，对外报价 CFR 悉尼 20 美元/台，客户要求改报 FOB 价。已知：货物用纸箱装运，每箱的尺码为 44 厘米×44 厘米×30 厘米，每箱毛重是 35 公斤，每箱装 4 台，共计 800 箱。计收标准 W/M 每运费吨 110 美元，货币附加费 10%，试报 FOB 上海价多少美元一台，出口总额是多少？

四、案例分析

1. 某国际贸易公司对国外乔治公司出口 500 吨花生。买方申请开来的信用证规定：“分 5 个月装运；3 月份 80 吨；4 月份 120 吨；5 月 140 吨；6 月份 110 吨；7 月份 50 吨。每月不许分批装运。装运从中国港口至伦敦。”

国际贸易公司接到信用证后，根据信用证规定于 3 月 15 日在青岛港装运了 80 吨；于 4 月 20 日在青岛港装运了 120 吨，均顺利收回了货款。

国际贸易公司后因货源不足于 5 月 20 日在青岛港只装了 70.5 吨。经联系得知烟台某公司有一部分同样规格的货物，所以国际贸易公司要求“HULIN”轮再驶往烟台港继续装其不足之数。船方考虑目前船舱空载，所以同意在烟台港又装了 64.1 吨。国际贸易公司向银行提交了两套单据：一套是在青岛于 5 月 20 日签发的提单，其货量为 70.5 吨；另一套是在烟台于 5 月 28 日签发的提单，货量为 64.1 吨。

银行认为单据有两处不符点：在青岛和烟台分批装运货物；短量。

问题：不符点是否成立？

2. 某省 T 进出口公司委托某市 S 海运公司运输一批农产品。××年 3 月 13 日，B 海运公司的 Y 轮在××港装载了 T 公司的 8 000 包花生，后发现这批货物有 20%霉烂变质。3 月 24 日，Y 轮大副在收货单上对此作了批注。4 月 5 日，因信用证即将过期，T 公司为能及时出口货物及结汇货款，就出具保函要求开出清洁提单。保函言明，“如果收货人有异议，其一切后果均由发货人承担，船方概不负责。”S 海运公司接受了保函，并签发了清洁提单。Y 轮于 5 月 6 日到达东非港口蒙巴萨。收货人以花生有霉烂为由，向当地法院申请裁定对 Y 轮进行扣押，致使 Y 轮被扣达 18 天。6 月 7 日，S 海运公司赔付收货人 5 万美元，收货人遂撤回起诉。7月8日，S海运公司向T公司提出赔偿因其货轮被扣造成的经济损失的请求。

问题

（1）提单的法律性质如何？

（2）什么是清洁提单和不清洁提单？

（3）本案保函是否有效？

第五章　国际货物运输保险

教学要求

能力目标

- 能解释风险、损失、费用与保险间的关系
- 能解释 CIC 及 ICC 保险体系下各险种的承保范围
- 能订立国际货物买卖合同的运输保险条款
- 能办理国际货物运输保险索赔业务

知识目标

- 了解国际货物运输保险的基本常识
- 掌握海运货物保险范围、承保险别、适用的保险条款以及英国伦敦保险协会海运货物保险条款
- 了解陆运、空运及邮包运输保险的基本险别
- 掌握国际货物买卖合同中保险条款的内容，理解相应的保险操作实务

开篇案例

保险公司如何应对霉变的皮手套

我国某省一家皮革公司与澳大利亚进口商签订了一份出口皮手套合同，价格条件为CIF悉尼，向中国人民保险公司投保一切险。生产厂家在生产的最后一道工序时，将手套的湿度降到了最低程度，然后用牛皮纸包好，装入双层瓦楞纸箱，再装入20尺集装箱，卖方按合同规定凭出口地检验合格证装船并结汇完毕。货物抵达悉尼之后，进口商将货物送当地检验机构检验，检验结果表明：全部货物湿、霉、变色、沾污，损失价值达80 000美元。保险公司接到索赔要求后，委托代理悉尼保险公司进行实地调查。据分析：该批货物的出口地不异常热，进口地悉尼不异常冷，运输途中无异常，完全属于正常运输。这种情况下，保险公司应负责赔偿吗？

启示：国际货物运输保险是一种经济补偿制度，但并不是货物在运输途中的所有损失均予以赔偿。本案例中，皮手套在正常条件下运输，货物出现湿、霉、变色、沾污，不是运输过程中外来因素或自然灾害造成的，应属于商品本身的内在质量缺陷，即生产过程中没有将水分处理到符合该产品应有的干湿程度。根据国际货物运输的有关规定，由于卖方支付货物的内在缺陷造成的损失属保险公司的除外责任，保险公司不给予赔偿。

第一节 保险的基本原则和海洋运输货物保险的范围

保险（insurance）是指投保人根据合同约定，通过向保险人支付保险费，将风险可能造成的、不可预见的损失转移给保险人承担。对保险的解释角度不同，意义也有区别。从字面上看，保险是对危险的保障；从经济学角度上讲，保险指一种补偿损失的经济制度；从社会保障角度上讲，保险指一种互助的社会保障制度；从法律角度上讲，保险指保险人与被保险人之间签订的补偿损失或给付保险金的合同；从风险管理角度上讲，保险指用财务手段转移风险的一种方法。

本书中，保险是一种以合同为依据而建立起来的补偿损失的经济制度。

一、保险的基本原则

保险基本原则包括最大诚信原则、保险利益原则、补偿原则、代位追偿原则、近因原则和重复保险分摊原则。

（一）最大诚信原则

最大诚信原则是指保险合同当事人在订立合同的时候以及合同有效期内要依法向对方提供影响对方是否缔约以及缔约条件的重要事实，同时绝对信守合同缔约的认定与承诺；否则，受害人可以主张合同无效或解除，甚至要求对方赔偿因此受到的损失。

保险作为一种特殊的民事活动，对当事人诚信的要求较一般民事活动更为严格，要求当事人具有“最大诚信”，从而形成了保险的最大诚信原则。这一原则是由于保险经营的特殊性质所决定的。保险的最大诚信原则源于海上保险。在海上保险中，投保人与保险人签订保险合同时，往往远离船舶和货物所在地，保险人一般无法对保险标的进行实地查勘，对保险标的的风险程度等情况，主要是根据投保人单方面的陈述或告知来了解，然后再据此决定是否承保以及确定承保条件。这种情况下，投保人的告知是否准确完整，对保险人承担的义务关系极大。投保人的任何欺骗或隐瞒行为，必然严重侵害保险人的利益。因此，为了保护保险人的权益，在海上保险中，特别要求投保人必须诚信可靠。当然，诚信应该是相互的，最大诚信原则同样适用于保险人。英国《1906 年海上保险法》第 17 条对最大诚信原则作了如下规定：“海上保险合同是基于最大诚信的合同，任何一方如果不遵守最大诚信原则，另一方可宣告合同无效。”我国《保险法》也有对这一原则的规定：“订立保险合同，保险人应当向投保人说明保险合同的条款内容，并可以就保险标的或被保险人的有关情况提出询问，投保人应当如实告知”（《保险法》第 16 条）。

从理论上讲，最大诚信原则对保险双方当事人都具有约束力，但在保险实践中，由于保险双方在业务中所处的地位不同，这一原则主要还是针对投保人或被保险人提出的，目的主要是为了保护保险人的权益。具体来说，投保人想把风险转嫁出去，对要保标的的风险情况最清楚，其可以事先了解保险条款和保险单内容，而后决定是否投保，因而其处于主动地位；而保险人除了调查所得的情况外一无所知，只能根据投保人的陈述来决定是否承保和如何承保，若投保人陈述不实或有意欺骗，保险人是难以及时发现的。

（二）保险利益原则

保险利益（又称为"可保权益"、"可保利益"）是指投保人对保险标的具有的法律上承认的利益。通常投保人会因为保险标的的损害或者丧失而遭受经济上的损失，因为保险标的的保全而获得收益。只有当保险利益是法律上认可的，经济上确定的而不是预期的利益时，保险利益才能成立。一般来说，财产保险的保险利益在保险事故发生时存在，这时才能补偿损失；人身保险的保险利益必须在订立保险合同时存在，用来防止道德风险。以寿险为例，投保人对自身及其配偶具有无限的可保权益，在一些国家和地区，投保人与受保人如有血缘关系，也可构成可保权益。另外，债权人对未还清贷款的债务人也具有可保权益。

（三）补偿原则

补偿原则是财产保险处理赔案时的一项基本原则。补偿原则是指当保险标的发生保险责任范围内的损失时，通过保险赔偿，使被保险人恢复到受损前的经济现状，但不能使其因损失而额外受益。补偿原则包含以下三层意思。

（1）从无损失则无补偿而言，补偿须以损失的发生为前提。

（2）保险人所补偿的损失只能是保险责任范围内的损失，即由于保险事故造成的保险标的的损失。

（3）保险赔偿以补偿实际损失为限。如果赔偿不足，则不能充分补偿被保险人的经济损失；如果赔偿额超过实际损失，使被保险人因保险而额外获利，则促使道德风险的发生。因此，坚持损失补偿原则，可以维护保险双方的正当权益，限制不当得利，保持保险经营的稳定性。

保险人在赔偿时，应掌握以下三个限度：以实际损失为限，以保险金额为限，以被保险人对保险标的具有的保险利益为限。以上三个限制条件是相互关联，相互制约的，保险人对被保险人赔偿时按实际损失、保险金额和保险利益三者中较低标准作为赔偿限度。并且需要注意的是，在以上几点中，以市价为限的原则对于定值保险并不适用。因为定值保险是按双方约定的价值投保，在财产发生损失时，不论该项财产的市价如何涨落，均按约定的价值予以赔付。

（四）代位追偿原则

代位追偿原则指当保险标的发生了保险责任范围内的第三者责任方造成的损失时，在向被保险人履行了损失赔偿的责任后，保险人有权取得被保险人的该项损失中，依法享有的向第三者责任方要求索赔的权利，保险人取得该项权利后，即可以被保险人的名义向责任方进行追偿。

实行代位追偿的依据是保险的补偿原则。因财产保险合同是补偿性合同，必须遵循补偿原则，而补偿原则的一个重要内容就是被保险人不能通过保险赔偿而额外获利。所以在财产保险中，被保险人所得的赔偿不能超过其在保险标的上的保险利益，不能因保险赔偿而重复获利。如果被保险人向第三者索赔已获得充分补偿，就不该再向保险人索赔，也就不存在代位追偿问题；如果被保险人从保险方获得充分赔偿，就应将其向第三者索赔的权益转让给保险人，由保险人依法行使代位追偿权。

代位追偿权的行使，可以防止被保险人因同一损失而获取超额赔偿，依法追究肇事者对其因疏忽或过失所造成的损失，有利于被保险人及时获得经济补偿，尽快恢复正常生活或生产，维护社会公共利益，保障公民、法人的合法权益不受侵害。

（五）近因原则

近因是指引起保险损失最直接、最有效、起决定性作用或支配作用的原因。近因不一定是在时间上或空间上与保险损失最近的原因。近因原则是判断风险事故与保险标的的损害之间的因果关系，进而确定保险赔偿责任的一项基本原则，它是西方保险市场上处理赔案时所遵循的重要原则之一。近因原则的意义在于处理赔案时，赔偿与给付保险金的条件是造成保险标的损失的近因必须属于保险责任，若造成保险标的损失的近因属于保单承保风险，则保险人承担赔付责任。损失的近因不属于保单承保风险，则保险人不承担赔付责任。

认定近因的关键是确定危险因素与损失之间的因果关系。可以从原因推断结果，也可以从结果推断原因，发现因果关系有无中断。

1. 单一原因情况下的近因认定

如果损失原因只有一个，此原因为近因。近因属于保险范围的，保险人对损失负责。

2. 多种原因存在时的近因认定

损失由多种原因所致即保险标的遭受损失系两个或两个以上的原因，则应区别分析。

第一，多种原因同时并存造成损失。多种原因同时发生而无先后之分，且均为保险标的损失的近因，应区别对待。

第二，多种原因连续发生造成损失。如果多种原因连续发生导致损失，并且前因和后因之间存在未中断的因果关系，则最先发生并造成了一系列事故的前因是近因。近因是属于保险责任的，则保险人需承担赔偿责任。不属于的，保险人不承担责任。

第三，一连串原因间断发生造成损失。当发生并导致损失的原因有多个，并且在一连串发生的原因中有间断情形，即有新的独立的原因介入，使原有的因果关系断裂，并导致损失，则新介入的独立原因是近因。如近因属于保险责任范围内，则保险人赔偿。如果不属于保险责任范围，则不赔。

（六）重复保险分摊原则

重复保险是投保人对同一保险标的、同一保险利益、同一保险事故同时向两个或两个以上保险人订立保险合同，保险单有效期相同，且其保险金额之和大于保险价值的保险。分摊原则是在重复保险条件下适用的原则。在重复保险的情况下，当保险事故发生时，通过采取适当的分摊方法，在各保险人之间分配赔偿责任，使被保险人既能得到充分补偿，又不会超过其实际的损失而获得额外的利益。

重复保险的分摊方式主要有以下几种。

1. 比例责任分摊方式

比例责任方式，是以保险金额为基础计算分摊责任，即各保险人按其承保的保险金额与各保险人承保保险金额的总和的比例（即承保比例）分摊责任。

2. 限额责任分摊方式

限额责任方式，是以赔偿限额为基石计算分摊责任，即假设在没有重复保险的条件下，各保险人依其承保的保险金额应负赔偿的最高限额与各保险人应负赔偿限额的总和的比例分摊责任。

3. 顺序责任分摊方式

这种方式按照各家保险公司出单顺序赔偿，先出单的公司首先在其保险金额限度内负责赔偿，后出单的公司只有在损失金额超出前一家保额的情况下，才在自身保额限度内赔偿超出部分。

我国《保险法》对重复保险赔款的分摊方式明确定规定采用比例责任分摊方式（合同另有约定除外）。

案例 5.1 FOB 条件下装运途中遇险受损索赔被拒案

2009年8月，我某出口公司对外签订一份以FOB为条件的农产品合同，买方已向保险公司投保仓至仓条款的一切险。货物从我公司仓库运往装运港码头时发生承保范围内的损失，事后我公司以保险单含有“仓至仓”条款要求保险公司赔偿，被拒绝，后我公司又请买方以买方的名义凭保险单向保险公司索赔同样遭拒绝。保险公司对该项损失拒绝赔偿合理么？请说明理由。

分析：被保险人向保险公司索赔必须具备三个条件：（1）保险公司承保范围内的损失；（2）索赔人是保险单的合法持有者；（3）索赔人具有可保利益。本例保险公司拒赔卖方是因为损失发生时他虽有可保利益，但他不是保险单的合法持有者，因此无权向保险公司索赔；拒绝买方是由于损失发生时他对货物不具有可保利益，虽然他是保单的合法持有者，但保险公司仍有权拒绝赔偿。

二、海洋运输货物的保险范围

由于海上运输时间长、路线长，各国的法律、政策、宗教、文化风俗等不同，各地方的气候、气温、温差、降雨量、空气湿度、台风的因素不同，各国各地区的地理位置、构造、地形地貌不同，而给国际货物运输带来了很大的风险。外来风险一般是可以预防的，但因不可抗力而引起的海上风险是难以预测和控制的，所以就要通过投保来降低货物的风险。

海上货物保险承保的范围，包括海上风险、海上损失与费用以及外来原因所引起的风险损失。

（一）海上风险

海上风险是指船舶或货物在海上运输过程中发生损失的不确定性。一般指海上航行途中发生的或随附海上运输所发生的风险。在现代海运保险业务中，凡与海运相连，包括海上、内河、驳船运输过程中的风险，也都包含在海上风险之内予以承保。

根据中国人民保险公司 1981 年 1 月 1 日修订的《海洋运输货物保险条款》的规定，海上风险主要分为两类：一般海上风险和外来风险。

一般海上风险（Perils of the Sea）又称海难，是指船舶或货物在海上运输过程中所遇到的自然灾害和意外事故。

（1）自然灾害（Natural Calamities），是指由于自然界的变异引起破坏力量所造成的现象，如恶劣气候、雷电、地震、海啸、火山爆发、洪水等。

（2）意外事故（Fortuitous Accidents），是指船舶搁浅、触礁、沉没、互撞或与其他固体物如流冰、码头碰撞，以及失踪、失火、爆炸等意外原因造成的事故或其他类似事故。

外来风险（Extraneous Risks）包括一般外来风险和特殊外来风险，一般可以预防。

（1）一般外来风险（General Extraneous Risks）：是指偷窃、雨淋、短量、渗漏、破碎、受潮、受热、发霉、串味、玷污、钩损等除海上风险以外的外来原因造成的风险。

（2）特殊外来风险（Special Extraneous Risks）：货物在运输过程中还可能遭受由于战争、敌对行为、罢工、进口国拒绝进口或没收以及拒绝提货等特殊外来原因造成的损失。

（二）海上损失

海上损失（Sea Damages /Marine Losses）简称海损，是指被保险的货物在海运过程中，由于海上风险所造成的损坏或灭失。

1. 海上损失的分类

（1）就货物损失程度分为全部损失和部分损失。

全部损失（Total Loss）是指货物全部灭失或全部变质或不可能归还被保险人。它分为：实际全损和推定全损。

实际全损（Actual Total Loss）属于物质性的消失，主要包括如下 4 种情况。

第一、保险标的物全部灭失。例如，载货船舶遭遇海难后沉入海底，保险标的物实体完全灭失。

第二、保险标的物的物权完全丧失已无法挽回。例如，载货船舶被海盗抢劫，或船货被敌对国扣押等，虽然标的物仍然存在，但被保险人已失去标的物的物权。

第三、保险标的物已丧失原有商业价值或用途。例如，水泥受海水浸泡后变硬；烟叶受潮发霉后失去原有价值。

第四、载货船舶失踪，无音讯已达相当一段时间。在国际贸易实务中，一般根据航程的远近和航行的区域来决定时间的长短。

推定全损（Constructive Total Loss）虽未达到全部货物的物质性灭失，但是要避免全损所需费用要超过其货物价值本身，有以下两种情况：

第一、被保险货物受损后，整理、修理或施救的费用估计要超过复修后货物的价值；

第二、被保险货物受损后，被保险人失去对货物的所有权，而要夺回这一所有权所花的费用将超过收回后该批货物价值。

发生推定全损时，被保险人可以要求保险人按部分损失赔偿，也可要求按全部损失赔偿，这时须向保险人发出委付（Abandonment）通知。所谓委付，是指保险标的发生推定全损的时候，被保险人自愿将保险标的的一切权利转移给保险人，请求保险人按保险标的全部保险金额予以赔偿的表示。委付的成立条件：发生推定全损；被保险人提出委付申请；货物处置权交给保险公司。

部分损失（Partial Loss）指货物发生事故后，认为实际全损已不可避免，或者认为避免实际全损所需的费用与继续将货物运抵目的地的费用之和超过保险价值。

（2）就货物损失的性质可分为共同海损和单独海损两种。

共同海损（General Average）是指在海运途中，船舶、货物或其他财产遭遇共同危险，为了解除共同危险，有意采取合理的救难措施，所直接造成的特殊牺牲和支付的特殊费用。

共同海损的成立，一般应具备以下条件。

第一，载货船舶必须确实遭遇危及货、船等共同安全的风险，载货船舶处在危难之中。风险必须实际存在并且是不可避免地产生，而不是主观臆断。如果因船长判断错误，采取了某些措施，或因可以预测的常见事故所造成的损失，不能构成共同海损。

第二，共同海损牺牲必须是自愿的和有意识的行动所造成的，共同海损牺牲的产生是由人为的故意行动，而不是遭遇海上风险造成的意外损失。

第三，共同海损牺牲和费用的支出必须是合理的，共同海损牺牲的支出必须以解除危难局面为限，船长不能滥用职权，任意扩大物资牺牲和费用的支出。

第四，共同海损牺牲和费用支出的目的仅限于为保船、货等各方面的共同安全。

第五，损失必须是共同海损行为的直接结果。例如，当载货船舶遇到危难，开始往海中抛货，在抛货时海水溅入或冲入船舱，造成其他货物损失，此项损失也属于共同海损。共同海损牺牲和费用支出都是为使船舶、货物和运费方免于损失，因而应该由船舶、货物或运费方面按最后获救的价值共同按比例分摊，通常称为共同海损分摊（GA Contribution）。

单独海损（Particular Average）指仅涉及船舶或货物所有人单方面利益的损失。例如，载货船舶在航行中遇到狂风巨浪，海水入舱造成部分货物受损。

2. 共同海损与单独海损的区别

（1）造成海损的原因不同。单独海损是承保风险所直接导致的船、货损失。共同海损则不是承保风险所直接造成的损失，而是为了解除或减轻共同危险而人为地造成的一种损失。

（2）承担损失的责任不同。共同海损费用由获救后各方利益大小按比例分摊；单独海损的费用由受损方自己（或保险公司）承担。

（三）海上费用

海上费用（Maritime Charges）是指海上风险造成的费用损失，包括施救费用和救助费用。

（1）施救费用（Sue And Labor Charges）是指当被保险货物遇到保险责任范围内的灾害事故时，被保险人或其代理人或保险单上受让人等为防止损失的进一步扩大，而采取措施所付出的费用。无论有无效果，保险人都予以赔偿。

（2）救助费用（Salvage Charges）是指当被保险货物遇到保险责任范围内的灾害事故时，由无契约关系的第三者采取的救助行动，获得成功，而向其支付的报酬。救助费用应由保险人负责赔偿。保险人在赔付时，必须要求救助成功。国际上，这一般称为“无效果—无报酬”原则。

案例 5.2

某轮载货后，在航行途中不慎发生搁浅，事后反复开倒车，强行起浮，但船上轮机受损并且船底划破，致使海水渗入货舱，造成货物部分损失。该船行驶至邻近的一个港口船坞修理，暂时卸下大部分货物，前后花费了10天时间，增加支出各项费用，包括员工工资。当船修复后装上原货启航后不久，A舱起火，船长下令对该舱灌水灭火。A舱原载文具用品、茶叶等，灭火后发现文具用品一部分被焚毁，另一部分文具用品和全部茶叶被水浸湿。试分别说明以上各项损失的性质。

分析：

属于单独海损的有：搁浅造成的损失；A舱被焚毁的一部分文具用品。因为该损失是由于风险本身所导致的。

属于共同海损的有：强行起浮造成的轮机受损以及船底划破而产生的修理费以及船员工资等费用属于；A舱被水浸湿的另一部分文具用品和全部茶叶。因为该损失是由于为了大家的利益而采取的对抗风险的人为措施所导致的。

第二节　我国海运货物保险的险别

中国人民保险公司为适应我国对外经贸发展的需要，根据我国保险业务实际情况，参照国际保险市场做法，制定了《中国保险条款》(China Insurance Clauses，简称 CIC)，其中包括海洋货物运输保险条款等内容。中国人民保险公司于 1981 年 1 月 1 日修订了海洋货物运输保险条款、海洋货物运输战争险条款等内容。

一、基本险别

基本险别（Basic Risks）也称主险，是可以单独投保的险别。主要包括平安险、水渍险和一切险。

（一）平安险

平安险（Free From Particular Average，F.P.A）承保责任范围包括：

（1）被保险货物在运输途中遭受自然灾害造成的全损；

（2）运输工具遭意外事故造成货物的全部或部分损失；

（3）运输工具遭意外事故情况下，货物在此前后又遭自然灾害造成的部分损失；

（4）在装卸或转船时，一件或数件整件货物落海造成的全损或部分损失；

（5）被保险人对遭风险的货物采取抢救，以防止或减少损失所支付的合理费用，但以不超过保险金额为限；

（6）运输工具遭海难后，在避难港产生的特别费用（卸、存、运）；

（7）共同海损的牺牲、分摊和救助费用；

（8）“船舶互撞条款”中规定由货方偿还船方的损失。

（二）水渍险

水渍险（With Particular Average，W.A 或 W.P.A）的承保范围除包括上列平安险的各项责任外，还负责被保险货物由于恶劣气候、雷电、海啸、地震、洪水等自然灾害造成的部分损失。

（三）一切险

一切险（All Risks，A. R）的承保责任范围，除包括平安险和水渍险的责任外，还包括被保险货物在运输过程中，由于一般外来原因所致的全部或部分损失。

在海运保险中，基本险保险责任的起讫主要采用“仓至仓”条款（Warehouse to Warehouse Clauses，W/W）。即自被保险货物运离保险单所载明的起运地仓库或储存处所开始运输时生效，包括正常运输过程中的海上、陆上、内河和驳船运输在内，直至该项货物到达保险单所载明目的地收货人的最后仓库或储存处所或被保险人用作分配、分派或非正常运输的其他储存处所为止。如未抵达上述仓库或储存处所，则以被保险货物在最后卸载港全部卸离海轮后满 60 天为止。如在上述 60 天内被保险货物需转运到非保险单所载明的目的地，则以该项货物开始转运时终止。

由于被保险人无法控制的运输延迟、绕道、被迫卸货、重新装载、转载或承运人运用运输契约赋予的权限所作的任何航海上的变更或终止运输契约，致使被保险货物运到非保险单所载明目的地时，在被保险人及时将获知的情况通知保险人，并在必要时加交保险费的情况下，本保险仍继续有效，保险责任按下列规定终止：

第一、被保险货物如在非保险单所载明的目的地出售，保险责任至交货时为止，但不论任何情况，均以被保险货物在卸载港全部卸离海轮后满 60 天为止；

第二、被保险货物如在上述 60 天期限内继续运往保险单所载原目的地或其他目的地时，保险责任仍按上述第一款的规定终止。

二、附加险别

附加险别（Additional Risks）是不能单独承保的险别。它必须依附于基本险项下，即只有投保某种基本险之后，才可增加附加险，并须另外支付一定的保险费。附加险分为一般附加险和特殊附加险。

（一）一般附加险（General Additional Risks）

一般附加险承保一般外来原因引起的货物损失，亦称普通附加险，它们包括在一切险之中。若投保了一切险，就无须另行加保。若投保了平安险或水渍险，则由被保险人根据货物特性和运输条件选择一种或几种附加险，经与保险人协议加保。主要包括偷窃提货不着险、淡水雨淋险、渗漏险、短量险、钩损险、污染险、破碎险、碰损险、生锈险、串味险和受潮受热险等。

一般附加险有下列 11 种险别。

（1）偷窃、提货不着险（Theft，Pilferage and Non-delivery Risk，T.P.N.D.）指保险人负责赔偿对被保险货物因被偷窃，以及被保险货物运抵目的地后整件未交的损失。但是，被保险人对于偷窃行为所致的货物损失，必须在提货后 10 天内申请检验，而对于整件提货不着，被保险人必须取得责任方的有关证明文件，保险人才予赔偿。

（2）淡水雨淋险（Fresh Water and Rain Damage Risk，F.W.R.D.）指保险人负责赔偿承保货物在运输途中遭受雨水、淡水以及雪溶水浸淋造成的损失，包括船上淡水舱、水管漏水以及舱汗所造成的货物损失。不过，保险人承担赔偿责任，要求被保险人必须在知道发生损失后的 10 天内申请检验，并要以外包装痕迹或其他证明为依据。

（3）渗漏险（Leakage Risk）指保险人负责赔偿承保的流质、半流质、油类货物在运输途中因容器损坏而引起的渗漏损失，或用液体储藏的货物因液体渗漏而引起的腐烂变质造成的损失。如以流体装存的湿肠衣，因为流体渗漏而使肠衣发生腐烂、变质等损失，均由保险公司负责赔偿。

（4）短量险（Shortage Risk）指保险人负责赔偿承保的货物因外包装破裂或散装货物发生数量损失和实际重量短缺的损失，但不包括正常运输途中的自然损耗。被保险人对于包装货物的短少，应当提供外包装发生破裂的证明；对于散装货物，则以装船重量和卸船重量之间的差额作为计算短量的依据。

（5）混杂、沾污险（Intermixture and Contamination Risk）指保险人负责赔偿承保的货物在运输过程中因混进杂质或被沾污，影响货物质量所造成的损失。此外保险货物因为和其他物质接触而被沾污，例如布匹、纸张、食物、服装等被油类或带色的物质污染因而引起的经济损失。

（6）碰损、破碎险（Clash and Breakage Risk）指保险人负责赔偿承保的金属、木质等货物因震动、颠簸、碰撞、挤压而造成货物本身的损失，或易碎性货物在运输途中由于装卸野蛮、粗鲁、运输工具的颠震所造成货物本身的破裂、断碎的损失。

（7）串味险（Taint of Odour Risk）指保险人负责赔偿承保的食用物品（如食品、粮食、茶叶、中药材、香料）、化妆品原料等因受其他物品的影响而引起的串味损失。该险主要承保被保险货物因在运输过程中配载不当而受其他物品影响，引起的串味损失。如茶叶、香料与皮张、樟脑等堆放在一起产生异味，不能使用。

（8）受潮受热险（Sweat and Heating Risk）指保险人负责赔偿承保的货物因气温突然变化或由于船上通风设备失灵致使船舱内水汽凝结、受潮或受热所造成的损失。

（9）钩损险（Hook Damage Risk）指保险人负责赔偿承保的货物（一般是袋装、箱装或捆装货物）在运输过程中使用手钩、吊钩装卸，致使包装破裂或直接钩破货物所造成的损失及其对包装进行修理或调换所支出的费用。如粮食包装袋因吊钩钩坏而造成粮食外漏的损失。

（10）包装破裂险（Breakage of Packing Risk）指保险人负责赔偿承保的货物在运输过程中因搬运或装卸不慎造成包装破裂所引起的损失，以及因继续运输安全的需要修补或调换包装所支出的费用。

（11）锈损险（Rust Risk）指保险人负责赔偿承保的货物在运输过程中由于生锈而造成的损失。但生锈必须是在保险期内发生的，如原装船时就已生锈，保险公司不负责。此外，在海上保险实务中，保险人一般不就裸装的金属材料承保锈损险。

（二）特殊附加险（Special Additional Risks）

特殊附加险是以导致货损的某些政府行为风险作为承保对象的,它不包括在一切险范围，不论被保险人投任何基本险，要想获取保险人对政府行为等政治风险的保险保障，必须与保险人特别约定，经保险人特别同意。否则，保险人对此不承担保险责任。特殊附加险只能在投保“平安险”、“水渍险”和“一切险”的基础上加保。特殊附加险主要有以下几种。

1. 战争险和罢工险

海上货物运输战争险（War Risk）是保险人承保战争或类似战争行为导致的货物损失的特殊附加险。被保险人必须投保货运基本险之后，才能经特别约定投保战争险。战争险的承保责任范围包括：

（1）直接由于战争、类似战争行为、敌对行为、武装冲突或海盗行为等所造成运输货物的损失；

（2）由于上述原因所引起的捕获、拘留、扣留、禁制、扣押等所造成的运输货物的损失；

（3）各种常规武器（水雷、炸弹等）所造成的运输货物的损失；

（4）由本险责任范围所引起的共同海损牺牲、分摊和救助费用。

但由于敌对行为使用原子或热核制造的武器导致被保险货物的损失和费用不负责赔偿；或根据执政者、当权者，或其他武装集团的扣押、拘留引起的承保航程的丧失和挫折而提出的任何索赔不负责赔偿。

战争险的责任起讫采用“水面”条款，以“水上危险”为限，是指保险人的承保责任自货物装上保险单所载明的启运港的海轮或驳船开始，到卸离保险单所载明的目的港的海轮或驳船为止。如果货物不卸离海轮或驳船，则从海轮到达目的港当日午夜起算满15日之后责任自行终止；如果中途转船，不论货物在当地卸货与否，保险责任以海轮到达该港可卸货地点的当日午夜起算满 15 天为止，等再装上续运海轮时，保险责任才继续有效。

海上货物运输罢工险（Strikes Risk）是保险人承保被保险货物因罢工等人为活动造成损失的特殊附加险。罢工险的保险责任范围包括：

（1）罢工者、被迫停工工人或参加工潮暴动、民众斗争的人员的行动所造成的直接损失，恐怖主义者或处于政治目的而采取行动的人所造成的损失；

（2）任何人的故意行动所造成的直接损失；

（3）因上述行动或行为引起的共同海损的牺牲、分摊和救助费用。

海洋运输货物罢工险以罢工引起的间接损失为除外责任，即在罢工期间由于劳动力短缺或不能运输所致被保险货物的损失，或因罢工引起动力或燃料缺乏使冷藏机停止工作所致冷藏货物的损失。其责任起讫采取“仓至仓”条款。罢工险与战争险的关系密切，按国际海上保险市场的习惯，保了战争险，再加保罢工险时一般不再加收保险费；如仅要求加保罢工险，则按战争险费率收费。所以一般被保险人在投保战争险的同时加保罢工险。

2. 其他特殊附加险

主要包括进口关税险、舱面险、黄曲霉素险、拒收险、交货不到险等。

（1）进口关税险（Import Duty Risk）承保的是被保险货物受损后，仍得在目的港按完好货物交纳进口关税而造成相应货损部分的关税损失。但是，保险人对此承担赔偿责任的条件是货物遭受的损失必须是保险单承保责任范围内的原因造成的。

进口关税险的保险金额度根据本国进口税率确定，并与货物的保险金额分开，在保险单上另行列出。而保险人在损失发生后，对关税损失部分的赔付以该保险金额为限。投保进口关税险，往往是针对某些国家规定，进口货物不论是否短少、残损均需按完好价值纳税而适用的。

（2）舱面险（On Deck Risk）承保装载于舱面（船舶甲板上）的货物被抛弃或海浪冲击落水所致的损失。一般来说，保险人确定货物运输保险的责任范围和厘定保险费时，是以舱内装载运输为基础的。但有些货物因体积大或有毒性或有污染性或根据航运习惯必须装载于舱面，为对这类货物的损失提供保险保障，可以加保舱面货物险。

加保该附加险后，保险人除了按基本险责任范围承担保险责任外，还要依舱面货物险对舱面货物被抛弃或风浪冲击落水的损失予以赔偿。由于舱面货物处于暴露状态，易受损害，所以保险人通常只是在“平安险”的基础上加保舱面货物险，以免责任过大。

（3）黄曲霉素险（Aflatoxin Risk）承保被保险货物（主要是花生、谷物等易产生黄曲霉素）在进口港或进口地经卫生当局检验证明，其所含黄曲霉素超过进口国限制标准，而被拒绝进口、没收或强制改变用途所造成的损失。按该险条款规定，经保险人要求，被保险人有责任处理被拒绝进口或强制改变用途的货物或者申请仲裁。

（4）拒收险（Rejection Risk）。当被保险货物出于各种原因，在进口港被进口国政府或有关当局拒绝进口或没收而产生损失时，保险人依拒收险对此承担赔偿责任。但是，投保拒收险的条件是被保险人在投保时必须持有进口所需的一切手续（特许证或许可证或进口限额）。如果被保险货物在起运后至抵达进口港之前的期间内，进口国宣布禁运或禁止进口的，保险人只负责赔偿将该货物运回出口国或转口到其他目的地所增加的运费，且以该货物的保险金额为限。

同时，拒收险条款还规定：被保险人所投保的货物在生产、质量、包装、商品检验等方面，必须符合产地国和进口国的有关规定。如果因被保险货物的记载错误，商标或生产标志错误，贸易合同或其他文件存在错误或遗漏，违反产地国政府或有关当局关于出口货物规定而引起的损失，保险人概不承担保险责任。

（5）交货不到险（Failure to Deliver Risk）。承保自被保险货物装上船舶时开始，在6个月内不能运到原定目的地交货，不论何种原因造成交货不到，保险人都按全部损失予以赔偿。但是，被保险人应将货物的全部权益转移给保险人，因为造成交货不到的原因并非运输上的，而是某些政治原因（如被另一国在中途港强迫卸货等），所以被保险人在投保该险别时必须获得进口货物的一切许可手续，否则投保该险是无效的。同时，由于该附加险与提货不着险和战争险所承保责任范围有重叠之处，故保险公司在条款中规定，提货不着险和战争险项下所承担的责任，不在交货不到险的保险责任范围之内。

（6）出口货物到香港地区（包括九龙在内）或澳门地区存仓火险责任扩展条款（Fire Risk Extension Clause For Storage of Cargo at Destination HongKong，Including Kowloon，or Macao，简称 F.R.E.C.）。这是一种扩展存仓火险责任的特别附加险。它对于被保险货物自内地出口运抵香港地区（包括九龙）或澳门地区，卸离运输工具，直接存放于保险单载明的过户银行所指定的仓库期间发生火灾所受的损失，承担赔偿责任。该附加险是一种保障过户银行权益的险种。因为，货物通过银行办理押汇，在货主未向银行归还贷款前，货物的权益属于银行，所以在该保险单上必须注明过户给放款银行。

相应地，货物在此期间到达目的港的，收货人无法提货，必须存入过户银行指定的仓库。从而，保险单附加该险条款的，保险人承担火险责任。该附加险的保险期限，自被保险货物运入过户银行指定的仓库之时起，至过户银行解除货物权益之时，或者运输责任终止时起满30天时止。若被保险人在保险期限届满前向保险人书面申请延期的，在加缴所需保险费后可以继续延长。

三、除外责任

除外责任是由保险公司明确规定不予承保的损失和费用。除外责任包括：由于被保险人的故意行为或过失；发货人的责任；保险责任开始前货物早已存在的品质不良和数量短缺；货物的自然损耗，本质缺陷、特性；货物的市价下跌；运输延迟造成的损失和引起的费用；使用化学武器导致货物的损失和费用；由于执政者、当权者或其他武装集团的扣押、拘留引起的承保航程的丧失或挫折所致的损失。

四、我国海洋运输货物专门保险

中国保险条款（CIC）根据特种货物不同的特征，订有专门的保险险别，如海上运输冷藏货物保险、海洋运输散装桐油保险等。

（一）海上运输冷藏货物保险

1．保险险别及责任范围

本保险分为冷藏险和冷藏一切险两种。其责任范围分别与水渍险和一切险基本相同。差别是被保险货物遭受损失时，冷藏一切险除包括上列冷藏险的各项责任外，本保险还负责被保险货物在运输途中由于外来原因所致的腐败或损失。

2．保险责任起讫

本保险责任自被保险货物运离保险单所载起运地点的冷藏仓库装入运送工具开始运输时生效，包括正常运输过程中的海上、陆上、内河和驳船运输在内，直至该项货物到达保险单所载明的最后卸载港30天内卸离海轮，并将货物存入岸上冷藏库后继续有效。但以货物全部卸离海轮时起算满10天为限。在上述期限内货物一经移出冷藏库，则责任即行终止，如卸离海轮后不存入冷藏库，则至卸离海轮时终止。

（二）海洋运输散装桐油保险

1．责任范围

本保险负责赔偿：

（1）不论任何原因所致被保险桐油短少、渗漏损失而超过本保险单规定的免赔率时（以每个油仓作为计算单位）；

（2）不论任何原因所致被保险桐油的沾污或变质损坏；

（3）被保险人对遭受承保险责任内危险的桐油采取抢救、防止或减少货损的措施而支付的合理费用，但以不超过该批被救桐油的保险额为限；

（4）共同海损的牺牲、分摊和救助费用；

（5）运输契约订有“船舶互撞责任”条款，根据该条款规定应由货方偿还船方的损失。

2．保险责任起讫

本保险责任自被保险桐油运离保险单所载明的起运港的岸上油库或盛装容器开始运输时生效，直至安全交至保险单所载明的目的地的岸上油库时为止。但如桐油不及时卸离海轮或未交至岸上油库，则最长保险期限以海轮到达目的港后15天为限。

案例 5.3

我某外贸公司按CIF条件进口一批货物，卖方向我国保险公司按CIC条款办理了货运保险。载货船舶经苏伊士运河曾一度搁浅，后经拖轮施救起浮继续航行，至马六甲海峡又遇暴风巨浪，卖方交运的2 000箱货物中有400箱货物遭不同程度的海水浸湿。试问：（1）拖轮费用和400箱货损属于何种损失？（2）在投保何种险别时，保险公司才承担赔偿责任，为什么？（3）如果在苏伊士运河未发生搁浅，在投保何种险别时，保险公司才对马六甲海峡发生的损失负责赔偿，为什么（指CIC的最小险别）？

分析：

（1）拖轮费用，属于共同海损，因为以上损失是为了对抗危及船货各方共同安全的风险而导致的损失；400箱货损，自然灾害导致的部分损失，属于单独海损，因为该损失是风险本身所导致的后果。

（2）在投保平安险时，保险公司即予以赔偿，因为平安险承保共同海损，以及运输工具如发生搁浅、触礁、沉没、焚毁4种意外事故，在此前后，由于自然灾害造成的部分损失。

（3）如果在苏伊士运河未发生搁浅，在投保水渍险时，保险公司才对马六甲海峡发生的损失负责赔偿。因为水渍险承保自然灾害的部分损失。

第三节　伦敦保险协会海运货物保险条款

在世界海运保险中，英国是一个历史悠久和业务比较发达的国家。长期以来，它所制订的各种保险规章制度，其中包括海运保险单格式和保险条款，对世界各国有着广泛的影响。目前，世界上有很多国家在海上保险业务中直接采用英国伦敦保险协会所制订的协会货物条款（Institute Cargo Clauses，ICC），或者在制订本国保险条款时参考或部分地采用上述条款。

协会货物条款最早制定于 1912 年，为了适应不同时期法律、判例、商业、航运等方面的变化和发展，需要经常进行补充和修订，最后一次修订完成于 1982 年 1 月 1 日，并于 1983 年 4 月 1 日起正式使用，伦敦保险协会的海运货物保险条款主要有 6 种：

（1）协会货物条款（A）（Institute Cargo Clauses）（A），简称 ICC（A）；

（2）协会货物条款（B）（Institute Cargo Clauses）（B），简称 ICC（B）；

（3）协会货物条款（C）（Institute Cargo Clauses）（C），简称 ICC（C）；

（4）协会战争险条款（Institute War Clauses Cargo）；

（5）协会罢工险条款（货物）（1nstitute Strikes Clauses Cargo）；

（6）恶意损害险条款（Malicious Damage Clauses）。

在上述 6 种险别中，前三种险属于基本险，都有独立完整的结构，对承保风险及除外责任均有明确规定，因而都可以单独投保。至于战争险和罢工险，ICC 也具有独立完整的结构，如征得保险公司的同意，必要时也可作为独立的险别投保。唯独恶意损害险属附加险别，故其条款内容比较简单，不可以单独投保。

一、ICC（A）承保风险和除外责任

1. 承保风险

ICC（A）以一切风险减除外责任的形式出现，因为这一险别中承保的责任范围最大，采用除列明风险和损失之外，一切风险损失都予承保的规定，最为简单明了。

2. 除外责任

（1）一般除外责任，如归因于被保险人故意的不法行为造成的损失或费用，自然渗漏、自然损耗、自然磨损、包装不当或准备不足造成的损失或保险标的内在缺陷或特性造成的损失或费用，直接由于延迟所引起的损失或费用，船舶所有人、经营人、租船人的经营破产或不履行债务造成的损失或费用，由于使用任何原子或热核武器所造成的损失或费用。

（2）不适航、不适货除外责任。所谓不适航、不适货除外责任，是指保险标的在装船时，如被保险人或其受雇人已经知道船舶不适航，以及船舶、装运工具、集装箱等不适货，保险人不负赔偿责任。

（3）战争除外责任，如由于战争、内战、敌对行为所造成的损失或费用，由于捕获、拘留、扣留等所造成的损失或费用，由于漂流水雷、鱼雷等武器所造成的损失或费用。

（4）罢工除外责任。由于罢工被迫停工所造成的损失或费用，由于任何恐怖主义者或任何出于政治目的所采取的行动。

二、ICC（B）承保风险和除外责任

1. 承保风险

凡归因于下列情况者均予承保：火灾、爆炸；船舶或驳船触礁、搁浅、沉没；陆上运输工具碰撞出轨；船舶、驳船或运输工具同水以外的外界物体碰撞；在避难港卸货；地震、火山爆发、雷电；共同海损牺牲；抛货或浪击落海；海水、湖水或河水进入运输工具或贮存处所；货物在装卸时落海或跌落造成的整件全损。

2. 除外责任

ICC（B）的除外责任与 ICC（A）的除外责任基本相同，只是对 ICC（A）中的全部除外责任，因任何人故意损害或破坏、海盗等造成的损失或费用不负责。

三、ICC（C）承保风险和除外责任

1. 承保风险

（C）险的承保风险比（A）、（B）险要小得多，它只承保重大意外事故，而不承保自然灾害及非重大意外事故，其具体承保风险是：火灾、爆炸；船舶或驳船触礁、搁浅、沉没；陆上运输工具倾覆或出轨；在避难港卸货；共同海损牺牲；抛货。

2 除外责任

其除外责任与 ICC（B）完全相同。

综上所述，ICC（A）条款的承保风险类似于我国的一切险，ICC（B）条款类似于水渍

险，ICC（C）条款类似于平安险，但比平安险的责任范围要小一些。

四、ICC 战争险的承保风险与除外责任

战争险主要承保由下列原因所造成的保险标的损失：

（1）战争、内战、叛乱、造反或由此引起的内乱，或交战国或针对交战国的任何敌对行为；

（2）捕获、拘留、扣留、禁止或扣押，以及这些行动的后果或这方面的企图；

（3）遗弃的水雷、鱼雷、炸弹或其他遗弃的战争武器。

战争险的除外责任与比 ICC（A）险的“一般除外责任”及“不适航、不适货除外责任”基本相同。

五、ICC 罢工险的承保风险与除外责任

协会海运货物罢工险的承保风险同中国人民保险公司的罢工险一样，仅仅负责由于罢工等风险所直接造成的保险标的物的物质损失，而不负责由于罢工等风险所产生的费用或间接损失。协会海运货物罢工险主要承保下列原因所造成的保险标的的损失：

（1）罢工者、被迫停工工人或参与工潮、暴动或民变的人所造成的损失；

（2）罢工、被迫停工、工潮、暴动或民变所造成的损失；

（3）任何恐怖主义者或者任何出于政治目的采取行动的人所造成的损失。

罢工险的除外责任也与 ICC（A）险的“一般除外责任”及“不适航、不适货除外责任”基本相同。

六、恶意损害险的承保范围

恶意损害险承保除被保险人以外的其他人（如船长、船员）的故意破坏行为所造成的被保险货物的灭失或损坏，但出于政治动机的人的行为除外。它在 ICC（A）中列为承保责任，在 ICC（B）和 ICC（C）中均列为除外责任。因此，在投保 ICC（B）和 ICC（C）时，如需取得这种风险的保障，应另行加保恶意损害险。

七、《协会货物条款》的保险责任起讫

ICC（A）、（B）、（C）险条款有关保险责任起讫的规定，主要反映在运输条款、运输契约终止条款、航程变更条款三个条款中。

运输条款的主要规定是：保险人对被保险货物应负“仓至仓”的责任以及在被保险人无法控制的情况下发生船舶绕航、运输延迟、被迫卸货、重新装载、转运或由于承运人行使运输契约所赋予的自由处置权而发生变更航程等情况时，保险人扩展保险责任的规定。运输契约终止条款主要规定：由于被保险人无法控制的原因，被保险货物在运抵保险单载明的目的地之前，运输契约即在其他港口或处所终止，则在被保险人立即通知保险人并在必要时加缴一定保险费的条件下，保险继续有效，直到货物在这个卸载港口或处所卖出和送交之时为止，但最长时间不超过货物到达该港口或处所满 60 天为止。变更航程条款的主要规定：在保险责任开始之后，如果被保险人要求变更保险单所载明的目的地，则在立即通知保险人并另行确定保险费及保险条件的情况下，保险责任继续有效。

第四节　我国陆运、空运货物与邮包运输保险

陆运货物险、空运货物险及邮包运输险是在海运货物保险的基础上发展起来的。由于陆运、空运与邮运同海运可能遭致货物损失的风险种类不同，所以陆、空、邮货运保险与海上货运保险的险别及其承保责任范围也有所不同，

一、陆上运输货物保险

陆上运输货物保险是承保以火车、汽车等运输工具进行货物运输的保险。根据我国 1981 年 1 月 1 日修订的《陆上运输货物保险条款》的规定，陆上运输货物保险的基本险别分为陆运险（Overland Transportation Risk）和陆运一切险（Overland Transportation All Risks）两种。此外，还有陆上运输冷藏货物险（Overland Transportation Insurance "Frozen Products"）和陆上运输货物战争险（Overland Transportation Cargo War Risks）。

1. 陆运险

陆运险的承保范围与海洋运输货物保险条款中的“水渍险”相似，承保的责任范围包括：被保险货物在运输中遭受暴风、雷电、地震、洪水等自然灾害，或由于陆上运输工具（主要是指火车、汽车）遭受碰撞、倾覆或出轨而造成的损失；在驳运过程中，包括驳运工具搁浅、触礁、沉没或由于遭受隧道坍塌、崖崩或火灾、爆炸等意外事故所造成的全部或部分损失。

2. 陆运一切险

陆运一切险的责任范围除包括上述陆运险的责任外，保险公司对被保险货物在运输途中由于外来原因造成的短少、短量、偷窃、渗漏、碰损、破碎、钩损、雨淋、生锈、受潮、霉变、串味、玷污等全部或部分损失，也负责赔偿。

陆上运输货物保险的除外责任包括下列情况。

第一，被保险人的故意行为或过失所造成的损失；

第二，属于发货人所负责任或被保险货物的自然消耗所引起的损失；

第三，由于战争、工人罢工或运输延迟所造成的损失。

保险责任起讫按照“仓至仓”条款办理，但是货物未进仓者，以该货到达最后卸货车站的 60 天为止。

3. 陆上运输冷藏货物险

它是陆上运输货物险中的一种专门保险。其责任范围除陆运险所列的损失外，还负责赔偿由于冷藏机器或隔温设备在运输途中损坏造成的货物解冻溶化而腐败的损失。

保险责任起讫：自货物运离保单所载起运地点的冷藏仓库装入运送工具开始运输时生效，直至运达目的地收货人仓库为止。但是最长保险责任期限以货物到达目的地车站后 10 天为限。

4. 陆上运输货物战争险

陆上运输货物战争险是陆上运输货物险的一种附加险。保险责任范围包括火车运输途中由于战争、类似战争行为和敌对行为、武装冲突所致的货物损失；各种常规武器所致的损失。

陆上运输战争险的责任起讫自保单载明的起运地装上车开始，至目的地卸离火车止。若在目的地不卸车，则至目的地当日午夜起算 48 小时后责任终止。若中途转车，无论卸载与否，则至中途站的当日午夜起算 10 天责任终止。在此期限内若重新装车续运，保险恢复有效。

陆运货物在投保上述基本险之一的基础上，可以加作附加险，如投保陆运险，则可酌情加保一般附加险和战争险等特殊附加险；如投保陆运一切险，就只需加保战争险，而不需再加保一般附加险，陆运货物在加保战争险的前提下，再加保罢工险，不另收保险费。陆运货物战争险的责任起讫，是以货物置于运输工具时为限。

二、航空运输货物保险

保险公司承保航空运输货物，保险责任是以飞机作为主体来加以规定的。航空运输货物保险（Air Transportation Cargo Insurance）分两种。

1. 航空运输险（Air Transportation Risks）

相当于海运的水渍险。航空运输险的承保责任范围为：

（1）被保险货物在运输途中遭受雷电、火灾、爆炸或由于飞机遭受恶劣气候或其他危难事故而被抛弃，或由于飞机遭碰撞、倾覆、坠落或失踪等意外事故所造成的全部或部分损失；

（2）被保险人对遭受承保责任范围内危险的货物采取抢救，防止或减少货损的措施而支付合理的费用，但以不超过该批被救货物的保险金额为限。

2. 航空运输一切险（Air Transportation All Risks）

相当于海运的一切险。航空运输货物保险的责任起讫期限从被保险货物运离保险单所载明起运地仓库或储存处所开始运输生效。在正常运输过程中继续有效，直至该项货物运抵保险单所载明目的地交到收货人仓库或储存处所，被保险人将货物用作分配、分派或非正常运输的其他存储处所为止。如保险货物款未到达上述仓库或储存处所，则以被保险货物在最后卸货地卸离飞机后 30 天为止。与陆运货物保险一样，被保险货物在投保航空运输险和航空运输一切险后，还可经协商加保航空运输货物战争险等附加险。

3. 航空运输货物战争险（Air Transportation Cargo War Risks）

航空运输货物战争险是航空运输货物险的一种附加险。其保险责任范围包括由于战争、类似战争行为、敌对行为或武装冲突及各种常规武器造成的货物损失。

保险责任起讫：自保单载明的起飞地上机开始，至目的地卸机止。若不卸机，则至目的地当日午夜起算满 15 天责任终止。若需中转，则以至转运地当日午夜起算满 15 天止，一装上续运飞机，保险恢复生效。

投保战争险之后加保罢工险不另收费；仅加保罢工险，按战争险费率收费。

三、邮包运输货物保险

邮包保险承保通过邮政局邮包寄递的货物在邮通过程中发生保险事故所致的损失。以邮包方式将货物发送到目的地，可能通过海运，也可能通过陆上或航空运输，或者经过两种或两种以上的运输工具运送。不论通过何种运送工具，凡是以邮包方式将贸易货物运达目的地的保险均属邮包保险。邮包保险按其保险责任分为邮包险（Parcel Post Risks）和邮包一切险

（Parcel Post All Risks）两种。前者与海洋运输货物保险水渍险的责任相似，后者与海洋运输货物保险一切险的责任基本相同。

1. 邮包险

邮包的责任范围如下：

（1）被保险邮包在运输途中由于恶劣气候、雷电、海啸、地震、洪水等自然灾害或由于运输工具遭受搁浅、触礁、沉没、碰撞、倾覆、出轨、坠落、失踪，或由于失火爆炸意外事故所造成的全部或部分损失；

（2）被保险人对遭受承保责任内危险的货物采取抢救，防止或减少货损的措施而支付的合理费用，但以不超过该批被救货物的保险金额为限。

2. 邮包一切险

邮包一切险的责任除上述邮包险的各项责任外，还负责被保险邮包在运输途中由于外来原因所致的全部或部分损失。

邮包险保险责任起讫：自邮包离开保单所载起运地点寄件人的处所运往邮局时开始生效，直至邮包运达保单载明的目的地邮局发出通知书给收件人当日午夜起计算满 15 天为止，在此期限内，邮包一经交至收件人的处所时，保险责任即行终止。

3. 邮包战争险（Parcel Post War Risks）

邮包战争险是一种附加险，其保险责任范围包括在邮包运输过程中由于战争、类似战争行为、敌对行为、武装冲突、海盗行为以及各种常规武器所造成大的损失；被保险人对遇险货物采取抢救，防止或减少损失的措施而支付的合理费用。

保险责任起讫：自邮局的储存处所开始运送时生效，至目的地邮局送交收件人止。

投保战争险之后，加保罢工险不另收费；如仅加保罢工险，按战争险费率收费。

第五节　合同中的保险条款

在国际货物买卖合同中，为了明确交易双方在货运保险方面的责任，通常都订有保险条款。保险条款是国际货物买卖合同的重要组成部分之一，它关系到买卖双方的利益。其主要内容有保险投保人、保险公司、保险金额、投保险别、保险费、保险单证以及确定适用的保险条款等。

一、保险投保人的约定

一笔交易的货运保险究竟由谁来办理，主要看交易双方采取的是什么贸易术语，如果是 CIF 或 CIP 术语，则由卖方负责办理保险；如果是 FOB 或 CFR 术语，则由买方负责办理保险；如果是 DES 或 DEQ 术语，则保险由卖方自理。

二、保险公司和保险条款的约定

一笔交易约定由哪一方办理保险时，一般就在哪一方的保险公司办理，并选择相应的保险条款。在采用 CIF 或 CIP 术语时，卖方办理投保，但保险公司和保险条款的选择对卖方来说关系不大，买方却需注意。因为，货物遇险后卖方将保单背书给买方，由买方向保险公司索赔。所以，采用 CIF 或 CIP 术语时，买方有时不单纯听凭卖方的选择，而是由自己选择一个值得信任的保险公司和熟悉的保险条款，让卖方去办理保险。

三、保险险别的约定

保险险别规定了保险公司的承保责任范围，确定了投保人的保险费用的支出。因此，选择险别时，既要注意所选险别能够提供足够的保险保障，又要顾及保险费的节省。为了选择准确的保险险别，需要考虑如下要素。

（1）货物的特性及其包装。不同性质的货物抵御风险的能力不同。例如，不易损坏的铁制品不用投保一切险，而茶叶、烟草容易吸潮，则需要投保一切险（包含受潮受热险）。不同的货物使用的包装也不同。例如，易碎商品需要加防震填充物料，以保护货物不受损；硫酸商品的包装容器要求密封严实，内层刷防腐涂料。货主要为不同的货物选择不同的和适当的包装，以适应海洋运输的要求，否则，由于包装不良或由包装不适合国际贸易运输的一般要求而使货物受损，保险公司是不负责任的。

（2）航线和停靠港口。航行路线和停靠港口不同，货物可能遭受到的风险和损失也不同。某些航线途径气候炎热地区，如果船舶通风不良，就会出现货损。而在政局不稳已经发生战争的海域内航行，货物受到意外损失的可能性就大。另外，港口设备、装卸能力以及安全方面的不同，货物在港口装卸时货损货差的情况也会不同。因此，对外洽谈时，对于这些问题就要适时选择相应的险别，以排除风险。

（3）货物的残损规律。收集分析以往的货物残损情况，找出其中的规律。对于那些容易发生货损的因素进行整理归纳，作为选择险别时的重要参考。

四、保险金额与保险费的约定

保险金额是被保险人的投保金额，是保险公司赔偿的最高金额，也是计算保险费的基础。保险金额的大小涉及买方的切身利益和卖方支付费用的多少，故双方必须将保险金额具体订明。投保人可以自行选择保险金额，如果合同中未作规定，则按照 CIF 或 CIP 价格的总值另加 10%作为保险金额。这增加部分的保险金额是买方进行这笔交易所支付的费用和预期利润。如买方要求超过 10%时，卖方也可接受。但如果买方要求过高，则卖方应与保险公司商妥后才能接受。

保险金额的计算公式：

保险金额 = CIF 货价×（1+加成率）

如卖方报价为 CFR 价，买方要求改报为 CIF 价，应先把 CFR 转化为 CIF 再计算保险金额。

计算公式：CIF = CFR/［1−（1+加成率）×保险费率］

如卖方报价为 CIF 价，买方要求改报为 CFR 价，则计算公式：

CFR = CIF×［1−保险费率×（1+加成率）］

保险费的计算公式：保险费=保险金额×保险费率

保险费率是计算保险费的依据，是保险公司按不同商品、不同目的地、不同运输工具以及不同险别分别制定的。中国人民保险公司出口货物保险费率表分为“一般货物费率”和“指明货物费率”。前者适用于所有货物；后者是针对某些易损货物加收的一种附加费率。

计算保险费率时，首先，查“一般货物费率表”确定应收的一般货物费率；其次，根据承保一切险的货物检看是否属于“指明货物费率”的范围，如是，需另加费。承保平安或水渍险后，又加保的某种附加险是该货主要危险，需按一切险的一般费率和加费费率计算。第三，如果该货还加保了战争险或特别附加险或内陆转运责任时，还需另行加费。上述三项费率的总和构成了出口费率。保险金额乘以费率即为应付的保险费。

五、订立保险条款需要注意的问题

（一）应尊重对方的意见和要求

某些国家进口货物有时要求在其本国投保，这些国家有朝鲜、缅甸、印度尼西亚、伊拉克、巴基斯坦、加纳、也门、苏丹、叙利亚、伊朗、墨西哥、阿根廷、巴西、秘鲁、索马里、利比亚、约旦、阿尔及利亚、扎伊尔、尼日利亚、埃塞俄比亚、肯尼亚、冈比亚、刚果、蒙古、罗马尼亚、卢旺达、毛里坦尼亚等。对这些国家的出口，不宜按 CIF 价格报价成交。

（二）不使用中国保险条款

国外客户有要求按英国伦敦《协会货物条款》投保时，可以接受并订在合同条款中。

（三）免赔率的问题

免赔率是保险公司对所保货物发生损失时，免除一部分赔偿责任的百分比。免赔率有绝对免赔率和相对免赔率。绝对免赔率是指货物受损后，按整批货价计算其受损价值必须超过免赔率额度，对超过的价值部分，保险公司给予赔付。相对免赔率是指发生货损达到或超过免赔额度时，保险公司对受损金额全部予以赔付。

目前，国际上一般都使用绝对免赔率，出口方在签约时注意免赔率的选择。如果进口方要求增减计或不计免赔率，在相应增减费率的基础上可以接受。

（四）加保拒收险

加保拒收险的保险加成不得超过发票金额的 110%，投保该险时被保险人要保证对所保货物具有进口所需的一切许可证件，否则不能加保此险。

（五）保险单的出具

一般卖方投保时，买方都要求卖方出具货物运输保险单据，比如保险单、保险凭证、联合凭证、预约保险单、暂保单等，我国一般由保险公司出具正式保险单。保险单（Insurance Policy）俗称大保单，是一种正规的保险合同，在 CIF 条件下是卖方必须提交的结汇单据之一，是保险人对被保险人的承保证明。在发生保险范围内的损失或灭失时，投保人可凭保险单向保险人要求赔偿。所以，在签约时，要订明出具保险单的种类和份数。

六、合同中的保险条款实例

以 FOB、CFR（或 FCA、CPT）条件成交的进出口合同，保险由买方办理，合同中只需规定“保险：由买方办理（Insurance：To be covered by buyers）”即可。

以 CIF（或 CIP）成交的合同，保险由卖方办理，合同中须规定投保人、保险险别、保险金额、保险条款等内容。

例:“保险由卖方按发票金额的××%投保陆运（火车、汽车）一切险和海洋运输货物一切险，按中国人民保险公司×年×月×日陆上运输货物保险条款和海洋运输货物保险条款负责，包括战争险，按×年×月×日陆上运输货物战争险（火车）条款和×年×月×日海洋运输战争险条款负责。”

Insurance: To be covered by the Seller for…% of total invoice value against Overland Transportation All Risks and ALL Risks as per Overland Transportation Cargo Insurance Clauses “Trains，Truck” and Ocean Marine Cargo Clauses of the People’s Insurance Company of China date…，including War Risk as per Overland Transportation Cargo War Risks Clauses （By Train） dated…，and Ocean Marine Cargo War Risks Clauses dated…

第六节 保险索赔

一、出口货物的索赔

如出口货物由卖方办理投保，则卖方交货后即将保险单背书转让给买方或其收货代理人，当货物抵达目的港（地），发现残损时，买方或其收货代理人作为保险单的合法持有人，应就地向保险单所载明的国外理赔代理人提出索赔申请，要求赔偿。同时，买方应尽可能保留现场，由保险公司会同有关方面进行检验，勘察损失程度，调查损失原因，确定损失性质和责任，采取必要的施救措施，并签发联合检验报告。中国人民保险公司在世界各主要港口和城市，均设有委托国外检验和理赔代理机构，负责处理索赔事件。

二、进口货物的索赔

进口货物运抵我国港口、机场或内地后发现有残损短缺时，则由有关的专业进口公司或其委托的收货代理人立即通知当地保险公司，会同当地国家商检部门联合进行检验。若经确定属于保险责任范围的损失，则由当地保险公司出具《进口货物残短检验报告》。同时，对于涉及发货人、船方或其他第三者造成的货损责任，收货人办妥向上述责任方的追偿手续，即可得到保险公司赔付。被保险人获得保险补偿的同时，须将受损货物的有关权益转让给保险公司，以便保险公司取代被保险人的地位或以被保险人名义向第三者责任方进行追偿。但属于发货人的质量问题，保险公司不予赔偿，而应由收货人请国家商检机构出具公证检验书后，通过进口代理人向发货人提出索赔。

三、索赔注意事项

1. 可保权益

货物遇险时，索赔人要对货物具备可保权益，即货物损失与索赔人之间存在利害关系。

2. 施救费用

无论是出口货物还是进口货物受损后，被保险人和保险人都有责任采取可能的合理施救措施，以防止损失扩大。因抢救、阻止、减少货物损失而支付的合理费用，保险公司负责补偿。

3. 索赔或诉讼时效

根据国际保险业的惯例，保险索赔或诉讼的时效为自货物在最后卸货地卸离运输工具时起算，最多不超过两年。

四、赔付金额的计算

1. 对全损的赔付

定值保险单项下，货物遭受全部损失时，均以保险单上的保险金额为准全额赔付。不定值保险单项下，货物遇全损险时，按实际价值计算赔款：即实际价值高于保险金额，保险公司按保额赔付；如实际价值低于保险金额，保险公司按实际价值赔付。

2. 对单独海损的赔付

（1）数量损失的赔付计算：

$$赔款金额=\frac{损失数量}{保险货物总数量}\times 保险金额$$

（2）质量损失的赔付计算：

$$赔款金额=\frac{货物完好价值-受损后价值}{货物完好价值}\times 保险金额$$

完好价值和受损价值以货物运抵目的地时的市场价格为准。

3. 对共同海损分摊的赔付

$$分摊比率=\frac{损失总额}{船货运费总值}$$

【例 5.1】

一批货物 500 箱，保险金额 50 000 美元，货物受损后只能按照七折出售，当地完好价值为 60 000 美元，问保险公司应负责赔偿多少？

【题解】

依据题意及上述对单独海损赔付的计算公式（2），

赔款金额=（60 000−60 000 × 0.7）/60 000 × 50 000

=15 000（美元）

【例 5.2】

某灾祸船舶航行中发生共同海损 80 万元，其中船体损失 30 万元，货物损失 40 万元，救助费 8 万元，运费损失 2 万元。现已知船舶、货物、运费三方获救后价值分别为：船舶 800 万元，货主 790 万元，运费方 10 万元。问：参与共同海损分摊方各分摊额为多少？

【题解】

由题意可知参与共同海损分摊后获救价值总和为

800+790+10=1 600（万元）

共同海损发生总额为 80 万元

分摊比率为 80/1 600=5%

故，各方分摊金额为

船方：800 × 5%=40（万元）

货方：790 × 5%=39.5（万元）

运费方：10 × 5%=0.5（万元）

技能训练

实训主题：海运货物保险合同纠纷案。

实训地点：教室。

实训目的：结合所学知识，分析保险中可保利益原则及保险责任起讫问题。

背景材料

原告: 中国轻工业品进出口总公司

被告: 中国平安保险公司

1992 年 1 月 16 日，原告与被告签订了货物运输保险合同，保单号为 J00221923167。保险标的为原告外购 92PMK-777925HK 合同项下货物磷酸二氨，数量 21 150 吨，保险金额按标的 CIF 加一成为 4 233 892.56 美元，承保条件为中国人民保险公司 1981 年 1 月 1 日公布的海洋货物运输保险条款，一切险附加短重险（包括仓至仓条款）。原告投保的磷酸二氨由“丰康”轮承运，于 1992 年 8 月 11 日在天津新港靠泊，到港仓单数应为 35 400 吨，其中包括原告所属磷酸二氨 21 150 吨。据商检公布数字，短卸率为 5.8‰。卸下的货物全部进入天津港务局第二港埠公司 203、204、207 号码头仓库内。

同年 9 月 1 日，天津港遭遇特大海潮袭击。货物被海水浸泡，受损严重。9 月 3 日，原告电话通知被告，被告即委托勘验代理人中国进出口商品检验总公司天津分公司对原告提取的磷酸二氨检验定损。10 月 17 日，被告平安保险公司北京代表处以编号平保京理（1992）171 号函表示拒赔，称其所承保的该批货物的保险责任已在出险前终止。

原告诉称：根据保险合同仓至仓条款规定，保险人保险责任在货物出险时尚未终止，海潮属一切险范围之内，被告应承担赔偿责任。原告提单货物数量为 21 150 吨，扣短卸率 5.8‰和灌包耗损率 6‰，应提 20 901 吨。除海潮前提取的 8 499.9 吨外，海潮发生时，仍有 12 401.1 吨在港区仓库，受到海水浸泡。根据被告勘验代理人出具的“货物残损鉴定报告”，其中袋装 1 813.4 吨估损 80%; 1 960 吨袋装估损 50%; 散装 2 967.6 吨估损 100%，折合损失共计 5 398.32 吨。要求被告赔偿其保险标的因保险事故所受损失 1 087 191.75 美元；短重损失 3 047.59 美元；施救费用人民币 50 522.59 元；因迟付赔款的利息 54 966.19 美元以及其他损失人民币 118.16 万元。

被告辩称：由其承保的 J00221923167 号保单项下的货物受损后，经就事故现场的查勘，已于 1992 年 10 月 17 日致函原告，明确表示了拒赔理由和依据。根据保险条款三（一）规定，保险人的责任，从货到卸货港，收货人提货后运至其仓库，或提货后不运往自己的仓库，到对货物进行分配、分派、分散转运时终止。而本案原告在货物卸离海轮后，并在出险前，已将 8 500 吨灌包运往各地用户，构成了条款中的“被保险人用做分配、分派”的事实，并因此而终止了保险人的责任。所以对原告的该批货物损失，被告已没有赔偿义务。被告认为，原告于 1992 年 4 月 20 日已将被保险货物全部卖给案外人中国农垦物资公司，并且在该批货物运抵天津新港前已将提单转让，原告因此失去了诉权和可保利益。被告还认为，保险单所载明的目的地是天津新港，收货人在港口无自己的仓库。当收货人提货后，把全部货物存放在港区仓库时，港区仓库则视为收货人在目的港的最后仓库，因而构成了保险责任终止的条件。

此外，天津海事法院经审理查明：原告与被告于 1992 年 5 月 16 日签订的前述保险合同，承保条件是中国人民保险公司海洋货物保险条款（1981 年 1 月 1 日）一切险（包括仓至仓条款），附加超过装运总量 0.5%的短重险。上述货物由“丰康”轮承运，自登那德逊威尔至新港。原告于签订保险合同当日，已将保险费 13 548.46 美元支付给被告。载运货物的“丰康”轮于 1992 年 8 月 11 日在天津新港靠泊，随后将船上所载包括原告以及其他收货人的 35 400 吨散装磷酸二氨（商检公布数为 35 195 吨，短卸 205 吨，短卸率为 5.8‰）全部卸入天津港第二港埠公司 203、204、207 号码头仓库内。原告作为 TPA—3 号提单项下的收货人，在“丰康”轮抵港前委托中国对外贸易运输总公司天津塘沽公司和中国农垦物资公司代办提货。至 1992 年 9 月 1 日止，原告共提取磷酸二氨 8 499.9 吨，并对此进行分配、分派运往河北、吉林等地。9 月 1 日，天津港部分码头、仓库遇特大海潮灾害。“丰康”轮所卸包括原告所属的 12 401.1 吨磷酸二氨遭海水浸泡造成损失。根据中国进出口商品检验总公司天津分公司货物残损鉴定报告结果：袋装磷酸二氨 1 813.4 吨受海水浸泡后，部分内货已呈糊状，并有少量流失现象，部分内货已结成硬块，货物内所含有效成分降低，估损 80%；1 960 吨部分内货受海水浸泡后已结硬块，估损 50%；散装 2 967.6 吨受海水浸泡后，呈糊状及泥状，部分受海水冲击后流失。为了防止第二次海潮侵袭，港方虽将所剩的残损货物运往安全场地，但经化验分析货物内所含的有效成分严重降低，已无法使用，估损 100%。以上货损共折合 5 398.32 吨。海潮发生后，因对港存货物进行施救，原告支付了所发生费用人民币 50 522.59 元。此后，原告向被告索赔。同年 10 月 17 日，被告明确表示对该批货物的损失拒赔。

实训过程设计：

（1）指导教师布置学生课前预习背景材料。

（2）将全班同学平均分成小组，按每组 5～6 人进行讨论。

（3）指导教师对小组讨论过程和发言内容进行评价总结，并讲解本材料的分析结论（先评定小组成绩，在小组成绩中每一个人参与讨论占小组成绩的 40%，代表发言内容占小组成绩的 60%）。

（4）本案被保险人即原告在货轮抵港前委托其他公司代办提货，这种情况下原告是否具有可保利益？

（5）被告认为，保险单所载明的目的地是天津新港，收货人在港口无自己的仓库。当收货人提货后，把全部货物存放在港区仓库时，港区仓库则视为收货人在目的港的最后仓库，因而构成了保险责任终止的条件。这种看法正确吗？

本章小结

在国际贸易中，货运保险是交易不可缺少的组成部分，被保险人（买方或卖方）要对一批或若干批货物向保险公司按照一定金额投保一定的险别并缴纳保险费；保险公司承保后，如果所保货物在运输途中发生约定范围内的损失，应按照保险单的规定给予被保险人经济上的补偿。

海上风险包括一般海上风险与外来风险，由于海上风险所造成的损失，称为海损。按照损失程度不同分为全部损失和部分损失；按照损失的性质不同分为单独海损和共同海损。海上损失还包括费用上的损失，如施救费用和救助费用。中国人民保险公司的保险条款中规定的承保险别主要有基本险和附加险，分别是平安险、水渍险和一切险；一般附加险包括 11 种，特殊附加险包括 8 种。伦敦协会货物条款在世界保险业影响很大，对该条款我国保险公司可予以接受。除了海上保险以外，根据运输方式的不同，可以分别投保陆运、空运、邮运等相应的险别，对于特种货物保险公司还有专门条款，如冷冻货物保险和散装桐油保险。保险公司不是一切风险都予承保，保险公司规定了一系列的除外责任，如货物自身的缺陷、运输的延迟、使用化学武器造成的损失等。

货物遇险后，要及时通知保险公司保留索赔权，同时采取相应的救助措施，防止损失继续扩大。

合同的保险条款主要包括投保人、保险公司、保险险别、保险费率及保险金额等事项的约定。

综合练习

一、问答题

1. 中国保险条款规定的基本险和附加险都有哪些？

2. 我方按 CIF 条件对外发盘，下列投保险别是否妥当？不妥之处请予更正并说明理由。

（1）一切险、锈损险、串味险；

（2）平安险、一切险、偷窃提货不着险、战争险、罢工险；

（3）水渍险、受潮受热险；

（4）包装破碎险、钩损险、战争险、罢工险；

（5）航空运输一切险、淡水雨淋险。

3. 某港商按 CFR 多伦多出口一批货物，由买方向多伦多某保险公司投保一切险适用仓至仓条款。该港商在装运途中翻车致使货物严重受损。港商委托买方向保险公司索赔，保险公司不予受理；之后买方又向保险公司索赔，也遭到拒绝，请问为什么会遭到拒赔？

4. 前进号货轮载货后，航运途中一号舱起火。船长命令对该仓灌水灭火。该舱载有文具用品、茶叶等，灭火后发现文具用品一部分被焚毁，另一部分文具用品和全部茶叶被水浸湿。试说明以上各项商品损失的性质，并指出货主在投保了什么险别后，保险公司才能负责赔偿？

5. 特殊附加险与一般附加险的异同点有哪些？

二、计算题

1. 外贸公司按 CIF 价格条件出口一批冷冻食品，合同总金额为 10 000 美元，加一成投保平安险，保险费率为 0.8%，问保险金额和保险费各是多少？

2. 某货原报价每件 1 250 美元 CIF 纽约，客户打算自己安排保险，要求改报 CFR 价，查原报价保险包括水渍险并附加淡水雨林险，其费率分别为 2.4%和 0.1%，按 CIF 价加一成投保。试计算 CFR 纽约价。

3. 我出口某商品 20 吨，装 1 000 箱，每箱单价为 46 美元，加一成投保一切险。货到目的港后，买方发现短少 3 箱外，还短量 680 公斤。问货主遭受多少损失，保险公司是否负责赔偿，被保险人在办理索赔时，应提供哪些必不可少的证件？

三、案例分析题

1. 我某外贸公司以 CFR 条件进口 4 000 吨钢管，我方为此批货物向某保险公司投保我国海运保险条款水渍险。钢管在上海港卸下时发现有 500 吨生锈，经查其中 200 吨钢管在装船时就已生锈，但由于钢管外表有包装，装船时没有被船方检查出来。还有 200 吨钢管因船舶在途中搁浅，船底出现裂缝，海水浸湿而致生锈，另有 100 吨钢管因为航行途中曾遇雨天，通风窗没有及时关闭而被淋湿致生锈。分析导致上述损失的原因，保险人是否应予赔偿，为什么？

2. 某外贸公司按 CIF 术语出口一批货物，装运前已向保险公司按发票总额的 110%投保平安险，6 月初货物装妥顺利开航。载货船舶于 6 月 13 日在海上遭遇暴雨，致使一部分货物受到水渍，损失价值为 2 100 美元。数日后，该轮又突然触礁，致使该批货物又遭到部分损失，价值达 8 000 美元。试问：保险公司对该批货物的损失是否赔偿，为什么？

第六章　进出口商品的价格

教学要求

能力目标

- 能运用适当的作价方法对进出口商品进行作价
- 能准确进行佣金和折扣的计算
- 能准确进行出口商品经济效益的核算
- 能熟悉运用价格条款并进行填制

知识目标

- 理解进出口商品的作价原则及其影响因素
- 理解进出口商品作价的方法及其应注意的问题
- 理解佣金和折扣的相关概念及其表示方法
- 理解主要贸易术语的价格构成与换算
- 掌握出口商品经济核算的相关概念

开篇案例

价格调整条款

某公司在国际贸易活动中遇到了这样一件事情。根据预测分析，油价每上涨1%，公司产品每打成本将增加1美元。为避免因油价上涨而受损，公司决定在报价上加注油价调整条款，此条款应如何表达？合同签订后，国际市场价格大涨，货源供应紧张，卖方推迟装运。买方要货心切，同意推迟装运10天，并修改了信用证。卖方又提出，国内采购成本已提高，要求加价20%。这又该如何处理？

启示：其实这些情况在国际贸易中都是常见的问题。价格问题又是买卖双方最核心的利益问题，十分敏感，因此国际经济贸易活动中，应十分重视。

商品的价格是国际货物买卖的主要交易条件，价格条款是买卖合同中必不可缺的合同条款。价格条款的确定不仅直接关系到买卖双方的利益，而且与合同中的其他条款也有密切联系。商品的价格是根据不同的定价依据、定价目标、定价方法和定价策略来制定的，商品价格的构成一般受商品成本、商品质量、成交数量、供求关系、竞争条件、运输方式和价格政策等多种因素的影响。因此，对于外贸业务人员而言，掌握商品的价格是一项复杂而又十分艰巨的工作。为了做好这项工作，外贸业务人员只有熟悉进出口商品作价的原则及影响因素，了解进出口商品的作价方法，掌握主要贸易术语的价格构成和换算方法以及出口商品的成本核算，才能合理地制定国际货物买卖合同中的价格条款。

第一节 进出口商品作价原则及影响因素

一、进出口商品作价原则

进出口商品的作价原则是，在贯彻平等互利的原则下，根据国际市场价格水平，结合国别（地区）政策，并按照购销意图确定适当的价格。

所谓国际市场价格，亦称世界市场价格或国际价格，它是国际范围市场价值或其转化形态的货币表现，是指某种商品在国际市场的一定时期内客观形成的具有代表性的成交价格。具有代表性的成交价格通常是指：一是某些国际市场集散中心成交的商品价格，集散地的市场价格；二是某些商品主要出口国（或地区）具有代表性的进口价格；三是某些商品主要进口国（或地区）具有代表性的进口价格；四是某些重要商品的拍卖价格、开标价格等。

二、进出口商品作价影响因素

由于价格构成因素不同，影响价格变化的因素也多种多样。因此，在确定进出口商品价格时，除应遵循上述作价原则外，还必须充分考虑影响价格的种种因素。

1. 商品的质量因素

在国际市场上，一般都贯彻按质论价的原则，即好货好价、次货次价，品质的优劣，档次的高低，包装装潢的好坏，式样的新旧，商标、品牌的知名度，都影响着商品的价格。

2. 市场供求因素

商品的价格还受市场供求状况的影响。当商品供过于求时，价格就会下跌；反之，商品价格就会上涨。商品作价时应根据商品在市场上现在和将来的需求状况进行定价。另外，谈判人员还要考虑该商品的市场生命周期、市场定位、市场购买力等因素，判断市场供求变化趋势和签约后可能发生的价格变动，来确定商品交易价格。

3. 运输因素

国际货物买卖，一般都要通过长途运输。运输距离的远近，影响运费和保险费的开支，从而影响商品的价格。因此，确定商品价格时，必须核算运输成本，做好比价工作，以体现地区差价。

4. 销售季节因素

在国际市场上，某些节令性商品，如赶在节令前到货，抢行应市，就能卖上好价；过了节令的商品，其售价往往很低，甚至以低于成本的价格出售。因此，定价时应充分考虑季节性需求的变化，切实掌握好季节性差价，争取按对己方有利的价格成交。

5. 成交数量因素

按国际贸易的习惯做法，成交量的大小影响价格的高低。如成交量大时，在价格上应给予适当优惠，或者采用数量折扣的办法；反之，如成交量过少，甚至低于起订量时，也可以适当提高出售价格。不论成交量多少，都采取同一个价格成交的做法是不当的，应当按照成交量的多少制定不同的价格。

6. 支付条件因素

支付条件是否有利往往影响商品的价格。例如，同一商品在其他交易条件相同的情况下，采取预付货款，可以考虑价格的优惠；如果凭信用证付款方式，则付款价格可以适当提高。因此，不同的支付条件其价格应当有所区别。

7. 货币与汇率变动因素

确定商品价格时，买卖双方还应该明确规定使用何种货币，要注意所采用货币的安全性及币值的稳定性、可兑换性（见表 6.1）。一般应争取采用对自身有利的货币成交，出口商品应争取选择保持上浮趋势的硬币，进口商品则应选择有下浮趋势的软币支付。如被迫采用不利自身的货币成交时，应当把汇率变动的风险考虑到货价中去，即适当提高出售价格或压低购买价格，或采用订立保值条款的办法来避免汇率变动可能产生的风险。

表 6.1 出口交易中常用的计价货币

货币名称	货币符号	货币代码
英镑	£	GBP
美元	US $	USD
港币	HK $	HKD
瑞士法郎	SF	CHF
加拿大元	Can. $	CAD
澳大利亚元	$ A	AUD
日元	J￥	JPY
欧元	EUR	EUR

此外，交货期的远近，新老客户、市场销售习惯和消费者的喜好等因素，对确定价格也有不同程度的影响，在制定商品价格时，也要予以认真考虑。

第二节　进出口商品的作价方法

一、固定价格

我国进出口合同，绝大部分都是在双方协商一致的基础上，明确地规定具体价格，这也是国际上常见的做法。按照各国法律的规定，合同价格一经确定，就必须严格执行。除非合同另有约定，或经双方当事人一致同意，任何一方都不得擅自更改。在合同中规定固定价格是一种常规做法。它具有明确、具体、肯定和便于核算的特点。不过，由于市场行情瞬息万变，价格涨落不定。因此，在国际货物买卖合同中规定固定价格，就意味着买卖双方要承担从订约到交货付款以至转售时价格变动的风险。况且，如果行市变动过于剧烈，这种做法还可能影响合同的顺利执行。一些不守信用的商人很可能为逃避亏损，而寻找各种借口不履行合同。为了减小价格风险，在采用固定价格时应该注意以下问题。

（1）综合分析影响商品供需的各种因素，对价格的变动趋势作出准确判断，以此作为确定合同价格的依据。

（2）慎重选择交易的对象。签订合同前必须对客户的资信进行充分地了解和调查，尤其是当业务人员获得的信息不充分的情况下，必须进行专业的资信调查，以发现和防范与这些客户交易有可能产生的较大风险。

（3）大宗交易一般应订立保值条款。由于各种货币汇价动荡不定、商品市场变动频繁，在此情况下，固定价格往往会给买卖双方带来巨大的风险。因此，为了减小风险，促成交易，提高履约率，在合同价格的规定方面，可以采用订立外汇保值条款。主要有以下三种方法。

第一，计价货币和结算货币均为同一“软币”，确定订约时这一货币与另一“硬币”的汇率，折算成硬币，支付时按当日汇率折算成原货币支付。

第二，“软币”计价，“硬币”支付，即将成品单价或总金额按照计价货币与结算货币当时的汇率，折合成另一种“硬币”，按另一种货币支付。

第三，“软币”计价，“软币”支付。由双方协商同意确定这一货币与另几种货币的算术平均汇率，或用其他计算方式的汇率，按支付当日与另几种货币算术平均汇率或其他汇率的变化作相应的调整，折算成原货币支付。这种保值也称“一揽子汇率保值”。几种货币的综合汇率可有不同的计算方法，如简单平均法、加权平均法等。

二、非固定价格

非固定价格，即一般业务上所说的“活价”，大体上可分为下述几种。

1. 待定价格

待定价格是指商品价格待定，买卖双方只在合同中约定未来确定价格的依据和方法。这种定价方法又可分为以下两种具体做法。

（1）在价格条款中明确规定定价时间和定价方法。例如在合同中规定：“在装船月份前30天，参照当地商品交易所该商品的收盘价，协商议定正式价格”或“按提单日期的国际市场价格计算”。

（2）只规定作价时间。例如：“由双方在某年某月某日协商确定价格”。这种方式由于未就作价方式作出规定，容易给合同带来较大的不稳定性，双方因缺乏明确的作价标准，而在商定价格时可能会产生争议，导致合同无法执行。因此，这种方式一般只适用于双方有长期交往并已形成比较固定的交易习惯的合同。

2. 暂定价格

在合同中先订立一个初步价格，作为开立信用证和初步付款的依据，待双方确定最后价格后再进行最后清算，多退少补。例如，“单价暂定 CIF 纽约，1 000 美元/t，作价方法：以纽约商品交易所 3 个月期货，按装船月份平均价加 5 美元计算，买方按本合同规定的暂定价开立信用证”。由于国际市场价格瞬息万变，买卖双方在合同中的价格仅供参考，因此由于没有订明定价依据，这种做法有可能导致合同无法履行。

3. 部分固定价格，部分非固定价格

为了兼顾买卖双方的利益，也可采用部分固定价格，部分非固定价格的做法，或是分批作价的方法，即交货期近的价格在订约时固定下来，余者在交货前一定期限内作价。采用这

种做法有助于暂时解决双方在价格方面的分歧，解除客户对价格风险的顾虑，不但有利于巩固和扩大出口市场，也有利于生产、收购和出口计划的安排。对进出口双方，虽不能完全排除价格风险，但对出口人来说，可以不失时机地做成生意；对进口人来说，可以保证一定的转售利润。

非固定价格的做法，是先订约后作价，合同的关键条款——价格是在订约之后由双方按一定的方式来确定的，这就不可避免地给合同带来较大的不稳定性，存在着双方在作价时不能取得一致意见，而使合同无法执行的可能；或由于合同作价条款规定不当，而使合同失去法律效力的危险。

在采用非固定价格作价时，应注意以下问题。

一是要明确规定作价方法。为减少非固定价格条款给合同带来的不稳定因素，消除双方在作价方面的矛盾，明确订立作价方法就是一个重要的、必不可少的前提，作价标准可根据不同商品酌情做出规定。例如，以某商品交易公布的价格为准，或以某国际市场价格为准等。

二是要明确规定作价时间。关于作价时间的确定，可以采用下列几种做法：①在装船前作价。一般是规定在合同签订后若干天或装船前若干天作价。采用此种作价办法，交易双方仍要承担从作价至付款转售时的价格变动风险。②装船时作价。一般是指按提单日期的行市或装船月的平均价作价。这种做法实际上只能在装船后进行，除非有明确的客观作价标准，否则卖方不会轻易采用，因为其怕承担风险。③装船后作价。一般是指在装船后若干天，甚至在船到目的地后始行作价，采用这类做法，卖方承担的风险也较大，故一般很少使用。

三、价格调整条款

在国际货物买卖中，有的合同除规定具体价格外，还规定有各种不同的价格调整条款。例如："如卖方对其他客户的成交价格高于或低于合同价格 5%，对本合同未执行的数量，双方协商调整价格。"这种做法的目的是把价格变动的风险规定在一定范围之内，以提高客户经营的信心。

值得注意的是，在国际上随着某些国家通货膨胀的加剧，有些商品合同特别是加工周期较长的机器设备合同，都普遍采用所谓"价格调整条款"（Price Adjustment Clause），要求在订约时只规定初步价格（Initial Price），同时规定如原料价格、工资发生变化，卖方保留调整价格的权利。

在价格调整条款中，通常使用下列公式来调整价格：

$$P=P_0\left(A+B\frac{M}{M_0}+C\frac{W}{W_0}\right)$$

在上述公式中：P 代表商品交货时的最后价格；P_0代表签订合同时约定的初步价格；M 代表计算最后时引用的有关原料的平均价格或指数；M_0代表签订合同时引用的有关原料的价格或指数；W 代表计算最后价格时引用的有关工资的平均数或指数；W_0代表签订合同时引用的工资平均数或指数；A 代表经营管理费用和利润在价格中所占的比重；B 代表原料在价格中所占的比重；C 代表工资在价格中所占的比重；A、B、C 所分别代表的比例签合同时需确定后固定下来。

如果买卖双方在合同中规定，按上述公式计算出来的最后价格与约定的初步价格相比，其差额不超过约定的范围（如百分之若干），初步价格可不予调整，合同原定的价格对比方当事人仍有约束力，双方必须严格执行。上述“价格调整表”的基本内容，是按原料价格和工资的变动来计算合同的最后价格。在通货膨胀的条件下，它实质上是出口厂商转嫁国内能货膨胀、确保利润的一种手段。

但得注意的是，这种做法已被联合国欧洲经济委员会纳入它所制定的一些“标准合同”之中，而且其应用范围已从原来的机械设备交易扩展到一些初级产品交易，因而具有一定的普遍性。由于这类条款是以工资和原料价格的变动作为调整价格的依据，因此，在使用这类条款时，就必须注意工资指数和原料价格指数的选择，并在合同中予以明确。此外，在国际贸易中，人们有时也应用物价指数作为调整价格的依据，如合同期间的物价指数发生的变动超出一定范围，价格即作相应调整。总之，在作用价格调整条款时，合同价格的调整是有条件的。用来调整价格的各个因素在合同期间所发生的变化，如约定必须超过一定的范围才予以调整时，未超过限度的，则不予调整。

第三节　主要贸易术语的价格构成与换算

一、主要贸易术语的价格构成

国际贸易中的价格主要是由成本、费用、利润三部分构成的。成本（Cost），是整个价格的核心，它是出口企业为出口其产品进行生产、加工或采购所产生的含税成本；费用（Expenses），是指整个交易过程发生的费用，出口报价中的费用主要有国内和国外费用两部分；利润（Profit），是指企业预期净收入。

（一）FOB、CFR、CIF 三种贸易术语的价格构成

以上三种贸易术语在价格构成中包括三方面内容：成本、费用和利润。其中费用的核算包括国内费用和国外费用，三种术语的价格关系如表 6.2 所示。

表 6.2　FOB、CFR、CIF 三种贸易术语的价格关系

<table>
<tr><td rowspan="7">CIF 价格</td><td rowspan="6">CFR 价格</td><td rowspan="5">FOB 价格</td><td rowspan="3">实际成本</td><td>生产成本</td><td>自产自销的投入</td></tr>
<tr><td>加工成本</td><td>进料或半产品加工的投入</td></tr>
<tr><td>采购成本</td><td>进货成本</td></tr>
<tr><td>国内总费用</td><td colspan="2">国内运输费、认证费、仓储费、港口杂费、报关费、业务费、银行费用等。</td></tr>
<tr><td>预期利润</td><td colspan="2">一般为货价的 10%</td></tr>
<tr><td colspan="4">国际运费</td></tr>
<tr><td colspan="5">国际保险费=CIF 价×（1+投保加成率）×保险费率</td></tr>
</table>

1. 国内费用

（1）加工整理费用；

（2）包装费用；

（3）保管费用（包括仓租、火险等）；
（4）国内运输费用；
（5）证件费用（包括商检费、公证费、领事签证费、产地证费、许可证费、报关单费等）；
（6）装船费（装船、起吊费和驳船费等）；
（7）银行费用（贴现利息、手续费等）；
（8）预计损耗（耗损、短损、漏损、破损、变质等）；
（9）邮电费（电报、电传、邮件等费用）。

2. 国外费用

（1）国外运费（从装运港至目的港的海上运输费用）；
（2）国外保险费（海上货物运输保险）；
（3）如果有中间商，还包括支付给中间商的佣金。

计算公式如下：

FOB 价=进货成本价+国内费用+净利润

CFR 价=进货成本价+国内费用+国外运费+净利润

CIF 价=进货成本价+国内费用+国外运费+国外保险费+净利润

（二）FCA、CPT 和 CIP 三种贸易术语的价格构成

以上三种贸易术语在价格构成中也包括三方面内容：成本、费用和利润。其中，费用的核算包括国内费用和国外费用。

1. 国内费用

（1）加工整理费用；
（2）包装费用；
（3）保管费用（包括仓租、火险等）；
（4）国内运输费用；
（5）拼箱费（如果货物不成一整个集装箱）；
（6）证件费用（包括商检费、公证费、领事签证费、产地证费、许可证费、报关单费等）；
（7）银行费用（贴现利息、手续费等）；
（8）预计损耗（耗损、短损、漏损、破损、变质等）；
（9）邮电费（电报、电传、邮件等费用）。

2. 国外费用

（1）国外运费（从出口国内陆启运地至国外目的地的运输费用）；
（2）国外保险费；
（3）如果有中间商，还包括支付给中间商的佣金。

计算公式如下：

FCA 价=进货成本价+国内费用+净利润

CPT 价=进货成本价+国内费用+国外运费+净利润

CIP 价=进货成本价+国内费用+国外运费+国外保险费+净利润

二、主要贸易术语的价格换算

（一）FOB、CFR 和 CIF 三种术语的换算

1．FOB 价换算为其他价

CFR 价=FOB 价+国外运费

CIF 价=（FOB 价+国外运费）/（1−投保加成×保险费率）

2．CFR 价换算为其他价

FOB 价=CFR 价−国外运费

CIF 价=CFR 价/（1−投保加成×保险费率）

3．CIF 价换算为其他价

FOB 价=CIF 价×（1−投保加成×保险费率）−国外运费

FCA 价=CPT 价−CFR 价=CIF 价×（1−投保加成×保险费率）

（二）FCA、CPT 和 CIP 三种术语的换算

1．FCA 价换算为其他价

CPT 价=FCA 价+国外运费

CIP 价=（FCA 价+国外运费）/（1−保险加成×保险费率）

2．CPT 价换算为其他价

FCA 价=CPT 价−国外运费

CIP 价=CPT 价/（1−保险加成×保险费率）

3．CIP 价换算为其他价

FCA 价=CIP 价×（1−保险加成×保险费率）−国外运费

CPT 价=CIP 价×（1−保险加成×保险费率）

第四节　佣金与折扣

在订立合同价格条款中，有时会涉及佣金（Commission）和折扣（Discount）。价格条款中所规定的价格，可分为包含有佣金或折扣的价格和不包含这类因素的净价（Net Price）。包含有佣金的价格，在业务中通常称为“含佣价”。

一、佣金

（一）佣金的含义

在国际贸易中，有些交易是通过中间代理商进行的。因中间商介绍生意事代买代卖而需收取一定的酬金，此项酬金叫做佣金。凡在合同价格条款中，明确规定佣金的百分比，叫做“明佣”。如不标明佣金的百分比，甚至连“佣金”字样也不标示出来，有关佣金的问题由双方当事人另行约定，这种暗中约定的佣金，叫做“暗佣”。货价中是否包括佣金和佣金比例的大小，都影响商

品的价格。显然，含佣价比净价要高。正确运用佣金，有利于调动中间商的积极性和扩大交易。

（二）佣金的表示办法

在商品价格中包括佣金时，通常应以文字来说明。例如："每吨 200 美元 CIF 纽约，包括 2%佣金"（USD200 perM/T CIF NewYork including 2% commission）。也可在贸易术语上加注佣金的缩写英文字母"C"和佣金的百分比来表示。例如："每吨 200 美元 CIFC2% 纽约"（USD200 perM/T CIFC2% NewYork）。商品价格中所包含的佣金，除用百分比表示外，也可以用绝对数来表示，例如："每吨付佣金 25 美元。"

（三）佣金的计算方法

在国际贸易中，计算佣金的方法不一，有的按成交金额约定的百分比计算，也有的按成交商品的数量来计算，即按每一单位数量收取若干佣金计算。在我国进出口业务中，计算方法也不一致，一般有以下几种方法。

1. 按 FOB 价计算佣金

不管买卖双方以何种价格成交，均按 FOB 价计算佣金。理由是：运费、保险费是卖方固定支付的，而不是卖方售销的收入，因此不应支付佣金。

例如：CIF 价格为 1 000 美元，运费为 100 美元，保险费为 10 美元，佣金率 2.5%，则佣金=（1 000−100）×2.5%=22.25（美元）。

2. 按成交价格净价计算佣金

例如：CIF 价格为 1 000 美元，佣金率为 2.5%，则佣金=1 000×2.5%=25.00（美元）。

3. 按含佣价来计算佣金

这种方法最为常见，计算佣金的公式如下：

单位货物佣金金额=含佣价×佣金率

含佣价=净价/（1−佣金率）

例如：已知 A 商品 CIF 纽约价格为每吨 1 000 美元，现美商要求改报 CIF C5%纽约，如果要保持卖方的收入不变，则应报价为：

含佣价=净价/（1−佣金率）=1 000/（1−5%）=1 052.63（美元）

佣金=1 052.63×5%=52.63（美元）

在这里值得注意的是，如在洽商交易时，我方报价为 1 000 美元，对方要求 5%的佣金，在此情况下，我方应改报含佣价，按上述公式算出应为 1 052.63 美元，这样才能保证实收 1 000 美元。

佣金的支付一般有两种做法：一种是由中间代理商直接从货价中扣佣金；另一种是在委托人收清货款之后，再按事先约定的期限和佣金比率，另行付给中间代理商。在支付佣金时，应防止错付、漏付和重付等事故发生。按照一般惯例，在独家代理情况下，如委托人同约定地区的其他客户达成交易，即使未经独家代理过手，也得按约定的比率付给其佣金。

二、折扣

（一）折扣的含义

折扣是指卖方按原价给予买方一定百分比的减让，即在价格上给予适当的优惠。国际贸易中使用的折扣，名目很多，除一般折扣外，还有为扩大销售而使用的数量折扣（Quantity Discount），为实现某种特殊目的而给予的特别折扣（Special Disscount）以及年终回扣（Turnover Bonus）等。凡在价格条款中明确规定折扣率的，叫做“明扣”；凡交易双方就折扣问题已达成协议，而在价格条款中却不明示折扣率的，叫做“暗扣”。折扣直接关系到商品的价格，货价中是否包括折扣和折扣率的大小，都影响商品价格。折扣率越高，则价格越低。折扣如同佣金一样，都是市场经济的必然产物，正确运用折扣，有利于调动采购商的积极性和扩大销路。在国际贸易中，它是加强对外竞销的一种手段。

（二）折扣的表示方法

在国际贸易中，折扣通常在合同价格条款中用文字明确表示出来。例如：“CIF 伦敦每吨 200 美元，折扣 3%（US＄200 per Metric ton CIF London including 3% discount）。此例也可这样表示：“CIF 伦敦每吨 200 美元，减 3%折扣”（US $200 per metric ton CIF London Less 3% discount）。此外，折扣也可以用绝对数来表示。例如，“每吨折扣 6 美元”。在实际业务中，也有用“CIFR”来表示 CIF 价格中包括折扣。这里的“D”和“R”是“Discount”和“Rbate”的缩写。鉴于在贸易往来中加注的“D”或“R”含义不清，可能引起误解，故最好不使用此缩写。

（三）折扣的计算方法

折扣通常是以成交额或发票金额为基础计算出来的。其计算方法如下：

单位货物折扣额=原价（或含折扣价）× 折扣率

卖方实际净收入=原价−单位货物折扣额

例如：某商品报价 CIF 伦敦，每吨 2 000 英镑，折扣 2%，卖方的实际净收入为

折扣额=2 000 × 2%=40（英镑/t）

卖方实际净收入=2 000−40=1 960（英镑/t）

折扣一般是在买方支付货款时预先予以扣除，也有的折扣金额不直接从货价中扣除，而按暗中达成的协议另行支付给买方，这种做法通常在给“暗扣”或“回扣”时采用。

第五节　出口商品的成本核算

为了制定合理的成交价格，外贸企业要加强出口商品价格的审核，及时分析出口商品价格变动情况，防止抬价抢购、低价竞销造成的损失，严格按照外贸企业当期实际出口收汇额和核定的出口成本进行清算，完善内部价格管理制度，提高出口效益。在出口成本核算中，要掌握一些相关的指标，包括出口总成本、出口外汇净收入、出口换汇成本以及出口盈亏额与盈亏率。

一、出口总成本

出口总成本是指外贸企业为出口商品支付的国内总成本，包括进货成本和国内费用以及

出口税。国内费用一般包括银行利息、工资支出、邮电通信费用、交通费用、仓储费用、码头费用以及其他的管理费用，为了计算简便一般以定额费用率形式核算。出口商品购进价格通常包含增值税，很多国家为了降低出口商品的成本，增强其商品在国际市场的竞争能力，往往对出口商品采取增值税全部或部分退还的做法。在实施出口退税制度的情况下，在核算出口商品价格时，就应该将含税的采购成本中的税收部分根据出口退税比率予以扣除，从而得出退税后的总成本。

出口商品总成本（退税后）=出口商品购进价格（含增值税）+定额费用−出口退税收入

定额费用=出口商品购进价格×定额费用率

出口退税收入=出口商品购进价（含增值税）/（1+增值税率）×退税率

例如：某产品每件的进货成本是 28 元人民币，一共 1 000 件。其中包括 17%的增值税，13%的退税，如果该产品的定额费用是 6%，则该产品出口总成本（退税后）应该为 26 570 元人民币。

出口商品总成本（退税后）=［28+28×6%−28/（1+17%）×13%］×1 000=26 570（元）。

二、出口外汇净收入与出口换汇成本

（一）出口外汇净收入

出口外汇净收入是指出口外汇总收入扣减非贸易外汇收入后的 FOB 外汇收入，即出口商品按 FOB 价格出售所得外汇净收入。在按 CFR 术语成交时则要扣除国外运费；如按 CIF 术语成交，则要扣除国外运费和保险费；如按含佣价成交还要扣除佣金。计算公式为

出口外汇净收入=出口外汇总收入−（国外运费+国外保险）

例如：某公司出口 100t 钢材，价格为 USD220/MT CIF Bangkok，其中海运费为 15 美元/t，海上货物保险费为 5 美元/t，则该笔业务的出口外汇净收入为 20 000 美元。

出口外汇净收入=（220−15−5）×100=20 000（美元）

（二）出口换汇成本

出口换汇成本是指某商品出口净收入一个单位的外汇所需要的人民币成本，它是反映企业出口交易盈亏的重要指标。计算公式为

出口换汇成本=出口总成本（人民币）/出口外汇净收入（外币）

例如：我国甲公司出口新加坡乙公司货物，总货价是 CIF 新加坡 80 000 美元，其中从上海到新加坡的海运费是 3 800 美元，保险费是 176 美元，该货物的出口总成本是 58 万元人民币，则该货物的出口换汇成本（结果保留两位小数点）为 7.63。

出口换汇成本=580 000/（80 000−3 800−176）=7.63（人民币元/美元）

从以上公式可以看出，出口商品换汇成本的高低，取决于出口总成本与出口外汇净收入的比率关系。出口总成本越高，其出口外汇净收入越少或出口外汇成本越高；反之，出口总成本越低或出口外汇净收入越多，则换汇成本就越低。即换汇成本与出口总成本成正比关系，而与外汇净收入成反比关系。

（三）出口盈亏额与盈亏率

出口盈亏额是指出口销售的人民币净收入与出口总成本的差额。如差额是正数，为盈余

额；差额为负数，为亏损额。计算公式为

出口盈亏额=（FOB 出口外汇净收入 × 银行外汇买入价）−出口商品总成本（退税后）

出口盈亏额是盈亏额与出口成本的比例，用百分比表示，该指标说明出口商品盈亏额在出口总成本中所占的百分比，正值为盈，负值为亏。计算公式为

出口商品盈亏率=（FOB 出口人民币净收入−出口总成本）/出口总成本 × 100%

例如：某商品出口销售人民币净收入为 50 万元，出口总成本为 40 万元，则出口盈亏率为 25%。

出口盈亏率=（50−40）/40 × 100%=25%

（四）出口创汇率

出口创汇率也称外汇增值率，或出口收汇率，用于考核加工贸易，反映了以外汇购买原料、辅料，经加工成为成品后再出口的创汇效果。具体计算方法是以成品出口所得的外汇净收入减去进口原料所支出的外汇，算出成品出口外汇增值的数额，即创汇额，再将其与原料外汇成本相比，计算出百分率。在采用国产原料的正常出口业务中，也可以计算创汇率，这就要以该原料的 FOB 出口价格作为原料外汇成本。计算公式为

出口创汇率=（成品出口外汇净收入−原料外汇成本）/原料外汇成本 × 100%

公式中的成品出口外汇净收入减去原料外汇成本即可得外汇增值额，如为正数，则表示外汇增值；若为负数，则表示“倒贴外汇”。要注意的是其中原料外汇成本是进口的 CIF 价，出口外汇净收入是出口的 FOB 价。

例如：某企业进口原料每吨 CIF 上海是 22 600 美元，加工后成品的出口价 FOB 上海为每打 117.52 美元，已知每公吨原材料可加工 250 打成品，则出口创汇率为 30%。

出口创汇率=（117.52 × 250−22 600）/22 600 × 100%=30%

第六节　合同中的价格条款

一、价格条款的基本内容

合同中的价格条款，一般包括商品的单价和总值两项基本内容。有时还包括作价方法以及佣金和折扣的运用。

（一）单价

单价通常由 4 个部分组成，即计量单位、单位价格金额、计价货币和贸易术语。例如：每吨 CIF 洛杉矶 2 000 美元（USD 2 000per M/T CIF Los Angeles）。

1. 计量单位

一般来说，计量单位应该与数量条款所使用的计量单位一致，并要注意使用同一度量衡。

2. 单位价格金额

单位价格金额应按双方协商一致的价格，正确填写在书面合同中，不得有误。

3. 计价货币

应该明确使用哪国货币，单价和总值所使用的货币应该一致。

4. 贸易术语

贸易术语在使用时，应该根据不同的含义加注不同的地点，如果有重名地点问题，应该加注国别或地区名称。

（二）总值

总值（或称总价）是单价同数量的乘积，也就是一笔交易的货款总金额。总值所使用的货币必须与单价的货币一致，除用阿拉伯数字填写外，还要用文字表示，并防止计算、书写错误。例如：中国大米良好平均品质 100t，麻袋装，每袋 50kg。175 美元/t CIF 新加坡，总额 17 500 美元。（Chinese Rice，F. A. Q，100M/T，In Gunny Bags，50KG Each，USD175perM/T CIF Singapore，Total Amount USD17 500）

二、规定价格条款应注意的问题

合同中的价格条款应真实反映买卖双方价格磋商的结果，条款内容应该完整、明确、具体、准确。在制定价格条款时，应该注意以下问题。

1. 合理地确定商品的价格水平

贯彻我国进出口商品作价原则，考虑各种价格影响因素，并结合购销意图来确定适当的价格水平，防止偏高或偏低。出口商品价格过高不利于市场的开拓，过低会造成外汇收入的减少，甚至会导致反倾销诉讼。进口合同如果价格过高会导致外汇的浪费，影响企业的经济效益。

2. 选择适当的贸易术语

贸易术语可以反映商品的价格构成，而各种贸易术语的价格构成各不相同，运费、保险费是价格的一部分，因此在选用贸易术语时，应考虑运费、保险费的因素。一般来说，在出口贸易中，我方应争取选用 CIF 和 CFR 术语。在进口贸易中，应争取选用 FOB 术语。对 FCA、CPT 和 CIP 术语的选用也应按上述原则掌握。这样有利于节省运费和保险费的外汇支出，并有利于促进我国对外运输事业和保险事业的发展。另外，在选用贸易术语时，还应注意运费变动的趋势。当运费看涨时，为了避免承担运费上涨的风险，出口时应选用 FOB 术语，进口时应选用 CIF 或 CFR 术语。如因某种原因，采用由我方安排运输的贸易术语时，则应对货价进行调整，将运费上涨的风险考虑到货价中去。

3. 争取选择有利的计价货币或订立保值条款

计价货币（Money of Account）是指合同中规定用来计算价格的货币。在国际货物买卖合同价格条款中，必须对计价货币作出明确的规定。用来计价的货币，可以是出口国家货币，也可以是进口国家货币或双方同意的第三国货币，一般由买卖双方协商确定。在出口业务中，一般尽可能争取多使用在成交期内汇率比较稳定且有上升趋势的货币，即“硬币”；而在进口业务中，则应争取多使用在成交期内汇率比较疲软且有下降趋势的货币，即“软币”，否则应考虑订立保值条款来避免汇率变动的风险。

4. 应订立品质与数量机动幅度的计算方法

如交货品质、交货数量有机动幅度或包装费另行计价时，应一并订明机动部分作价、包装费计价及支付的具体办法，以利于合同的顺利履行。

5. 合理运用佣金和折扣

在合同价格付款中，有时会涉及佣金和折扣，正确运用佣金和折扣，有利于调动中间商和采购商的积极性，扩大销路。在国际贸易中，它是加强对外竞销的一种手段。

技能训练

实训主题： 出口商核算。

实训地点： 教室。

实训目的： 掌握在出口贸易办理出口货物报检的过程，并填制相关单据。

背景资料

（1）进货资料

品名：新闻纸　　货号：XWZ0778965

规格：30″×40″/50克　　包装：木板

重量：每件毛重270千克；每件净重250千克　　尺寸：100×80×50

出厂价：6 200人民币元/吨　　增值税率：17%

出口退税率：9%　　生产周期：月产100吨

交货期：收到订单后2个月交货　　交货地点：工厂仓库

最低订货量：10吨

（2）费用和利润

费用支出情况如下。

包装费：包含在货价之中　　内陆交通费：2 500元人民币

港区港杂费：450元人民币　　仓储费：480元人民币

商检、报关费：200元人民币　　业务费用：2 300元人民币

保险费率：投保一切险，查表6.3保险费率表　　银行年利率息率：5.22%

海运费：DALIAN-BAHRAIN9级运费（见见表6.4）　　客户佣金为报价的5%

利润为报价的10%　　汇率：1美元=7.11元人民币

（3）费率表

表6.3　出口货运保险普通货物费率表（海运）

目的地	平安险	水渍险	一切险
中国的港、澳、台地区及日本、韩国	0.08	0.12	0.25
约旦、黎巴嫩、巴林、阿联酋、菲律宾	0.15	0.20	1.0
尼泊尔、阿富汗			1.5
泰国、新加坡			0.6

表 6.4　波斯湾、卡拉奇航线集装箱费率表

基本港：BAHRAIN（巴林）、DAMMAM（达曼）、DUBAI（迪拜）、KARACHI（卡拉奇）、PORT SULTAN QABOOS（米纳卡布斯）、MUSCAT（马斯喀特）、SHARJAH（加沙）						
等　级	卡拉奇			波斯湾		
	LCL（W/M）	FCL（20'/40'）		LCL（W/M）	FCL（20'/40'）	
		上海	其他港口		上海	其他港口
1-7	95.00		2 000/3 800	94.00	1 800/3 420	2 060/3 914
8-13	98.00		2 050/3 890	96.00	1 850/3 515	2 100/3 990
14-20	102.00		1 300/4 047	98.00	1 900/3 610	2 300/4 237
1-20（FAK）		1 800/3 300				
冷冻货			4 000/7 280		3 800/7 220	4 350/7 500
一般化学品		1 900/3 500	2 050/3 890		1 850/3 515	2 100/3 990
危险品			2 600/4 940		2 700/5 130	2 800/5 320
下列港口加收集装箱支线附加费：大连、新港、青岛						
USD50/20' USD90/40'USD3.00/FT（LCL）						

表 6.5　出口成本核算表

编号：__________

日期：__________

商品品名及规格：__________

供货单位：__________　　出口国家或地区：__________

买方：　　出口报价：__________

成交数量：　　当日汇率：__________

装卸地点：从__________至__________经由__________

收入栏	合同金额：（外币）__________ 汇率：__________ 成交金额：（本币）__________
成本栏	收购价（含税进货价款）：__________ 含增值税率：__________ 扣除出口退税收入：__________ 退税率：__________ A 实际采购成本：（本币）__________
费用栏	仓储费：__________ 国内运杂费：__________ 港杂费：__________ 商检费：__________ 报关费：__________ 其他： B 国内费用合计：（本币）__________
	C 出口总成本：（FOB 成本）（本币）__________ C=A+B__________
	F 出口运费：（本币）__________ 计算标准和费率__________
	CFR 成本（本币）：=（C+F）__________

续表

	I 出口保费：（本币） 投保险别及相应的费率： 总保费率： 加______________ 成投保金额：
	CIF 成本（本币）；（=C+F+I）
	佣金 C： 佣金率： 计佣基数
	CIF C 成本（外币/本币）（=C+F+I+C）
利润栏	成交利润额： 成交利润率：

（4）根据以上资料核算对外报价

CIFC5%BAHRAIN=

折成美元：

（5）起草出口商品收购合同（见样本 6.1）

样本 6.1　出口商品收购合同

合同编号：

签订地点：

签订日期：

根据《中华人民共和国合同法》和有关规定，本着平等互利原则，经双方协商签订本合同以资共同信守。

1．货号	2．品名规格	3．型号	4．数量	5．计量单位	6．单价（元）	7．总金额（元）
合计人民币（元）					总金额	
起运地			目的地		收货人	

8．产品的包装标准、包装物的供应与回收：

9．产品的质量要求和技术标准：

10．（1）交货期限：
（2）交货地点：
（3）交货方式及运费承担：

11．结算方式和验收方式：

12．附加条款：（若以上条款与附加条款相抵触，以附加条款为准）

供方	需方	签（公）证意见
单位名称：	单位名称：	单位名称：
单位地址：	单位地址：	单位地址：
代表人：	代表人：	代表人：
电话：	电话：	电话：
开户银行：	开户银行：	开户银行：
账号：	账号：	账号：
邮政编码：	邮政编码：	邮政编码：
盖章	盖章	盖章

本章小结

在确定进出口商品价格时，除应遵循贯彻平等互利的原则下，根据国际市场价格水平，结合国别（地区）政策，并按照购销意图确定适当的价格等作价原则外，还必须充分考虑影响价格的商品的质量、市场供求、运输、销售季节、成交数量、支付条件、货币与汇率变动等因素；一般应争取采用对自身有利的货币成交，出口商品应争取选择保持上浮趋势的硬币，进口商品则应选择有下浮趋势的软币支付。

进出口商品的作价方法有固定作价、非固定作价两种。

在国际货物买卖中，有的合同除规定具体价格外，有些商品合同，特别是加工周期较长的机器设备合同，都普遍采用所谓“价格调整条款”（Price Adjustment Clause），要求在订约时只规定初步价格（Initial Price），同时规定如原料价格、工资发生变化卖方保留调整价格的权利。

国际贸易中的价格主要是由成本、费用、利润三部分构成。此外，还必须掌握有关价格术语之间的关系。

在订立合同价格条款时，有时会涉及佣金和折扣。必须掌握佣金、折扣的表示方法及其计算方式。

出口经济效益的核算指标主要包括出口总成本、出口外汇净收入、出口换汇成本以及出口盈亏额与盈亏率。

合同中的价格条款一般包括商品的单价和总值两项基本内容。有时还包括作价方法以及佣金和折扣的运用。

综合练习

一、单项选择题

1. 以 FOB/CIF 价格成交，外汇净收入为（　　）。

A. 成交价/成交价

B. 成交价减国外运费、保险费等劳务费/成交价减国外运费、保险费等劳务费

C. 成交价/成交价减国外运费、保险费等劳务费

D. 成交价减国外运费、保险费等劳务费/成交价减国外运费、保险费等劳务费

2. 出口成本包括（　　）。

A. 进货成本和国内运费　　B. 进货成本和国外运费

C. 进货成本　　D. 国内费用和国外费用

3. 下列出口单价中正确的是（　　）。

A. 每箱 100 美元 FOB）上海　　B. 每吨 100 英镑 C）IF 天津

C. 每箱 50 法郎 FOB）东京　　D. 每箱 50 英镑 C）IFC）大连

4. 如出口盈亏率为零时，计算得到的出口销售人民币净收入通过汇率折算出的外汇价格

应为（　　）。

A. FOB）出口价　　B. CIF 出口价

C. FOB）进口价　　D. CIF 进口价

5. 下列（　　）为出口外汇净收入。

A. FOB 成交价　　B. CIF 成交价

C. CFR 成交价　　D. 均不是

6. 计算外汇增值率（创汇率）时，如为进口原料，其原料外汇成本应按（　　）计算。

A. FOB 进口价　　B. FOB 出口价

C. CIF 进口价　　D. CIF 出口价

7. 出口换汇成本高于当时的外汇牌价时，说明该次出口（　　）。

A. 亏损　　B. 盈利　　C. 不能确定

8. 下列进口单价中正确的是（　　）。

A. 每箱 100 美元 FOB 上海　　B. 每吨 100 英镑 CIF 天津

C. 每箱 50 法郎 FOB 大连　　D. 每箱 50 英镑 CIFC 纽约

9. 在国际贸易中中间商的收入称为（　　）。

A. 服务费　　B. 收益　　C. 佣金　　D. 折扣

10. 已知 FOB 价格，改报 CFR 价格的计算公式为（　　）。

A. CFR = FOB+F　　B. CFR = FOB−F

C. CFR = FOB+I　　D. CFR = FOB+I+F

11. 已知 FOB 价格，改报 CIF 价格的计算公式为（　　）。

A. CIF = FOB+F　　B. CIF = FOB+I

C. CIF = FOB+F+I　　D. CIF = FOB-F

12. 如果 FOB 价格为 200 美元，运费为 22 美元，保险费率 2%，保险加成 110%，战争险 5%，CIF 价格应为（　　）美元。

A. 240　　B. 230　　C. 200　　D. 241

13. 玉米每吨 205 美元 FOBC55 大连，意义为（　　）。

A. 含 5%佣金　　B. 含 5%折扣　　C. 含 5%运费　　D. 含 5%保险费

14. 出口总成本是指外贸企业为出口商品支付的国内总成本，它由（　　）两个基本因素组成。

A. 进货成本和国内费用　　B. 进货成本和国外费用

C. 国内费用和卸货费　　D. 国外费用和卸货费

15. 价格调整条款主要适用于（　　）。

A. 类似于加工周期不稳定的食品商品合同

B. 类似于加工周期较短的商品合同

C. 类似于加工周期较长的机械设备商品合同

D. 类似于加工难度较大的手工商品合同

16. 若是需要交税的商品，出口总成本中还要包括（　　）。

A. 佣金　　B. 出口税　　C. 进口税　　D. 折扣

17. 出口盈亏额指的是（　　）。

A. 销售的人民币净收入与出口总成本的差额

B. 出口总成本与进口总成本的差额

C. 销售的人民币净收入与出口总成本的比值

D. 出口总成本与进口总成本的比值

二、多项选择题

1. 我国进出口商品作价的原则是（　　）。

A. 在贯彻平等互利的原则下，根据国际市场水平，结合国别政策和经营意图确定适当的价格

B. 在实际业务中，还需要考虑质量、档次、运输距离、成交数量的变动

C. 在实际业务中，还需要考虑交货地点、支付条件和汇率的变动

D. 消费者喜好

2. 下列关于出口成本价格描述中，正确的是（　　）。

A. 它是以净收入为基础计算出来的价格

B. 它不涉及有关国外的任何费用

C. 它涉及国外的费用，如运费、保险费、佣金等

D. 它是以出口总成本为基础计算出来的价格

3. 影响出口成交价格的因素主要有（　　）。

A. 商品的质量和档次

B. 国际市场的走势

C. 消费者喜好

D. 市场销售习惯

4. 下列有关固定价格描述正确的是（　　）。

A. 固定价格指交易双方在协商一致的基础上，对合同价格予以明确、具体的规定

B. 这种做法明确、具体、肯定

C. 这种做法便于核算和执行

D. 适用固定价格的合同具有稳定性

5. 下列关于暂定价格叙述正确的是（　　）。

A. 在合同中先订立一个初步的价格，待双方当事人确定最后价格再进行最后清算

B. 适用于大宗货物的近期交货合同

C. 适用于小批货物的远期交货合同

D. 适用于大宗货物的远期交货合同

6. 采用非固定价格订立合同时应该注意（　　）。

A. 明确规定作价标准

B. 慎重选择作价时间

C. 对于大宗商品的出口，一般采用装船后的价格

D. 对于期货商品，应选择有代表性的期货交易市场公布的价格

7. 订立价格条款时应该注意（　　）。

A. 合理确定单价，防止偏高和偏低

B. 根据货源、船源情况选择适当的贸易术语

C. 应选择美元或英镑作为计价货币

D. 计量单位需选择合理并书写清楚

8. FOB 所涉及的主要国内费用有（　　）。

A. 加工整理费　　B. 证件费　　C. 保管费　　D. 拼箱费

9. CIF 所涉及的国外费用有（　　）。

A. 国外运费　　B. 国外保险费　　C. 中间商的佣金　　D. 包装费

10. FCA 涉及的主要国内费用有（　　）。

A. 装船费　　B. 拼箱费　　C. 银行费用　　D. 证件费

三、问答题

1. 影响出口商品价格的主要因素有哪些？

2. 进出口商品价格中的国内外费用主要有哪些？

3. FOB、CFR、CIF 三种价格术语的价格构成主要有哪些区别？

4. 简述固定价格的利弊及采用固定价格时应注意的问题。

5. 简述非固定价格的利弊及采用非固定价格时应注意的问题。

6. 如何规定合同中的佣金和折扣，需要注意什么问题？

7. 如何正确制定合同的价格条款，应注意哪些问题？

8. 大连某出口公司出口某产品对外报价，每公吨 1 200 美元 FOB 大连，现外商要求我方将价格改为 CIF 香港。问：该出口公司能否接受，为什么？

9. 下面为几则我方出口公司合同价格条款的单价，如有错误请予改正，并说明理由。

（1）CIF 3.00per case C2 London

（2）USD50/CN CIF less D2

（3）USD1100/MT FOB KOBE

（4）USD1200/MT CFR Dalian C2

（5）CIFC Hamburg EUR33

（6）CIF USD25/YD Dalian

（7）USD15 per set CIF USA

（8）500per doz DES

10. 出口一批玩具，每个 15 元人民币，一个 20 英尺集装箱可装 30 000 个。按下列资料报价 CIF 马赛。报价信息如下。

税费：增值税 17%，退税率为 9%。

国内费用：出口一个 20 英尺集装箱所需费用有运杂费 860 元；商检报关费 300 元；港口杂费 600 元；申请原产地证费 50 元；业务费 1 000 元。

海洋运费：从上海至法国马赛，一个 20 英尺集装箱的运费为 2 700 美元。

海洋保险：按 CIF 价格加 10%投保一切险，保险费率为 1%。

佣金：出口报价的 5%;

外汇汇率：1 美元=6.87 人民币。

利润：出口报价的 10%。

第七章　货款的支付

教学要求

能力目标

- 能够根据所给的资料缮制汇款申请
- 能够掌握信用证支付方式的运作程序
- 能够严格按信用证的要求制单、交单
- 能够按照合同规定的支付条款进行货款的支付

知识目标

- 理解汇付、托收、信用证支付方式的基本概念及知识
- 理解汇付、托收、信用证支付方式的业务流程
- 理解汇付、托收、信用证支付方式的内容、当事人、特点及其类型
- 理解汇付、托收、信用证支付方式的应用
- 了解跨境贸易人民币结算的相关问题

开篇案例

某进口商与新加坡客商签订了一份进口巴西大豆的合同，以人民币计价且金额巨大，同时该合同为远期合同，进口商于2011年才对外付款。考虑到人民币升值预期以及付款期限较长的特点，进口商要求开证行对外开立人民币信用证，但同时要求该信用证项下的结算货币为美元。

启示：在国际贸易中，依据什么以开立信用证？开证前需要做好哪些前期准备？这些都是从事国际商务活动的人员必须考虑的。在实际活动中，使用适当的支付方式，有着重要的实践和经济意义。

国际贸易货款的支付涉及买卖双方的切身利益。货款的结算工具和结算方式必须在合同中加以订明。国际贸易的从业人员要对各种票据的内容及其使用方法熟练掌握，同时还要掌握汇款、托收、信用证和银行保函等各种支付方式并加以灵活运用，以确保及时、安全地收、付汇。

第一节　支 付 工 具

在国际贸易中，虽然用货币计价和结算，但由于各国对货币几乎都实行严格管制，并且货币输送上存在诸多不便，所以很少直接用货币进行支付，而多以票据作为实际的支付工具。国际贸易货款结算使用的支付工具主要是票据，包括本票、支票和汇票。

一、汇票

国际贸易货款结算方式从资金流向和结算工具传递的方向来看，可分为顺汇和逆汇。所谓顺汇（Remittance），是由债务人或付款人主动将货款交给银行，委托银行使用某种结算工具，支付一定金额给债权人或收款人的结算方法。所谓逆汇（Honor of Draft），是由债权人以出具票据的方式，委托银行向国外债务人或付款人收取一定金额的结算方式。卖方在索取货款时，往往开出汇票作为要求付款的凭证。

（一）汇票的含义和内容

汇票（Draft，Bill of Exchange），是一个人向另一个人签发的，要求即期或定期或在可以确定的将来时间，对某人或某指定人或持票人支付一定金额的无条件书面支付命令。

根据我国《票据法》的规定，汇票必须记明下列事项：写明“汇票”字样；无条件支付命令；出票人（Drawer）。即签发汇票者，在进出口业务中通常是卖方或银行；付款人（Payer），即汇票的受票人（Drawee），在进出口业务中通常是买方或其指定的银行；受款人（Payee），即受领汇票所规定金额的人，在进出口业务中，通常是卖方本人或其指定的银行；汇票的金额；出票日期。只要汇票上未出现上述规定事项中的任何一项，汇票就无效。

（二）汇票的种类

从不同的角度来划分，汇票可分为许多种类。

1. 按其流转时是否附有货运单据，汇票可以分光票（Clean Bill）和跟单汇票（Documentary Bill）

如果汇票在流转时不附任何货运单据，称为光票。如汇票在流转时附有货运单据，则称为跟单汇票。在国际贸易中，大多数情况下使用的是跟单汇票。

2. 按其付款时间的不同，汇票可分为即期汇票（Sight Bill）和远期汇票（Time Bill）

凡规定付款人见票后应立即付款的汇票称为即期汇票。凡汇票上规定付款人于将来的一定日期付款的汇票称为远期汇票。远期汇票规定付款日期的方法一般有以下几种：

（1）付款人见票后若干天付款（At× ×days after sight）；

（2）出票后若干天付款（At× ×days after date of Draft）；

（3）提单日期后若干天付款（At× ×days after date of Bill of Lading）；

（4）货物达到后若干天付款（At× ×days after date of arrival of goods）；

（5）指定日期付款（Fixed Date）。

3. 按其承兑人不同，汇票可分为商业承兑汇票和银行承兑汇票

在远期汇票付款以前，都必须经过付款人承兑。以商业企业为付款人所承兑的远期汇票称为商业承兑汇票（Commercial Acceptance Bill）。以银行为付款人承兑的远期汇票称为银行承兑汇票（Banker's Acceptance Bill）。

4. 按其出票人不同，汇票可分为商业汇票和银行汇票

如果汇票的出票人是工商企业或者个人，则该汇票称为商业汇票（Commercial Draft）。汇票的出票人是银行，则称之为银行汇票（Banker's Draft）。

（三）汇票的使用

汇票在使用过程中通常要经过出票、提示、承兑和付款等环节。如需转让，还要经过背书手续。汇票遭到拒付时，还要涉及追索等环节。

1. 出票

出票（Issue or To Draw）是指在汇票上填写付款人、付款金额、付款日期和地点、受款人等事项并签字后交给受款人的行为。在出票时，对汇票上的“受款人”一栏，通常有三种写法。

（1）限制性抬头。例如：“Pay × ×Co.only”（仅付× ×公司）；“Pay × ×Co.not negotiable”（付给× ×公司，不准流通）。这种抬头的汇票不准流通转让，只有指定的公司可以收取票款。

（2）指示式抬头。例如：“Pay × ×Co. or order/Pay to the order of× ×Co.”（付× ×公司或其指定人）。这种抬头的汇票，除指定的某公司可以收取票款外，也可以背书转让给第三者，让第三者来收取票款。

（3）持票人或来人抬头。例如：“Pay bearer”（付给来人）。这种抬头的汇票无须由持票人背书即可转让，受让方凭汇票来收取票款。

2. 背书

汇票可以在国际金融市场上流通转让，但必须履行背书手续。所谓背书（Endorse），是指汇票的持票人（背书人）将收款的权利转让给他人的行为。其做法是：汇票持票人或受款人（称为转让人或背书人（Endorser）在汇票的背面签上自己的名字后将汇票交给受让人（Endorsee）。有时在汇票背面会同时写上被转让人的名字。通过背书，汇票的收款权利就转让给了受让人。

背书方式通常有以下三种。

（1）记名背书（Special Endorsement），又称正式背书、完全背书（Endorsement In Full）。作记名背书时，背书人先做被背书人的记载，再签字。

如：Pay to the order of Henry Brown.

William White（签字）

被背书人 Henry Brown 可以再做记名背书来转让票据的权利，也可以仅做空白背书来达到转让的目的。

（2）空白背书（Endorsement In Blank）。空白背书的背书人仅在票据后面签字，而不记载谁是背书人，因此空白背书又称为无记名背书、略式背书。指示抬头的汇票作了空白背书以后就成了来人汇票，因为受让人可以不做背书仅凭交付来转让收款权利。空白背书汇票的持票人可以在空白背书上加上自己的名字，把空白背书转变为记名背书，再做空白背书或记名背书来转让票据权利，也可以在空白背书上直接加上受让人的名称来转让票据权利。在采

用最后一种方式时，该持票人在汇票上没有留下签名，他就没有被追索的可能了。

（3）限制性背书（Restrictive Endorsement），又称不可转让背书，是指背书人对支付给被背书人的指示带有限制性的词语。

如：Pay to Henry Brown only.

William White（签字）

远期汇票被承兑之后，持有人如想在汇票到期之前使用票款，可以通过背书将汇票转让给银行，银行扣除一定利息和手续费后将票款付给持票人，这就叫做贴现（Discount）。银行贴现汇票后，就成了汇票的持票人。该汇票在到期之前仍可以在金融市场上继续转让，一直到汇票到期付款为止。对于受让人来说，所有在他以前的背书人以及原出票人都是他的“前手”；而对于出票人来说，所有在他让与以后的受让人都是他的“后手”，前手对后手负有担保汇票必然会被承兑或付款的责任。

3. 提示

提示（Presentation）是指持票人（Holder）将汇票提交付款人，要求承兑和付款的行为。付款人见汇票成为见票（Sight），如果是即期汇票，付款人见票后立即付款；如果是远期汇票，付款人见票后办理承兑手续，汇票到期再付款。

4. 承兑

承兑（Acceptance）是指付款人对远期汇票表示承担到期付款责任和承诺的行为。其手续是由付款人在汇票的正面写上“承兑”（Accepted）字样，注明承兑日期，并由承兑人签名，交还持票人。付款人对汇票做出承兑，即成为“承兑人”（Acceptor）。承兑人有在远期汇票到期时付款的责任。

5. 付款

对即期汇票，在持票人提示时，付款人即应付款（Payment），无须通过承兑环节；对远期汇票，付款人经过承兑后，在汇票到期日付款，付款后，汇票上的一切债务责任即告结束。

汇票提示时，如果付款人拒绝付款或拒绝承兑，称为拒付（Dishonour）。当汇票被拒付时，出票人要根据买卖合同向付款人进行交涉，并不根据汇票。但是，当付款人承兑汇票后，即承担到期付款的责任，而出票人则获得票据权利，到期可以得到票款。当汇票转让，持票人被拒付时，最后的持票人有权向其前手直至出票人进行追索（Recourse）。持票人为行使其追索权（Right Of Recourse），应到当地法院或公证机构作出拒绝证书（Letter Of Protest），拒绝证书就是为保全票据权利所作的公证书，然后由汇票持票人凭拒绝书向法院起诉，要求债务人付款。因此，汇票的出票人或背书人为了避免承担被追索的责任，可以在背书时加注“不受追索”（Without Recourse）字样。但是有这样批注的汇票，很难在市场上流通转让。

二、本票

（一）本票的含义及内容

本票（Promissory Note）是出票人签发的以自己为付款人，于见票日或指定日期向受款人或其指定人或持票人无条件支付一定金额的书面承诺。

各国票据法对本票内容的规定各不相同。我国《票据法》规定，本票必须记载下列事项：表明“本票”字样；无条件的支付承诺；确定的金额；受款人的名称；出票日期；出票人签字。

上述规定应记载事项中只要有一项未在本票上载明，该本票无效。

（二）本票的种类

依据出票人不同，本票可分为一般本票（或称商业本票）与银行本票。

一般本票（General Promissory Note）是指由工商企业或个人为出票人所签发的本票。一般本票有即期和远期两种。一般本票在作为借款抵押时，借款人一方面要按规定出具借据，另一方面交付以银行为受款人的本票。这种本票常常随附单据，所以又称之为跟单本票（Documentary Promissory Note）。

银行本票（Banker's Promissory Note）是指由银行为出票人出具的本票。这种本票只有即期一种，而无远期本票。银行本票如果做成来人抬头的，即可代替现钞流通，流通范围一般只限于出票银行所在地。

（三）本票与汇票的区别

作为支付工具，本票与汇票都属于票据的范畴，但两者有有所不同，主要区别有以下几点。

（1）本票是无条件的支付承诺，而汇票是无条件的支付命令。

（2）本票票面有两个当事人，即出票人与收款人；而汇票票面有三个当事人，即出票人、付款人和受款人。

（3）本票的出票人即是付款人，远期本票无须承兑手续；而远期汇票则要办理承兑手续。

（4）本票在任何情况下，出票人都是绝对的主债务人，一旦拒付，持票人可以立即要求法院裁定，命令出票人付款；而汇票的出票人在承兑前是主债务人，在承兑后，承兑人变为债务人，出票人则处于从债务人的地位。

三、支票

支票（Check）是银行存款户对银行签发的，以银行为付款人，向某人或其指定人或持票人见票即付一定金额货币的无条件书面支付命令。

我国《票据法》规定，支票必须记载下列事项：表明“支票”字样；无条件的支付委托；确定的金额；付款人的名称；出票日期；出票人签字。支票上未记载规定事项之一，则支票无效。

支票通常称为即期银行汇票。支票一般分为：记名支票、持票人抬头支票、划线支票、保付支票、银行支票和旅行支票等。

支票的出票人必须保证在付款银行有存款，出票人在签发支票时，应在付款银行有不小于票面金额的存款，如存款不足，发生透支现象，出票人要承担法律责任。

第二节　汇　　款

一、汇款含义及当事人

汇款（Remittance）也称汇付，是指付款人（进口人）主动通过银行或其他途径将货款汇交收款人的一种结算方法。利用汇款方法进行结算的情况很多，如寄售的货款归还，预付货款和订金，汇交和退还履约金，以及汇付佣金、代垫费用、索赔款和欠款等。

在汇款业务中，通常涉及 4 个当事人。

（1）汇款人（Remitter），即汇出款项的人。在进出口贸易中，汇款人通常是进口人。

（2）受款人（Payer Or Beneficiary），即收取款项的人。在进出口贸易中通常是出口人。

（3）汇出行（Remitting Bank），即受汇款人的委托汇出款项的银行。在进出口贸易中通常是进口地的银行。

（4）汇入行（Paying Bank），即受汇出行的委托解付汇款的银行，又称解付行。在进出口贸易中通常是出口地银行。

办理汇款需要由汇款人向汇出行填交汇款申请书，汇出行有义务按申请书上的要求，通过它的代理行（汇入行）给收款人解付货款。汇出行和汇入行对不属于自身的过失而造成的事故不负责任；汇出行对汇入行工作上的失误也不负责。目前，随着国际贸易的发展，外贸业务不断扩大，又是国外买方直接将票据寄给我国出口公司，出口公司接到票据后应及时送交我国结算的银行，办理收汇。

二、汇款的种类

汇款可分为电汇、信汇和票汇三种。

（1）电汇（Telegraphic Transfer，T/T）是汇出行应进口人的申请，用电报或电传委托国外的汇入行向出口人付款。采用电汇对出口人来说，收汇迅速，但费用相对较高。

（2）信汇（Mail Transfer，M/T）是汇出行应进口人的申请，用银行信件委托国外的汇入行向出口人付款。采用信汇方式收汇，在时间上比电汇慢，但费用较电汇低。

（3）票汇（Demand Draft，D/D）是进口人向本地银行购买银行汇票，自行寄给出口人，出口人凭以向汇票上指定的银行取款。这种银行汇票和逆汇中的商业汇票不同，银行汇票用于银行代客拨款，故出票人和付款人是同一银行（代理行）。

无论采用何种汇款方法，货运单据都由出口人自行寄交进口人，银行并不经手，所以又称单纯支付（Clear Payment/Simple Payment）。

在国际贸易中，汇款方式通常用于预付款（Payment In Advance）、随订单付现（Cash With Order，C.W.O.）、交货付现（Cash On Delivery，C.O.D.）和记账交易（Open Account Trade）等业务。由于汇款方式属于商业信用，采用预付货款和随订单付现，对出口人来说，是先收款后交货，资金不受积压，这是进口人对出口人一种信任的表示。反之，采用交货付现和记账付现时，对出口人来说，先交货后付款，积压资金，这是出口人对进口人的信任，对出口人有一定的风险。

买卖合同中的预付货款的条款订立，一般应这样规定："The Buyer shall pay the total value（partial value）to the Seller in advance by T/T（M/T or D/D）not later than ×××"（买方应于×年×月×日前将全部（或部分）货款用电汇（信汇或票汇）方式预付给卖方）。

三、汇款方式的支付程序

汇款方式支付的一般程序如图 7.1 所示。

说明：

① 汇款人（买方）到汇出行（进口地银行）办理汇款手续，填写汇款申请书，说明汇款方式并将汇付金额交汇出行；

② 汇出行按汇款申请书的要求，向汇入行（代理行）发出汇款指示；

③ 汇入行收到汇款后，立即向收款人（卖方）解付。

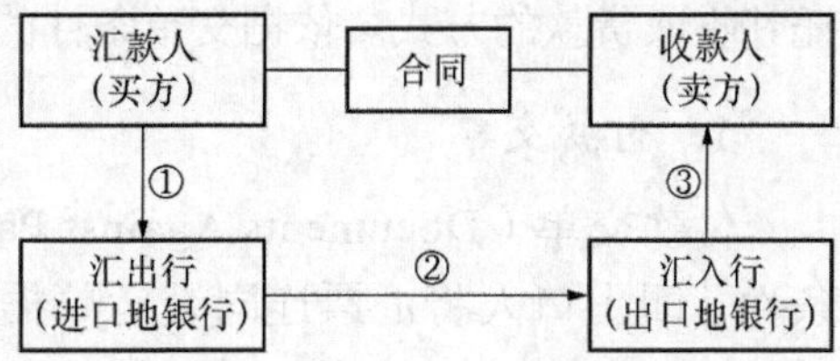

图 7.1　汇款方式支付的一般程序

第三节　托　　收

一、托收的含义及特点

托收（collection）是指出口人于货物装运后，开具以进口人为付款人的汇票，连同有关单据（主要指提单、发票和保险单等）委托当地银行通过它的国外分支行或代理行向进口人收取货款的方式。近些年来，出口贸易采用托收方式结算的有所增加，其原因是国际市场竞争激烈，为了扩大出口，采取有利于进口人灵活支付的方式。

托收方式是以进口人为付款人，委托人与银行之间只是委托代理关系，银行不负责保证付款，因此，托收是商业信用。银行办理托收业务时，只是作为委托人的代理行事，既无检查装运单据是否齐全或正确的义务，也无承担付款的责任。如果付款人借故拒绝付款赎单提货，除非另有约定，银行也无义务代为保管货物。

在付款交单的情况下，进口人在没有付清货款之前，货物的所有权仍属于出口人。如果进口人拒付，出口人有权另行转卖货物，但出口人需承担仓储保管费用、损耗、手续费和风险等。至于在承兑交单的情况下，进口人只要在汇票上履行承兑手续，即可取得装运单据，凭以提货。出口人收款的保障就是进口人的信用，一旦进口人拒付，虽然可以起诉，但往往进口人已陷入无力付款的境地，甚至破产倒闭等，出口人便可能遭到款、货两空的损失，所以承兑交单的风险比付款交单更大。

二、托收方式的种类

托收方式依据汇票是否随附装运单据来分，可以分为光票托收与跟单托收。

（一）光票托收

光票托收（Clean Bill For Collection）是指出口人在委托银行收取货款时，仅凭汇票，不随附任何装运单据的托收方式。这种方式一般用于收取信用证项下余额的结算、代垫费用、佣金以及样品费等结算。

（二）跟单托收

跟单托收（Documentary Collection）是指出口人将汇票连同装运单据一并交给银行，委托其收取货款的方式。依据交单条件的不同，可分为付款交单和承兑交单两种。

1. 付款交单

付款交单（Documents Against Payment，D/P）是指出口人的交单以进口人的付款为条件，即出口人将汇票连同装运单据交给银行托收时，指示银行只有在进口人付清货款时，才能交出装运单据。按支付时间的不同，付款交单又可分为即期付款交单和远期付款交单。

（1）即期付款交单（Documents Againt Payment At Sight，D/P sight）是指出口人装运之后，开具即期汇票，连同装运单据交给当地银行，通过银行向进口人提示，进口人见票后须立即付款，付清货款后，领取装运单据，即通常所说的“一手交钱，一手交货”。

（2）远期付款交单（Documents Against Payment Sfter Sight，D/P after sight）是指出口人装运之后，开具远期汇票，连同装运单据交给当地银行，通过银行向进口人提示，由进口人承兑远期汇票，于汇票到期日付清货款后领取装运单据。

在远期付款交单的条件下，进口人为了抢行应市，不失时机地转销货物，可与代收行商量在汇票到期前借单提货，待汇票到期日再付清货款，这是代收行给予资信较好的进口人的一种融通方式。代收行要求进口人出具信托收据，借取装运单据，先行提货。所谓信托收据（Trust Receipt，T/R），是指进口人向代收行借取装运单据时，提供的一种书面担保文件，用来表示愿意以代收行的受托人身份代为提货、报关、存仓、保险、出售并承认货物所有权仍属银行，货物售出后所得货款应交银行。这是代收行向进口人提供信用便利，与出口人无关。因此，如在代收行借出单据后，当汇票到期不能收到货款，则代收行应对出口人负全部责任，这种形式具有银行信用的性质；如果由出口人主动授权代收行向进口人凭信托收据借装运单据提货，这种做法称为“付款交单凭信托收据借单”（D/P · T/R），若汇票到期，进口人拒付，则与代收行无关，由出口人自己承担拒付风险。

2. 承兑交单

承兑交单（Documents Against Acceptance，D/A）是指出口人装运之后，开具远期汇票连同装运单据交给当地银行，通过银行向进口人提示，进口人承兑远期汇票之后，即可取得装运单据，提取货物，待汇票到期再付清货款。这种方式，出口人通过银行向进口人交单，是以进口人承兑远期汇票为条件的，所以对于出口人来说，风险较大。

三、托收方式的支付程序

托收方式的当事人有4个。

（1）委托人（Principal）：委托银行代收货款的出口人。

（2）托收行（Remitting Bank）：接受出口人委托代为收款的出口地银行。

（3）代收行（Collecting Bank）：接受托收行委托向付款人收款的进口地银行，代收行大多数是托收行的国外分支行或代理行。

（4）付款人（Payer）：合同项下的进口人。

按照一些国家银行办理托收业务的做法，委托人在送交银行办理托收时，须填写一份托收申请书，申请书中应提出明确的指示，银行接受委托后，则按照申请书规定内容办理，银行在执行中遇到困难，有权不予照办，但必须立即转告委托人。托收申请书的内容一般有：托收方式的种类；是否允许分期付款和分批提货；远期汇票提前付款是否给予回扣或利息；逾期付款是否追加利息；货物到达目的港而付款人拒付时，是否请代收行代办存仓和投保火险；拒付时是否暂代保管装运单据，并代办拒付证书；托收费用负担问题等。

即期付款交单（D/P Sight）托收方式支付程序如图 7.2 所示。

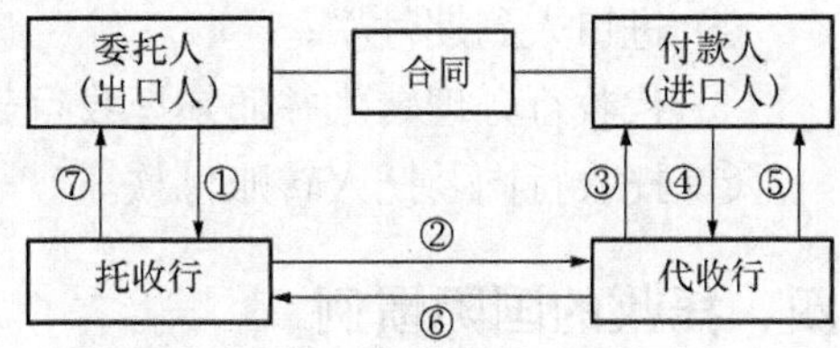

图 7.2　即期付款交单托收方式支付的一般程序

说明：

① 出口人按合同规定装运后，填写托收委托申请书，开具即期汇票连同装运单据交托收行，请求代收货款；

② 托收行根据托收申请书缮制托收委托书连同汇票、装运单据寄交进口地代收行委托代收货款；

③ 代收行按照委托书的指示向买方提示汇票与单据；

④ 进口人付款；

⑤ 代收行交单；

⑥ 代收行办理转账并通知托收行款已收妥；

⑦ 托收行向委托人转账付款。

远期付款交单（D/P after Sight）托收方式支付的程序如图 7.3 所示。

说明：

① 出口人按合同规定装运后，填写委托申请书，开具远期汇票连同装运单据交托收行，请求代为收款；

② 托收行根据委托申请书缮制托收委托书连同汇票和装运单据寄交进口地代收行委托代收货款；

③ 代收行按照委托书的指示向进口人提示汇票与单据，进口人在汇票上承兑后交回代收行；

④ 进口人在远期汇票到期时向代收行付款；

⑤ 代收行向进口人交单；

⑥ 代收行办理转账并通知托收行款已收妥；

⑦ 托收行向委托人转账付款。

承兑交单（D/A）托收方式支付的程序如图 7.4 所示。

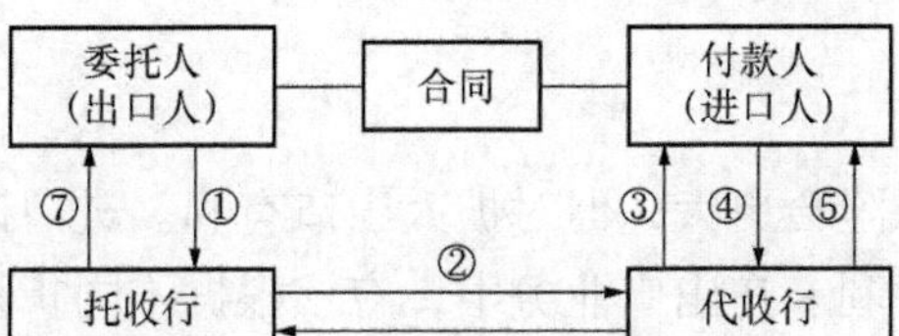

图 7.3　远期付款交单托收方式支付的一般程序

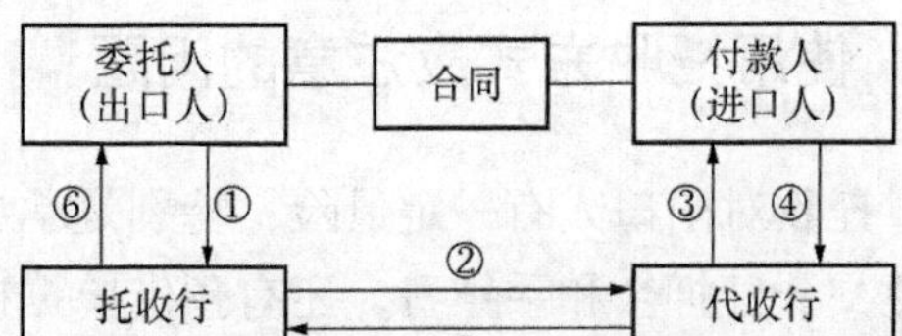

图 7.4　承兑交单托收方式支付的一般程序

说明：

① 出口人按合同规定装运后，填写托收申请书，开具远期汇票，连同装运单据交托收行，请求代收货款；

② 托收行根据托收申请书缮制托收委托书连同汇票、装运单据寄交进口地代收行委托代收货款；

③ 代收行按照托收委托书的指示向进口人提示汇票和单据，进口人在汇票上承兑，代收行收回汇票，同时将装运单据交给进口人；

④ 进口人到期付款；

⑤ 代收行办理转账并通知托收行款已收妥；

⑥ 托收行向委托人转账付款。

四、托收的国际惯例

国际商会为给办理托收业务的银行与委托人提供可遵循的共同规则，以有利于商业和金融业的发展，于1958年拟订了《商业单据托收统一规则》。此后，国际商会又于1967年、1978年、1993年多次对上述规则进行修订，并定名为《托收统一规则》（Uniform Rules for Collection）（即国际商会第322号出版物），现行的《托收统一规则》是1995年5月由国际商会银行委托会一致通过的国际商会第522号出版物，简称“URC522”，于1996年1月1日实行。“URC522”有以下特点。

（1）明确规定“URC522”适用条件。在“URC522”第4条中规定：“一切寄出的托收单据均须附有托收指示书，注明该托收按照‘URC522’办理，并给予完全而准确的指示。”

（2）详细规定托收指示书的内容。对托收指示书的内容做出规定，共11项：发出托收单据的银行的详情；委托人的详情；付款人的详情；提示行的详情；托收金额及货币；寄送单据清单及每一单据份数；据以取得付款和/或承兑的条款及条件；对应收取的费用，注明是否可以放弃；如有待收取的利息，注明是否可以放弃；付款方法及通知付款的方式；发生不付款、不承兑和/或与其他指示不符合时的指示。

（3）详细列明银行负责条款。在“URC522”的“D.义务与责任”中，详细列明负责条款，它们是：单据与货物/服务行为；受托方行为免责；对所收单据的负责；对单据有效性的负责；对寄送途中的延误、丢失及对翻译的负责；不可抗力等。

（4）规范用语。在“URC522”中明确指出，用语要准确，诸如“第一”、“迅速”、“立即”以及类似词语，在于提示相关或涉及付款人必须接受单据或必须采取任何其他行动的时限时不应使用。如果使用了这类词语，银行将不予理会。

五、使用托收方式应注意的问题

托收对出口人有一定风险，特别是承兑交单风险会更大，但对扩大出口有利。进口人可以免交开证押金和手续费，还有预借单据提货之便利。在出口业务中，应该根据不同货物的销售情况，不同客户、不同国家的贸易习惯，适当使用托收方式。在使用此种方式时，应注意以下问题。

（1）应该在调查研究的基础上，选择资信好的和经营作风正派的国外商人作为采用托收方式的交易对象。

（2）采用托收方式时，成交金额不宜过大，特别是不能超过国外商人的支付能力。

（3）要了解进口国家的贸易管制和外汇管理制度，以免货到目的港后，进口人未领到进口许可证或未申请到外汇等，从而给卖方造成被动和损失。

（4）要了解进口国家的贸易习惯，以免影响安全迅速收汇。如有的国外代收行只接受即期付款交单的托收委托，而把远期付款交单当做承兑交单处理，并不承担任何责任和风险；有的国家的银行对 D/P 概念很陌生，常常要求将 D/P 远期改为 D/A；还有的国家的商人在即期付款交单情况下，要按“当地习惯”，即在货物达到目的港后，而不是代收行提示后即行“见票”，这种“习惯”在欧洲和非洲都有。按此“习惯”，万一货物到达不了目的港，进口商就可用不“见票”，永不付款。因此，为避免进口商以“当地习惯”为借口迟付或逃避付款，除应在出口合同中加列利息条款外，应明确规定进口商应在汇票第一次提示时即行付款或承兑。还可以在合同中明确规定“自装船后××天交单付款”。

（5）为避免或减轻托收方式带来的风险，可以按 CIF 价格成交，装运前投保卖方利益和海运货物运输险，防止在拒付的情况下货物又遭受损失，当进口人逃之夭夭，卖方可凭保险单向保险公司索赔。

（6）采用托收方式成交，提单不应以进口人为收货人，最好采用“空白抬头、空白背书”提单。为了维护卖方出口利益，在取得代收行同意的条件下，也可以代收行作为提单抬头人。

六、合同中的托收条款

（一）即期付款交单条款

在合同中应规定：“Upon first presentation the Buyers shall pay against documentary draft drawn by the Sellers at sight. The shipping documents are to be delivered against payment only”（买方应凭卖方开具的即期跟单汇票，于第一次交票时立即付款，付款后交单）。

（二）远期付款交单条款

在合同中应规定：“The Buyers shall duly accept the documentary draft drawn by the Sellers at ××days sight upon first presentation and make payment on its maturity. The shipping documents are to be delivered against payment only”（买方对卖方开具的见票后××天付款的跟单汇票，于第一次提示时，应予承兑，并于汇票到期日即预付款，付款后交单）。

（三）承兑交单条款

在合同中应规定：“The Buyers shall duly accept the documentary draft drawn by the Sellers at ×× days sight upon first presentation and make payment on its maturity. The shipping documents are to be delivered against acceptance”（买方对卖方开具的见票后××天付款的跟单汇票，于第一次提示时应予承兑，并应于汇票到期日即预付款，承兑后交单）。

第四节 信 用 证

国际贸易中的买卖双方利害冲突不断地发展，导致互不信任。卖方不信任买方，担心货物装运后，如先将装运单据交给买方，货款有落空的可能，即使通过银行办理托收，也可能遭到拒付。同样，买方也不信任卖方，如先付货款，对方可能少发货或不发货。总之，双方都不愿意将货或款先交给对方，因此出现了“商业信用危机”。在这种情况下，为了保障买卖双方的利益，需要一个为双方信得过的第三者作为中间人来起担保作用。这一任务历史地落到了银行身上。因为银行拥有资信雄厚和信誉卓著的特点，完全能够承担这项任务。这样就产生了银行保证付款的信用证支付方式。信用证的产生一定程度上解决了买卖双方之间的信用危机，以银行信用代替了商业信用。

一、信用证的含义及特点

信用证（Letter Of Credit，L/C）是开证银行根据开证申请人的请求和开证行以自己的名义向受益人开立的一定金额和一定期限内凭规定的单据承诺付款的书面文件。

信用证是银行信用的支付方式，具有以下三个特点。

（一）开证银行负有第一性付款责任

信用证是由开证银行以自己的信用做出付款的保证。在信用证付款条件下，银行负有第一性付款责任。国际商会《跟单信用证统一惯例》（UCP600）第二条规定：“信用证意指一项约定，无论其如何命名和描述，该约定不可撤销并因此构成开证行对于相符提示予以兑付的确切承诺”。兑付意指：“对于即期付款信用证即期付款；对于延期付款信用证发出延期付款承诺并到期付款；对于承兑信用证承兑由受益人开具的汇票并到期付款。”因此，开证银行是首先的付款人。

（二）信用证是一种独立自足文件

信用证的开立是以买卖合同作为依据，但信用证一经开出即成为独立于买卖合同和其他合同之外的另一种契约，不受买卖合同和其他合同的约束。UCP600 第 4 条规定：“就性质而言，信用证与可能作为其依据的销售合同或其他合同，是互相独立的交易。即使信用证中提及该合同，银行亦与该合同完全无关，且不受其约束。因此，一家银行作为兑付、议付或履行信用证项下其他义务的承诺，并不受申请人与开证行之间或与受益人之间在已有关系下产生的索偿或抗辩的制约。受益人在任何情况下，不得利用银行之间或申请人与开证行之间的契约关系”。所以，信用证是一项独立自足文件，开证银行和参与信用证业务的其他银行只按信用证规定履行自己的义务。

（三）信用证是一种单据交易

在信用证项下，实行凭单付款原则。UCP600 第 5 条规定：“银行处理的是单据，而不是单据所涉及的货物、服务或其他行为”。所以，信用证业务是一种纯粹的单据业务。UCP600

第 14 条 a 款规定，“按照指定行事的被指定银行、保兑行（如有）以及开证行必须对提示的单据进行审核，并仅以单据为基础，以决定单据在表面上看来是否构成相符提示”。银行虽有义务审核所示的单据，但这种审核只是用以确定单据表面上是否符合信用证条款，因此“银行对任何单据的形式、充分性、准确性、内容真实性、虚假性或法律效力，或对单据中规定或添加的一般或特殊条件，概不负责”（UCP600 第 34 条）。但考虑到国际贸易的实践，UCP600 对“严格符合的原则”做了较为宽松的安排。UCP600 第 14 条 d 款规定，“单据中内容的描述不必与信用证、信用证对该项单据的描述以及国际标准银行实务完全一致，但不得与该项单据中的内容、其他规定的单据或信用证相冲突”。

二、信用证的当事人

信用证方式的当事人一般有 6 个。

（1）开证申请人（Applicant）是指向银行申请开立信用证的进口人，在信用证中又称开证人（Opener）。

（2）开证银行（Opening Bank or Issuing Bank）是指接受开证申请人的委托，向出口人开立信用证并承担付款责任的银行。开证银行一般是进口人所在地银行，也可能是出口人所在地银行或第三国的银行。

（3）通知银行（Advising Bank or Notifying Bank）是指受开证银行委托，将信用证转交出口人的银行。它只证明信用证的真实性，并不承担其他义务。通知银行一般是出口人所在地银行。

（4）受益人（Beneficiary）是指信用证上所指定的有权开具汇票向开证银行或其他指定的付款银行索取货款的出口人。

（5）议付银行（Negotiation Bank）是指愿意接受受益人跟单汇票，办理押汇业务的银行。议付银行可以是信用证指定的银行，也可以是非指定的银行。

（6）付款银行（Paying Bank or Drawee Bank）是指信用证上指定的付款银行。如果信用证未指定付款银行，开证银行即为付款银行。

信用证的当事人除上述 6 个之外，根据需要还可能涉及的当事人有保兑行、偿付行、承兑行与转让行等。

三、信用证方式支付的一般程序

使用信用证结算货款，从开证申请人向银行申请开立信用证到开证银行付清货款，需要经过很多业务环节，并需办理各种手续。由于信用证种类不同，信用证条款有着不同的规定，其业务环节和手续也不尽相同。但是，信用证方式支付的一般程序如图 7.5 所示。

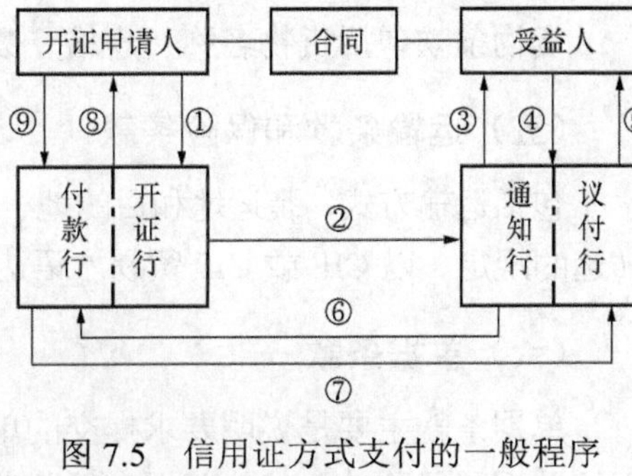

图 7.5　信用证方式支付的一般程序

说明：

① 开证申请人按合同规定向银行提出开证申请，并交纳若干押金和开证手续费；

② 开证银行接受开证申请，开出信用证寄交通

知银行；

③ 通知银行接到信用证经审查并证实无误转交受益人；

④ 受益人经审查信用证无误后，即可按规定的条件装运，出口人装运后，缮制信用证要求的各种单据并开具汇票，在信用证有效期内向议付行交单；

⑤ 议付行经过审核信用证与单据相符时，按汇票金额，扣除若干利息和手续费，将垫款付给受益人；

⑥ 议付行将单据等寄交开证行或其指定的付款银行要求付款；

⑦ 开证行在审单无误后，向议付行付款；

⑧ 开证行办理转账或汇款给议付行的同时通知开证申请人付款赎单；

⑨ 开证申请人付款并取得装运单据，凭以向承运人提货。

四、信用证的基本内容

信用证的内容必须完整、明确和简洁。目前信用证大多采用全电开证，各国银行使用的格式不尽相同，文字语句也有很大差别，但基本内容大致相同，主要包括以下 9 个方面。

（一）信用证本身的说明

（1）信用证的类型：说明可否撤销、转让；是否经另一家银行保兑；兑付方式等。

（2）信用证号码和开证日期、到期日和到期地点等。

（二）信用证的当事人

（1）必须记载的当事人：申请人、开证行、受益人、通知行。

（2）能记载的当事人：保兑行、指定议付行、付款行、偿付行等。

（三）信用证的金额和汇票条款

（1）信用证的金额：包括币别和总金额，币别通常包括货币的缩写和大写，总额一般分别用大写文字与阿拉伯数字书写，信用证金额是开证行付款责任的最高限额，有的信用证还规定有一定的加减百分率。

（2）汇款条款：包括汇款的种类、金额、出票人、付款人（受票人）及出票日期等。凡不需汇票的信用证无此内容。

（四）货物条款

货物条款包括货物名称、规格、数量、包装、单价以及合约号码等。

（五）运输条款和保险条款

包括运输方式、装运地和目的地、最迟装运日期、可否分批装运或转运及如何分批装运和转运的规定。以 CIF 或 CIP 贸易术语达成的交易项下的保险要求，所需投保的金额和范围等。

（六）单据条款

单据条款主要是说明要求提交的单据种类、份数、内容要求等，基本单据包括商业发票、运输单据和保险单；其他单据有检验证书、产地证、装箱单或重量单等。

（七）特殊条款

这要视具体交易的需要而异，常见的有：

（1）对交单期的说明；

（2）银行费用的说明；

（3）对议付行寄单方式、议付背书和索赔方法的指示；

（4）要求通知行加保兑；

（5）限制某船或不准在某港口停靠；

（6）信用证生效条件，等等。

（八）开证行的责任文句

通常说明根据《跟单信用证统一惯例》（UCP600）开立以及开证行保证付款的承诺。

（九）开证行签字或密押等。

如果是电开信用证，必须用押密或者是 SWIFT 技术进行核验。如果通知行没有办法核验，就应该要求开证行用其他办法来确保信用证的表面真实性。比如开证行的代理行向通知行发加押电报来证实。有的时候如果开证行和通知行没有密押关系，开证行会在征得与通知行和开证行都有密押关系的某代理行同意的情况下，借这家代理行的密押。当然这是不得已而为之，也有个别信用证就是借用其他银行密押开立的。

五、信用证的种类

根据 UCP600 第 3 条的释义，“信用证是不可撤销的，即使信用证中对此未作指示也是如此”。因此任何信用证按其性质，都是不可撤销的信用证。所谓不可撤销的信用证（Irrevocable L/C），是指开证银行一经将信用证开出之后，在信用证的有效期内，开证银行未经受益人或有关当事人（开证行、保兑行）的同意，对其内容不得随意修改或撤销的信用证。只要受益人按照信用证提出的要求，提供有关单据和汇票，开证银行或其指定的银行保证付清货款。

信用证从不同角度可分为以下 9 类。

（一）光票信用证与跟单信用证

（1）光票信用证（Clean Credit）是指受益人根据信用证要求，在收取货款时，只需开具汇票，即可索回货款的信用证。

（2）跟单信用证（Documentary Credit）是指受益人根据信用证的要求，在议付货款时，除开具汇票之外，还要随附货运单据的信用证。

（二）即期信用证与远期信用证

（1）凡信用证规定受益人可凭即期汇票收取货款的即为即期信用证（Sight Credit）。在即期信用证中，如加列“电报索偿条款”（L/C with T/T Reimbursement Clause）称为带电报索偿条款的信用证（L/C · T/T），它是指开证银行将最后审单付款的权利交给议付银行，只要议付行审单无误后，即可以电报向开证行或其指定的付款行索偿收款。所以这种信用证比一般即期信用证收汇快，有时当天即可收回货款。

（2）远期信用证（Usance L/C）是指信用证规定凭远期汇票收取货款的信用证。使用远期信用证时，如果远期汇票贴现，其贴现费用和迟期付款利息均由受益人承担。远期信用证可以分为以下三种。

第一种，银行承兑远期信用证（Banker's Acceptance Credit），是指以开证银行作为远期汇票付款人的信用证。这种信用证项下的汇票，在承兑前，银行对出口人的权利与义务以信用证为准；在承兑后，银行作为汇票的承兑人，应按票据法规定，对出票人、背书人、持票人承担付款责任。

第二种，延期付款信用证（Differed Payment Credit），是指在信用证上规定货物装运后若干天付款，或开证行收取单据后若干天付款的信用证。延期付款信用证一般不要求出口人出具汇票，或出具远期汇票也不准贴现，所以出口人不能利用贴现市场资金，只能自行垫款或向银行借款。

第三种，假远期信用证（Usance Credit Payable at Sight L/C），是指信用证规定受益人开具的远期汇票，由付款行负责贴现，并规定贴现利息和贴现费用及承兑费用由开证人负担，这种信用证，又称"买方远期信用证"（Buyer's Usance L/C）。假远期信用证条款一般规定："Drawee Banker's discount charges and acceptance commission are for the account of the applicant and therefore the beneficiary is to receive value for usance draft as if drawn at sight"（受益人开具远期汇票，按即期收款而付款行的贴现费用和承兑费用及贴现利息由开证申请人负担）。但应注意受益人接受这种信用证时，要承担汇票到期前的被追索风险。

（三）可转让信用证与不可转让信用证

（1）可转让信用证（Transferable Credit）是指信用证的受益人（第一受益人）可以要求授权付款、承担延期付款责任、承兑或议付的转让银行（Transferring Bank），或当信用证自由议付时，可以要求信用证中特别授权的转让银行，将该信用证全部或部分转让给一个或数个受益人（第二受益人）使用的信用证。可转让信用证的受益人往往是中间商，他将信用证转让给实际出口人（第二受益人），由实际出口人办理装运交货收款。根据UCP600第38条b款规定："转让信用证上应明确表示其'可转让'（Transferable）的信用证"。在该惯例第38条e款还规定："任何有关转让的申请必须指明是否以及在何种条件下可以将修改通知第二受益人。转让信用证必须明确指明这些条件"。f款规定："如果信用证被转让给一个以上的第二受益人，其中一个或多个第二受益人拒绝接受某个信用证修改并不影响其他第二受益人接受修改。对于接受修改的第二受益人而言，信用证已做相应的修改；对于拒绝接受修改的第二受益人而言，该转让信用证仍未被修改"。该惯例还规定，转让银行所涉及转让费用，除另有规定外，应由第一受益人支付除非信用证另有说明，可转让信用证只能转让一次。

可转让信用证除信用证金额、单价、到期日、最后交单日期及装运期限等任何一项或全部均可减少或缩短外，信用证只能按原证中规定的条款转让。但第一受益人有权用自己的发票（和汇票）替换第二受益人提交的发票（和汇票），其金额不得超过原证金额，如信用证对单价有规定，应按原单价出具发票。

（2）不可转让信用证（Non Transferable Credit）是指受益人不能将信用证的权利转让给他人使用的信用证。凡信用证中未注明"可转让"字样者，则不能转让。

（四）保兑信用证与非保兑信用证

（1）保兑信用证（Confirmed L/C）是指开证行开出的信用证请另一银行保证对符合信用证

条款的单据履行兑付或议付义务。对信用证承担保证兑付义务的银行称为保兑行（Confirming Bank）。UCP600 第 2 条规定："保兑意指保兑行在开证行之外对于相符提示作出兑付或议付的确切承诺。保兑行意指应开证行的授权或请求对信用证加具保兑的银行"。

信用证的"不可撤销"是指开证银行对信用证承担付款责任。"保兑"是指开证银行以外的银行对信用证保证付款责任。保兑行通常是通知行，有时也可能是出口地的其他银行或第三国银行。保兑的手续一般是由保兑银行在信用证上加列保兑文句，如"此证已经我行保兑"（This credit is confirmed by us）。

（2）非保兑信用证是指未经另一银行保证兑付的信用证。非保兑信用证（Unconfirmed L/C）通常是不可撤销的信用证。

（五）循环信用证

循环信用证（Revolving L/C）是指当受益人全部或部分使用完信用证的金额以后，其信用金额又恢复原金额再供受益人使用，直至达到规定次数或累计总金额为止的信用证。循环信用证主要用于长期供货，开证申请人为了免交多次开证费用和节省开证押金，才使用此种信用证。循环信用证根据信用证的不同规定，有不同使用办法。一般分为：自动循环，即受益人每次使用信用证时，不需开证行的通知；半自动循环，即开证行保留停止使用信用证的权利，如开证行没有停止使用通知时，受益人可以循环使用信用证；非自动循环，即受益人每次使用信用证时，必须经开证行通知，否则不能使用。除此之外，还有根据时间循环和累计总金额限制等形式。

（六）对开信用证

对开信用证（Reciprocal L/C）是指在对等贸易中，交易双方互为买卖双方，双方对其出口部分开出信用证。这种信用证有两种：一种是同时生效的对开信用证，即一方开出的信用证，虽已被受益人接受，但暂不能生效，须另一方开出的回头信用证被该证受益人接受时，才通知对方银行两证同时生效；另一种是分别生效的对开信用证，即一方开出的信用证，被受益者接受之后即可使用，无需等待另一方开出回头信用证。分别生效的对开信用证，虽然是两个受益人，但互有联系，互相约束，互为条件。双方必须承担购买对方货物的义务，双方成交金额相等或大体相等，也可以有一定差额。这种信用证多用于易货贸易、补偿贸易和加工装配贸易等业务。

（七）背对背信用证

背对背信用证（Back to Back L/C）是指出口人凭进口人开来的信用证作为抵押，要求出口地银行再向实际的出口人开出信用证。两个信用证在出口的银行是"背对背"的形式，进口人开来的信用证称为母证，出口地银行向实际出口人开出的信用证称为子证，母证的金额一般要大于子证的金额，其交货期前者要长于后者。背对背信用证主要适用于中间商经营出口业务的需要。

（八）预支信用证

预支信用证（Anticipatory Credit）是指开证行允许受益人在未交装运单据以前，可凭汇票或其他证件支付货款的信用证。使用这种信用证主要是在求大于供的情况下，进口人继续购买指定的货物而预支货款；购买大型机械设备、船舶、飞机等投资较大，进口人急需购买指定的货物而预支货款；购买大型机械设备、船舶、飞机等投资较大，先备料需进口人预支货款；进口人通过银行实行外汇转移而预付货款等。预支信用证可分为全部预支和部分预支两种。

（1）全部预支信用证（Clean Payment Credit）是指进口人将购买货物的价款全部预付给出口人，出口人只需开具光票支付货款。

（2）部分预支信用证（Partial Payment Credit）又分为“红条款”信用证和“绿条款”信用证。“红条款”信用证（Red Clause Credit），是指开证行允许受益人凭以后补交装运单据的声明书和汇票预支部分货款，待装运之后，单据交到银行再付清余额。但开证行须扣除预支部分资金的利息。“绿条款”信用证（Green Clause Credit）与“红条款”信用证基本相同。两者不同之处是“绿条款”信用证的开证行要求受益人必须将预支货款项下的货物以开证行名义存放在出口地海关仓库，受益人凭“栈单”和以后补办装运单据的声明书以及汇票预支部分货款。

（九）付款信用证、承兑信用证与议付信用证

（1）付款信用证（Payment Credit）是指信用证规定开证银行保证当受益人向开证银行或其指定的付款行提交符合信用证规定的单据时付款，或受益人开具汇票而不准议付的信用证。

（2）承兑信用证（Acceptance Credit）是指使用远期汇票的跟单信用证。开证行或指定付款行在收到符合信用证规定的汇票和单据时，先履行承兑手续，待汇票到期再行付款的信用证。

（3）议付信用证（Negotiation Credit）是指信用证规定由某一银行议付或任何银行都可议付的信用证。指定某银行议付的信用证称为“限制议付信用证”（Restricted Negotiation Credit）；任何银行都有权议付的信用证称为“公开议付信用证”（Open Negotiation Credit）或称“自由议付信用证”（Freely Negotiation Credit）。议付信用证的信用证有效期的失效地点通常在出口国，汇票的付款人可以是开证行或其指定的其他银行。根据《跟单信用证统一惯例》（UCP600）第 2 条规定“议付意指被指定银行在其应获得偿付的银行日或在此之前，通过向受益者预付或者同意向受益人预付款项的方式购买相符提示项下的汇票（汇票付款人为被指定银行以外的银行）及/或单据。被指定银行意指有权使用信用证的银行，对于可供任何银行使用的信用证而言，任何银行均为被指定银行”。

六、SWIFT 信用证

SWIFT 即“环球同业银行金融电信协会”（Sociery for World-wide Interbank Financial Telecommunication），是国际银行同业间的国际合作组织，于 1973 年 5 月在比利时成立，专门从事传递各国之间非公开的金融电讯业务，包括外汇买卖、证券交易，开立信用证，办理信用证项下的汇票业务和托收等，同时还兼理国际间的财务清算和银行间的资金调拨。目前全球大多数银行都使用 SWIFT 系统。SWIFT 的使用，为银行的结算提供了安全、可靠、快捷、标准化、自动化的通信业务，从而大大提高了银行的结算速度。SWIFT 的费用较低。同样多的内容，SWIFT 的费用只有 TELEX（电传）的 18%左右，只有 CABLE

（电报）的 2.5%左右。因此 SWIFT 信用证现在已被许多国家和地区的银行使用，在我国银行的电开信用证或收到的信用证电开本中，SWIFT 信用证也已占很大比重。

凡依据国际商会所制定的电讯信用证格式设计，利用 SWIFT 网络系统传递的信用证的信息，即通过 SWIFT 开立的或通知的信用证称为 SWIFT 信用证，也称“环银电协信用证”。

采用 SWIFT 信用证，必须遵循使用手册的规定，使用 SWIFT 手册规定的代号，而且信用证必须按国际商会制定的《跟单信用证统一惯例》的规定，在信用证中可省去银行的承诺条款，但不能免去银行所应承担的义务。

目前开立 SWIFT 信用证的格式代号为 MT700 和 MT701，如表 7.1 和表 7.2 所示，它们是这两种格式中的代号和栏位名称对照表。

表 7.1 SWIFT 信用证的格式代号为 MT700

代码（Tag）	栏位名称（Field Name）
27	合计次序（Sequence of Total）
40A	跟单信用证类别（Form of Documentary Credit）
20	信用证编号（Documentary Credit Number）
23	预先通知编号（Reference to Pre-Advice）
31C	开证时间（Date of Issue）
31D	有效期和到期地点（Date and Place of Expiry）
50	申请人（Applicant）
51a	开证申请人的银行（Applicant Bank）
59	受益人（Beneficiary）
32B	币别代号、金额（Currency Code，Amount）
39A	信用证金额加减百分率（Percentage Credit Amount）
39B	最高信用证金额（Maximum Credit Amount）
39C	可附加金额（Additional Amount Covered）
41a	向……银行押汇，押汇方式为……（Available with…by…）
42C	汇票期限（Drafts at…）
42a	付款人（Drawee）
42M	混合付款指示（Mixed Payment Details）
42P	延期付款指示（Partial Shipments）
43P	分运条款（Partial Shipments）
43T	转运条款（Transshipment）
44A	由……装船/发送/接管（Loading on Board/Dispatch/Taking in Charge at/ from…）
44B	装运至……（For Transportation to …）
44C	最后装船日（Latest Date of Shipment）
44D	装运期（Shipment Period）

续表

代码（Tag）	栏位名称（Field Name）
45A	货物描述与交易条件（Description Goods and/or Services）
46A	应具备单据（Documents Required）
47A	附加条件（Additional Conditions）
71B	费用（Charges）
48	交单期限（Period for Presentation）
49	保兑指示（Confirmation Instructions）
53a	清算银行（Reimbursement Bank）
78	对付款/承兑/议付银行之指示（Instructions to the Paying/Accepting/Negotiation bank）
57a	收讯银行以外的通知银行（“Advise Through” Bank）
72	银行间的备注（Sender to Receiver Information）

注：合计次序是本证的页次，共两个数字，前后各一。例如“1/2”，其中 2 指本证共 2 页，“1”指本页为第 1 页。

表 7.2 SWIFT 信用证的格式代号 MT701

代码（Tag）	栏位名称（Field Name）
27	合计次序（Sequence of Total）
20	信用证编号（Documentary Credit Number）
45B	货物描述与交易条件（Description Goods and/or Services）
46B	应具备单据（Documents Required）
47B	附加条件（Additional Conditions）

以下是 SWIFT 信用证实例。

HONGKONG & SHANGHAIBANKING CORP.
Incorporated in Hong Kong with limited liability
P.O. Box 0851-151,
185 Yuan Ming Yuan Road, Shanghai

CHINA ARTEX SHANGHAI IMPORT AND
EXPORT CORPORATION
18 XIZANG NORTH ROAD
SAHANGHAI, CHINA

Dear Sirs,

IRREVOCABLE DOCUMENTARY CREDIT NO.A53915

In accordance with the terms of Article 7a of UCP 600 we advise, Without any engagement on our part, having received the following Teletransmission

Sated 24 Nov 2004

Form ISRAEL DISCOUNT BANK OF NEW YORK

NEW YORK BRANCH

40A FORM OFDC：…………IRREVOCABLE

20 DC NO：……………………A53915

31C DATE OF ISSUE……………23NOV04

31D EXPRIRY DATE AND PLACE：30JAN95 CHINA

50 APPLICANT…………………THE ABCDE GROUP，INC，
445 KENNEDY DRIVE
SAYREWLLE，NEW JERSEY

59 BENEFICIARY……………CHINA ARTEX SHANGHAI IMPORT AND
EXPORT CORPORATION
18 XIZANG NORTH ROAD
SHANGHAI，CHINA

32B DC AMT …………………USD44，202.4

41a AVAILABLE WITH/BY……ANY BANK CHINA
BY NEGOTIATION

42C DRAFTS AT………………SIGHT

42a DRAWEE…………………OURSELVES
FOR 100.00PCT INVOICE VALUE

43P PARTIAL SHIPMENTS……ALLOWED

43T TRANSHIPMENT…………ALLOWED

44A LOADING/DISPATCH AT/FROM……CHINA

44B FOR TRANSPORTATION TO………NEWYORK

44C LATEST DATE OF SHIPMENT……10JAN95

45A GOODS：

ALL COTTON CUSHIONS WITH MACHNE EMBROIDERY，FULLY STLTFED FACE —— 100 PERCENT COTTON，BACK — 100 PERCENT COTTON，FILLING 100 PERCENT POLYESTER FIBER UNDER SALES CONTRACT04/MC205 PART.

TERM CIF

46B DOCUMENTS REQUIRED：

1. COMMERCIAL INVOICE IN QUINTUPLICATE
2. PACKING LIST IN TRIPLICATE
3. CERTIFICATE OF ORIGIN IN TRIPLICATE
4. WEIGHT LIS IN TRIPLICATE
5. TEXTILE EXPORT LICENSE
6. INSURANCE POLICY AND/OR CERTIFICATE IN NEGOTIABLE FORM
7. FULL SET OF ON BOARD MARINE BILLS OF LADING TO ORDER OFISRAEL DISCOUNT BANK OF NEW YORK N.Y.L/C A-53915 MARKED NOTIFY APPLICANT

49 CONFIRMATION IN STRUCTION WITHOUT

78 INFO TO PRESENTING BK

ALL DOCUMENTS ARE TO BE DESPATCHED TO US AT 511 FIFTH AVENUE NEW

YORK，NY 10017 IN ONE LOT BY AIRMALL.

47B ADDITIONAL CONDITIONS:

COMMERCIAL INVOICE ALSO INCLUDES A 45 PERCENT BUYNG COMMISSION

EACH SET OF DISCREPANT DOCUMENTS WILL BE ASSESSED USE70.00 REPRESENTING OUR FEES FOR HANDLING DISCREPANCIES THESE FEES ARE FOR THE BENEFICIARYS ACCOUNT AND WILL BE AUTOMATICALLY DEDUCTED FROM THE PROCEEDS OF THE PAYMENT WHEN EFFECTED

ALL DRAFTS MUST BE MARKED DRAWN UNDER ISRAEL DISCOUNT BANK OF NEW YORK，NEW YORK STATING THE DOCUMENTARY CREDIT NUMBER AND THE DATE OF THIS CREDIT

THIS DOCUMENTARY CREDITIS SUBJECT TO THE UCP（1993 REVISION）. ICC PUBLICATION NO.500.

Here ends the forgoing teletransmission. This advice constitutes a documentary credit issued by the above and must be presented with documents/drafts for negotiation/payment. The amount of each drawing must be endorsed by the negotiating bank on the reverse hereof.

James C M Wong　　Rapheal Z F Yin
（0678）　　（4431）

Except so far as otherwise expressly stated，this documentary credit is subject to Uniform Customs and Practice for Documentary Credits（1993 Revision），International Chamber of Commerce Publication No.500.

如果对已经开出的 SWIFT 信用证进行修改，则需采用 MT707 标准格式传递信息。表 7.3 是 SWIFT MT707 格式中的代号和栏位名称对照表。

表 7.3　SWIFT MT707 格式

代号（Tag）	栏位名称（Field Name）
20	送讯银行的编号（Sender's Reference）
21	收讯银行的编号（Receiver's Reference）
23	开证银行的编号（Issuing Bank's Reference）
52a	开证银行（Issuing Bank）
31c	开证日期（Date of Issue）
30	修改日期（Date of Amendment）
26E	修改序号（Number of Amendment）
59	受益人（修改以前的）（Beneficiary（before this amendment））
31E	新的到期日（New Date of Expiry）
32B	信用证金额的增加（Increase of Documentary Credit Amount）
33B	信用证金额的减少（Decrease of Documentary Credit Amount）
34B	修改后新的信用证金额（New Documentary Credit Amount After）
39A	信用证金额加减百分率（Percentage Credit Amount Tolerance）
39B	最高信用证金额（Maximum Credit Amount）
39C	可附加金额（Additional Amount Covered）
44A	由……装船/发送/接管（Loading on Board/Dispatch/Taking in Charge at/from...）

续表

代号（Tag）	栏位名称（Field Name）
44B	装运至……（For Transportaion to…）
44C	最后装船日（Latest Date of Shipment）
44D	装船期间（Shipment Period）
79	叙述（Narrative）
72	银行间备注（Sender to Receiver Information）

七、跟单信用证统一惯例

（一）跟单信用信统一惯例的发展过程

国际商会自 1928 年发布了《跟单信用证统一惯例》(Uniform Regulations for Commercial Documentary Credits，UCP) 第 74 号出版物，迄今已 70 余年。为适应贸易、金融、运输、保险等方面的变化，有利于各国银行在解释信用证条款和单证操作方面进一步达成共识，《跟单信用证统一惯例》历经数次修改，即 1933 年版 82 号、1952 年版 151 号、1962 年版 222 号、1974 年版 290 号、1984 年版 400 号、1993 年版 500 号，2007 年版 600 号，修订后的版本文字更严谨，操作更明确，从而保证了信用证在世界贸易中作为可靠的支付手段之一，促进了国际结算的标准化与统一化。

（二）跟单信用证统一惯例的适用范围

《跟单信用证统一惯例》2007 年修订本，国际商会第 600 号出版物，适用于所有在正文中标明按本惯例办理的跟单信用证(包括本惯例适用范围内的备用信用证)。除非信用证中另有规定，本惯例对一切有关当事人均具有约束力。

通过 SWIFT 系统开立的信用证未提及统一惯例，因 SWIFT 手册已明确说明，通过 SWIFT 开立信用证自出具之日即自动受到《跟单信用证统一惯例》的约束，但通知行在信用证通知书中应明确表明所通知的信用证适用于统一惯例。

（三）《跟单信用证统一惯例》现行版本的重要变化

《跟单信用证统一惯例》第 600 号出版物与第 500 号出版物相比，其重要变化主要有以下几个方面。

1. 结构上的变化

（1）条款数量上的变化，将 UCP500 的 49 条精简为 UCP600 的 39 条。

（2）第二、三两个条款第一次系统地对有关信用证的 14 个概念(advising bank、applicant、banking day、beneficiary、complying presentation、comfirmation、confirming bank、credit、honour、issuing bank、negotiation、nominated bank、presentation 和 presenter）进行了定义和释义。

（3）按照业务环节对条款进行了归结，把通知、修改、审单、偿付、拒付等环节涉及的条款在原来 UCP500 的基础上分别集中，使得对某一问题的规定更加明确和系统化；条款排序遵从 ISP98 (《国际备用证惯例》) 模式，UCP600 在结构上的变化借鉴了 ISP98 的模式，改变了原有 UCP500D 在次序排列上的不足，极大地方便了使用者。

2. 重要概念的新界定

（1）Honour：“兑付”。这一概念取代了 UCP500 中的“Payment”一词，概括了开证行、保兑行、指定行在信用证下除议付以外的一切与支付相关的行为，即对即期和远期信用证的付款承诺，及对承兑信用证项下受益人出具商业汇票的承兑和到期支付。强调了付款人的终局性付款责任，没有追索权。

（2）Complying Presentation："相符交单"。意为受益人所提交的单据须与信用证条款、适用的惯例条款以及国际银行标准实务（ISBP）相符合。这一对"相符"的界定，隐含了符合信用证条款的优先性，不再仅局限于人们熟知的"单证相符，单单一致"的相对机械和表面的信用证付款条件，可能会减少实务中对于单据不符点的争议，但对于出口商来说却需要注意了解有关惯例和国际银行标准实务的规定。事实上，这已在实际业务中有所体现。

（3）Negotiation："议付"。UCP500 中规定不付对价不构成议付。UCP600 定义的"议付"则是："议付意指被指定银行在其应获得偿付的银行日或在此之前，通过向受益人预付或者同意向受益人预付款项的方式购买相符提示项上的汇票（汇票付款人为被指定银行以外的银行）及/或单据"，它强调的是对单据（汇票）的买入行为，明确银行可以垫付或者同意垫付给受益人，将指定银行在信用证下对受益人进行融资的行为纳入了受惯例保护的范围。

3. 对出口企业利益的保护

（1）开证行付款责任的进一步明确。在 UCP600 第 35 条中增加了开证行的付款责任条款，如下："如果指定银行确定交单相符并将单据发往开证行或保兑行，无论指定的银行是否已经承付或议付，开证行或保兑行必须承付或议付，或偿付指定银行，即使单据在指定银行送往开证行或保兑行的途中，或保兑行送往开证行的途中丢失"。

（2）严格相符原则的适当放松。UCP600 第 3 条规定："在适用的条款中，词汇的单复数同义"，使得在实际应用中对于一些比较模糊的规则有了比较明确的理解，也就避免了出口商交单时由于用词单复数不符而被拒绝的案例发生。UCP600 第 14 条规定，出口商所交单据不一定要完全与信用证相同，只需不相抵触即可；除发票以外，其余单据上对货物名称的表达只要求使用与信用证不相矛盾的统称；受益人和开证申请人的名称和地址，只要求与信用证规定的地址同属一个国家，而不要求单据与信用证相符、单据与单据一致，相关的联系方式银行也不关心，只是当开证申请人作为运输单据中的收货人和通知方时需要与信用证一致。

（3）对出口商的融资许可。除了在议付的定义中明确了其预付性质以外，UCP600 还明确了开证行对于指定进行承兑、做出延期付款承诺的授权，同时包含允许指定行进行提前买入的授权，即通过指定一家银行承兑汇票或承担延期付款承诺，开证行即授权该被指定银行预付或购买经其承兑的汇票或由其承担延期付款的承诺。这项规定旨在保护指定行在信用证下对受益人进行融资的行为。为受益人提供融资即给受益人的资金运转提供便利，出口商在信用证项下能提前得到银行的资金周转，同时银行也能得到国际惯例的保护。

（4）通知行费用问题。信用证中不可规定通知行或第二通知行需在收到相关费用后才通知信用证。这在目前的信用证业务操作过程中很常见，通知行常常收到手续费后方加以通知，但 UCP600 明确规定这不许可。

4. 更好地考虑了实际操作的需要

（1）第二通知行的出现。在实际业务中，当开证行所指定的通知行不能直接通知受益人时，通知行便会联系另一家银行进行通知，即第二通知行，当此银行决定成为第二通知行时，它的责任便和原通知行一样，它在通知信用证的同时审核信用证的真实性。UCP500 中没有出现这一概念，而 UCP600 第 9 条却做了明确规定。

（2）出单人不加限制性。UCP500 中，提单的出单人明确规定为船长和/或船东，而将运输行签发的单据单独给以描述。UCP600 取消了 FREIGHT FORWARDERS（运输行）这一用语，改为以承运人、船东、船长或租船人以外人士取代，运输单据也需由这些人签发，解决了过去海运业在签发提单和银行押汇过程中所面临的困扰。这实际上可以认为是 FREIGHT FORWARDERS 地位的提高，也说明 UCP600 的修改顺应了海运业务实际发展的情况；取消多式联运经营人的身份，意为将此归纳为承运人，也有类似考虑；与此类似的还有承认由保险代理人签发的保险单的效力；其他单据不限制出单人。

5. 单据操作更规范

（1）交单期的规定。与 UCP500 一样，UCP600 第 14 条规定了“受益人或其代表按照相关条款在不迟于装运日后的 21 个公历日内提交（正本运输单据），但无论如何不得迟于信用证的到期日”，但有所不同的是取消了原有“除规定一个交单到期日外，信用证尚需规定一个在装运日后按信用证规定必须交单的特定期限”条款，即日后的信用证中无须规定特定交单期，受益人的交单期均不迟于装运日后 21 天，且不超过信用证有效期。

（2）银行的审单日期。关于开证行、保兑行、指定行在收到单据后的处理时间，在 UCP500 中规定为“合理时间，不超过收单翌日起第 7 个工作日”，而在 UCP600 中改为“最多不超过 5 个银行工作日的时间”。取消了以前“合理时间”这种模糊的工作时间概念，同时将各银行审核时间一律明确缩短为至多 5 个银行工作日，这就意味着出口商收汇将比以前更快一些。总体来说对受益人更为有利，能够尽快地完成整个交易的运作过程。

（3）不符单据的处理。对于不符单据的处理，UCP600 作出了较大的修改，具体的不同点有 4 个。

第一，“当开证行、保兑行、指定行认为是不符交单时，可以拒付或拒绝议付”，此条款中除规定开证行、保兑行的拒付不符单据的权利外，增加了议付行拒绝议付的权利。

第二，如开证行、保兑行、指定行决定拒付或拒绝议付，则必须向交单人发出单独的拒付通知，而银行对不符点的处理有如下选择：持单听候交单人的处理；持单直到开证申请人接受不符单据；径直退单；依据事先得到交单人的指示行事。

第三，该拒付通知须于收到单据翌日起算第 5 个银行工作日内以电讯方式，如不可能，则以其他快捷方式发出。

第四，如银行根据规定发出拒付通知，不符单据的退单时间则不加以限制。

（4）关于提单日期与装运日期。在实际业务中，提单上常出现“装船日期”和“提单签发日期”不同的情况（一般提单签发日期晚于装船日期），UCP500 中并未规定哪一天视作装运期，因此在出口商计算收款时间、进口商计算交单时间时常发生不一致理解而引发纠纷。UCP600 中增加了对装运日期的明确规定，认定提单签发日期为装运日期，除非提单上有已装船批注，此时该批注中的日期视为装运日期，以解决相关问题。

6. 其他内容的变更

（1）可转让信用证。可转让信用证最大的变化在于 UCP600 中明确了第二受益人的交单必须经过转让行。此条款主要是为了避免第二受益人绕过第一受益人直接交单给开证行，损害第一受益人的利益。这是因为信用证一经转让就存在第二受益人直接向开证行交单的风险，转让行应在通知中要求单据交由转让行，这时开证行为了保护第一受益人的利益，必须要和转让行进行联系。

（2）措辞更简洁、更明确。UCP600 中关于装运日期起讫范围的规定中，加上了“between”一词，当该词用于决定装运日期时，应理解为包括起讫日期在内；还值得注意的是“from”一词的应用，当用于装运日期时，理解为包括起讫日期在内，而用于表示汇票到期日时，则理解为不包括起讫日期；UCP600 第 30 条规定：只有用“about”或“approximately”两个词语表示信用证数量、金额和单价时，才有 10%增加，而 UCP500 中的“circa or similar expressions”将不再使用。

第五节　银行保证函和备用信用证

一个企业与另一个企业签订了贸易合同、借贷合同或其他项目合同，如果是首次交往，该企业希望得到另一方如期履约的保证。在以往的国际贸易业务中，要求提供现金作为保证是很常见的。然而，随着国际贸易的发展，这种保证方式显然制约了国际贸易和国际经济技术合作业务的发展。于是，通过银行开立包括银行保证函和备用信用证在内的银行保证文件的担保方式应运而生。

一、银行保证函

（一）银行保证函的含义

银行保证函（Banker's Letter of Guarantee，L/G）又称银行保证书或银行保函。它是指银行（保证人）根据委托人（被保证人）的申请，向受益人开立的担保履行某项义务的，有条件地承担经济赔偿责任的书面承诺文件。银行保证函属于银行信用。

（二）银行保证函的当事人

银行保证函的当事人主要有：委托人、受益人、保证人。

委托人（Principal）又称申请人，是指要求银行开立保证函的当事人，即为被保证人。受益人（Beneficiary）是指凭银行保证函要求银行承担经济赔偿责任的当事人。保证人（Guarantor）也称担保人，是指开立保证函的银行。有时可以是其他金融机构，如信托投资公司、保险公司等。

银行保证函除上述三个主要当事人外，有时根据需要，可以扩展出转递银行、转开行、保兑行等当事人。转递行（Transmitting Bank）是指根据保证人的要求将保证函转递给受益人的银行。保证人银行与转递行一般是代理行，转递行只对保证函负有核对印鉴或密押的责任，不承担任何经济赔偿责任。转开行（Reissuing Bank）是指接受保证人的要求，向受益人开立保证函的金融机构。如果发生赔付时，受益人只能向转开行索偿。保兑行（Confirming Bank）是指在保证人出具的保证函上加以保证兑付的银行。保兑行只有在保证人不履行担保义务时，才向受益人赔付。

（三）银行保证函的种类

银行保证函按其用途不同，基本分为两大类，即进出口贸易保证函与借款保证函。

1. 进出口贸易保证函

这是指银行代替进口人或出口人向对方开立的以对方为受益人的保证承担付款、签约或履约的书面文件。进出口贸易保证函主要包括投标保证函、履约保证函、预付款保证函、进口保证函、补偿贸易保证函等。

（1）投标保证函（Tender Guarantee）是指投标人（委托人）通过银行（保证人）向招标人（受益人）所做出的投标保证。保证投标人在开标前不能中途撤标或片面修改标书面容，中标后不拒绝签约和不拒绝交付履约保证金。否则，银行按保证函所列金额即向招标人赔偿款项。如投标人按期履约，则保证函应按时退回保证人。

（2）履约保证函（Performance Guarantee）是指担保银行应委托人（进口人或出口人）的请求向受益人（出口人或进口人）开立的保证委托人与受益人签约后一定履行合同的书面文件。在合同有效期内，如委托人违约，担保银行必须根据受益人的要求赔付一定金额给受益人。履约保证函主要使用在进出口贸易中，由担保银行向买方或雇主提出保证，通过这一保证，担保卖方按时、按质、按量供应符合合同规定的货物及提供有关单据和证件，并保证在合同有效期间内不违反合同。履约保证函的担保期限可由买方与卖方或雇主与承包人商定，一般为货物到达目的港 1～3 年，担保金额为合同标的金额的 5%～10%，有些履约保证函的担保金额高达合同标的金额的 100%。

（3）预付款保证函（Advance Payment Guarantee）是指担保银行应卖方或承包人的请求向买主或雇主开立的保证卖方或承包人履行合同的书面文件。如果卖方或承包人不履约时，由担保银行负责偿还买方或雇主已预付款项的本息。

预付款保证函主要使用在购买成套设备、大型机械、船舶、飞机或其他货物时，按通常惯例，其合同签订并生效后，由买方先向卖方支付一定预付款，作为定金。买方要求卖方通过银行开立以买方为受益人的保证函，保证卖方一旦不履行合同交付购买标的物或违反合同有关条款时，由担保银行负责偿付买方预付的款项及利息。预付款保证函也使用在工程承包项目中，投标人中标并与雇主签约后，雇主向承包人预付一定款项。为了使已预付款项真正用于工程承包项目，承包人必须通过所在地银行向雇主出具预付款保证函。如果承包人不履约或不按合同规定使用预付款时，雇主可凭保证函向担保银行索回预付款本息。

（4）进口保证函（Guarantee Under Import Contract）是指担保银行应进口人的请求开给出口人的保证函。

在保证函中规定，出口人按有关合同交货和交来规定的单据时，如果进口人未能及时付款，由担保银行负责付款。所以进口保证函是一种付款性质的保证函。

进口保证函可分为：成套设备进口保证函（L/G Opened For Import Of Equipment）、加工装配业务保证函（L/G Opened For Assembly Processing）等。

（5）补偿贸易保证函（Guarantee Under Compensation Trade）是指担保银行应购买机器设备的本国企业的请求开给以国外提供机械设备的卖方为受益人的保证函。担保银行保证如果由于本国企业自身的原因，使外商企业不能如期、如数地收回其机械设备或技术价款及补偿期产生的利息，则担保银行必须负责偿还。

2. 借款保证函

这是指在使用出口信贷时，担保银行应借款人（委托人）的请求开立给贷款人的保证函。担保银行承诺，如果借款人未能按借款合同规定向贷款人还本付息时，担保银行在接到贷款人的书面通知后，负责偿还借款人应付而未付的本金和利息。

借款保证函（Bank Guarantee For Loan）一般规定在借款人收到所借的款项时生效，并在借款人或担保银行向贷款人偿还完本金与利息后失效。在保证函中应规定随借款人每次还本付息，担保银行的责任相应递减。

（四）银行保证函的主要内容

由于银行保证函的用途不一，各种保证函的内容也不完全相同。但是总的来说，其基本内容还是一致的，主要应该包括以下 9 个方面。

1. 保证函的名称与性质

保证函根据其用途不同，它的名称也不一样，应该将保证函的名称予以明确规定。如"履约保证函"（Performance Guarantee）、"投标保证函"（Tender Guarantee）等。保证函还必须明确性质，即"不可撤销保证函"（Irrevocable L/G）。

2. 保证函的当事人

保证函的当事人包括申请人、受益人、担保人、通知行、转开行和保兑行。

委托人（Principal）又称申请人，即要求银行开立保函的一方，是与受益人订立合同的执行人和债务人。在投标保函项下为投标人；在出口保函项下为出口商；在进口保函项下为进口商；在还款保函项下为定金和预付款的收受人。

保证人（Guarantor），也称担保人，即开立保函的银行，有时也可能是其他金融机构。保证人根据委托人的申请，并在委托人提供一定担保的条件下向受益人开具保函。

受益人（Beneficiary），即为收到保函并凭以要求银行担保的一方，是与委托人订立合同的执行人和债权人。

转递行（Transmitting Bank），也称通知行，即根据开立保证书的银行的要求将保函转递给受益人的银行。

保兑行（Confirming Bank），即在保函上加具保兑的银行。受益人可得到双重担保。

转开行（Reissuing Bank），即接受保证银行的要求向受益人开出保函的银行。这种保函发生赔付时，受益人只能向转开行要求赔付。

3. 保证函编号与开立日期及有关合约号

内容包括保证函编号、保证函开立日期、有关合约号。

4. 工程项目名称和（或）标的物名称

需列明保函标的物名称，尤其要注明各当事人的名称、地址及所在国家或地区等相关信息。

5. 担保金额

担保金额是由委托人与受益人约定的，可以是合同总金额的 5%～15%，也可以是合同总金额的 100%；担保金额还可以不明确规定。

6. 银行保证责任条款

银行保证责任条款是银行承担的责任。银行承担的责任常常是委托人是否履约或以受益人是否履约为前提条件。银行保证责任条款是保证函的主要内容。

7. 索偿佐证文件

索偿佐证文件是在保证函中规定，证明委托人已经违约的证据，应由受益人提供。根据国际商会制定的《合约保证书统一规则》第 9 条规定："如保证书中未指定必须提交作为索偿要求的佐证文件，或只规定受益人出具索偿清单者，则受益人必须提供以下文件。

（1）如系投标保证书，受益人应提出其自身声明，说明委托人的标书已被选中，而委托人嗣后未签订合约，或未能按标书中规定提交履约保证书；受益人还应提交其致委托人的声明，同意委托人向其索取凭保证书已付款的全部或一部分之争议，可按标书规定由司法或仲裁法庭解决。如未有如此规定，或已另行商定者，可按国际商会仲裁规则，或按联合国国际商事法律委员会仲裁规则进行仲裁解决。

（2）在履约保证书或还款保证书情况下，受益人应交一份证明索赔有理之法庭判决书或仲裁裁决书，或委托人对索偿及应支付金额之同意书。

8. 索偿期限与保证函的到期失效

保证函的索偿期限是从保证函失效日期开始至失效之日为止。具体生效日期根据不同保证函由有关当事人确定。投标保证函、一般保证函自开立之日起生效；补偿贸易保证函，自合同规定设备运抵委托人所在地并经检验合格生效。但是，应特别注意预付款保证函、借款保证函及定金保证函，为防止保证人（银行）承担委托人收到有关款项之前被无理索偿的风险，应规定在委托人收到有关款项之日起生效。

9. 保证函的退还

根据《合约保证书统一规则》第 6 款的规定："当保证函按其自身条款及条件，或按本规则中止失效时，留置该保证书的行为本身，不能给予受益人以任何效益，保证函应立即退还保证人"，银行保证函最后结尾部分都规定："Upon expiry，please return the guarantee to us for cancellation"（本保证函到期后，请将其退回我行注销）字样。

二、备用信用证

由于美国法律禁止其国内银行开立保证函，而世界各国银行一般均可开立保证函，为与外国银行竞争，达到为客户担保之目的，美国银行于二战后开始广泛开立备用信用证。备用信用证的内在灵活性及用途的多样性使得备用信用证得到广泛应用。

备用信用证（Stand-by Letter Of Credit）又称商业票据信用证（Commercial Paper Letter Of Credit）、担保信用证（Guarantee Letter Of Credit），是指开证行根据开证申请人的请求对受益人开立的承诺担保某项义务的凭证。当开证申请人在违约的情况下，受益人只要凭备用信用证规定的开证申请人的违约声明或证明文件，即可取得开证行的偿付。备用信用证其实质是一种跟单信用证，它代表了开证行对受益人的以下责任：偿还开证申请人的借款；支付由开证申请人承担的任何债务；支付由开证申请人违约所造成的任何损失。

备用信用证通常作投标、还款、履约保证金的担保业务。在备用信用证下，只要受益人向指定银行提交符合信用证规定的汇票及/或开证申请人未履约的声明或证明文件，即可取得开证行的偿付。“跟单信用证”定义中的“单据”一词意指信用证规定的任何单据，而不特指代表货物的商业单据，因此备用信用证属于跟单信用证的一种，它是相对于一般附有商业单据的商业信用证而言的。商业信用证由受益人将货物装运出口并提交符合信用证要求的单据这一履约行为而使信用证成为可使用的结算方式；备用信用证则由于开证申请人的违约而支持了受益人，如到时开证申请人履纸无误，则备用信用证就成为“备而不用”的结算方式，故称“备用信用证”。

备用信用证与一般的跟单信用证在使用上有所不同。后者用于一笔具体贸易的支付，而前者却更多地用于当开证申请人不履行其应履行的义务时，如不交货、不支付货款、不偿还贷款等，受益人得开具汇票（或不开汇票）随附关于开证申请人不履约的书面声明或证件向开证行或通过受益人所在地银行向开证行或指定银行要求偿付。

备用信用证与银行保证函同是银行信用，又都是银行为其被保证人提供的保证履行合同义务或偿还债务的一项承诺，但在性质上有不同。一是出具保证函的银行多数处于次债务人的地位，只有当被保证人（即主债务人）不履行付款或其他义务时，才承担付款责任。而备用信用证是开证行对受益人开立的信用证，受益人只要履行了信用证规定提交的声明书和（或）证件，就可取得款项。二是，银行保证函的付款依据是有关合同或某项诺言未被履行，因此保证银行在确定是否应当付款时可能牵连到合同中去，甚至介入到被保证人和受益人的讼争之中。而备用信用证的付款依据是受益人在信用证有效期内提供的按信用证所规定的声明书或证件。银行与开证申请人和受益人之间的合同无效。

第六节　各种支付方式的结合使用

在进出口业务中如何选择和运用各种不同的支付方式对进出口贸易都是很重要的。选择和运用各种不同的支付方式，应在保证贯彻我国对外贸易方针政策的前提下，做到安全收汇和妥善付汇，加速资金周转和扩大贸易。为了保障上述要求能够顺利地实现，必须认真了解和掌握国际市场各种惯用的支付方式和近期出现的新支付方式，根据我国进出口贸易的实际，灵活地加以运用。

在我国出口业务中，一般情况下使用即期信用证，收汇比较迅速、安全，如果采用远期信用证，计算价格时应将利息因素考虑在内。为了促进某些货物对外成交，对有的地区一些资信较好的客户，可用付填充交单（D/P）托收方式，以适应市场特点，扩大销售。对某些积压货物或库存较大又急于处理的货物，必要时可采用承兑交单（D/A）托收方式。在使用寄售方式出口时，要争取由国外银行出具银行付款保证函，当代售人未能履约时，保证行承担付款责任。我国依据银行付款保证函，可以先发货寄售后收款，可以使用赊账办法。

在我国进口业务中，使用信用证、托收、汇款和银行保证函，对于成交金额大的应争取使用托收方式，也可以使用银行保证函。尽量减少使用即期信用证。

上述进出口业务采用的支付方式都以单一的支付方式出现，我们可以根据实际情况，征得对方同意在付款时间和支付方式的掌握上，可以采用不同支付方式相结合运用的形式。

一、汇款与信用证结合

汇款与信用证结合是指部分货款采用信用证支付，余额用汇款方式结算。例如，对于矿砂等初级产品的交易，双方约定，信用证规定凭装运单据先付发票金额若干成，余额待货到目的地后或再经检验合格后用汇款支付。但必须明确规定使用何种信用证和何种汇款方式以及采用信用证支付金额的比例等，以防出现争议。

二、信用证与托收结合

信用证与托收结合是指部分货款采用信用证支付，余额用托收方式结算。一般做法是：出口人开具两张汇票，属于信用证部分货款凭光票付款，而全套装运单据附在托收的汇票之下，按即期或远期托收。但信用证要明确种类和支付金额以及托收方式的种类等。例如："××% of the value of goods by lrrevocable Letter of Credit and remaining ×× % on collection basis D/P at sight(or as ×× day, sight), the full set of shipping documents are to accompany the collection item. All the documents are not to be delivered to Buyers until full payment of the invoice value. In case of non-payment of the ××% in collection item, the documents should be held by the issuing bank at the entire disposal of the Sellers"（货款××%应开立不可撤销即期信用证，其余××%见票立即（或见票后××天）付款交单。全套装运单据随附于托收项下。在发票金额全数付清后方予交单。如××%托收金额被拒付时，开证行应掌握单据听凭卖方处理）。

三、汇款与银行保证函结合

一些成套设备和大型产品，如船舶、飞机等业务由于成交金额大、生产周期长，应由买方根据制造、交货过程，按进度分期付款，一般采用汇款与保证函相结合的方式。在我国的进口业务中，购买机器设备，国外出口人往往要求我方以汇款（信汇）方式预付全部价款的5%～10%，其余金额由我方银行出具保证函再分期付款或迟期付款。

（1）分期付款（Payment By Installments）是指进口人根据购买货物的生产进度和交货程序分期付清货款，其具体分期次数和每次付款金额可根据交货时间长短和对出口人的约束程度来确定。在分期付款条件下，最后一批货款一般是在出口人完成其承担责任之后，经检验合格后再付清。

（2）迟期付款（Deferred Payment）是指通常由进口人先付一定的定金，并根据货物生产的进度和交货程序分期支付若干货款。但大部分货款则于交货后若干月或若干年内分期付清。分期付款与迟期付款虽然都是在规定期限内分期付清货款，但两者有一定区别。

（1）分期付款是进口人按照约定的方法分若干次付款，但在出口人完成交货任务时，进口人已付清或基本付清货款，所以称为付现即期交易；迟期付款是在大部分货款于交货之后较长的期限内摊还，所以是出口人给进口人的一种出口信贷。对进口人来说是赊购，是利用出口人资金的一种方式，但进口人要承担迟期付款的利息。

（2）分期付款是进口人在付清最后一期货款后，才取得货物所有权。迟期付款是出口人履行交货后，进口人即取得货物的所有权，如出口人交货之后，进口人不履行付款义务，出口人只能依法要求偿付货款，而不能恢复货物所有权。

第七节　合同中的支付条款

合同中的支付条款是根据所采用的支付方式来确定的。支付方式不同，合同中规定支付条款的内容也不一样。

一、汇款方式的规定方法

采用汇款方式时，应在合同中明确规定汇款的办法、汇款时间、汇款的金额和汇款的途径等。例如："The Buyers shall pay 50% of the sales proceeds in advance by M/T to reach the Sellers not later than Feb.15th 2008"（买方应不迟于 2008 年 2 月 15 日将 50%的货款用信汇预付给卖方）。

二、托收方式的规定方法

采用托收方式时，应在合同中明确规定托收种类、进口人的承兑和（或）付款责任以及付款期限等。

（一）即期付款交单条款的规定方法

例如，合同中规定："Upon first presentation the Buyers shall pay against documentary draft drawn by the Sellers at sight. The shipping documents are to be delivered against payment only"（买方应凭卖方开具的即期跟单汇票于见票时立即付款，付款后交单）。

（二）远期付款交单条款的规定方法

例如，合同中规定："The Buyers shall duly accept the documentary draft drawn by the Sellers at … days upon first presentation and make payment on its maturity. The shipping documents are to be delivered against payment only"（买方对卖方开具的见票后××天付款的跟单汇票，于提交时应即予承兑，并应于汇票到期日即预付款，付款后交单）或者应规定："The Buyers shall pay against documentary draft drawn by the Sellers at…days after date of B/L.The shipping documents are to be delivered against payment only"（买方应凭卖方开具的跟单汇票，于提单日后××天付款，付款后交单），再或者应规定："The Buyers shall pay against documentary draft drawn by the Seller at … days after date of draft. The shipping documents are to be delivered against payment only"（买方应凭卖方开具的跟单汇票，于汇票出票日后××天付款，付款后交单）。

（三）承兑交单条款的规定办法

例如，合同中规定："The Buyers shall duly accept the documentary draft drawn by the Seller at … days sight upon first presentation and make payment on its maturity. The shipping documents are to be delivered against acceptance only"（买方对卖方开具的见票后××天付款的跟单汇票，

于提出当时应即予承兑，并应于汇票到期日付款，承兑后交单）。

三、信用证方式的规定方法

采用信用证方式时，应在合同中明确规定信用证种类、开证日期、信用证有效期和议付地点等。

（一）即期信用证条款的规定方法

例如，在合同中规定："The Buyers shall open through a bank acceptable to the Sellers an Irrevocable sight Letter of Credit to reach the Sellers … days before the month of shipment, valid for negotiation in China until 15th day after shipment"（买方应通过卖方所接受的银行于装运月份前××天开立并送达卖方的不可撤销即期信用证，有效期至装运后 15 天在中国议付）。

（二）远期信用证条款的规定方法

例如，合同中规定："The Buyers shall open through a bank acceptable to the Sellers an Irrevocable Sight Letter of Credit to reach the Sellers … days before the month of shipment，valid for negotiation in China until 15th day after shipment"（买方应通过卖方所接受的银行于装运月份前××天开立并送达卖方不可撤销见票后××天付款的信用证，有效期至装运后 15 天在中国议付）。

四、部分信用证、部分托收的规定方法

采用部分信用证和部分托收方式时，应注意有关装运单据必须全部随附托收项下的汇票，待全部货款收妥后，银行才能将单据交给买方。一般在合同中可以作如下或类似的规定："The Buyers shall open through a bank acceptable to the Seller an Irrevocable L/C to reach the Sellers … days before the month of shipment，stipulating that 80% of the invoice value available against clean draft at sight while the remaining 20% on D/P at sight. The full set of the shipping documents of 100% invoice value shall accompany the collection item and shall only be released after full payment of the invoice value. If the Buyers fail to pay full invoice value，the shipping documents shall be held by the issuing bank at Sellers disposal"（买方应通过卖方所接受的银行于装运月份前××天开立以卖方为受益人的不可撤销即期信用证，规定 80%发票金额凭即期光票支付，余 20%即期付款交单。100%发票金额的全套装运单据随附托收项下，于买方付清发票的全部金额后交单。如买方不付清全部发票金额，则装运单据须由开证行掌握凭卖方指示处理）。

第八节　跨境贸易人民币结算

2009 年 7 月 1 日，经国务院批准，中国人民银行、财政部、商务部、海关总署、税务总局和中国银行业监督委员会六部委一起公布《跨境贸易人民币结算管理办法》，正式启动跨境

贸易人民币结算，上海、广州、深圳、东莞、珠海5城市内参与试点的企业在与东盟各国及中国香港地区、中国澳门地区进行国际贸易时可以采用人民币计价结算。2010年6月22日，六部委又共同发布《关于扩大跨境贸易人民币结算试点有关问题的通知》，将境内试点范围由最初的4个城市扩大至沿海到内地20个省区市，境外区域不再受限制，业务范围也增加了服务项目和其他经常项目。

一、跨境贸易人民币结算的概念

跨境人民币国际结算，是指以人民币报关并使用人民币对货物贸易、服务贸易以及其他经常项下的贸易活动进行结算。人民币用于国际结算本质上是本币用于国际结算。本币作为国际结算货币即本币在国际贸易中执行计价和结算的货币职能，是指在居民与非居民之间进行国际贸易时，进出口合同以本国货币计价；居民向非居民可以用本币支付，并且允许非居民持有本国货币存款账户以便进行国际结算。因此，人民币用于国际结算即允许进出口企业以人民币计价结算，也允许居民向非居民支付人民币。

在国际市场里，进出口贸易以一国货币计价结算，反映了该国在国际经济交流中的重要性和该国货币在世界货币格局中的地位，同时也取决于国际市场的习惯以及融资的便利性。因此，进出口贸易如果能以人民币计价，说明我国经济在世界经济中的重要性，人民币在世界货币体系中取得重要地位。

二、我国跨境贸易人民币结算试点的历程

当前，跨境贸易人民币结算刚刚起步，相对而言是个新鲜事物。改革开放前，人民币曾经被选为国际结算货币，但由于各种原因，没有实行；改革开放后，我国大力发展外向型经济，在边境贸易中自发形成人民币计价和结算，这为跨境贸易人民币结算业务的推出奠定坚实的基础。

在我国对外贸易发展过程中，人民币曾经被选为国际贸易计价和结算的主要货币，这是跨境贸易人民币结算的最初形式。20世纪60时年代中后期，西方各国经济金融危机频发，主要计价结算货币英镑的大幅贬值引起大约30个国家和地区的货币同时贬值。为了减少西方货币危机导致的汇率风险，国务院批准于 1968 年进出口贸易试行用人民币计价结算，境外限制为港澳地区。随后，1969年广州春季交易会开始，境外范围扩大到西欧各国。人民币计价结算的境外范围于1971年已经遍及五大洲的40多个国家，1976年更进一步增加到120个国家和地区。根据1976年广州秋季交易会的统计数据，当年出口成交总额为15.78亿元，以人民币计价结算的出口额为9.1亿元，占其总额的57.68%，同时以人民币计价结算的进口额也将近达到进口成交总额的十分之一。1976年后，人民币计价结算的业务大量削减，非贸易项下的人民币结算仅能在中国人民银行办理，并且国家外汇管理局于1999年6月10日要求中国银行停止办理此项业务。

伴随我国对外贸易规模的进一步扩大，在边境贸易中广泛使用人民币进行计价结算，即边境贸易人民币结算。人民币在中蒙边境地区得到了较高的认可和接纳，可以自由地在乌兰巴托、乔巴山等蒙古国地区流通，具有“小美元”和“二美元”的美誉。2003年至2008年，云南省边境贸易人民币结算占其全省进出口总额分别为52.76%、62.84%、91.66%、92.06%、

91.3%和90.2%，后4年边境贸易人民币结算占比保持在90%以上。2008年，中国已经与俄罗斯、吉尔吉斯斯坦、蒙古、哈萨克斯坦、尼泊尔等周边8个国家的货币当局签订双边本币结算协议。许多周边国家也颁布了相关政策法规，确立在出口贸易中使用人民币计价结算的合法地位。与边境贸易人民币结算相关的金融体系主体也从地摊银行等非正规金融机构发展为商业银行等正规金融机构。在操作方式上，我国边境银行分支机构与相邻国家银行互相开立边境贸易结算账户，分别为对方货币账户和人民币账户。边境贸易人民币结算是自发形成的，规模比较小。

2008年12月24日，国务院常务会议决定，对广东和长江三角洲地区与港澳地区、广西和云南与东盟的货物贸易进行人民币结算试点。

2009年4月8日，国务院正式决定，在上海、广州、深圳、珠海、东莞5城市开展跨境贸易人民币结算试点。2009年7月2日，由中国人民银行、财政部、商务部、海关总署、国家税务总局、银监会共同制定的《跨境贸易人民币结算试点管理办法》(简称《办法》)正式对外公布，自7月1日起实施，这意味着跨境贸易人民币结算试点的正式启动。

2009年7月3日，央行印发《跨境贸易人民币结算试点管理办法实施细则》(银发[2009]212号)，进一步细化人民币结算具体操作。

三、《跨境贸易人民币结算试点管理办法》简介

《跨境贸易人民币结算试点管理办法》(以下简称《试点管理办法》)遵循放松管制、便利企业的原则，采取加强事后监管、充分信息共享的管理思路，探索性地建立了跨境贸易人民币结算试点管理制度。

(1)试点企业的选择。试点企业由地方政府推荐，人民银行会同五部委审核确定。5个试点城市共产生了365家首批试点企业。

(2)人民币资金的跨境清算模式。一是通过港澳地区人民币业务清算银行进行清算；二是通过境内银行代理境外银行的渠道，即境内代理银行与境外参加银行签订结算代理协议，通过为其开立人民币同业往来账户进行清算。

(3)试点企业的义务。试点企业应立跨境贸易人民币结算台账，准确记录进出口报关信息和人民币资金收付信息。试点企业应向其境内结算银行准确提供有关信息，并通过其境内结算银行报送人民币跨境收付信息管理系统(RCPMIS)。

(4)境内结算银行。试点地区内有国际结算业务能力的银行接入RCPMIS，即可成为境内结算银行，开展跨境贸易人民币结算业务。境内结算银行应履行以下义务：对交易单证人民币收支的一致性进行合理审查；将人民币跨境收支信息、进出口日期或报关单号和人民币贸易融资等信息报送RCPMIS；采取有效措施，落实反洗钱、反恐融资规定。

(5)境内代理银行。境内代理银行应履行以下义务：将与境外参加银行所签订代理结算协议和为其开立的人民币同业往来账户向人民银行当地分支机构备案；向RCPMIS报送同业往来账户的收支和余额、融资、人民币购售业务等情况；采取有效措施，落实反洗钱、反恐融资规定。

(6)港澳人民币业务清算银行。港澳人民币业务清算银行可以进入银行间外汇市场、银

行间同业拆借市场兑换人民币和拆借资金，拆入和拆出资金的余额均不得超过该清算银行所吸收人民币存款上年末余额的 8%，期限不得超过 3 个月。

（7）人民币购售业务。境内代理银行可以在人民银行规定的额度内为境外参加银行提供贸易结算项下的人民币购售及铺底资金兑换服务。对境内代理银行与境外参加银行之间的人民币购售业务实行年度人民币购售日终累计净额双向规模管理。

（8）人民币账户融资业务。境内代理银行可以在人民银行规定的额度内为境外参加银行提供贸易结算项下的人民币账户融资。境内代理银行对境外参加银行的账户融资总余额不得超过其人民币各项存款上年末余额的 1%，融资期限不得超过 1 个月。

（9）人民币贸易融资业务。以试点企业与境外企业之间的贸易合同金额为限，境内结算银行可为境外企业提供人民币贸易融资。

（10）报关政策。试点企业使用人民币结算的货物出口报关无需提供核销单，并可异地报关。

（11）出口退（免）税政策。使用人民币结算的出口贸易，按照有关规定享受出口货物退（免）税政策。试点企业的跨境贸易人民币结算不纳入外汇核销管理，出口企业申请退税无需提供《出口收汇核销单》。

（12）国际收支申报和人民币负债登记。跨境贸易人民币结算项下涉及的国际收支交易应按照外汇局现行规定办理国际收支统计申报。涉及居民对非居民的人民币负债，暂按现行外债统计监测的有关规定办理登记，但不纳入外债管理。

（13）监督管理。人民银行依法对境内银行和试点企业开展跨境贸易人民币结算业务的情况进行检查监督。发现试点企业和银行违法违规的，依法进行处罚。

四、跨境人民币国际结算的业务流程

1. 银行办理跨境人民币国际结算的业务流程

境内结算银行为企业办理跨境人民币国际结算业务时，首先应通过人民币跨境收付信息管理系统查询企业信息是否激活。如果企业是首次办理该项业务，境内结算银行可通过联网核查公民身份信息系统或其他有效方式，对企业法定代表人或实际受益人的身份进行核查，并提示企业按照规定提交相关材料。境内结算银行在核实企业信息后将企业填制的《企业信息情况表》传真给当地人民银行，由当地人民银行激活企业。商业银行开展跨境人民币国际结算业务有两种操作模式，即清算行模式和代理行模式。

（1）清算行模式主要是指在中资行境内总行和境外分支行之间进行的业务，即境外企业在中资行境外分行开设人民币账户，具体操作是通过香港、澳门地区人民币业务清算银行进行人民币资金的跨境清算和结算。境内结算银行是指具备国际结算业务能力，遵守跨境贸易人民币结算有关规定，为企业提供跨境贸易人民币结算服务的银行。在清算行模式下，商业银行加入中国人民银行大额支付系统并且进行港澳人民币清算业务，向当地人民银行报备相关材料，经中国人民银行和香港金融管理局、澳门金融管理局审核合格，作为港澳人民币清算银行，提供跨境人民币国际结算和清算服务。香港地区的人民币清算银行是中国银行（香港）有限责任公司，澳门地区是中国银行澳门银行。具体流程如图 7.6 所示。

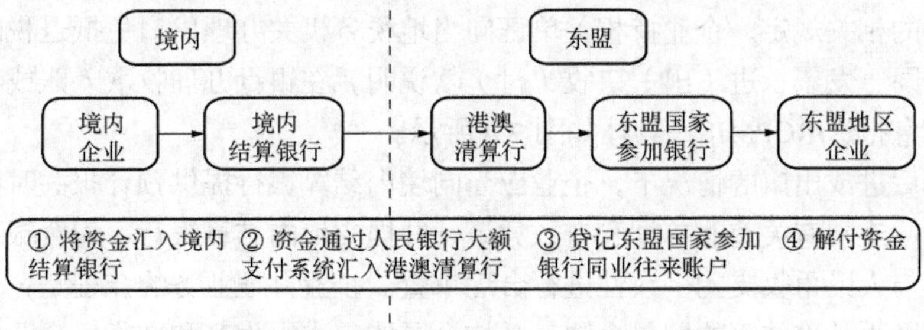

图 7.6　清算行模式下进口贸易结算流程

（2）代理行模式主要是指中资行委托外资银行作为其海外的代理行，境外企业在中资企业的委托银行开设人民币账户的模式，具体操作是通过境内商业银行代理东盟地区商业银行进行人民币资金的跨境结算和清算。境内代理银行是指为境外商业银行（即境外参加银行）开立人民币同业往来账户，代理其进行跨境贸易人民币收付的境内银行。境内代理银行可以同时作为境内结算银行，为试点企业办理人民币结算业务。

代理行模式流程：①具备国际结算业务能力的商业银行（即境内代理银行）与东盟地区参加银行签订人民币代理结算协议，为其开立人民币同业往来账户，并可提供人民币购售、账户融资等服务。境内代理银行可以同时作为东盟地区结算银行，为境内企业开立结算账户。②进口贸易下，境内企业首先将资金汇入境内代理银行，境内代理银行将支付指令通过 SWIFT 系统（环球银行间金融通信协会系统）发送至东盟地区参加银行，然后由东盟地区参加银行将资金（人民币或兑付为其他货币）解付给东盟地区企业。出口贸易下，人民币资金汇划按上述流程反向处理。③人民币跨境流动信息由境内代理银行或境内结算银行报送人民币跨境收付信息管理系统。具体流程如图 7.7 所示。

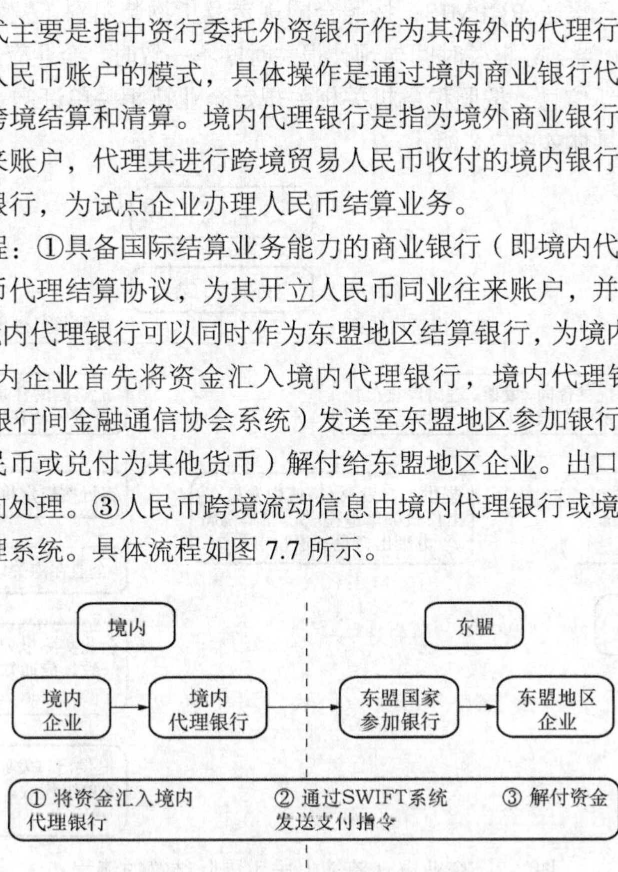

图 7.7　代理模式下进口贸易结算流程

2．企业办理跨境人民币国际结算的业务流程

境内企业首次办理跨境人民币国际结算业务时，通过办理业务的银行机构向当地人民银行报送企业基本信息情况，人民银行将企业基本信息录入 RCPMIS（人民币跨境收付信息管理系统）并激活，银行机构可通过 RCPMIS 将企业办理业务的情况向人民银行报送。

在先进或出口后结算的情况下，企业应当向境内结算银行提供进出口报关时间，办理业务的流程是：境内企业与东盟国家的企业签订人民币计价结算的贸易合同，并按合同的约定进行生产和交货；按照合同的规定以及货物装船到（发）货的情况，使用人民币向海关报关；

按照税务机关的相关规定，企业持相关单证向当地税务机关办理出口免抵退税的申报；企业向银行提供合同、发票、进（出）口收（付）款说明，在银行办理收款入账或付款；银行按规定将相关信息报送 RCPMIS，具体如图 7.8 所示。

在先结算后进或出口的情况下，企业应当向境内结算银行提供预计报关时间及有关进出口交易信息，并连同有关商业单据和有效凭证一并提交境内结算银行，配合银行对交易单证的真实性及其与人民币收支的一致性进行合理审查。企业办理业务的流程是：企业与东盟国家企业签订人民币计价结算的贸易合同，并按合同约定进行生产和交货；企业向银行提供合同、发票、进（出）口收（付）款说明，在银行办理收款入账或付款（进口预付或出口预收），银行按规定将相关信息报送 RCPMIS；按照合同规定及货物装船到（发）货的情况，企业使用人民币向海关报关；当实际报关时间与预计报关时间不一致时，企业应通知银行，由银行向 RCPMIS 报送相关更新信息；按照税务机关相关规定企业持相关单证向当地税务机关办理出口免抵退税的申报，具体如图 7.8 所示。

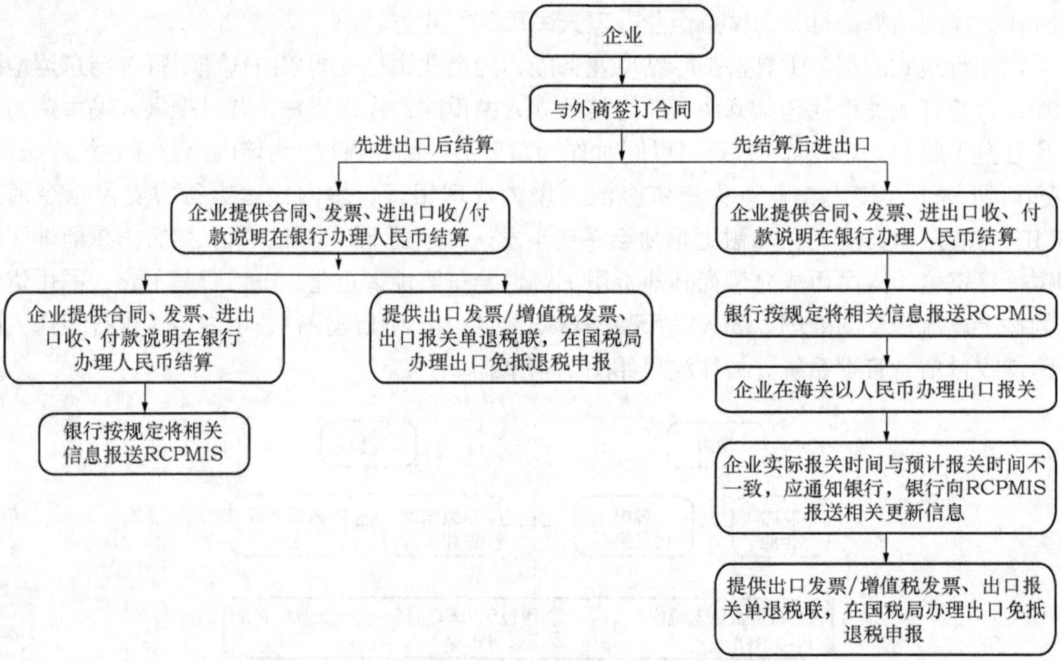

图 7.8　企业办理跨境人民币国际结算的流程

技能训练

实训主题：国际贸易中的结算纠纷案。

实训地点：教室。

实训目的：结合所学知识，分析有关国际结算中遇到的问题。

背景材料

资料 1. 我出口公司与某外商订立一出口合同，规定货物分两批装运，支付条件为即期不可撤销信用证。对方按约开来限定通知行议付的信用证，经审核无误，第一批货物随即装运，我出口公司在规定交单期限内向通知银行交单议付，经审单认可后向出口公司议付了货款，接着，开证行也向议付行作了偿付。出口公司正准备发运第二批货物时，我通知行忽然接开证行电传，声称申请人收到第一批货物后，发现品质与合同不符，要求拒付第二批货物的货款。据此，请通知收益人停止发运第二批货物，如已发运，则不要再议付该项货款。我通知银行在与出口公司联系后，立即回电拒绝。

资料 2. 买卖合同规定买方开立以卖方为收益人的全部金额的不可撤销信用证，但以卖方先期提供一份其金额为价金 10%的备用信用证。卖方按合同要求按时开出备用信用证，但买方未能如约开立令卖方满意的信用证，卖方因而拒交货物。买方根据备用信用证向开证行要求付款，卖方以不交货是由于未收到满意的信用证为由要求开证银行拒付，并上诉法院要求颁布不准开证银行付款的禁令。

资料 3. 我国出口商出售一批货物给外国进口商，合同规定的支付方式是 50%货款凭不可撤销信用证见票后 30 天付款，其余 50%凭即期付款交单（D/P）付款。我出口商委托当地银行（托收行）转托进口国 A 银行凭单据向进口商收取货款，同时凭进口商通过 A 银行开立的以我出口商为受益人的见票后 30 天付款的信用证开出了 50%价款的汇票。其后，A 银行根据进口商按即期 D/P 支付的 50%货款将全部货运单据交给了进口商，并将代收的 50%货款划拨给了托收行，与此同时，对我出口商开立的汇票作了承兑。不久 A 银行宣布破产，已承兑的汇票在到期向其提示时也遭到退票。我出口商于是以货物已被进口商全部收取为由，向进口商追索尚余的原信用证项下 50%的货款。进口商借口开证押金收不回来而拒不偿还。为此，我出口商诉诸法院。

实训过程设计：

（1）指导教师布置学生课前预习背景材料。

（2）将全班同学平均分成小组，按每组 3 人进行讨论，把讨论结果以书面形式上交老师。

（3）根据资料 1，分析我通知行这样一来做是否合理，为什么？

（4）根据资料 2，你认为开证银行与法院官应如何处理？并申述理由。

（5）根据资料 3，你认为此案应如何判决，在这笔交易中，我出口商应从中吸取什么教训？

本章小结

结算条款主要包括支付工具、支付方式、支付时间和支付地点等内容。在国际贸易中，多以票据作为实际的支付工具。国际贸易货款结算使用的支付工具主要是票据，包括本票、支票和汇票。

汇款（Remittance）也称汇付，是指付款人（进口人）主动通过银行或其他途径将货款汇交收款人的一种结算方法。利用汇款方法进行结算的情况很多，如寄售的货款归还，预付货款和订金，汇交和退还履约金，以及汇付佣金、代垫费用、索赔款和欠款等。在汇款业务中，通常涉及汇款人、受款人、汇出行、汇入行 4 个当事人。汇款可分为电汇、信汇和票汇三种。

托收（Collection）是指出口人于货物装运后，开具以进口人为付款人的汇票，连同有关单据（主要指提单、发票和保险单等）委托当地银行通过它的国外分支行或代理行向进口人收取货款的方式。托收方式依据汇票是否随附装运单据来分，可以分为光票托收与跟单托收。托收方式有委托人、托收行、代收行、付款人4个当事人。

信用证（Letter Of Credit，L/C）是开证银行根据开证申请人的请求和开证行以自已的名义向受益人开立的一定金额和一定期限内凭规定的单据承诺付款的书面文件。信用证是银行信用的支付方式。信用证方式一般有开证申请人、开证银行、通知银行、受益人、议付银行、付款银行6个当事人。

银行保证函（Banker's Letter of Guarantee，L/G），又称银行保证书或银行保函。它是指银行（保证人）根据委托人（被保证人）的申请，向受益人开立的担保履行某项义务的，有条件地承担经济赔偿责任的书面承诺文件。银行保证函属于银行信用。银行保证函的当事人主要有委托人、受益人、保证人当事人。银行保证函，按其用途不同，基本分为两大类，即进出口贸易保证函与借款保证函。

备用信用证是指开证行根据开证申请人的请求对受益人开立的承诺担保某项义务的凭证。当开证申请人在违约的情况下，受益人只要凭备用信用证规定的开证申请人的违约声明或证明文件，即可取得开证行的偿付。

在进出口业务中如何选择和运用各种不同的支付方式对我国的进出口贸易都是很重要的。选择和运用各种不同的支付方式，应在保证贯彻我国对外贸易方针政策的前提下，做到安全收汇和妥善付汇，加速资金周转和扩大贸易。为了保障上述要求能够顺利地实现，必须认真了解和掌握国际市场各种惯用的支付方式和近期出现的新支付方式，根据我国进出口贸易的实际，灵活地加以运用。

在我国出口业务中，一般情况下使用即期信用证，收汇比较迅速、安全，如果采用远期信用证，计算价格时应将利息因素考虑在内。

在我国进口业务中，使用信用证、托收、汇款和银行保证函，对于成交金额大的应争取使用托收方式，也可以使用银行保证函。尽量减少使用即期信用证。

合同中的支付条款是根据所采用的支付方式来确定的。支付方式不同，合同中规定支付条款的内容也不一样。

跨境贸易人民币结算是指在国际贸易中，居民与非居民进行商品和服务交易时，进出口合同与发票的计价和结算货币为人民币；居民以人民币向非居民支付进口款项，非居民被允许持有并通过人民币存款账户向中国支付进口款项。跨境贸易人民币结算的本质就是在国际贸易中使用人民币进行计价和结算。

综合练习

一、问答题

1. 本票、支票与汇票的含义及其用途各是什么？
2. 汇票分为哪几种？
3. 什么是汇付，汇付分为哪几种？

4. 托收的含义和特点是什么？

5. 托收分为哪几种，出口采用托收方式应注意哪些问题？

6. 说明信用证的含义、性质和特点。

7. 信用证对买卖双方有哪些风险，如何防范？

8. 国外一家开证银行在审查我某进口公司（受益人）通过中国银行（议付行）提交的全套单据其间发现开证申请人倒闭，开证银行便以开证申请人倒闭为由通知议付行转告受益人拒付货款。开证行这种做法是否正确，为什么？

9. 说明信用证的有效期、交单期与装运期之间的关系。

10. 什么是银行保证函，它与信用证有何区别？

11. 试述分期付款与迟期付款的含义及其区别。

二、案例分析

1. 出口公司规定的支付条款为装运月前 15 天电汇付款，买方延至装运月中才邮寄来银行汇票，为保证按期交货，出口企业于收到该汇票次日即将货物托运，同时委托银行代收票款。1 个月后，接银行通知，因该汇票系伪造，已退票。此时，货已抵达目的港，并已被买方凭出口企业自行寄去的单据提走。事后追偿，对方早已人去楼空。对此损失，我方的主要教训何在？

2. 我向某外商发盘，其中付款条件为即期付款交单（D/P at sight），对方答复可以接受，但付款须按以下条件："付款交单见票后 45 天（D/P at 45 days after sight）并通过 A 银行代收。按一般情况货物从我国运至该国最长不超过 10 天。试分析：该外商为何要提此项条件？

3. 某外贸企业与某外商初次交易出售一批货物，出口合同的支付条款仅规定："凭不可撤销即期信用证在上海议付"。合同规定的交货条款为"7 月在中国港口装船，运往欧洲××港，不准转运"。货物备妥后，经再三催促，信用证于 7 月 25 日方才开到。由于直达船的船期每月均安排在月中，因此，要在 7 月间将货物装运已无可能，为此，我方电请外商将信用证的装运期延至最迟 8 月 31 日，并将信用证议付到期日延至 9 月 15 日。由于该项货物市价下跌，该外商非但不同意展延信用证运期和议付到期日，反而还借口我方未能在 7 月装运而违反了合同的规定，向我方索赔××美元。试分析这笔交易中究竟是何方违约，我外贸企业应吸取什么教训？

第八章　商品的检验

教学要求

能力目标

- 了解商品检验的意义
- 知道相关的检验机构和有关检验证书
- 掌握商品检验时间和地点的规定

知识目标

- 了解商品检验的意义、检验机构和相关的检验证书
- 熟悉合同当中检验条款的规定
- 运用相关知识填制报检单

开篇案例

为何要在贸易合同中选择正确的检验标准

1988年10月，我国某公司从美国某公司进口一批美国东部黄松，计6 942千板英尺（折合35404立方米），价值数百万美元，目的港上海。原合同规定："按美国西部标准检验。"但是在开信用证前，美国提出另一个标准，即美国东部标准也可作为验收标准。最后，我某公司同意修改合同检验条款，将"按美国西部标准检验"改为"按美国西部标准或东部标准检验"，并开立了信用证。货抵上海港后，上海进出口商品检验局按我国进口美松通用的美国西部标准检验，检验结果共短少材积3 948千板英尺，短少率达57%，价值100多万美元。进口美松短少的主要原因是美国西部标准与美国东部标准计算材积的方法是完全不同的，两种标准计算材积之差达40%以上。美商正是钻了这个空子，使我某公司遭受重大损失。

启示：本案例的问题出在有关人员对检验标准及其重要性不清楚上。在外商提出修改合同条款的原因不清楚的情况下同意修改，说明我方人员在对外交往中缺乏警惕性和责任感。在合同正式签订前，该公司曾向商检部门请教标准问题，商检部门明确告知，进口美松要按美国西部标准检验，这个标准我国比较熟悉，而且目前通用这一标准检验美松，不能用东部标准。因此，正式签订合同时订立了按西部标准检验。但是当外商提出修改合同条款时，我方却失去警惕，在不了解东部与西部标准有什么不同的情况下，同意修改合同条款，造成重大经济损失。事实上，美国东部标准是按美松装船时所占船舱容积计算数量的，美国西部标

准是按美松实际体积计算数量的，两者差距之大可想而知。外商要求修改合同的目的就是要钻这个空子。

第一节　商品检验的重要性

在国际贸易中，货物经过长途运输，经常发生残损、短少甚至灭失等现象，这就需要一个公正的、具有商品专业知识的第三方对货物进行检验或鉴定，以查明货损原因，确定责任归属，以利货物的交接和交易的顺利进行。因此，商品检验是国际贸易中不可缺少的重要环节，检验条款是国际贸易合同中的一项重要条款。商品检验也是一个国家为保障国家安全，维护国民健康，保护动物、植物和环境而采取的技术法规和行政措施。

商品检验（Commodity Inspection）是指在国际货物买卖过程中，对卖方支付的货物在品质、数量、包装、卫生等方面进行检验，或者对商品生产的技术条件、装运技术条件等进行检验和鉴定，并出具商品检验证明作为买卖双方交接货物、银行结算和处理索赔的必要依据。商品检验内容主要包括品质检验、数量和重（质）量检验、包装检验、卫生检验、残损鉴定等。

《联合国国际货物销售合同公约》（以下简称《公约》）规定："买方必须在按情况实际可行的最短时间内检验货物或由他人检验货物"；"如果涉及货物的运输，检验可推迟到货物到达目的地后进行"。我国《商检法》规定："列入《商检机构实施检验的进出口商品种类表》的进出口货物和其他法律、行政法规规定须经商检机构检验的进出口货物，必须经过商检机构或者国家商检部门、商检机构指定的检验部门检验"。同时规定，凡是列入《商检机构实施检验的进出口商品种类表》（以下简称《种类表》）的进出口货物，除非经国家商检部门审查批准免予检验的，进口货物未经检验或检验不合格的，不准销售、使用；出口货物未经检验合格的，不准出口。

一、检验的内容

对于有形的货物贸易而言，检验主要是针对品质、数量、包装、卫生、船舶方面的鉴定而言；在某些货物以及服务贸易中，包括根据一国法律或政府法令的规定进行的安全、卫生、环境保护和劳动保护等条件的检验以及动植物病虫害检疫；在有特殊规定的货物和服务贸易中，买卖双方还将进行原产地、度量衡、价值等方面的检验。

二、商品检验的作用

在国际贸易中对买卖双方交易的货物进行检验，其作用主要有几下几个方面。

1. 履行合同的重要环节

在买卖合同中，买方要得到自己需要的符合合同的标的物，卖方也要通过提交符合合同的货物来获得货款，所以货物必须要符合合同的规定。为公平起见，合同的货物标的通常是由双方都同意的第三方来进行检验的。对于需要法定检验的货物，必须经过检验并通过检验，才能进出口。另外，在以信用证为结算方式的条件下，只有通过检验得到检验证书并作为议付的单据之一，才能正常交接货物、结算货款。

2. 有效解决争议

国际货物买卖合同履行过程中，货物常常经过长途运输和多次装卸，难免出现货损、货差的情况。若不明确检验的时间、地点，买卖双方很难确定责任归属何方，从而引起争议。商品检验机构公证鉴定的目的就是确定进出口商品是否与买卖合同中的规定一致，并在发现不符或发生货损、货差时，分清责任，避免争议，以便向有关责任方提出索赔要求。

3. 保证进口商品的品质和数量

对进口商品进行检验，不仅直接关系到本国进口商的经济利益，而且关系到本国生产者的利益，特别是对于货物的安全、卫生，法定检验还关系到本国消费者的身体健康和人身安全。因此，对进口商品进行检验是保证进口商品质量的重要环节。

4. 保证出口商品的品质和数量

对出口商品进行检验，可以防止不合格的产品流向国外，避免国外进口商的索赔或者退货，为国家和企业避免商业上的损失，而且也有利于企业改善品质管理，提高产品质量，增强出口产品的竞争能力，提高我国商品的国际信誉度。

在长期的国际贸易实践中，对于货物的检验或察看、货物的接受或拒收，已经形成了一些惯例，有的国家还对此作出了法律规定。一般来说，哪一方拥有检验权，哪一方就有权指定检验机构检验货物，其指定的检验机构所出具的检验报告就作为对货物的品质、数量、包装等是否与合同一致的最后评定。无论是英美法或是大陆法国家的法律，还是《公约》，都承认：除双方另有约定者外，买方有权对自己所购买的货物进行检验。如发现货物不符合同规定，而且确属卖方为责任者，买方有权采取要求卖方予以损害赔偿等补救措施，直至拒收货物。但是，必须指出，买方对货物的检验权并不是表示对货物接受的前提条件，买方对收到的货物可以进行检验，也可以不进行检验，假如买方没有利用合理的机会对货物进行检验，就是放弃了检验权，也就丧失了拒收货物的权利。

第二节　商品检验机构

在国际贸易中，商品的检验工作一般都由专业的检验机构负责办理。

一、国外的检验机构

国际上的商品检验机构种类繁多、名称各异，有的称为公证行、宣誓衡量人，也有的称之为实验室。检验机构的类型大体可归纳为官方检验机构、半官方检验机构和非官方检验机构三种。

（1）官方检验机构是指由国家或地方政府投资，如我国的国家质量监督检验检疫总局，也可以是按照国家有关法律、法令对出入境商品实施强制性检验、检疫和监督管理的机构，如美国食品药物管理局、美国动植物健康检查署、美国粮谷检验署和日本通商产业省检验所等。

（2）半官方检验机构是指一些有一定权威的，由国家政府授权，代表政府行使某项商品检验或某一方面检验管理工作的民间机构。例如，根据美国政府的规定，凡是进口与防盗信号、化学危险品有关的以及与电器、供暖、防水等有关的产品的安全检验和鉴定，必须经美国保险人实验室这一半官方检验机构检验认证合格，并贴上该实验室的英文缩写标志“UL”后，该产品方可进入美国市场。

（3）非官方检验机构主要是指由私人创办的具有专业检验、鉴定技术能力的公证行或检验公司，如英国劳合社公证行、瑞士日内瓦通用公证行（SGS）等。

国际服务贸易也有其相应的评定或认证机构，如目前开展合格评定的组织有国际标准化组织（ISO）、国际电工委员会（IEC）、国际认可论坛（IAF）、国际实验室认可大会（ICAC）、国际审核员培训与注册协会（IAFCA）等。

二、我国的检验检疫机构及其基本任务

中国的检验检疫机构设置与世界各国均不一样，是具有中国特色的检验检疫机构，是中国改革开放和经济发展到一定程度的必然要求。2001 年，为适应中国加入 WTO 的需要，中国的检验检疫部门与质量监督部门合并在一起，共同组成国家质量监督检验检疫总局（以下简称“国家质检总局”，AQ-SIQ），为正部级机构。为了履行国务院赋予的出入境检验检疫职能，国家质检总局在全国 31 个省（自治区、直辖市）设有 35 个直属出入境检验检疫局，海陆空口岸和出入境货物集散地设有近 300 个分支局和 200 多个办事处，共有检验检疫人员 3 万余人。国家质检总局对全国出入境检验检疫机构实施垂直管理。

为了加强进出口商品检验检疫工作，规范进出口商品检验检疫行为，我国曾相继颁布和实施了一系列进出口检验检疫的法律法规。其中，最主要的有：《中华人民共和国进出口商品检验法》、《中华人民共和国进出境动植物检疫法》、《中华人民共和国卫生检疫法》等。为适应入世要求，2002 年 4 月，九届人大第二十七次会议审议通过了《中华人民共和国进出口商品检验法修正案》（以下简称《商检法》），已于 2002 年 10 月 1 日正式施行。新《商检法》的颁布施行是我国质量监督检验检疫法制建设的一个重要标志。

根据《商检法》的规定，国家质检总局的主要任务有三项。

1. 法定检验

我国《商检法》规定，须经商检机构检验的进口商品而未经检验的，不准销售、使用；须经商检机构检验的出口商品未经检验合格的，不准出口。出口商品的发货人、进口商品的收货人，必须在规定的地点和期限内向商检机构检验。商检机构检验后，出具证明或在报关单上加盖印章，海关凭商检机构的检验证明或在报关单上的印章验放货物。

接受法定检验商品的范围，根据《商检法》的规定，是“列入《种类表》的进口商品和其他法律、行政规定须经商检机构检验的进出口商品”。《种类表》由国家商检局不定期制定和发布。目前使用的《种类表》是国家进出口商品检验局于 1995 年 4 月 26 日公布，从 1995

年 7 月 1 日开始实施的，列入此表的商品按“协调制度”编码共有 2 012 个，其中，进口商品 816 个，出口商品 1 577 个，而且其中有一些商品在进、出口时都要实施法定检验。新调整的种类表突出了对出口食品、动物产品及机电产品的检验，进口部分增加了医疗器械、工程机械、防盗报警装置等涉及安全、环境保护的商品。

实施法定检验的范围如下：

（1）列入《种类表》的进出口商品；

（2）根据《中华人民共和国食品卫生法规定》应实施卫生检验的出口食品；

（3）根据《中华人民共和国进出口动植物检疫法》规定应实施检疫的动、植物产品；

（4）根据《中华人民共和国进出口商品检验条例》规定，对装运粮油、食品、冷冻品等易腐食品出口的船舱和集装箱，必须经商检部门检验符合装运技术条件并发给证书后，方准装运；

（5）列入《国际海上危险货物运输规则》内的危险品，必须经检验机构执行包装鉴定，经检验合格发给证书后，方准装运出口；

（6）对有关国际条约规定须经商检机构检验的进出口商品的检验；

（7）对其他法律、行政法规规定须经商检机构检验的进出口商品的检验。

2. 办理公证鉴定

公证鉴定是指根据国际贸易关系人的申请，商检机构以第三者公证人的身份，对进出口商品以及运载技术条件等进行检验鉴定和分析判断，出具证明，以作为有关各方面关系人维护其利益的有效证据。

公证鉴定的业务范围极其广泛，除了进出口商品的质量、数量、重量和包装的检验鉴定之外，还有对商品的实质状况、使用价值以及运输工具的事实状态的鉴定与判断，如商品体积吨位和重量的货载衡量、监视装载和监视卸载、集装箱拆箱和装箱鉴定、船舱封舱和舱口监视、出口商品的积载鉴定、进口商品的积货鉴定、出口商品运载工具的技术条件鉴定，进口商品的残损鉴定和船舱的载损鉴定、抽取并签封样品业务，提供产地证明、价值证明，等等。

商检机构所从事的鉴定业务不同于法定检验，不同之处在于：

（1）鉴定业务是凭申请办理的，而不是依据法律强制性的检验，没有申请不办理；

（2）商检机构这时是独立的、有权威的公证机构的身份，而不是以国家管理机关的身份出现，商检机构与申请人之间是平等的民事主体，而不是管理与被管理的关系；

（3）鉴定业务所出具的检验证书不具有强制力，其效用的大小取决于证书的合法性与准确性，取决于国际社会对其信任的程度。

3. 实施监督管理

监督管理是指商检机构依据国家法律、行政法规的规定，运用行政管理手段对进出口商品及其检验工作实施监督和检查，以保证进出口商品的质量，维护国家的经济利益和信誉。监督管理是一种与法定检验并列的对进出口商品质量进行监督控制的方式和手段。监督管理与法定检验一样同属检验机构强制实施的行政管理行为。二者的区别在于管理的对象不同，法定检验的对象是进出口商品，而监督管理的对象是进出口商品检验工作。具体来说，监督管理的对象是进出口经营单位或生产加工企业的产品质量保证体系是否健全完善，能否保证产品的出厂质量以及生产环境、生产条件和原材料的质量等。

我国商检机构目前实施监督管理的方式主要有以下两种。

（1）实行进出口商品质量许可制度。按照规定，对涉及安全、卫生、环境保护、劳动保护和检疫等的大宗的、重要的进出口商品实施质量许可证制度。实施质量许可证制度的商品目录，由国家商检局会同有关主管部门制定公布。

对属于实施质量许可证制度的出口商品的生产企业，由商检机构或会同有关主管部门对企业的生产技术条件、质量管理体系及产品质量等方面的情况进行考核评定。评定合格者，由商检机构发给"出口商品质量许可证"，生产加工出口商品的企业必须获得许可证书。

对属于实施质量许可证制度的进口商品，国外厂商应直接或通过代理人向国家商检局提出书面申请，提交有关技术资料和样品，接受审查。经检验合格后，该商品取得国家商检局颁发的质量许可证书，加贴国家商检局认定的"商检标志"，方准许进口。目前，我国仅对进口的机电类产品实施进口质量许可制度。1989 年 8 月国家商检局规定，有 9 种进口商品为首批实施进口安全质量许可证制度的商品，它们是汽车、摩托车、摩托车发动机、电冰箱、电冰箱压缩机、空调器、空调器压缩机、电视机、电视机显像管。

（2）实行分类管理制度。对法定检验范围内的出口商品的生产企业，根据企业的管理水平及产品质量检验的合格状况，在实施计量许可制度的基础上，将其划分为一、二、三级，对不同级别的企业采取不同的检验方式。

第三节　合同中的检验条款

订立检验条款的目的是确定商品的质量、数量（重量）和包装等是否符合贸易合同的要求，凭以验证卖方是否履行了交货义务，如发现与合同不符时，买方可以拒收货物、拒付货款或提出索赔。因此，订好商品检验条款，对维护双方权益、保证交易的顺利进行具有重要意义。

检验条款的内容一般包括检验的时间与地点，检验机构，检验标准与方法，复验的期限、地点和机构，商品检验的内容，检验证书的种类。

一、检验的时间与地点

商品检验时间和地点是指在何时、何地行使对货物的检验权。确定检验时间和地点，关系到哪一方行使对货物的检验权、检验结果以哪一方提供的检验证书为准的问题。它直接关系到买卖双方的切身利益，规定检验时间和地点是交易双方商定检验条款的核心所在。在国际贸易中，有关检验时间和地点的规定方法主要有以下 4 种。

1. 在出口国检验

（1）工厂检验（产地检验），指生产厂的检验人员或合同约定的买方检验人员在货物离厂前对其质量、数量、规格、包装等实施检验。卖方承担货物离厂前的责任。这是国际贸易中的习惯做法。我国进口的重要货物和大型成套设备，一般都在出口国工厂进行检验或安装、测试。

（2）装船前或装船时检验，指装船以前由约定的检验机构出具检验证明，并以此作为交货品质和重量的最后依据，即离岸品质和离岸重量。采用这种方法，卖方取得检验证书，意味着所交货物的品质和重量与合同规定相符，意味着卖方按质按量履行了合同义务，此时，买方无复验权。可见，这种方法对卖方有利，至于货物途中发生货损或灭失，买方仍然有权向有关责任方（如承运人或保险人）索赔。装船时检验，是指采用传送带或机械化操作时，对正在装船的货物（如散装货）进行抽样检验或衡量，并以此时的品质和重量作为交货的最后依据，这种做法也属于离岸品质和离岸重量。

2. 在进口国检验

（1）目的港卸货时检验，指卸货时由约定的检验机构对货物的质量、重量等进行检验，出具检验证明，并以此作为卖方交货的最后依据，即到岸品质和到岸重量。若卸货时发现货物质量和重量与合同规定不符，卖方要承担责任。对此，买方有索赔的权利。

（2）用户所在地检验，是将检验时间、地点推延到用户所在地，并以此作为卖方交货的最后依据。这种方法适用于密封包装或规格复杂、精密度高的货物。因为这类货物在使用之前不宜开包检验或需具备一定的检验条件和设备才能进行检验。

3. 出口国检验，进口国复验

货物在装船前必须进行检验鉴定，但出具的检验证明不能作为卖方交货的最后依据，而只是作为卖方向银行收款的凭证。货物到达后，在双方约定的时间内买方有权对货物进行复验，复验后若发现货物与合同规定不符，可根据复验结果向卖方索赔。这种方法避免了单方面有利的矛盾，兼顾了双方的权益，比较公平合理，因而在国际贸易中经常采用。

4. 装运港（地）检验重量，目的港检验质量

交货重量以装运港约定的检验机构出具的重量检验证明作为最后依据，交货品质以目的港约定的检验机构出具的品质检验证书作为最后依据，即离岸重量、到岸品质。这种方法多用于大宗商品检验，以调和双方在商检问题上存在的矛盾。

案例 8.1 卖方的拒赔是否合理

某合同商品检验条款中规定以装船地商检报告为准，但在目的港交付货物时却发现品质与约定规格不符。买方经当地商检机构检验并凭其出具的检验证书向卖方索赔，卖方却以上述商检条款拒赔。卖方拒赔是否合理？

分析：合同当中对检验条款有所规定，所以争议产生后，应以合同为依据来判断是否应该赔偿。合同中商品检验条款规定以装船地商检报告为准，所以只要卖方提交的货物经装船地的检验机构检验是合格的，那么就不应该赔偿。

二、检验标准

检验标准是指对进出口商品实施检验所依据的标准，其具体内容视商品的种类、特性及进出口国家相关法律法规和签约双方的意思而定。由于在实际业务中可能出现两地商检机构的标准不同，所以要在合同中对检验标准加以规定。

1. 国际检验标准的分类

国际上将检验标准分为以下三类。

（1）买卖双方自行制定的具有法律约束力的标准。这是国际货物买卖中普遍采用的检验标准，其中最常见的是买卖合同和信用证中关于检验条款的规定。

（2）与贸易有关的国家所制定的强制执行的法规标准。主要指商品生产国、出口国、进口国、消费国或过境国所制定的法规标准，如货物原产地标准、安全法规标准、环境法规标准、动植物检疫法规标准。

绝大多数实施认证制度的国家专门制定了有关产品的安全标准，并通过一些政府法令，明确规定对影响人身安全、健康的产品（如电气产品）实施强制性认证制度。例如：我国对进口汽车、摩托车及发动机、电视机及显像管、空调器及压缩机、电冰箱及压缩机等产品实行强制性认证制度，使用“CCIB”安全标志。未经国家检验机构认证的上述机电产品不准进口。又如，电器产品进入德国，必须取得 VDE（电器工程师协会）的标志。

（3）国际权威性标准，是指在国际上具有权威性的检验标准，主要包括以下四项。

第一，国际标准。指国际专业化组织所制定的检验标准，如国际标准化组织、国际海事组织、国际电工委员会、联合国食品法典委员会等制定的标准。

第二，区域性标准化组织标准。指区域性组织所制定的标准。

第三，国际商品行业协会标准。指国际羊毛局（IWS）、世界卫生组织（WHO）、国际电信联盟（ITV）、国际计量局（BIPM）、国际海事组织（IMO）、国际民航组织（ICAO）等国际性商品行业协会所制定的标准。

第四，某国权威性标准。指某些国家所制定的具有国际权威性的检验标准，如英国药典、美国公职分析化学家协会制定的标准等。

2. 我国商检机构对进出口商品检验的实施

根据《中华人民共和国进出口商品检验法实施条例》的有关规定，我国商检机构对进出口商品实施检验的标准有：第一，法律、行政法规规定有强制性标准或者其他必须执行的检验标准的，按照法律、行政法规规定的检验标准实施检验；第二，法律、行政法规未规定有强制性检验标准或者其他必须执行的检验标准的，按照对外贸易合同规定的检验标准检验，凭样成交的，并应当按照样品检验；第三，法律、行政法规未规定有强制性检验标准或者其他必须执行的检验标准，低于对外贸易合同约定的检验标准的，按照对外贸易合同约定的检验标准实施检验；第四，法律、行政法规未规定有强制性检验标准或者其他必须执行的检验标准，对外贸易合同又未约定检验标准或者约定检验标准不明确的，按照生产国标准、有关国际标准或者国家商检部门指定的标准检验。

三、检验方法

检验方法是指对进出口商品的品质、数量、包装等进行检验的方法。对于有的商品而言，检验方法不同，其结果也不同，很容易引起买卖双方的争议。为避免这种情况发生，有必要在合同检验条款中约定检验的方法。实际业务中，检验方法主要有化学分析检验、仪器分析检验、感官检验法、物理检验法、微生物检验等。买卖双方要根据商品客观存在的特征选择最适合的、最合理的检验方法写入合同，以达到检验的目的。

四、检验证书

1. 检验证书的作用

出入境检验检疫机构对进出口商品检验检疫或鉴定后，根据不同的检验结果或鉴定项目签发的各种检验证书、鉴定证书和其他证明书，统称为检验证书（Inspection Certificate）。它是商检机构对进出口商品检疫检验、鉴定后所出具的证明文件，具有法律效果。在国际贸易中，检验证书起着公证证明的作用，主要表现在以下几个方面。

（1）证明卖方所交货物的品质、数量和包装符合合同规定的依据。买卖合同中对于卖方所交货物的品质、数量和包装有明确的规定，但有的时候，买卖双方的认定不一致，这就需要有权威部门对此进行认定，证明卖方所交货物是否与合同一致，哪一方属于违约方。

（2）出现贸易纠纷时，买方提出异议、拒收、索赔的凭证。当卖方提交其认为合格的货物时，买方认为货物不符合合同规定而拒收货物，买方要以检验证书作为依据，要求卖方赔偿。

（3）检验证书是卖方向银行议付货款的单据之一。银行在议付货款的单据当中一般都有权威机构出具的检验证书，进而表明卖方提交了与合同相符的货物，可以拿到货款。

（4）对于凡属法定检验的货物，检验证书是海关验放货物的证件之一。我国海关对于法定检验的货物放行之前，必须要提交相应的检验证书，以证明货物进、出口符合国家的规定，这是通关的前提。

（5）检验证书是出口国家实行减税差别待遇的依据。对于某些商品而言，国家为了鼓励其出口，会对其实行减税的优惠政策，企业必须要提供相应的检验证书才能获得这种额外的利润。

2. 检验证书的种类

常见的检验证书有以下几种。

（1）品质检验证书，是证明进出口商品品质、规格、等级、成分、效能等实际情况的证书。要求应与合同和信用证的具体规定一致。

（2）重量（数量）检验证书，是证明进、出口商品重量（数量）的商检证书。对出口商品，该证书是对外交货、结算和银行结汇的依据，也是国内签发提单和国外报关征税的凭证，还可以作为计算运费、装卸费用的计数证件。对进口商品，该证书是对外进行数量、重量结算和发生短缺时对外索赔的依据。

（3）兽医检验证书，是证明出口动物产品经过检疫的合格证书，是交接货物、银行结汇和进口通关输入的重要证件，适用于冻畜肉、冻禽、禽畜肉罐头、皮张、毛类、绒类、肠衣等商品。

（4）卫生健康检验证书，又称“健康证书”，适用于动物肠衣、罐头、冻鱼虾、蛋品、乳制品、蜂蜜等。该证书列有食品卫生检验的有关项目，以证明符合卫生要求，适合人类食用，也是交接货物、结汇和国外通关的重要证件。

（5）消毒检验证书，是证明出口动物产品，包括猪鬃、皮张、马尾、山羊尾、羽毛和羽绒制品等已经过消毒处理的证书。

（6）产地检验证书，是证明出口产品原产地的证书，是各国执行贸易管制、差别关税、进口配额制度和海关统计所必需的证件。分一般产地证明书和普惠制产地证。前者由商检机构负责签发；后者一般要求由进口国驻出口国的使领馆签发或认证，或由出口国官方公证签发机构与商会团体核实后签发。

（7）价值检验证书，是证明出口商品价值的证书。即根据国外买方的要求，由商检机构对发票开列的商品名称、数量、单价及总值进行核实后出具的证书。有时机构在发票上加盖价值证明章，与价值证明书具有同等效力。

（8）残损检验证书，是证明进口商品存在残损，向责任方索赔的有效证件。根据不同的鉴定项目还可分别出具验舱证书、衡量证书等。

（9）原产地证书，是证明出口商品原生产地的证书，通常包括普通原产地证书、普惠制原产地证书和野生动植物产地证。

案例 8.2　检验证书是否有效

我出口公司A向新加坡公司B以CIF新加坡条件出口一批土特产品，B公司又将该批货物转卖给马来西亚公司C。货到新加坡后，B公司发现货物的质量有问题，但B公司仍将原货转销至马来西亚。其后，B公司在合同规定的索赔期限内凭马来西亚商检机构签发的检验证书，向A公司提出退货要求。

请问：A公司应如何处理，为什么？

分析：A公司应拒绝退货要求。马来西亚商检机构出具的检验证书无效。新加坡B公司已经转卖给马来西亚C公司，意味着对货物的部分接受。部分接受视同整体接受，B公司已经丧失了对货物的检验权。

五、检验费用

根据《2010 通则》的规定：除非另有规定，买方应承担（装运前）检验的费用。这种检验是为其自身利益安排的，但是若进行的检验是为了使卖方履行在其本国适用于出口货物的任何强制性规定，则卖方应支付检验费用，除非使用的是 EXW 术语，这时买方应负担检验费用。

合同当中的具体条款应当如何订立，现举例如下。

例 1　买卖双方同意以装运港（地）中国国家质量监督检验检疫总局签发的质量和重量（数量）检验证书作为信用证项下议付提交的单据的一部分，买方有权对货物的质量和重量（数量）进行复验，复验费由买方负担。但若发现质量和/或重量（数量）与合同规定不符时，买方有权向卖方索赔，并提供经卖方同意的公证机构出具的检验报告。索赔期限为货物到达目的港（地）后××天内。

It is mutually agreed that the Certificate of Quality and Weight(Quantity)issued by the China Exit and Entry Inspection and Quarantine Bureau at the port/place Of shipment shall be part of the documents to be presented for negotiation under the relevant L/C.The Buyers shall have the right to reinspect the quality and weight(quantity)of the cargo.The reinspection fee shall be borne by the Buyers. If the quality or weight(quantity)be found not in conformity with that of the contract,the

Buyers are entitled to lodge with the Sellers a claim which should be supported by survey reports issud by a recognized surveyor approved by the Sellers.The claim, if any,shall be lodged within***days after arrival of the cargo at the port/place of destination.

例 2　双方同意以制造厂（或某公证行）出具的质量和数量/重量检验证书作为有关信用证项下付款的单据之一。货到目的港（地）卸货后 × × 天内经中国出入境检验检疫局复验，如发现质量或数量/重量与本合同不符时，除属保险公司或承运人负责退货或索赔外，所有退货或索赔引起的一切费用（包括检验费）及损失，均由卖方负责。在此情况下，如抽样是可行的，买方可应卖方要求，将有关货物的样品寄交卖方。

It is mutually agreed that the Certificate of Quality and Quantity/Weight issued by the Manufacturer（Or. Surveyor）shall be part of the documents for payment under the relevant L/C. In case the quality、quantity or weight of the goods be found not in conformity with those stipulated in this contract after reinspection by the China Exit and Entry Inspection and Quarantine Bureau within…days after discharge of the goods at the port/place of destination，the Buyers shall return the goods to or lodge claim against the Sellers for compensation of losses upon the strength of Inspection Certificate issued by the said Bureau，with the exception of those claims for which the insurers or the carriers are liable. All expenses（including inspection fees）and losses arising from the return of the goods or claims should be borne by the sellers.

In such case，the Buyers may，if so requested，send a sample of the goods in question to the Sellers，provided that the sampling is feasible.

技能训练

实训主题：出口货物报检的业务流程。

实训地点：教室。

实训目的：掌握在出口贸易中办理出口货物报检的过程，并填制相关单据。

背景材料：见表 8.1。

表 8.1　出口商品检验申请单

报检日期：　　年　　月　　日　　　　报检号：

报检单位（盖章）：　　　　　　　　　联系人：

单位地址：　　　托收协议号　　　　　电话：

发货人	（中文）			装运日期	（约）　月　日
	（译文）			装运口岸	
受货人				包装情况	
商品名称 规　格	（中文）			报验数量	
	（译文）			报验重量	毛
HS 编码		商品出口总值	US$		净
预约工作日期		商品收购总值	RMB	输往国别或地区	
货物存放地点		检验依据			

续表

卫生注册/质量许可证号	报验人提供附件划∨	合同（ ）
合同、信用证对商检条款的特殊要求（详细填写）		发票（ ）
		信用证（ ）
		磅码单（ ）
		厂检单（ ）
		商检预检结果单（ ）

需商检证单	质量证	数量证	重量证	兽医证	卫生证	健康证	消毒证	换证凭单	纺织品标志查	放行		商检换证凭单（ ）
												出口货物报关单（ ）
												出口包装合格单（ ）

备注		检验费	

以下内容由商检局填写↓

检验方式（打∨或补填）	商检自检（ ）	认可单位检验（ ）	口岸换证或放行（ ）	
商检施检项目（打∨）	品质/规格（ ）	数量/重量（ ）	安全/卫生（ ）	包装（ ）

项目	经办人	月	日	时	项目	经办人	月日时	项目	经办人	月日时
受理报验					拟制证稿			制证		
检验处收单					复核处收单			校对		
取样					检验处发单			发证		
检验					检务处收单			计费		

报验日期　年　月　日　　**领取出口商品检验证单凭条**　　报验号：

报验单位		需商检证单	质量证	数量证	重量证	兽医证	卫生证	健康证	消毒证	放行单	换证单	标识单
品名及数量												

注意：（1）报验人凭此条领取出口商品检验证单。

（2）申请人有责任与本局发证部门联系，及时领取证书。

请根据以下提供的资料，以报检员的身份填制“出境货物报检单”。

报检单位：上海对外经济贸易实业浦东有限公司

SHANGHAI FOREIGN TRADE ENTERPRISE PUDONG CO.，LTD.

报检单位号：3100704903

报检员/电话：许莉/64331432

报检货物：玻璃钟 K-9 GLASS CLOCK

1400 个，2860KG，136 箱，价值 USD41720，产地：上海，N/M

合同号：8CM06D148，合同中无特别检验检疫要求

贸易方式：一般贸易

收货人：日本大阪 UNITIKA SAKAI LTD

报检时间：2006 年 10 月 11 日

运输方式：船舶集装箱运输

预计出运日期：2006 年 10 月 18 日

报检单编号：31010020850277E

实训过程设计：

（1）指导教师布置学生课前预习背景材料；

（2）将全班同学平均分成小组，按每组 5～6 人进行练习；

（3）每个小组最后出具填写好的《出境货物报检单》，然后由教师给出正确的答案。

本章小结

货物检验是进出口中不可缺少的环节，也是合同的一项重要条款。检验内容包括品质、数量、重量、质量、包装、卫生及残损鉴定等。我国进出口检验机构是国家质量监督检验检疫总局，其设在各地的检验检疫机构负责当地的检验检疫工作。在合同中签订好货物检验条款是业务员的一项重要工作。订立检验条款要注意与其他合同条款的衔接，准确规定检验标准和方法，明确复检的期限、地点和机构。

综合练习

一、单项选择题

1. 在进出口合同的商检条款中，关于检验时间和地点的规定使用最多的为（　　）。

A. 在出口国检验　　B. 在进口国检验

C. 在出口地检验，在进口地复验　　D. 在出口地检验重量，在进口地检验品质

2. 货物在装运港装运前由双方约定的检验机构对货物进行检验，该机构出具的检验证书作为决定交货质量、重量和数量的（　　）。

A. 初始依据　　B. 最后依据　　C. 粗略依据　　D. 次要依据

3. 下列不由商检局出具的检验证书为（　　）。

A. 品质　　B. 重量　　C. 卫生检疫　　D. 植物检疫

4. 原产地检验证书的作用是（　　）。

A. 进口方可据以享受免税或低关税待遇

B. 出口方可据以享受免税或低关税待遇

C. 使进口方掌握其真实的生产厂家

D. 可使给予我国普惠制待遇的国家的进口方据以享受进口免税或低进口关税的待遇

5. 委托检验是（　　）。

A. 商检机构委托有关出口生产厂家对法定检验的进出口商品实施检验

B. 只接受外国有关机构的委托进行商品的质量认证

C. 商检机构委托外国有关机构对法定检验的进出口商品实施检验

D. 商检机构受托办理进出口商品的检验鉴定

6. 若使买方在目的港对所收货物无权提出异议，商品检验应（　　）。

A. 以离岸品质、离岸重量为准　　B. 以到岸品质、到岸重量为准

C. 以离岸品质、到岸数量为准　　D. 以到岸品质、离岸数量为准

7. “离岸数量、到岸品质”多用于（　　）。

A. 小批量零星交易　　B. 大宗商品交易

C. 卖方承担责任较小的交易　　D. 货物的品质、数量相对稳定的交易

8. 商检部门对进出口商品的质量、规格、等级进行检验后出具的是（　　）。

A. 品质检验证书　　B. 重量检验证书

C. 数量检验证书　　D. 卫生检验证书

二、简答题

1. 在国际货物买卖合同中为什么要订立商品检验条款，该条款主要包括哪些内容？

2. 在国际货物买卖合同中，对于货物检验的时间和地点规定的方法有哪几种？在实践中，哪一种方法较容易为买卖双方所接受？原因何在？

3. 在国际贸易中商检证书有哪些作用？

三、案例分析题

1. A公司委托B公司进口机器一台，合同规定索赔期限为货到目的港后30天。货到目的港卸船后，B公司立即将货物转给A公司，因A公司厂房尚未建好，机器无法安装试车。半年后厂房完工，机器安装完毕进行试车，A公司发现机器不能正常运转。经过商检机构检验证明，该机器是旧货，于是A公司要求B公司对外索赔，但外商拒绝赔偿，A公司遭受了巨大经济损失。我们应从中吸取什么教训？

2. 某公司以CFR条件对德国出口一批小五金工具。合同规定货到目的港后30天内检验，买方有权凭检验结果提出索赔。我公司按期发货，德国客户也按期凭单支付了货款。半年后，我公司收到德国客户的索赔文件，上称上述小五金工具有70%已锈损，并附有德国某内地一检验机构出具的检验证书。对德国客户的索赔要求，我方公司应如何处理？

第九章　争议的预防与处理

教学要求

能力目标

- 掌握合同中索赔条款的内容
- 掌握不可抗力条款的性质、范围与应用
- 了解仲裁协议的形式及相关规定
- 掌握国际贸易争议预防与处理的方法

知识目标

- 掌握合同中的索赔条款
- 掌握不可抗力的性质和应用
- 掌握国际贸易争议的处理方法
- 能够运用不可抗力和仲裁条款分析实际问题

开篇案例

不可抗力的认定

我国A公司与英国B公司成交果酱1 500吨，每吨CFR伦敦348英镑，总金额52.2万英镑，交货期为当年5—9月。由于当时我方缺货，只交了450吨，其余1 050吨经协商延长至下一年度内交货。次年，我国发生自然灾害，于是我方以不可抗力为由，要求免除交货责任。但对方拒绝，并称该商品价格上涨，因我方未交货已使其损失15万英镑，要求我方无偿提供其他同类产品。我方不同意。于是B公司向仲裁机构提出仲裁，称我方不可抗力理由不充分。后经调解，我方赔偿对方4万多英镑结案。

启示：国际货物买卖双方在掌握不可抗力条款基本内容的基础上，要明确规定不可抗力条款应注意的事项，保证买卖双方的权利得到最大保证。

第一节　违约责任与索赔

国际货物合同履约时间长，涉及面广，而且业务环节多，一旦在货物的生产、收购、运输、资金移动等任何一个环节发生意外或差错，都会影响国际货物合同的顺利履行。国际市场变幻莫测，合同当事人对另一方的基本情况也不可能非常准确地了解，所以一方往往有可能因为某种原因而拒绝按照原定的合同履行自己的义务或者不完全履行合同义务，从而导致另一方当事人的权利受到损害，引起双方的争议。

一、违约责任

国际货物买卖合同是买卖双方以公平为原则，按照双方当事人的意愿签订的确定双方权利和义务的法律文件，对双方都有法律约束力。任何一方当事人如果不履行合同或不完全履行合同，就构成了违约行为，必须承担违约责任。根据各国法律和国际条约的规定，不同性质的违约行为，其承担的责任是不同的。

1. 英国和美国的法律规定

英国的法律把违约分成违反要件（Breach of Condition）与违反担保（Breach of Warranty）两种。当事人一方违反合同中的带实质性的主要约定条件，如卖方交货的品质或数量不符合合同规定或不按合同规定的期限交货，均作为“违反要件”，受损害的一方有权解除合同，并可要求赔偿损失。如违反的是合同中的次要条件，称为“违反担保”或“违反随附条件”，则受损害的一方不能解除合同，仍须承担履行合同的义务，只是有权请求违约的一方给予损害赔偿。但英国法律对哪些条件属于违反担保并无明确规定，需要根据合同所作的解释来判断。

在实际业务中，受损害的一方对于另一方违反要件，可以放弃作为要件处理，即不要求解除合同。此外，近年来英国法院在司法实践中已承认了一种新的违约类型，称之为“违反中间性条款或无名条款”，即既不是要件、也不是担保的合同条款。违反这类条款应承担的责任须视违约的性质及其后果是否严重而定。如果性质及后果严重，受损害的一方有权解除合同，并可要求损害赔偿，否则只能要求损害赔偿。

美国法律规定与英国基本相似，若双方当事人任何一方违约，致使另一方无法取得该交易的主要利益，则是“重大违约”（Material Breach）。在此情况下，受损害的一方有权解除合同，并要求损害赔偿。如果一方违约情况较为轻微，并未影响对方在该交易中取得的主要利益，则为“轻微违约”（Minor Breach），受损害的一方只能要求损害赔偿而无权解除合同。

2. 《联合国货物销售合同公约》的规定

《联合国国际货物销售合同公约》（United Nations Convention on Contracts for the International Sale of Goods）是 1980 年 3 月 10 日至 4 月 11 日在维也纳联合国举行的外交会议上通过的，我国于 1981 年 9 月 30 日在公约上签了字。这一公约共包括 4 个部分，101 个条款，从内容看，既涉及国际货物买卖合同的形式和合同的订立问题，又涉及国际货物买卖双方的权利义务关系问题。

该公约第 25 条规定：“一方当事人违反合同的结果，如使另一方当事人蒙受损害，以至于实际上剥夺了他根据合同规定有权期待得到的东西，即为根本违反合同……”，此时，受损害的一方就可以宣告合同无效，同时有权向违约方提出损害赔偿的要求。如违约的情况尚未达到根本违反合同的程度，则受损害方只能要求损害赔偿而不能宣告合同无效。

我国的法律规定基本上与各国法律规定一致。我国《合同法》第九十四条规定：“当事人一方迟延履行债务或者有其他违约行为致使不能实现合同目的……”，另一方有权通知对方解除合同，并规定合同的变更、解除或终止，不影响当事人要求赔偿损失的权利。

二、合同当中的异议与索赔条款

国际买卖合同当中的索赔条款（Claim Clause）主要包括索赔依据、索赔期限、索赔金额及索赔方法等。有的合同将索赔条款与检验条款合订在一起，有的合同还订有罚金或违约金条款。

（一）异议与索赔条款的内容

异议和索赔条款是针对卖方交货的品质、数量或包装不符合规定而订立的。举例如下。

“买方对于装运货物的任何异议，必须于货物抵运目的港30天内提出，并须提供给卖方认可的公证机构出具的检验证书。如果货物已经加工，买方即丧失索赔权利。属于保险公司或轮船公司责任范围的索赔，卖方不予受理。”

Any claim by the Buyer regarding the goods shipped should be filed within × × × days after the arrival of the goods at the port/place of destination specified in the relative Bill of Lading and/or transport document and supported by a survey report issued by a survey or approved by the Seller.Claims in respect of matters within responsibility of insurance company, shipping company/ other transportation organization will not be considered or entertained by the Seller.

1. 索赔依据

索赔依据主要是指提出索赔必须提供的证据以及出证机构。凡是证据不足或出证机构不符合规定要求的索赔，都将遭到拒绝。因此，在提供索赔依据时，要注意与检验条款规定的内容相一致。索赔一定要在索赔的有效期内提出，逾期提出的索赔无效。不同的商品有不同的索赔有效期。例如，对食品、农产品及易腐商品，索赔期应规定得短一些；对一般货物的索赔期，通常限定为货物到目的地后30天或40天；对于机器设备则可更长一些，即机器的试用期为索赔期。

2. 索赔期限

索赔期限也称“索赔时效”，是指索赔的一方向违约方提出索赔要求的有效期限。索赔期限与复验期限一致，超过该期限，受损方即丧失索赔权，违约方要拒赔。索赔期限分为约定期限与法定期限。约定索赔期限是指买卖双方在交易合同中规定的索赔期限；法定索赔期限是指根据有关法律规定，受损害方有权向违约方提出索赔的期限，它只有在买卖合同中未规定约定期限的情况下才起作用。法定索赔期限比较长，例如，《联合国国际货物销售合同公约》规定自买方实际收到货物之日起两年之内。我国法律规定，涉及货物买卖合同提起诉讼或者申请仲裁的期限为4年，自当事人知道或者应当知道其权利受到侵犯之日起计算。

索赔期限的规定方法有以下几种：

（1）货到目的港后若干天内索赔，如“买方对于装运货物的任何索赔，必须于货物到达提单或运输单据所订目的港之日起60天内提出，否则卖方不预受理”；

（2）货到目的港卸离货轮后××内索赔，如“买方要在货物到达运单上所载明的目的港对货物实施检验，如对货物有异议，须在货物卸离货轮30天内提出索赔，否则无效”；

（3）货物到达买方营业处所或用户所在地后××天内索赔，如“货物到达买方仓库后需及时进行检验，如有异议，需于到达仓库后30天内提出索赔”；

（4）货到目的港经检验后××天内索赔，如“货物到达运输单据所载明的目的港之后，买方要在合理的时间内对货物进行检验，并出具相应的检验报告，如果对货物存在异议，需在检验后60天内提出索赔，并须提供卖方同意的公证机构出具的检验证书”。

案例 9.1 检验索赔有效期规定不当

2003年11月，我国内地某公司与香港一家公司签订了一个进口香烟生产线合同，设备是二手货，共18套生产线，由A国某公司出售，总值100多万美元。合同规定，出售商保证设备在拆卸之前均在正常运转，虽然未经翻修，但能符合生产下正常运转的要求，否则更换或退货。合同同时规定，如有损坏，货到用货现场后14天内出具商检证明，办理更换或退货。

问：该合同条款有无不妥之处？

分析：本案例问题出在合同中的检验索赔的有效期规定得不合理上。合同签订者把引进设备仅仅看做是订合同、交货、收货几个简单环节，完全忽略了检验、索赔这两个重要环节。特别是索赔有效期问题，合同条款订得再好，索赔有效期订得不合理，质量条款就成为一句空话。大量事实说明，外商在索赔有效期上提出不合理意见往往表明其质量上存在问题，需要设法掩盖。如果只满足于合同中形容质量的漂亮辞藻，不注意索赔条款，就很可能发生本案例的事故。本案例索赔有效期订得太短，机器设备有效期应分为数量和质量两部分，数量问题，索赔有效期一般为货物到达目的港（进口时最好订为到达用户所在地）60天左右，质量问题索赔有效期应在一年或一年以上。

3. 索赔金额

一般在合同中规定按实际损失确定赔偿金额。如果买卖合同中规定有索赔的金额，通常应按约定的金额提出索赔。如果买卖合同中未作规定，根据有关的法律和国际贸易实践，确定损害赔偿金额的原则为：赔偿金额应与因违约而遭受的包括利润在内的损失额相等；赔偿金额应以违约方在签订合同时可预料到的合理损失为限；由于受损害方未采取合理措施导致可能减轻而未减轻的损失，应在赔偿金额中扣除。

4. 索赔方法

关于索赔的方法，一般合同只作笼统地规定，如退货还款、换货、整修、降价等。在处理索赔时，应弄清事实，分清责任，并区别不同情况，有理有据地提出索赔。举例如下。

“买方对于装运货物有任何索赔，必须与货物到达提单和/或运输单据所订目的港（地）之日起×××天内提出，并须提供卖方同意的公证机构出具的检验报告。属于保险公司、轮船公司或其他有关运输机构责任范围内的索赔，卖方不预受理。”

Any claim by the Buyer regarding the goods shall be filed within ××× days after the arrival of the goods at the port/place of destination specified in the relative Bill of report issued by the Seller. Claims in respect of matters within responsibility of insurance company, shipping company/other transportation will not be considered of entertained by the seller.

（二）罚金条款

罚金条款适用于卖方延期交货和买方延期接货或买卖双方中的任何一方未履行合同义务

的情况，同时还规定了计算罚金的具体办法。举例如下。

“若卖方不能按期交货，在卖方同意由付款行从议付的货款中或从买方直接支付的货款中扣除罚金的条件下，买方可同意延期交货。延期交货的罚金不得超过交货金额的 5%。罚金按每 7 天收取延期交货金额的 0.5%，不足 7 天按 7 天计算。如卖方未按合同规定的装运期交货超过 10 周时，买方有权撤销合同，并要求卖方支付上述延期交货罚金。”

If the Seller fail to make delivery on time as stipulated in the contract，the Buyers shall agree to postpone the delivety in the conditon that the Sellers agree to pay a penalty which shall be deducted by the paying bank from the payment under negotiation，or by the Buyers direct at the time of payment. The rate of penalty us charged at 0.5% of the total value of the goods whose delivety has been delayed for every seven danys，odd days less than seven days should be counted as seven days. But the total value of the goods involved in the late delivery. In case the Sellers fail to make delivery ten weeks later than the time of shipment stipulated in the contract，the Buyers shall have the right to cancel the contract and the Sellers, in spite of the cancellation, shall still pay the panalty to the Buyers without delay.

值得注意的是，即使违约方支付了罚金，只要受损方未予同意，仍不能解除继续履行合同的义务；相反，如违约方延期交货到一定的期限，受损方反而有权要求撤销合同并要求支付罚金。关于罚金条款在各国法律上也有不同的解释和规定，因此在签订合同时应对不同国家法律规定加以分析研究，尽量做到既不与对方法律规定有抵触，又符合国际惯例的规定。

除上述两种索赔条款外，有时根据情况需要，针对买方不开立或不按时开立 L/C；在出口 FOB 合同中，买方不派船或不按时派船，卖方有权解除合同或延期交货，并要求买方给予损害赔偿。

（三）约定索赔、理赔时应注意的问题

索赔或理赔是维护国家权益和信誉的一项重要工作，涉及面广，技术性强，因此必须注意以下一些问题。

（1）要端正态度，坚定立场。不管是索赔还是理赔，都应加强调查，掌握证据，分清责任，需要索赔或理赔的部分不能视而不见，这样不利于企业的荣誉和形象。

（2）对于一切索、理赔案件应本着实事求是、友好协商的精神合理解决。要充分利用国际贸易的有关惯例和有关的法律进行协商。

（3）对外索赔时要事先制订索赔方案，并应在索赔有效期内向国外客户发出索赔函，随函要附寄各种证件，详列索赔项目和赔偿金额或其他切实可行的解决办法。

（4）进行理赔时，首先要对索赔期限进行核对，然后要认真仔细地审查国外客户提供的单证内容、检验方法和检验标准是否正确，出证机构是否合法，以防外商弄虚作假或检验方法有误等。

第二节　不可抗力事件

国际货物买卖合同成立以后，有时客观情况会发生非当事人所能控制的根本变化，使之

失去原有履行合同的基础。在这种情况下，一方对另一方的未履行或未完全履行责任在法律上是可以免责的。由于各国法律对免责条款的解释不尽相同，为了产生不必要的纠纷，通常在合同中订立有关条款。

一、不可抗力事件的认定与处理

1. 不可抗力事件的认定

对于不可抗力（Force Majeure）事件，各国的规定并不一致。我国认为不可抗力事件是指当事人在订立合同时不能预见、对其发生和后果不能避免并不能克服的事件。而《联合国国际货物销售合同公约》解释：不可抗力事件是指非当事人所能控制，并且没有理由预期在订立合同时所能考虑到或能避免或克服它或它的后果而使其不履行合同义务的障碍。一般来说，构成不可抗力事件应该具备以下几个条件。

（1）事件是在签订合同以后发生的。

（2）事件是当事人所不能预见、不能避免和不可控制的。不可抗力的事故主要包括两种情况，一种是由于自然力量引起的，如水灾、风灾、旱灾、地震等；另一种是社会原因引起的，如战争、封锁、政府禁令等。

（3）事件的引起没有当事人疏忽或过失等主观因素。

案例 9.2　不可抗力的范围及认定

我某进口企业按FOB条件向欧洲某厂商订购一批货物。当我方派船前往西欧指定港口接货时，正值埃及与别国发生战争，埃及被迫关闭苏伊士运河。我方所派轮船只得绕道南非好望角航行，由于绕道而增加航程，致使船只延迟到达装货港口。欧洲厂商要求我方赔偿因接货船只迟到而造成的仓租和利息，我方拒绝了对方要求，因此引起争议。请问欧洲厂商的要求合理吗？为什么？

分析：并非所有自然原因和社会原因引起的事件都属于不可抗力事件，如汇率变化、价格波动等正常贸易风险，或如怠工、关闭工厂、船期变更等就不属于此范围。

2. 不可抗力事件的处理

《联合国国际货物销售合同公约》规定，一方当事人享受的免责权利只对履约障碍存在期间有效。如果合同未经双方同意宣告无效，则合同关系继续存在，一旦履行障碍消除，双方当事人仍须继续履行合同义务。所以不可抗力事件所引起的后果，是解除合同还是延迟履行合同，应由双方按公约规定结合具体情势商定。该公约还规定在不可抗力事件发生后，违约方必须及时通知另一方，并提供必要的证明文件，而且在通知中应提出处理意见。如果因未及时通知而使另一方受到损害，则应负赔偿责任。

不可抗力事件出具证明的机构大多为当地商会。在我国，由中国国际贸易促进委员会（即中国国际商会）出具。另一方接到不可抗力事件的通知和证明文件后，应根据事件性质，决定是否确认其为不可抗力事件，并把处理意见及时通知对方。

不可抗力事件的处理，关键是对不可抗力事件的认定，尽管在合同的不可抗力条款中作了一定的说明，但在具体问题上，双方会对不可抗力事件是否成立出现分歧。通常应注意下列事项。

（1）区分商业风险和不可抗力事件。商业风险往往也是无法预见和不可避免的，但是它和不可抗力事件的根本区别在于一方当事人承担了风险损失后，有能力履行合同义务，典型的情况是对“种类货”的处理，此类货物可以从市场中购得，因而卖方通常不能免除其交货责任。

（2）重视“特定标的物”的作用。对于包装后刷上唛头或通过运输单据等已将货物确定为某项合同的标的物，称为“特定标的物”。此类货物由于意外事件而灭失，卖方可以确认为不可抗力事件。如果货物并未特定化，则会造成免责的依据不足。比如，3 万米棉布在储存中由于不可抗力损失了 1 万米，若棉布分别售于两个货主，而未对棉布作特定化处理，则卖方对两个买主都无法引用不可抗力条款免责。

案例 9.3　不可抗力的处理

中国从阿根廷进口普通豆饼2万吨，交货期为8月底，拟转售欧洲。然而，4月份阿商原定的收购地点发生百年未见的洪水，收购计划落空。阿商要求按不可抗力免除交货责任，问中方怎么办？

分析：合同如无特殊约定，本合同适用《联合国国际货物销售合同公约》（中、阿均为该公约缔约国）。依该公约的有关规定，阿方发生的事件不构成不可抗力，因为事件后果不是不可克服的。豆饼属种类货，可以替代，合同不要求特定的产地，阿商应从其他地区或国家购买货物交货，尤其是从发生洪水到交货尚有4个月时间可供阿方购货。阿方如拒不履约，中方可在阿商交货时从国际市场上补进，然后向阿商索取差价和损害赔偿金。

二、合同当中的不可抗力条款

国际买卖合同中的不可抗力条款主要规定不可抗力事件的范围，对不可抗力事件的处理方法、不可抗力事件发生后通知对方的期限和方法，以及出具证明文件的机构等。

我国在国际货物买卖合同中不可抗力条款通常有以下三种规定方法。

1. 概括式

概括式是不订明属于不可抗力事件的各种灾害性原因，只是笼统地规定。举例说明如下。

“如由于不可抗力的原因，致使卖方不能装运或迟延装运合同货物，卖方对于这种不能装运或延迟装运本合同货物不负责任。但卖方须用电报或电传通知买方，并须在 × 天内，以航空挂号信件向买方提交由中国国际贸易促进委员会（中国国际商会）出具的证明此类事件的证明书。”

If the shipment of the contracted goods is prevented or delayed in whole or in part due to Force Majeure，the Seller shall not be liable for non—shipment or late shipment of the goods of this contract. However，the Sellers shall notify the Buyer by cable or telex and furnish the latter within....days by registered airmail with a certificate issued by the China Council for the Promotion of International Trade（China Chamber of International Commerce）attesting such event or events.

2. 列举式

列举式是将可能发生的灾害性事故逐一列出，凡是合同履行中发生了所列举的事故，则按不可抗力原则处理。举例说明如下。

"由于战争、地震、水灾、暴风雨、雪灾的原因，致使卖方不能全部或部分装运，或迟延装运合同货物，卖方对于这种不能装运或迟延装运本合同货物不负责任。但卖方须用电报或电传通知买方，并须在×天内，以航空挂号信件向买方提交由中国国际贸易促进委员会（中国国际商会）出具的证明此类事件的证明书。"

If the shipment of the contracted goods is prevented or delayed in whole or in part by reason of war, earthquake, flood, fire, storm, heavy snow, the Seller shall not be liable for non—shipment or late shipment of the goods of this contract. However, the Sellers shall notify the Buyer by cable or telex and furnish the latter within....days by registered airmail with a certificate issued by the China Council for the Promotion of International Trade (China Chamber of International Commerce) attesting such event or events.

3. 综合式

综合式是先列举出若干可能发生的灾害性事故，再附加"以及公认的不可抗原因，致使不能全部或部分履行合同……"。举例说明如下。

"由于战争、地震、水灾、暴风雨、雪灾或其他不可抗力的原因，致使卖方不能全部或部分装运，或迟延装运合同货物，卖方对于这种不能装运，或迟延装运本合同货物不负责任。但卖方须用电报或电传通知买方，并须在×天内，以航空挂号信件向买方提交有中国国际贸易促进委员会（中国国际商会）出具的证明此类事件的证明书。"

If the shipment of the contracted goods is prevented or delayed in whole or in part by reason of war, earthquake, flood, fire, storm, heavy snow or other causes of Force Majeure, the Seller shall not be liable for non—shipment or late shipment of the goods of this contract. However, the Sellers shall notify the Buyer by cable or telex and furnish the latter within....days by registered airmail with a certificate issued by the China Council for the Promotion of International Trade（China Chamber of International Commerce）attesting such event or events.

第三节 仲 裁

在国际货物买卖中，买卖双方在合同履行过程中因种种原因发生争议在所难免。正确处理和妥善解决对外贸易的争议，不仅关系到企业的切身利益，更关系到企业所属国家的权益和对外声誉。

一、争议的概念及争议的解决方式

（一）争议的概念及其产生

所谓争议，是指交易的一方认为另一方未能部分或全部履行合同所规定的责任与义务而引起的纠纷。

导致争议产生的原因可归纳为三种情况：卖方违约、买方违约、合同规定欠明确。因为在贸易当中，卖方基本的义务是交货，所以卖方违约一般体现在所提交的货物不符合合同的规定、没有按期交货、办理保险与合同不符等情况；买方的基本义务是付款，所以买方违约一般体现在没有如期支付货款或没有按合同提供必要的信息等情况；买卖双方履行自己的义务的前提是贸易合同的内容明确且双方无争议，但是如果合同规定本身就欠明确，则买卖双方对同一问题的看法不一致，肯定会产生争议。例如，合同规定交货期为“货物的最迟装运期为 9 月 15 日左右”，卖方可认为 10 月 1 日之前交货均可，而买方认为必须要在 9 月 20 日之前交货，这样很容易产生争议，所以在签订贸易合同时一定要将内容规定的明确一些。

（二）争议的解决方式

1. 协商

协商是争议双方以口头或书面的方式直接交涉来解决争议。这种方式解决争议的速度比其他方式快，保密性强，有助于保持甚至促进当事人之间的友好合作关系。协商并不妨碍用其他方式来解决争议，但通常这种方式用于双方的矛盾比较小、双方各让一步均可以接受的情况。

2. 调解

调解是双方当事人自愿将争议提交选定的调解机构（法院、仲裁机构或专门的调解机构），由该机构按调解程序进行调解。若调解成功，双方应签订和解协议，作为一种新的契约予以执行，若调解意见不为双方或其中一方接受，则该意见对当事人无约束力，调解即告失败。

我国在诉讼和仲裁中均采用了先行调解的程序。

3. 仲裁

仲裁是双方当事人达成书面协议，自愿把争议提交给双方同意的仲裁机构，仲裁机构作出的裁决是终局的，对双方都有约束力。仲裁与诉讼的结果虽均有法律约束力，但它们之间仍存在较大的区别。

（1）仲裁的速度快。仲裁机构受理案件后一般应在一周内开庭。诉讼的立案则很难估计，提交诉状后数月甚至一年后才予以立案的情况时有发生。

（2）仲裁是争议双方自愿达成的一种解决方式，其中有一方不同意仲裁，则另一方不能提交仲裁。

（3）在仲裁方式中，仲裁员由争议双方自愿协商指定，而诉讼方式中，法官由法院指定。

（4）仲裁费用较低。

（5）仲裁的裁决是终局性的，双方当事人均不得向法院或其他机构提出变更裁决的要求；而法律诉讼的判决，一般允许上诉并提出变更要求。

4. 诉讼

诉讼是一方当事人向法院起诉，控告合同的另一方，一般要求法院判令另一方当事人以赔偿经济损失或支付违约金的方式承担违约责任，也有要求对方实际履行合同义务的。

诉讼是当事人单方面的行为，只要法院受理，另一方就必须应诉。但诉讼方式的缺点在于立案时间长，诉讼费用高，异国法院的判决未必公正。各国司法程序不同，当事人在异国诉讼比较复杂。

综观上述四种解决争议的方式，在国际贸易实践中，仲裁是最被广泛采用的一种方式。

二、仲裁协议的形式和作用

（一）仲裁协议及仲裁协议形式

前面提到仲裁是指发生争议的双方当事人，根据其在争议发生前或争议发生后所达成的协议，自愿将该争议提交中立的第三者居中评断是非并作出裁决的一种解决争议的方式。仲裁协议是指双方当事人以书面方式自愿将他们之间已经发生或将来有可能发生的争议提交仲裁解决的协议。

根据仲裁协议达成的时间，仲裁形式可分为三类。

（1）双方当事人在发生争议前在买卖合同或服务贸易合同中订立的条款，即仲裁条款；

（2）双方当事人在争议发生后订立的提交仲裁协议；

（3）双方当事人在争议发生前或发生后通过“援引”的方式达成的协议，即当事人不直接拟订仲裁协议的内容，而是同意将他们之间的争议按照某个公约、条约或标准合同中的仲裁条款所规定的方式进行仲裁。

（二）仲裁协议的效力

仲裁协议必须是书面的。我国仲裁规则确认了仲裁协议的独立性，明确规定，合同中的仲裁条款应视为与合同其他条款分离地、独立地存在的一个部分，即合同的变更、解除、终止、无效或失效，均不影响仲裁条款或仲裁协议的效力。

根据我国仲裁规则规定，仲裁裁决是终局的，争议各方必须执行，任何一方当事人都不得向法院起诉，也不得向其他机构提出变更仲裁裁决的请求。在发达国家，一般也不允许当事人对仲裁裁决不服而上诉法院。

案例 9.4　仲裁的性质及特点

甲方与乙方签订了出口某货物合同一份，合同中的仲裁条款规定：“凡因执行本合同发生的一切争议，双方同意提交仲裁，仲裁在被诉方国家进行。仲裁裁决是终局的，对双方都有约束力。”合同履行过程中，双方因品质问题发生争议，于是将争议提交甲国仲裁。经仲裁庭调查审理，认为乙方举证不实，裁决乙方败诉。事后甲方因乙方不执行裁决向本国法院提出申请，要求法院强制执行，乙方不服。问：乙方可否向本国法院提请上诉，为什么？

分析：合同中已经明确规定了仲裁条款，所以一旦产生纠纷，双方必须以仲裁的形式来解决问题，而且仲裁的结果是终局性的，法院对案件不予受理，所以乙方不能向本国法院提请上诉。

三、仲裁协议的作用

仲裁协议的作用表现在以下几个方面。

（1）表明当事人双方自愿将争议交由仲裁机构来裁决，仲裁裁决对双方都有约束力。

（2）表明仲裁机构取得了对争议案件的管辖权，任何仲裁机构都无权受理没有仲裁协议的案件。

（3）排除了法院对争议案件的管辖权。若订有仲裁协议，一旦发生争议，任何一方都有权将争议提交仲裁机构解决，同时也排除了另一方通过诉讼解决的途径，即使对裁决结果不符而向法院起诉，法院一般也不受理。

四、合同中仲裁条款的基本内容

我国国际贸易合同中的仲裁条款一般包括以下几个方面。

（一）仲裁地点和仲裁机构

1．仲裁地点

仲裁地点有三种规定方式。

（1）力争在我国进行仲裁。

（2）如果双方无法对在我国进行仲裁达成协议，而对方国家的法律、规则和仲裁实践还比较公平公正，也可以同意在对方国进行仲裁。

（3）规定在双方认同的第三国仲裁。最好选择与我国比较友好的国家，同时该国对我国的仲裁法律和规则有深入的了解。

例如，买卖双方规定在中国进行仲裁的。可写明："凡因执行本合同所发生的或与本合同有关的一切争议，双方应通过友好协商解决，如果协商不能解决时，应提交北京中国国际经济贸易仲裁委员会根据该会仲裁规则进行仲裁。"

All disputes arising out of the performance of, or relating to this contract, shall be settled through negotiation. In case no settlement can be reached through negotiation the case shall then submitted to the China International Economic and Trade Arbitration Commission, Beijing, China for arbitration in accordance with its Rules Arbitration. The arbitral award is final and binding upon both parties.

2．仲裁机构

在国际商事仲裁中，通常有两种做法：临时仲裁和机构仲裁。

临时仲裁是指由双方当事人共同指定的仲裁员，自行组织临时仲裁庭仲裁，案件审理完毕，仲裁庭即自动解散。采用临时仲裁，仲裁协议须指定仲裁员的办法、人数、如何指定仲裁员以及仲裁程序规则等。机构仲裁是指争议的双方向一个常设的仲裁机构申请仲裁。一般而言，选择机构仲裁较临时仲裁更为方便。选择仲裁机构往往与仲裁地点的选择相关联，要考虑到仲裁机构的信誉、规则及其费用、所用语言等方面因素。

我方在外贸业务中经常遇到的外国仲裁机构常设机构有：瑞典斯德哥尔摩商会仲裁院、英国伦敦仲裁院、瑞士、苏黎世仲裁院、日本国际商事仲裁协会、美国仲裁协会、意大利仲裁协会等。国际商事仲裁机构一般是民间组织。

我国常设的仲裁机构主要是中国国际经济贸易仲裁委员会和海事仲裁委员会。我方在订立进出口合同中的仲裁条款时，应争取在我方仲裁，且一般都订明在中国国际经济贸易仲裁委员会仲裁。

（二）仲裁程序

仲裁程序主要是规定进行仲裁的手续、步骤和做法，以便为当事人和仲裁员提供进行仲裁的准则。一般在买卖合同中的仲裁条款都订明采用哪个国家和哪个仲裁机构的仲裁规则进行仲裁。我国的仲裁程序规则是《中国国际经济贸易仲裁委员会仲裁规则》(以下简称《仲裁规则》)。

仲裁的程序大体包括以下几个环节。

1. 提出仲裁申请

仲裁申请是仲裁机构立案受理的前提。仲裁申请书的主要内容包括：申请人和被申请人的名称和地址、电传、电话及法人代表；申请人所依据的仲裁协议；申请人的要求及所依据的事实和证据；如果委托代办人办理仲裁事项或参与仲裁的，应当提交书面委托书。仲裁机构收到仲裁申请书及相关附件后，如手续完备即刻立案，并向被申请人发出仲裁通知。被申请人在收到仲裁通知之后起 45 日内向仲裁机构提交答辩书及有关证明文件。

2. 指定仲裁员组成仲裁庭

仲裁庭可由三名或一名仲裁员组成。如当事人双方约定由三名仲裁员组成仲裁试庭，则由申诉人和被申诉人各自在仲裁委员会仲裁员名册中指定一名仲裁员，再由仲裁委员会主席指定一名仲裁员作为首席仲裁员。申诉人也可以与被诉人一起，在该仲裁员名册中共同指定或者委托仲裁委员会主席再指定一名仲裁员为独任仲裁员。

3. 仲裁的审理

我国涉外仲裁机构审理案件的原则是：以事实为依据，以法律为准绳，参考国际惯例，独立公正地处理争议。仲裁庭主要通过三个途径来查明案件的事实：一是通过争议当事人对案件事实的书面陈述；二是开庭审理时仲裁庭对事实的调查；三是仲裁庭进行实地调查。整个审理过程主要包括开庭，搜集、审定证据，采取保全措施即临时性保护措施。

4. 仲裁裁决

仲裁裁决是仲裁程序的最后一个步骤。我国《仲裁规则》规定，仲裁庭应在组庭后 9 个月内以书面形式作出仲裁裁决。仲裁裁决书的日期即为仲裁裁决生效的日期。另外，为提高效率，我国现行的仲裁规则还规定了简易仲裁程序。除非当事人另有约定，凡是争议不超过 50 万元人民币的，或争议金额超过 50 万元人民币、经一方当事人书面申请并征得另一方当事人同意的，可适用于该简易仲裁程序。

（三）仲裁裁决的效力

根据我国《仲裁规则》规定，仲裁裁决是终局的，争议各方必须执行，任何一方当事人都不得向法院起诉，也不得向其他机构提出变更仲裁裁决的请求。在发达国家，一般也不允许当事人对仲裁裁决不服而上诉法院。

（四）仲裁费用的负担

通常在仲裁条款中明确规定仲裁费用的负担方。一般规定由败诉方承担，也有的规定为由仲裁庭酌情决定。仲裁费用一般按争议价值的 0.1% ~ 1%收取。

五、我国常用的仲裁条款格式

制订合同中的条款时，应明确提请仲裁争议范围："凡因执行本合同或与本合同有关的一切争议，均应提交仲裁机构裁决。"我国进出口贸易合同中根据仲裁地点的不同，通常采用三种仲裁条款。

1. 在我国仲裁的条款

“凡因本合同引起的或与本合同有关的任何争议，均应提交中国国际贸易促进委员会，按照申请仲裁时该会现行有效的仲裁规则，由申请一方选择由该会在北京或由该会深圳分会在深圳或由该会上海分会在上海进行仲裁。仲裁裁决是终局的，对双方均有约束力。”

Any dispute arising from or in connection with this Contract shall be submitted to China International Economic and Trade Arbitration Commission in Beijing or by its Shenzhen Sub-Commission in Shenzhen or by its Shanghai Sub-Commission in Shanghai at the Claimant's option in accordance with the Commission's arbitration rules in effect at the time of applying for arbitration. The arbitral award is final and bindign upon both parties.

2. 在被申请人所在国仲裁的条款

“凡因执行本合同所发生的或与本合同有关的一切争议，双方应通过友好协商解决；如果协商不能解决，应提交仲裁。仲裁在被申请一方所在国进行。如在中国，则由北京中国国际贸易经济仲裁委员会根据该会仲裁规则进行仲裁。如在××（国家），由××（仲裁机构）根据该机构仲裁规则进行仲裁。仲裁裁决是终局的，对双方都有约束力。”

Any dispute arising out of the performance of, or relating to this contract, shall be settled amicably through friendly negotiation, the case shall then be submitted for arbitration. The location of arbitration shall be in the country of the defendant. If in China, the arbitration shall be conducted by the China International Economic and Trade Arbitration Commission, Beijing in accordance with its rules of arbitration. If in..., the arbitration shall be conducted by...in accordance with it rules of arbitration. The arbitral award is final and bindign upon both parties.

3. 在第三国仲裁的条款

“凡因执行本合同所发生的或与本合同有关的一切争议，双方应通过友好协商解决；如果协商不能解决，应提交××（国家）××（仲裁机构）根据该机构仲裁规则进行仲裁。仲裁裁决是终局的，对双方都有约束力。”

Any dispute arising out of the performance of, or relating to this contract, shall be settled amicably through friendly negotiation. In case no settlement can be reached through negotiation, the case shall then be submitted to ×× for arbitration, in accordance with it rules of arbitration. The arbitral award is final and bindign upon both parties.

技能训练

实训主题：仲裁的性质及作用。

实训地点：教室。

实训目的：通过对案例的讨论，了解仲裁的作用。

背景材料

主要当事人：买方，香港DY实业有限公司；卖方，广东省XH丝绸进出口公司。

买卖双方签订 CFR 合同，购销 8 公吨长吐丝，价格每公吨 1.52 万美元。实际发货为 10.812 5 吨，总货款 165 439 美元。货到香港入库后，发生火灾，货物受部分损失。买方因此拒绝支付全部货款。卖方遂起诉。后来，买卖双方达成协议，以买方原来存在卖方处 30 万元人民币冲抵货款了结。

买卖双方是老客户，已经进行过多次交易，1989 年 7 月 6 日，双方签订购销 8 吨长吐丝合同，规定卖方以每公吨 1.52 万美元供货，总价 12.16 万美元。

合同签订后，买方于 1989 年 7 月 26 日亲自摆长吐丝 10.812 5 吨，总共货价 165 439 美元，因为卖方没有出口许可证，故通过 ZS 公司的许可证，并将货物远至中山港之后至香港。其后，买方一直未向卖方付货款。后来，当专访追讨时，买方以 1990 年 4 月香港仓库火灾，部分货物受损为由不付货款。卖方曾表示损失双方承担，卖方分担三成。但买方不同意，而只愿用买方原存于卖方处的 30 元人民币冲货款。

双方交涉不成，卖方认为买方在派人提取货物、打上标记并运至香港后，货物风险及所有权已转移给买方，此后的一切损失都与卖方无关，买方没有理由把损失转嫁给卖方。于是，卖方于 1992 年 8 月决定提起诉讼，要求买方偿付货款及拖欠的利息。

在诉讼调查中，买方说明了当时的情况。原来当时出货时是有人要货，但后来未达到交易。货物存在仓库中，遇上 1990 年 4 月的仓库火灾，被烧了一部分。买方对余货进行清洗加工用了 8 万多元。因已过索赔期 15 天，亦未能得到保险公司的赔偿，后来，货物一直未能销出，而又超过海关规定的期限，虽然买方续期两次，仍被海关没收。后来，卖方知道情况后，考虑到双方是老客户，以后还有许多交易机会，不想把关系弄僵，而且买方确实也受了很大损失。最后卖方决定撤回诉讼，而以原买方所存的 30 万人民币冲抵货款了结。

实训过程设计：

（1）指导教师布置学生课前预习背景材料。

（2）将全班同学平均分成几个小姐，每组 5 ~ 6 人，讨论以下问题。

① 对买卖双方争议产生的原因进行讨论。

② 对买卖双方解决此次争议的方式进行讨论，拟出方案，并进行比较。

③ 你是如何认识仲裁在解决争议中的作用的？

（3）每个小组最后给出讨论的结果，然后教师对结果进行客观的评价。

本章小结

在国际贸易中，任何一方当事人如果不履行合同或不完全履行合同，就构成了违约行为，必须要承担违约责任。如当事人一方因不可抗力事件不能履行合同的全部或部分义务时，免除其全部或部分责任；不能按合同规定的期限履行其义务的，免除其迟延履行的责任。另一方当事人不得对此要求损害赔偿。构成不可抗力事件应具备一定的条件。合同中的不可抗力条款主要包括：不可抗力事件的范围、不可抗力事件的处理、不可抗力事件发生后通知对方的期限与方式、不可抗力事件的出证机关等。

仲裁条款是合同中解决对外贸易争议的一项重要交易条款。国际上仲裁机构分为临时仲裁机构和常设仲裁机构，选取哪种机构，取决于双方的共同意愿。双方以仲裁方式解决争议须有书面仲裁协议，仲裁协议不仅约束双方解决争议的行为，授予仲裁机构对仲裁案件的管辖权，而且排除了法院对案件的管辖权。仲裁条款的内容一般包括提请仲裁的范围、仲裁地点、仲裁机构、仲裁规则、仲裁的效力和仲裁费用等。

综合练习

一、单项选择题

1. 我公司按CIF条件出口货物一批共1 000箱，允许卖方有5% 的溢短装，我实际装1 000箱，提单也载明1 000箱，货到目的港后，买方来电反映仅收到948箱，并已取得船公司签发的短量证明，向我索赔。我方正确的答复是（　　）。

A. 同意补装52箱　B. 同意退2箱货款　C. 请与船公司或保险公司联系

2. 在FOB合同的履行中，由于港口设备问题导致数件货物的包装在码头仓库破损，买方收货后发现货物受损，应该向（　　）索赔。

A. 卖方　B. 船长　C. 港务　D. 保险公司

3. 在CIF合同的履行中，码头工人违反规定装运，导致数件货物包装破损，买方收货后发现货物受损，应该向（　　）索赔。

A. 港务　B. 船长　C. 卖方　D. 保险公司

4. 在国际货物贸易中出现的索赔，可以包括（　　）。

A. 贸易索赔　B. 运输索赔　C. 保险索赔　D. 以上三者

5. 不可抗力事件是指当事人（　　）。

A. 不能预见和避免的事件　B. 不能预见、不能避免、不能克服的事件

C. 不能预见和避免，但能克服的事件　D. 可预见但不能避免的事件

6. 在合同签订以后发生的意外事故，在国际上通常被认为（　　）。

A. 构成不可抗力　B. 不构成不可抗力

C. 没有统一解释　D. 按照国际商会的规定来判断

7. “人力不可抗拒”的含义在国际上的解释为（　　）。

A. 自然灾害、社会异常和政府行为　B. 自然灾害和政府行为

C. 自然灾害　D. 无统一解释

8. 下列有关仲裁协议的作用的表述中不正确的是（　　）。

A. 约束当事人以仲裁方式解决争议，不能向法院起诉

B. 排除了当事人以协商和调节的方式解决争议的问题

C. 排除了法院对有关争议的管辖权

D. 使仲裁机构取得对有关争议案件的管辖权

9. 不可抗力事件的证明文件在我国由（　　）出具。

A. 外经贸部　B. 出入境检验检疫局

C. 海关　D. 贸易促进委员会

10. 在美国，习惯上称“不可抗力事故”为（　　）。

A. 人力不可抗拒　B. 免责条款　C. 情势变化　D. 意外事故条款

11. 我方与外商按CIF条件成交某商品1 000打，允许卖方有5%溢短装幅度，我方实际装1 000打（提单也载明1 000打），货抵目的港后，买方即来函反映仅收到948打，同时也取得船公司短少证明，向我方索赔。我方正确的答复应是（　　）。

A. 同意补装52打货物　　B. 同意退52打的货款

C. 请其与船公司或保险公司联系　　D. 请其与银行联系

12. 我某粮油进出口公司与美国西部某公司签订进口该州小麦合同，数量10万公吨。麦收前该州暴雨成灾，小麦歉收50%，天灾属于不可抗力条款范畴，美方据此要求免除交货责任。我方应（　　）。

A. 视为构成不可抗力，解除合同

B. 视为构成不可抗力，要求推迟下一年度交货或少交货

C. 不视为构成不可抗力，要求美方按时履行合同

D. 与卖方协商

13. 在贸易中，一方违约，使另一方遭受重大经济损失，受损方依法解除合同后（　　）。

A. 无权再提出损害赔偿要求

B. 有权再提出损害赔偿要求

C. 是否有权再提出损害赔偿要求，要视损失金额大小而定

14. 中国从澳大利亚进口普通大豆2万吨，合同规定交货期为10月份。4月份，澳方原定收购地点发生百年未见的洪水，收购计划落空，澳方要求免除交货责任，我方应（　　）。

A. 视构成不可抗力，解除合同

B. 视构成不可抗力，要求延期履行合同

C. 视未构成不可抗力，要求澳方按时履行合同

D. 与卖方协商

15. 罚金的数额通常取决于（　　）。

A. 违约时间的长短　　B. 违约的严重程度

C. 违约事件的起因　　D. 当时当地的政府

16. 仲裁地点应首先选择在（　　）。

A. 本国　　B. 对方国　　C. 第三国　　D. 本国和对方国

17. 仲裁费用的承担者通常为（　　）。

A. 申请仲裁方　　B. 胜诉方　　C. 败诉方　　D. 双方各半

18. 对其判定具有强制执行权的机构为（　　）。

A. 仲裁庭　　B. 贸促会　　C. 国际商会　　D. 法院

二、简答题

1. 在国际货物买卖中为什么要订立索赔条款？该条款包括哪些主要内容？
2. 在国际货物买卖合同中约定索赔期限的方法有哪些？
3. 何谓不可抗力？在国际货物买卖合同中为什么要规定不可抗力条款？
4. 何谓仲裁？为什么仲裁是解决国际贸易争议的重要方式？
5. 仲裁协议有哪几种形式？其作用如何？

三、案例分析题

1. 我某出口企业以CIF纽约条件与美国某公司订立了200套家具的出口合同。合同规

定 1996 年 12 月交货。11 月底，我企业出口商品仓库被雷击发生火灾，致使一半左右的出口家具烧毁。我企业以发生不可抗力事故为由，要求免除交货责任，美方不同意，坚持要求我方按时交货。我方无奈经多方努力，于 1997 年 1 月初交货，美方要求索赔。试问:（1）我方要求免除交货责任的要求是否合理？为什么？（2）美方的索赔要求是否合理？为什么？

2. 我方售货给意大利商人，该商人又将该货转售给荷兰商人，货到意大利后，意大利商人将该货用另一条船运往荷兰，荷兰商人收货后发现数量短少向意大利商人提出索赔。据此，意大利商人又向我方索赔，你认为对此案我方应否负责？为什么？

3. A 公司委托 B 公司进口机器一台，合同规定索赔期限为货到目的港后 60 天。货到目的港卸船后，B 公司立即将货物转给 A 公司，因 A 公司厂房尚未建好，机器无法安装试车。半年后厂房完工，机器安装完毕并进行试车，A 公司发现机器不能正常运转。经过商检机构检验证明，该机器是旧货，于是 A 公司要求 B 公司对外索赔。但外商拒绝赔偿，A 公司遭到巨大经济损失，问从中可吸取什么教训？

第十章　国际货物买卖合同磋商

教学要求

能力目标

- 能够分析国外目标客户的特点，判断国际市场发展趋势
- 能够选定相应交易的磋商对策，制订合理的经营方案
- 能够撰写交易磋商各个环节的外贸函电
- 能够起草、订立国际货物买卖合同

知识目标

- 了解交易磋商的重要性和原则
- 熟悉交易磋商的程序，掌握发盘和接受的构成条件
- 掌握合同成立的有效条件
- 掌握国际货物买卖合同的内容

开篇案例

世界市场价格变化，影响合同履行么

11月4日，顺达公司应瑞典TG公司的请求，报价棉花500吨，每吨斯德哥尔摩到CIF价格340欧元，即期装运实盘，要约有效期至11月24日。TG公司接收到报盘后，请求顺达公司："降低价格；延长要约有效期。"顺达公司将价格每吨减至320欧元，延长要约有效期至11月30日。TG公司接到顺达公司来电后，又请求顺达公司："增加数量；再次延长要约有效期。"顺达公司再将数量增至800吨，延长要约有效期至12月10日。TG公司于12月6日来电接受该盘。顺达公司接到TG公司承诺电报时，发现国际市场因受灾影响棉花产量，市场价格暴涨。顺达公司不愿意成交，复电称："由于世界市场价格变化，在接到承诺电报前已将货物售出，不能提供货物。"TG公司不同意这一说法，认为承诺是在要约有效期内作出，是有效的，坚持要求顺达公司按要约的条件履行合同，并提出："执行合同或者赔偿差价损失6万欧元，否则将起诉至法院。"

试问：（1）双方间的买卖合同是否成立？

（2）TG公司有无正当理由提起诉讼？为什么？

启示：交易磋商的一般程序应包括邀请发盘、发盘、还盘、接受和签订合同等环节，其中发盘和接受是交易成立的基本环节，也是合同成立的必要条件。本案的关键问题是

如何认识合同订立的程序。一般来说，订立合同必须经过两个程序，即发盘和接受。本案中，经过推迟的发盘有效期是 12 月 10 日，TG 承诺于 12 月 6 日到达，是有效接受，合同应于 12 月 6 日成立。顺达公司以“由于世界市场价格变化，货物在接到承诺电报前已售出”为由不履行合同，是完全没有法律依据的违约行为。因此，双方间的买卖合同已经成立。

第一节　交易磋商前的工作

交易磋商（Business Negotiation）是进出口贸易工作的重要环节。在进出口交易磋商前，外贸企业必须认真做好进出口交易磋商前的各项准备工作。磋商交易准备工作做得越充分和细致，商订合同的过程也会越主动和顺利。首先介绍一下有关出口交易磋商前的准备工作。

一、加强国际市场调研，选择合适的目标市场

国际市场调研是指为了发现一种或一组产品的销售趋势，找到取得成功销售的方法而进行的调查国际商品市场的活动。它不仅是市场状况和统计数字的罗列，而且还要对它们进行全面的分析与研究，得出相应的结论，最终为企业的营销与经营管理提供科学决策。

（一）国际市场调研的作用

（1）可迅速了解消费者需要什么样的商品，做到知己知彼，有的放矢地开辟市场。

（2）可以了解特定市场的经济实力和消费水平，为企业提供选择适当的商品推销的依据。

（3）可以知道特定市场的供求关系与竞争对手的情况，为企业扩大销路、提高经济效益找到可行途径。

（4）通过市场调研，企业还可以立即发现特定市场的贸易政策及方式、货币汇率、消费观念等的变化，为企业找到选择对己有利的贸易时机和贸易机会。

（二）国际市场调研的范围

国际市场调研的范围比国内市场调研更广泛，国际市场调研根据所需要的信息可以分为三种。

（1）关于国别、地区或某一市场的一般信息。

（2）用来解决在广告宣传、定价、分销和产品中的问题的专题信息。

（3）通过分析某国或某市场的社会、经济和消费趋势预测未来的市场要求。

在国内开展业务时，市场调研部门通常只负责第二种调研。进行国际市调研的时候，往往要对这三类问题进行广泛的调研。企业进入国际市场常常要作出一系列连贯的决策，这些决策互相联系、但又有所区别，是一个由浅入深的过程。

（三）国际市场调研的主要内容

国际市场调研的内容主要包括对出口产品、目标市场、国外客户、销售渠道、竞争者的调研。

1. 熟知自身经营的产品

（1）出口产品的质量：包括产品的性能、特点、款式、包装、售后服务等。

（2）出口产品的价格：包括产品的成本价格、出口价格等。

（3）出口产品的设计、生产：包括产品的设计水平、满足客户特殊要求的设计能力、生产能力等。

（4）出口产品的交货期：包括单位产品生产周期、特殊加工所需时间等。

（5）出口产品的法律保护：包括产品或产品的生产过程是否受本国或海外专利的保护，有无商业秘密，产品商标是否已在海外注册。

2. 对目标市场的调研

（1）调查目标市场对产品的质量要求：包括国外产品的质量性能、品质公差的范围、畅销品种的特点等。

（2）调查目标市场的供求关系：包括供大于求、供不应求、供求平衡等。

（3）调查目标市场的销售价格：包括通常的交货条件，进口价格结构，现金支付的价格折扣及每一笔交易的数量折扣，每笔交易的利润额，价格趋势，进口代理佣金，对进口产品征收的消费税、营业税等。

（4）调查目标市场的法律规定及贸易壁垒：包括反倾销法、工业产权法、原产地证明法、检验法、非正常竞争法等；是否有进口配额、进口许可证的申领规定等市场准入条件。

（5）调查目标市场的文化背景、风俗习惯：包括消费者个人偏好、贸易习惯等。

（6）调查目标市场的外汇管制：包括进口商惯常使用的支付方式、外汇管制是否严格、是否需要对进口商提供信贷等。

3. 对国外客户的调研

（1）了解客户的支付能力：包括注册资本的多少、营业额、潜在资本、资产负债和借贷能力等。

（2）了解客户的经营能力：包括客户的购销渠道、联系网络、贸易关系、经营方法以及在新市场维持信誉的能力等。

（3）了解客户的经营范围：包括经营的性质、经营的品种、经营的区域范围等。

（4）了解客户的经营作风：包括客户的商业信誉、商业道德、服务态度等。

4. 掌握竞争者的状况

（1）知道谁是竞争者。

（2）掌握竞争者的产品特性（包括优势和劣势），特别是与自己产品的最大差别何在（销售量、市场占有率、销售价格、交货期及销售趋势）。

（3）掌握竞争者的经营战略、经营方法、促销手段、销售渠道以及是否有不正当竞争行为。

（4）掌握竞争者对自己产品的评价。

5. 对销售渠道的调研

销售渠道是产品由生产者到消费者所必经的路线。销售渠道具体表现为销售机构和个人，是架在生产者和消费者之间的一座桥梁，统称为“中间商”（包括批发商和零售商两类）。是否需要中间商，取决于商品价格高低、商品消费面是否广泛、商品自身特性以及生产者是否具有营销经验等。因此，结合自身产品特点，了解不同国家和地区销售渠道的特点与规律，合理选择中间商，利用其在当地市场的销售实力打开国外市场，是每位出口商都极为关心的重要内容。

（四）国际市场调研的途径

了解市场信息，可以通过实际业务中的接触和交往活动考察客户，掌握当地市场情况；通过举办交易会、展览会、技术交流会、学术讨论会，接触和倾听客户对产品的反映，掌握产品发展动态及国际市场行情；通过有关国家的商会、银行、驻外机构、咨询公司和各国民间贸易组织了解客户资信、销售渠道、经营范围等；从国内外有关专业性报刊和各种行业名录中了解客户和物色潜在客户；通过向目标市场国家的律师咨询，了解一些相关的法律法规情况。

（五）国际市场调研的程序

1．确定调研目标

确定调研目标的范围包括以下几个方面。

（1）市场环境调研目标。主要包括政治、经济、社会文化三方面，如政府的方针、政策和法令，发展国民经济的方针和计划；有关价格、税收、财政的政策；环保、保险、工商行政管理法规等；个人收入和城乡居民存款、消费水平和消费结构、物价水平和物价指数、能源和资源状况等的调查；居民的受教育程度和文化水平、职业构成、民族分布、宗教信仰、风俗习惯、审美观点、家庭规模等。

（2）市场供求调研目标。市场供求是指所交易产品在市场上的供给与需求情况。一般来说，市场供求方面的调查比较困难，很难获得确切数据，通常都是通过大致的情况进行估计的。具体来说，包括现有和潜在的购买人数、需求量；市场需求和变化趋势；该行业的同类产品在市场上的销售量，本企业及竞争对手在同类产品中的市场占有率等。

（3）消费者调研目标。主要包括消费者类别，如购买本企业产品的是个人还是团体居多，购买本企业产品个人的民族、年龄、性别、职业等；消费者购买力水平；消费者的欲望和购买动机，如影响购买者决策的因素、消费者购买本企业产品的原因及对其他企业产品的态度；消费者购买习惯，如是否坚持某种品牌商标及消费者的购买地点、购买时间的选择等。

（4）产品调研目标。产品调研包括消费者对本企业产品的评价、意见和要求；消费者对本企业产品的使用方法是否正确，如何扩大产品的使用领域；本企业产品的包装是否美观、轻便、安全、便于运输；本企业产品的商标是否便于记忆与区分、被人喜爱和富于联想；本企业的某种产品处于生命周期的哪个阶段；本企业的服务态度和服务方式是否恰当；协作单位的状况，如质量、产量、成本、交货期等。

（5）营销渠道信息。主要包括中间商的销售情况，如销售量、经营能力、利润等；消费者对中间商的印象；商品储存、运输的成本；抵达最终消费者的各种流通渠道。

2. 确定信息来源

按要求确定好课题和调研目标后，必须确定所需信息的现成资料——其他机构已搜集到的或公开出版物。对国际市场的调研，搜集信息的渠道主要有以下几种：我国驻外使馆，国外的咨询公司，国内外有关报刊、杂志、统计资料，国内科研、教育机构等。市场调研人员可以充分利用这类二手信息来源。如果没有现成资料或二手资料不足，调研人员可通过参加国际贸易展览会、利用洽谈的机会向客户咨询有关情况或向消费者了解等方式获取国际市场调研的第一手资料。

3. 确定调研方式

对获利潜力最大的市场的选择不能随意地进行，必须对所有可供选择的市场进行实际评估，在此基础上进行选择。这种评估在很大程度上依赖于市场调研。

要对世界市场进行全面调研需花费大量资金，为了降低成本，企业可按照下列原则开展市场调研：

（1）依靠比较便宜的案头调研（多数案头调研可在国内进行，而且可以得到满意的结果）；

（2）调研范围包括所有潜在市场；

（3）剔除不合适的市场；

（4）将剩下的市场按某种顺序进行排列；

（5）在少数几个重点市场进行实地调查，最后决定是进入一个市场，还是进入几个市场。

4. 摸清市场规模

在此阶段，要对市场规模和潜力进行大致估测。有关消费品的信息，常常可以从公开发表的有关人口、人均收入、私人消费支出等内容的统计资料中获得。对一些工业品（如钢铁、水泥等）来说，其统计资料一般亦可获得，但若对市场规模进行估计则往往是困难的，有时只有进行了调研之后才能作出估计。

5. 分析市场进入的可能性

要列出所有认为可能成为潜在市场的市场，然后从关税和非关税壁垒角度出发，考虑进入市场可能性的大小。这一步骤一般不需费很大周折。有关关税和非关税壁垒的信息可以从有关外贸部门获得。通过调研的第一个步骤往往就可以筛掉一大批市场，对这些市场的进一步考虑仅限于当地制造、组装、许可证贸易几个方面。

6. 分析赢利的可能性

在这一阶段，主要应搞清国外市场的价格水平，以便于和制造厂家的成本相比较。有关国外市场的详细价格可能不容易在本国得到，但通过网页访问和电子邮件来往则可以得到，先了解该市场的规模，然后再去了解其价格（这样会减少从价格角度考虑的市场数量）。

7. 制订国际市场经营计划

在市场调研的基础上，按照先进性、科学性、严肃性、综合性的原则，制订国际市场经营计划。

8. 进入国际市场

进入国际市场以后，并不意味着国际市场调研的结束，而是新一轮深入调研的开始，随着国际市场行情的变化，国际市场调研能不断为企业新的经营计划提供可靠的依据。

二、制订出口经营方案

为了更有效地做好交易前的准备工作，使对外洽谈交易有所依据，一般要预先制订进出口经营方案。出口经营方案是企业出口经营的行动指南，是对外洽商交易、推销商品和安排出口业务的依据，能帮助企业人员执行和落实自己的义务和责任。对于大宗商品或重点推销的商品，通常是逐个制订出口经营方案；对于中小商品，则制订内容简单的价格方案。

（一）出口经营方案的内容

1. 计划概要

在经营方案中应扼要阐明预计的目标和建议，使管理部门能迅速了解计划的主要内容。

2. 市场营销现状分析

（1）市场情况：分析市场规模与增长情况（以数量单位或以金额计算），按照市场细分与地区细分列出，掌握市场需求情况和价格变动趋势。

（2）产品情况：列出过去几年产品线中各主要产品的销售、价格、收益和利润的资料，以及国内生产能力，可供出口的数量，商品的品质、规格和包装等，确定产品在目标市场上的竞争地位。

（3）竞争情况：分析主要竞争对手，并对他们的规模、目标、市场份额、产品质量、市场营销战略加以阐述。

（4）分销情况：提供有关在各个分销渠道中相关产品的销售数量和每个分销渠道重要地位的变化。它反映了分销商和经销商能力上的变化，以及为了鼓励多销售所采取的必要的鼓励措施和贸易条件。

（5）宏观环境情况：主要阐述影响这一产品线未来的宏观环境趋势，即人口统计、经济、技术、政法及社会文化的发展趋势。

3. 机会与问题分析

机会与问题是企业进入海外市场给其带来的具体利益和面临的困难与障碍。对这两方面的问题进行客观分析研究，发挥优势，避免劣势，才能找出企业面临的主要机会与威胁，对本企业进行定位。机会与威胁是指能够影响企业未来发展的外部因素；优势与劣势是影响企业的内部因素。通过对内部和外部因素的分析，确定企业面临的主要问题，才能有的放矢地制订出企业的目标、策略和战术。

4. 市场细分

国际市场细分是对“市场细分化”原理的具体应用。对错综复杂的世界市场进行细分有下述三种策略。

（1）一个国家一个市场。对众多的国家逐个分析，贸易战略根据每个国家的具体情况而定。

（2）以类似的国家为同一个市场。有些国家的消费者购买某种产品的行为基本相同，他们受相似的地理环境、经济状况、文化模式和政治气候的影响。在这种情况下，营销者可对不同国家的同一类消费者实施通用的营销策略。

（3）打破国家的界线，视某种共同的东西为细分市场的标准。如就某些消费者而言，英国、加拿大、澳大利亚和新西兰等国家的妇女便构成了同一市场，不再因国家的不同将其区隔开。

一般来说，第一种策略的视线过窄，拘泥于国界；第二种策略有许多长处，而且可以将对少数国家的研究结果沿用于同类的其他国家；第三种策略似乎最能体现世界导向与全球规划的精神，但不像前种策略那样容易搜集资料，计划实施还会遇到很多困难。

开展国际贸易，必须要有强烈的细分市场的意识，但细分市场并不是目的，目的是要选择一个理想的市场，也就是要确定一个有巨大销售潜量的目标市场。

5. 目标

在出口经营方案中，目标制订要清楚，要有一个规定的完成期限；注意各种目标应保持内在的一致性；能反映出较低目标是如何从较高目标中引申出来的；同时，目标是可以达到的，并能最大限度地调动各层次人员的工作积极性。出口经营方案中的目标一般有两类：一个是财务目标，另一个是市场目标。

（1）财务目标是企业的所有者将寻求一个稳定的长期投资收益率，并想知道他们当年获利的可能性。例如：在未来的5年中争取20%的税后平均投资收益率，计划在某年取得纯利润180万美元。

（2）财务目标必须要转换成市场目标。例如，某公司计划获得180万美元利润，其目标利润率定为销售额的10%，那么，只有它确定一个1 800万美元的销售额作为目标方能实现。假设该公司制定产品的单价为260美元，公司则必须卖出69 230个产品才能完成这一目标。现在预计该产品整个市场销售量为230万个，那么该公司的69 230个产品的销售量就是市场占有率的 3%。要保持这一市场占有率，公司必须确定相应的目标来赢得其在消费者中的知名度和广泛的分销覆盖面。

6. 预计盈亏核算

进行出口换汇成本、出口盈亏率、出口创汇率等的核算。

7. 行动方案

对计划要做的事情按照时间顺序安排好，合理选派人员，将预计的开支安排到位。

8. 控制措施

控制措施是用来监督整个计划执行进程的。通常，目标和预算是按月或季度来制定，便于检查各阶段的执行情况，及时发现问题。哪个部门出现问题哪个部门进行解释，并说明完成计划应采取的行动。在有些方案的控制措施部分还包括意外应急计划，扼要列出可能发生的如罢工、价格战以及政府的临时禁止进口的规定，管理部门应采取的应急措施。

（二）出口经营方案实例

（1）表格式出口经营方案范例，如表10.1所示。

表10.1 出口经营方案表

商品情况	品名： 包装： 收购价：	规格： 尺码： 进货成本：	核定换汇： 净重： 毛重： 生产厂：
	项目	金额（人民币）	数量
进销存情况	年初库存 收购计划 成交待运 预计出口 预计期末库存		

续表

<table>
<tr><td></td><td colspan="2">年份</td><td colspan="2">出口数量</td><td>换汇成本</td><td>主销地区</td></tr>
<tr><td>近五年出运情况</td><td colspan="2">2007 年
2008 年
2009 年
2010 年
2011 年</td><td colspan="2"></td><td></td><td></td></tr>
<tr><td rowspan="2">2012 年</td><td rowspan="2">外销计划</td><td>国别地区</td><td>数量</td><td>单价</td><td>FOB 净价</td><td>换汇成本</td></tr>
<tr><td></td><td></td><td></td><td></td><td></td></tr>
<tr><td rowspan="2">出口安排</td><td>主要客户</td><td colspan="5"></td></tr>
<tr><td>主要措施</td><td colspan="5"></td></tr>
</table>

（2）文字式出口经营方案范例。

某进出口公司 1996 年小五金制品向东南亚国家出口的经营方案

我外贸进出口专业公司已有 40 多年的小五金制品出口历史，以“金杯牌”注册商标向东南亚地区国家出口。公司在该地区拥有固定客户，产品享有一定的知名度。作为公司传统出口商品，1995 年小五金制品向该地区出口量为 500 吨，销售金额 45 万美元，纯利润 2.2 万美元。公司计划：1996 年小五金制品向该地区出口量达 550 吨，力争销售额达到 50 万美元，纯利润目标为 2.5 万美元。

一、产品情况

小五金制品属于零散性出口商品，经营特点：品种多（大致有上百个品种），规格复杂（大约有上千种规格），产品尺寸大小相差较大，小到螺丝帽，大到金属链条，外商每次订货时各品种订货批量小且零散。因此，对小五金制品进行贸易量统计时，一般采用以吨为单位，而不是以计件方式。

小五金制品应用范围广泛，市场需求量大，主要用于人们的日常生活，包括门锁及各种锁具、门把及各种拉手、合页、金属链条、插销、五金工具等。目前国际市场上对各种小五金制品的需求大致分两个档次：一部分是高档产品，其附加值高，销售价格高，市场潜在需求量大，由于我国目前的生产加工水平有限，我公司尚未经营这类产品，海外市场还未能打开；另一部分是档次较低的大陆货，其附加值低，海外销售价格低，这是我公司长期经营的出口产品，由于这类制品采取老工艺加工生产，因此，生产企业无需太多的投入，仍可保持现有的市场销售量，目前我公司出口已成规模，出口渠道稳定。

二、我公司经营情况分析

1. 公司的经营优势

我公司是经营对外贸易的专业公司，具有40多年的历史，产品远销世界各地。东南亚市场是我公司的传统出口市场，在该地区拥有自己固定客户，并建立了良好的信誉。通过不断努力和积极开拓，创出了自己的“金杯牌”品牌商标。由于“金杯牌”商标在东南亚地区进行了注册，使公司获得独家经营权，该品牌多年来一直为公司带来较好的经济效益。目前，国内虽然有许多出口公司经营小五金制品，但公司的老客户宁愿花略高些的价格来购买我们的“金杯牌”产品，而不愿购买其他品牌信誉差的产品。

2. 企业外部环境

小五金制品不属于高精尖技术，生产企业无需进行大规模投资，国内有许多生产厂家，特别是在南方城市，有许多合资企业，加工设备先进，产品档次较高。因此，国内生产企业之间竞争激烈。

同时，我国小五金制品出口经营单位多，由于各公司内部出口成本核算构成不同，货源渠道不同，同类产品出口作价相差较大，出口公司之间价格竞争十分激烈，出口报价混乱。

随着人们消费水平不断提高，原有的小五金制品的档次大大落后于目前消费水平，不能满足消费者需求。以门锁、拉手为例，现在我公司出口的门锁、拉手还是过去的老品种，老颜色，老样式，产品单调，包装简单。而随着家庭装修越来越普遍，对装饰材料的需求量和品种要求越来越高，与现代化房屋装修相配套的装饰产品搭配显得更加重要。如与房屋装饰配套的仿古式门把、门锁等产品，属于较高档次的小五金制品，有较大的市场需求。这些高档次小五金制品，产品品种与低档次相同，但由于产品与现代化装饰相配套，产品美观、高雅，加工精细，因此市场售价高，而低档次大陆货面临着被国际市场淘汰的威胁。

3. 公司面临的主要问题

目前面临的最大问题是资金不足。为了组织出口制品的生产，生产企业要求外贸公司向工厂交预付款，而原来外贸出口采购采取托收方式，对外贸公司来说资金不成问题。

我公司出口成本核算计算公式为：(出口商品成本+外贸企业商流费+国内运输费用)×汇率。由于专业外贸公司出口成本核算构成不同于小型出口公司，特别在商流费用方面的支出，我公司的商流费为10%～14%，而小型出口企业有时只有2%左右，仅此一项费用，大公司与小公司之间相差8%～12%。假设大型外贸公司和小型出口企业出口商品的成本、运输费用和汇率大致相同的情况下，外贸公司的出口成本要高于小型出口企业。

4. 东南亚市场的特点

小五金制品在东南亚地区销售的主要特点是：需求量大、有部分转口贸易、市场复杂。向该地区国家出口的小五金制品占我公司同类产品出口量的一半以上，其中部分产品通过当地中间商转口到中南美地区国家。对该地区的出口产品包装本着结实、不散为主，有利于中间商转口。由于大多数中间商是华人，他们对国内情况比较了解，往往货比三家之后才肯签订合同。近几年来有些东南亚厂家纷纷到大陆投资设厂，直接经营小五金制品生产及贸易。

因此，我公司在贸易中遇到了一些困难，但仍然有些老客户始终保持与我公司贸易往来，使得我公司在竞争激烈的情况下，出口量略有增加。

三、公司计划及行动方案

1995 年我公司小五金制品出口量为 500 吨，销售额为 45 万美元，东南亚地区市场占有率为 5%。1996 年公司计划向该地区出口量为 550 吨，销售额达到 50 万美元，当地的市场占有率为 5.5%。要完成这一目标需做到以下几个方面。

一是保持原来大陆货商品出口市场份额，发挥公司的出口优势。大陆货商品虽然价格低，但有一定的市场占有率，可以维持本公司出口规模，获得一定的经济效益。

二是开辟东南亚地区高档次小五金制品出口。高档次小五金制品的出口需求在近期内会有较大增加，它可以为公司带来两个方面的好处：高档次商品附加价值高，出口价格高，公司相应获得的利润额就高；为我公司今后出口产品的更新换代、提高小五金制品档次打下基础，使我公司在今后几年中高档次小五金制品所占出口比例逐年提高，并使中高档次小五金制品成为公司主要出口产品。

要实现这一计划，公司应采取的行动方案将分两步进行。

一是保持原有的销售渠道，维持现有的出口规模，利用老客户渠道出口大陆货商品，作好稳定老客户、老渠道的工作。

二是将开辟东南亚地区高档次小五金制品的出口市场作为我公司 1996 年出口工作的重点。具体措施是首先腾出一部分精力，广泛联系国内有能力的生产企业，收集适合于出口的商品样品，同时搞好出口市场调研，按照进口商的要求组织生产，使产品适销对路。计划投入一部分资金进行高档次小五金制品样品和样本的宣传，抓紧样本的印制工作，尽早将样本邮寄给我公司的老客户。目前，我国南方地区有些合资企业加工水平高，可以与他们建立供货关系，稳定出口货源。东南亚地区高档次小五金制品出口渠道可以利用原来的老渠道，通过进口国当地的小五金批发商代理出口。

利用 1996 年的两次广交会向外商展示高档次小五金制品，以获得市场反馈信息，为我公司今后的出口产品换代作准备，使企业在不断变化的国际市场竞争中处于有利地位。

三、办理商标注册

国际贸易中的大多数商品都是有牌子和商标的，按照许多国家的有关法律规定，商标和牌子必须在该国合法注册，才能得到国家法律的承认和保护。

目前，各国对商标所有权或专用权的管理大致有四种制度。

一是“使用在先原则”，即谁先使用某商标，谁就拥有该商标的所有权（因这种方法弊端较多，现采用已经不多）；

二是“注册在先原则”，即谁先依法注册，谁就取得该商标在注册国家的所有权；

三是“混合原则”，即原则上以注册在先确定商标所有权，但申请注册时须公告一段时间，如无人提出异议，才给予承认和保护；

四是“双重原则”，即如先注册者和首先使用者分属两人时，商标所有权属于首先注册者，首先使用者自己仍可继续使用，但不得转让。

根据我国《商标法》规定，我国采用上述第三种做法，公告期为 3 个月。

过去，我国企业对商标国外注册工作重视不够，有的商标在国外市场被他人抢先注册或假冒，使我方蒙受巨大经济损失。我出口商品商标如何在国外市场办理注册呢？一般是先在国内注册，以取得国内法律的保护；然后再委托中国国际贸易促进委员会或进出口商会商标处，或国外友好团体、客户在国外办理注册。外国人在我国申请商标注册，按规定应委托法定代理人向中国贸促会办理。

第二节　交易磋商的程序

一、交易磋商的内容

交易磋商（Business Negotiation）是指买卖双方以买卖某种商品为目的而通过一定就交易的各项条件进行洽商并最后达成协议的全过程。交易磋商是在充分做好交易前的准备工作的基础上进行的，也是签订合同不可缺少的一个重要工作。交易磋商在形式上可分为口头和书面两种。口头磋商主要是在谈判桌上面对面的谈判，如参加各种交易会、洽谈会、博览会以及贸易小组出访，邀请客户来华洽谈交易等。另外，还包括双方通过国际长途电话进行的交易磋商。书面磋商是指通过信件、电报、电传等通信方式洽谈交易。随着现代通讯技术的发展，书面洽谈也越来越简便易行，而且费用低，是日常业务的通常做法。这两种磋商形式也可交叉进行。它们尽管在做法上各不相同，但法律效力相等。除此之外，洽谈方式在国际贸易中尚有行为表现方式，如在拍卖市场上的买进或出售。

交易磋商的内容就是拟签订的买卖合同的各项条款，品名、品质条件、数量条件、包装条件、价格条件、装运条件、支付条件、保险条件、商检条件、索赔条件、不可抗力条件和仲裁等。

二、交易磋商的一般程序

每一笔交易磋商的程序不完全相同，但一笔交易的洽商从开始联系到达成交易，不外乎询盘、发盘、还盘、接受四个环节。

（一）询盘（Enquirer/Inquiry）

询盘是指交易的一方当事人欲洽购或推销某种商品而向对方表示的意愿，或就有关交易条件而提出的询问。内容可以涉及某种商品的品质、规格、数量、包装、价格和装运等成交条件，也可以索取样品，其中多数是询问成交价格，因此也有人把询盘称做“询价”。

询盘按照发出者不同，可以分为以下几种。

1. *买方发出询盘，也称“邀请发价”*（Invitation to Make an Offer）

例如，国外客户给我国某粮油进出口公司来电：“我方对东北大豆有兴趣，请电告 10 000 吨，于 2012 年 5、6 月份装运 CIF 伦敦最低价。”

（We are intreseted in northeast soybean，please telex us 10 000 M/T and effect shipment 5/6, 2012，CIF London the lowest price.）

2. *卖方发出询盘，也称“邀请递价”*（Invitation to Make a Bid）

例如，我粮油进出口公司向国外某客户发出询盘：“我方可供东北大豆 10 000 吨，请递盘。”

（We can supply northeast soybean 10 000 M/T，please bid.）

询盘应注意如下问题。

（1）询盘虽然同时可向一个或几个交易对象发出，但不应在同时期集中对外询盘，以防止暴露我销售或购买心切。

（2）在询盘中，不仅限于询问价格，也可以询问其他交易条件。

（3）询盘是交易洽商的第一步，在法律上对询价人和被询价人均无约束力。即买方询价后，无购买货物的义务；卖方询价后，无出售货物的责任。

（4）被询价人可以及时发价回答询价，也可以拖延一段时间发价，还可以拒绝回答询价。不过在交易习惯上要尊重对方，无论是否出售或购买均应及时回答为宜。

（5）询价虽然对双方无约束力，但是双方在询价的基础上经过多次洽商，最后达成交易，如履约时发生争议，那么原询价的内容也成为洽商成交文件的不可分割部分，同样作为处理争议的依据。

（二）发盘（Offer）

发盘又称“发价”，在法律上称为“要约”，是买方或卖方向对方提出各项交易条件，并愿意按照这些条件达成交易，订立合同的一种肯定的表示。发盘的一方称为“发盘人”，受盘的一方称为“受盘人”。在实际业务中，发盘通常是一方在收到对方的询盘之后提出的，但也可不经过对方询盘而直接向对方发盘。发盘通常分为以下两种情况。

（1）发盘通常由卖方发出，习惯上称为“卖方发价”（Seller Offer）。

例如，“我方可供应 10 000 吨大豆，价格为 CFR 惠灵顿每吨 260 美元，以你方在北京时间 3 月 14 日下午 2 点以前回复为有效”（We can supply 10 000 M/T soybean and the price of the soybean is US$ 260 per long ton CFR Wellington subject to your reply before 2 p.m. on March 14 Beijing time）。

（2）买方主动发盘，习惯上称为“买方发价”（Buyer Offer）。

例如，“我方欲订购大同煤，干态发热量 6 900 大卡以上，50 000 吨，5/6 月份装运，每吨 FOB 秦皇岛 45 美元，不可撤销即期信用证支付，报盘有效期 5 天。”

（We want to place an order of 50 000 M/T Datong steam coal，USD 45 per M/T FOB Qinhuangdao，May/June shipment，payment by irrevocable sight L/C. The min thermal value should be 6 900 kcal/kg. The offer is valid for 5 days.）

发盘在其有效时限内，发盘人不得任意撤销或修改其内容，发盘一经对方在有效时限内表示无条件的接受，发盘人将受其约束，并承担按照发盘条件与对方订立合同的法律责任。

（三）还盘（Counter-offer）

还盘又称“还价”，是受盘人对发盘内容不完全同意而提出修改或变更的表示。还盘既是受盘人对发盘的拒绝，也是受盘人以发盘人的地位所提出的新发盘。一方的发盘经对方还盘后即失去效力，除非得到原发盘人的同意，受盘人不得在还盘后反悔，再接受原发盘。

还盘只有受盘人才可以作出，其他人作出无效。实务中，还盘往往建立在原发盘的基础上，即还盘人只需提出原盘中不能接受的内容并加以修改，提出自己的意见，同意的部分则在还盘中可略去不谈。

发盘人接到对方还盘，通常采用三种方法处理：坚持原来的发盘，但可延长发盘的有效期，让对方再考虑；再还盘，作出一个新的发盘；接受或停止继续洽商。

（四）接受（Acceptance）

“Acceptance“一词法律上称“承诺”，业务上叫“接受”，是指买方或卖方同意对方在发盘（或还盘）中提出的交易条件，并愿意订立合同的一种肯定的表示。

一方的发盘经另一方接受，交易即告达成，合同即告订立；双方就应分别履行其所承担的合同义务。

表示接受，一般用“接受”（Accept），“同意”（Agree）和“确认”（Confirm）等词语。通常情况下，只需简单列明“你方×日电我接受（或确认）”即可，而不必重复列出有关的交易条件。但是，有些交易由于磋商进程较长，来往函电较多，为避免误解和差错，可将最后商订的交易条件重复一遍。

三、发盘、接受的法律规则及运用

询盘、发盘、还盘、接受是交易磋商的一般程序。发盘和接受是交易磋商不可缺少的两个环节。

（一）发盘的法律规则及其运用

1. 构成发盘的条件

由于发盘在法律上构成一项要约，并对发盘人具有约束力，因此作为一项有法律效力的发盘必须具备一定的条件，即构成发盘的条件。一项发盘的构成必须具备以下四个条件。

（1）发盘必须是向一个或一个以上特定的人发出发盘。该特定的人可以是一个或一个以上的自然人或法人。《公约》第 14 条第 2 款明确规定：“非向一个或一个以上特定的人提出的建议，仅视为邀请作出报价，除非提出建议的人明确表示相反的意向。”因此，不指定受盘人的发盘，只能构成“发盘的邀请”（Invitation to Offer）。例如，国际性的公开招标行为只能构成邀请投标人进行发盘的行为。

（2）发盘表明在得到接受时承受约束的意旨。发盘必须表明严肃的订约意旨，即发盘应该表明发盘人在得到接受时，将按发盘的条件承担与受盘人订立合同的法律责任。这种意旨可以用“发盘”、“递盘”等术语和语句加以表明，也可不使用上述或类似术语和语句，而按照当时的谈判情形、当事人之间以往的业务交往情况或双方已有的习惯做法来确定。

（3）发盘的内容必须“十分确定”（Sufficiently Definite）。发盘人提出的交易条件必须十分确定。《公约》第 14 条第 1 款中规定：“一个建议如果写明货物并且明示或暗示地规定数量和价格或规定如何规定数量和价格，即为十分确定。”因此，所谓“十分确定”在实际业务中具体体现在以下三个方面：①提出的交易条件是完整的。根据《公约》的上述规定，一项发盘所列的交易条件，只要包括货物、数量和价格，即构成完整性。②提出的交易条件是明确的，不能是含糊的、模棱两可的。③一项确定的发盘，还要求它必须是终局的，没有任何保留条件或限制性条件。

（4）发盘必须送达受盘人。一项发盘要能生效，必须送达受盘人。发盘送达受盘人的时间也就是发盘生效的时间。如果发盘人以某种方式，如电报或信函，向受盘人发盘，而发盘在传递途中遗失，以至于受盘人未收到，那么该发盘不能生效。

2. 发盘的有效期

发盘的有效期是指可供受盘人对发盘作出接受意思表示的期限。《公约》第18条第2款规定：如果对发盘“表示同意的通知在发价人所规定的时间内（如未规定时间，在一段合理的时间内），未曾送达发价人，接受就成为无效，但须适当地考虑到交易的情况，包括发价人所使用的通讯方法的迅速程度。对口头发价必须立即接受，但情况有别者不在此限。”因此，任何发盘都有有效期。有效期的规定方法有以下三种。

（1）发盘中明确规定具体的有效期。无论是规定最迟的期限，还是规定答复的期间，如果在允许表示接受的期间遇有节假日，《公约》第20条第2款规定：“在计算接受期间时，接受期间内的正式假日或非营业日应计算在内。但是，如果接受通知在接受期间的最后一天未能送到发价人地址，因为那天发价人营业地是正式假日或非营业日，则接受期间应顺延至下一个营业日。”

（2）发盘中未规定具体有效期。发盘中未规定具体有效期，并不意味着该发盘没有有效期。《公约》第18条规定：受盘人必须在合理时间内作出表示，否则接受无效。尽管法律上有这种合理时间的规定，但由于合理时间的长短较容易引起争议，所以在实际业务中还是以规定明确具体的期限为好。

（3）口头发盘。按《公约》规定，原则上要求“立即接受”，如果当事人另有约定，则不在此限。

3. 发盘的撤回和撤销

发盘的撤回是指发盘送达受盘人之前，发盘人将其撤回，以阻止它生效的行为。《公约》规定，一项发盘，只要在它尚未生效以前，都是可以修改或撤回的。前提是撤回通知或更改通知，必须在受盘人收到发盘之前或同时送达受盘人。

发盘的撤销是指发盘送达收盘人，等发盘已经生效后，发盘人再取消该发盘，解除其效力的行为。发盘能否撤销，各国法律规定不同，概括起来主要有以下三种。

第一种，英美法系国家的法律认为，就发盘能否撤销而言，发盘原则上对发盘人没有约束力，发盘在被受盘人接受前，发盘人可予以撤销，即使发盘中规定了有效期，在有效期内发盘人仍可予以撤销，除非是受盘人已付出某种“对价”的发盘以及由发盘人签字蜡封的发盘。

第二种，大陆法系国家的法律认为，发盘对发盘人具有约束力，发盘生效后，原则上发盘人不得撤销该发盘。其中，法国法律规定：发盘人在发盘有效期内欲辙销发盘的，必须负损害赔偿责任；德国法律则明确规定在发盘有效期内，发盘人不得撤销或变更其发盘。

第三种，《公约》为了弥合两大法系在发盘撤销问题上的分歧，在第16条中规定：已为受盘人收到的发盘，如果撤销的通知在受盘人发出接受通知前送达受盘人，可以撤销。但在下列情况下不得撤销：发盘是以规定有效期或以其他方式表明为不可撤销的；受盘人有理由信赖该项发盘是不可撤销的，并已本着对该发盘的信赖采取了行动。

4. 发盘的终止即发盘的失效

一项已生效的发盘，在下列情况发生后将失去效力，即解除对发盘人的约束力。

（1）过了发盘的有效期。即超过发盘规定的有效期或发盘未规定有效期时，超过了合理时间，发盘人仍未收到受盘人的答复。

（2）被发盘人撤销，即允许撤销的发盘，被发盘人在受盘人表示接受前终止了其效力。

（3）被受盘人拒绝或还盘，即受盘人对发盘作出了拒绝或还盘的答复。即使原定有效期限尚未届满，发盘也立即失效。

（4）发盘还可因出现某些特定情况，按有关法律的适用而终止。例如，发盘人在发盘被接受前丧失了行为能力或正式宣告破产，并将有关破产的书面通知送达受盘人；特定的或独一无二、不可替代的标的物被毁灭；发盘中的商品被政府宣布禁止出口或进口等。在以上任一情况下，发盘将依法终止有效。

5. 区分发盘和发盘的邀请

发盘是一项肯定的订约建议，具备构成发盘的四项条件，特别是"表明在得到接受时承受约束的意旨"和"内容十分确定"这两项条件。而发盘的邀请则是一项不肯定的订约建议，是指交易的一方打算购买或出售某种商品，向对方询问买卖该项商品的有关交易条件（即询盘），或者就该项交易提出带有保留条件的建议，它不具备构成发盘所必需的四项条件，特别是它不具备前述两项条件。

（二）接受的法律规则及其应用

1. 构成接受的条件

一项有效的接受条件必须具备以下条件。

（1）接受必须由受盘人作出，任何第三者非经受盘人本人同意、授权所作出的接受都是无效的。这是因为发盘是向特定的受盘人发出的，发盘人的目的是告诉特定的交易另一方，他愿意按所列条件与对方成交，非经授权的其他人没有资格参与这一交易磋商。

（2）接受必须是无条件的。即接受的内容应该与发盘或递盘、还盘的内容、条件完全一致。如果受盘人对原发盘或递盘、还盘的内容作了修改、添加或限制，就构成了还盘。但是，并非所有的更改都是还盘。根据《公约》解释，只有对原发盘（递、还盘）的内容和条件作出"实质性变更"才构成还盘，否则可作为"有条件的接受"。那么，什么是"实质性变更"呢？《公约》第19条中规定："有关货物价格、付款、货物质量和数量、交货地点和时间、一方当事人对另一方当事人的赔偿责任范围或解决争端等的添加、限制或不同条件，均视为在实质上变更发盘的条件。"有条件的接受就是指受盘人对发盘（递、还盘）的内容所作的变更是非实质性的，在这种情况下，如果发盘人不表示反对，则为有效的接受，交易达成的条件应以接受人（受盘人）变更后的条件为准。例如，A公司8日向B公司发盘："现货供5万公吨春小麦，50千克麻袋装，每吨CIF开罗价80美元。"B公司回电："接受你方8日来电，100千克新麻袋包装。"B公司回电构成有效接受，交易达成。

（3）接受必须表示出来。《公约》第18条第1款规定："缄默或不行动本身不等于接受。"因此，接受必须采用声明或行为的方式来表示。即受盘人表示接受，通过口头或书面的声明，用与发盘对等的传递方式或更快捷的传递方式向发盘人明确表示出来，例如表示接受的函电和电话等。用行为表示接受，就是受盘人无须声明，直接本着发盘已被接受的设想行事，例如受盘人收到发盘后认为可接受，直接开立信用证或发货。用行为表示常常发生在老客户之间，各自对对方的资信等情况熟悉、履约较有保证，其他情况下则易引起纠纷。我国的外贸业务中尚未使用此做法。对于要求以书面形式才能达成协议的国家（包括我国），接受必须以书面形式作出。

（4）接受必须在发盘有效期内表示。如果接受的通知因种种原因晚于发盘人规定的有效期到达，称为“逾期接受”(Late Acceptance)。逾期接受对发盘人无约束力，是无效的。它实际上是一项新的发盘，如原发盘人同意接受，则可确认成交。决定逾期接受是否有效的主动权在发盘人手中。

2. 有条件接受的效力

《公约》第 19 条规定：“①对发价表示接受但载有添加、限制或其他更改的答复，即为拒绝该项发价，并构成还价。②但是，对发价表示接受但载有添加或不同条件的答复，如所载的添加或不同条件在实质上并不改变该项发价的条件，除发价人在不过分迟延的期间内以口头或书面通知反对其间的差异外，仍构成接受。如果发价人不作出这种反对，合同的条件就以该项发价的条件以及接受通知内所载的更改为准。”该条款明确规定，对于一项有条件的接受不能构成法律上的有效的接受，但有条件的接受视所附条件是否在实质上改变了发盘的内容，可分为还盘和发盘人可及时予以拒绝的接受。

对于接受所附条件是否构成实质性的变更发盘内容，《公约》第 19 条第 3 款规定：“有关货物价格、付款、货物质量和数量、交货地点和时间，一方当事人对另一方当事人的赔偿责任范围或解决争端等的添加或不同条件，均视为实质上变更发价的条件。”

对于附有条件的接受，值得注意的是，如果受盘人在接受发盘时所附条件只是某种“希望”或“请求”性质的，也就是说受盘人只是要求发盘人可能的话按所附条件办理，若发盘人不同意请求，并不影响合同的有效成立。

案例 10.1　合同成立的判定

某进出口公司欲进口包装机一批，对方发盘的内容为：“兹可供普通包装机200台，每台500美元CIF青岛，6～7月份装运，限本月21日复到我方有效。”我方收到对方发盘后，在发盘规定的有效期内复电：“你方发盘接受，请内用泡膜，外加木条包装。”

问：我方的接受是否可使合同成立，为什么？

分析：我方的接受可使合同成立。根据《公约》的规定，受盘人对货物的价格、付款、品质、数量、交货时间与地点、一方当事人对另一方当事人的赔偿责任范围或解决争端的办法等条件提出的添加或更改，均视做“实质性变更发盘条件”。受盘人在接受中的添加或更改，如果在实质上变更原发盘条件，就构成了对原发盘的拒绝，其法律后果是否定了原发盘，原发盘即告失效，原发盘人就不再受其约束。本案中我方在接受通知中表示对包装条件的添加，并不构成实质性变更发盘条件，不属于还盘性质，除非发盘人在合理的时间内及时地表示不同意受盘人的添加。否则，该接受仍具有接受的效力。因此，我方的接受可使合同成立。

3. 接受生效的时间

在接受生效的时间上，英美法采用投邮生效的原则，即接受通知书一经投邮或发出，立即生效；而大陆法采用到达生效的原则，即接受通知书必须到达发盘人时才生效。

《公约》明确规定，接受送达发盘人时生效。

4. 逾期接受的效力

对于过了发盘有效期才到达发盘人的接受，《公约》第 21 条规定：“①逾期接受仍有接受的效力，如果发价人毫不迟延地用口头或书面将此种意见通知被发价人。②如果载有逾期接受的信件或其他书面文件表明，它是在传递正常、能及时送达发价人的情况下寄发的，则该项逾期接受具有接受的效力，除非发价人毫不迟延地用口头或书面通知被发价人——他认为他的发价已经失效。”该条款将逾期接受按造成逾期的原因不同作如下划分。

（1）由于受盘人原因造成的逾期。即因受盘人作出接受的时间太迟，以至于该接受到达发盘人时已超过发盘的有效期。此种逾期接受只能构成一项新的发盘，除非发盘人及时予以确认，否则该接受无效，合同不成立。

（2）因传递途中的故障造成的逾期接受，即按照正常的传递本应能在发盘有效期内送达发盘人的接受，由于传递途中的不正常情况造成了延误，而使接受在有效期过后才到达发盘人。此种逾期接受不同于因受盘人自己的原因造成的逾期接受，它仍具有接受的效力，除非发盘人及时拒绝。

对于逾期接受问题。应注意到：如果因接受期限最后一天是发盘人所在地的正式假日或非营业日（Non-business）而使受盘人的接受通知未能在最后期限前到达发盘人，只要接受通知在下一个营业日到达发盘人，该接受依然有效，合同成立。

案例 10.2　这是否是逾期接受

我某进出口公司向国外某客商询售某商品，不久我方接到外商发盘，有效期至7月22日。我方于7月24日用电传表示接受对方发盘，对方一直杳无音讯。因该商品供求关系发生变化，市价上涨，8月26日对方突然来电要求我方必须在8月28日前将货发出，否则，我方将要承担违约的法律责任。

问：我方是否应该发货?为什么?

分析：我方不应发货。因为我方7月24日用电传表示的接受，已经超过了发盘规定的有效期，不具有接受的效力，仅相当于一项新的发盘，买卖双方之间无合同关系，所以，我方不应发货。因该商品市场行情上涨，我方应寻找出价较高的买方将货物销售出去。

5. 接受的撤回

《公约》规定，接受于表示接受的通知到达发盘人时生效，因此，受盘人可在接受生效前阻止其生效，即受盘人对其接受采取撤回行为。但受盘人撤回通知必须在其接受通知到达发盘人之前或同时到达发盘人，才能有效地撤回其接受。一旦接受通知先期到达发盘人，接受便生效，合同即告成立。由此，对于一项已生效的接受，受盘人无权撤销，否则将构成对合同的撤销，这在法律上是不允许的。

第三节　买卖合同的订立

一、合同有效成立的条件

合同的成立必须符合法律规范，方为有效，即合同必须具备某些法律条件，这些法律条件主要包括以下几点。

1. 合同当事人具有行为能力

进出口双方在法律上必须具有签订合同的资格。签订买卖合同的当事人主要为自然人或法人，按各国法律的一般规定，自然人签订合同的行为能力是指精神正常的成年人才能订立合同；未成年人、精神病人、禁治产人订立合同必须受到限制。关于法人签订合同的行为能力，各国法律一般认为，法人必须通过其代理人，在法人的经营范围内签订合同，即越权的合同不能发生法律效力。

我国《合同法》第九条规定："当事人订立合同，应当具有相应的民事权利能力和民事行为能力。"由此可见，在订立合同时，注意当事人的缔约能力和主体资格十分重要。

2. 合同必须有对价或合法的约因

对价（Consideration）是英美法系的一种制度，是指合同当事人之间所提供的相互给付（Counterpart），即双方互为有偿。约因（Cause）是法国法系所强调的，是指当事人签订合同所追求的直接目的。买卖合同只有具备了对价或约因，才能有效，否则不受法律保障。

3. 合同内容必须合法

许多国家往往从广义上解释"合同内容必须合法"，其中包括不得违反法律、不得违反公共秩序或公共政策，以及不得违反善良风俗或道德三个方面。

根据我国《合同法》第七条规定："当事人订立、履行合同应当依照法律、行政法规，尊重社会公德，不得扰乱社会经济秩序，损害社会公共利益。"

4. 合同必须符合法律规定的形式

世界上大多数国家只对少数合同要求必须按法律规定的特定形式订立，而对大多数合同一般不从法律上规定应当采取的形式。我国《合同法》规定："当事人订立合同，有书面形式、口头形式和其他形式。法律、行政法规规定采用书面形式的，应当采用书面形式。"涉外经济合同的订立、变更或解除必须采取书面形式，这种书面形式是指合同书、信件和数据电文等可以有形地表现所载内容的形式。凡未采用书面形式的，即为无效。这也是我国核准参加《联合国国际货物销售合同公约》所作的两项保留之一。

5. 双方当事人的合意必须真实

各国法律都认为，合同当事人的意思表示必须是真实的才能成为一项有约束力的合同；否则这种合同无效。根据我国《合同法》第五十二条的规定，有下列情形之一的，合同无效：

（1）一方以欺诈、胁迫的手段订立合同，损害国家利益；

（2）恶意串通，损害国家、集体或者第三人利益；

（3）以合法形式掩盖非法目的；

（4）损害社会公共利益；

（5）违反法律、行政法规的强制性规定。

二、书面合同的签订

（一）签订书面合同的意义

1. 签订书面合同是合同成立的依据。它可以证明合同关系的存在，一旦发生争议，可以此为凭证，据理力争。

2. 签订书面合同是履行合同的依据。合同上明确了买卖双方的权利和义务，履行合同时可参照执行。

3. 签订书面合同有时也是合同生效的条件。一般来说，接受生效，合同就成立，但在通过信件、电报、电传达成协议的特定环境下，一方当事人要求签订确认书，则签订确认书方为合同成立。此外，如果所签订合同必须是一方或经双方所在国政府审批的合同，那么这一合同的生效就必须是具有一定格式的书面合同。

（二）书面合同的形式

在国际贸易中，有关货物买卖的书面合同的名称和形式均无特定的限制，合同（Contract）、确认书（Confirmation）、协议书（Agreement）和备忘录（Memorandum）均有使用。在我国外贸业务中主要使用合同和确认书两种形式。

（1）合同。合同的内容比较全面，对双方的权利和义务以及发生争议后如何处理均有全面的规定。由于这种形式的合同有利于明确双方的责任和权利，因此大宗商品或成交金额较大的交易多采用此种形式。卖方草拟提出的合同称“销售合同”；买方草拟提出的合同称“购货合同”。使用的文字是第三人称的语气。

（2）确认书。确认书的内容比较简单，属于一种简式合同。这种形式的合同适用于金额不大、批数较多的土特产品和轻工产品，或者已订有代理、包销等长期协议的交易。卖方出具的确认书称“售货确认书”；买方出具的确认书称“购货确认书”。用的是第一人称的语气。

（三）书面合同的内容

书面合同一般由约首、约文、约尾三个部分组成。

（1）约首是指合同的序言部分，包括合同的名称、订约双方当事人的名称和地址（要求写明全称）。除此之外，在合同序言部分常常写明双方订立合同的意愿和执行合同的保证。该序言对双方均具约束力。因此，在规定该序言时应慎重考虑。

（2）约文是合同的主体部分，具体列明各项交易的条件或条款，如品名、品质规格、数量、单价、包装、交货时间与地点、运输与保险条件、支付方式以及检验、索赔、不可抗力和仲裁条款等。这些条款体现了双方当事人的权利和义务。

（3）约尾一般列明合同的份数、使用的文字及其效力、订约的时间和地点、生效的时间等。合同的订约地点往往要涉及合同准据法的问题，因此要慎重对待。我国出口合同的订约地点一般都写在我国。有的合同将“订约时间和地点”在约首订明。

（四）格式合同

格式合同又称“标准合同”、“定式合同”等，是指含有格式条款的合同。所谓格式条款，又称“标准条款”。根据《合同法》的规定，它是当事人为了重复使用而预先拟定，并在订立合同时未与对方协商的条款。它通常有以下特点。

（1）格式条款由一方当事人预先拟定，在订立合同时未与对方协商。但如果格式合同是由政府部门拟定的，一般不作为格式条款。

（2）格式条款一般是经过认真研究拟定的，内容繁复，条款甚多，具体细致，可在一个相当长的时期内不会改变，且重复使用。

（3）作为要约，格式条款的对象具有广泛性，任何人只要同意要约的规定就可以签订合同。

格式合同的产生是由于某些行业进行频繁地、重复性的交易，为了简化合同订立的程序而形成的。这些行业一般是发展较大的具有一定规模的企业，或者是公用事业，往往具有一定的垄断性，如水、电、热力、燃气、邮电、电信、保险、铁路、航空、公路、海运等行业。这种含有格式条款的合同在实践中应用比较多，所以接受格式条款的一方在签订合同时就需要仔细审查合同的内容。

使用格式条款的好处是简捷、省时、方便、降低交易成本；但其弊端是提供商品或者服务的一方往往利用其优势地位，制定有利于自己而不利于交易对方的条款，这一点在消费者作为合同相对方时特别突出。

（五）书面合同的签署

在我国外贸实务中，一般均由我方根据双方同意的条件制成一式两份的合同或确认书后，先在上面签字，然后寄给对方。对方经审核无误并签字后，保留一份，将另一份寄还给我方。若对方未按要求将其中一份签字后退回，除磋商时有一方声明以“签订书面合同为准”的以外，并不影响双方达成的协议的效力。如对方在签回的合同或确认书上更改或附加条件，与原达成的协议内容有抵触或不同规定而我方又不能接受时，应及时拒绝。否则，即以经过双方签字的并经对方更改过的书面合同或确认书为准。对于对方签回的书面合同或确认书应及时认真地审核。

在实际业务中，我方在与国外客户经函电磋商达成交易后，也常收到客户寄来的合同、确认书、订单、委托订购单等，有的还寄来正本一式两份，要求我方签署后退回一份。对此，我方也应仔细审阅，如发现有与双方磋商一致不符而我方又不能接受的内容，就应及时向对方提出异议，决不能置之不理。否则，有可能被认为我方已默认其经过修改或添加的条款。对于要求我方签署后退回一份的，必须按双方形成的习惯处理。双方未形成习惯做法的，原则上也应签退，但要防止重复签署。

合同成立后即具有法律约束力，当事人应当履行合同约定的义务，任何一方不得擅自变更或解除合同。但经当事人协商同意后，合同可以变更或终止。

三、合同的解除

当事人既然有订立合同的自由，也就有解除合同的自由。

在我国，《中华人民共和国合同法》第四、第五章明确规定，“当事人协商一致，可以解除合同。当事人一方要求解除合同的原因主要有：因不可抗力致使不能实现合同目的；在履行期限届满之前，当事人一方明确表示或者以自己的行为表明不履行主要债务；当事人一方迟延履行主要债务，经催告后在合理期限内仍未履行；当事人一方迟延履行债务或者有其他违约行为致使不能实现合同目的以及法律规定的其他情形。一方主张解除合同，应当通知对方，合同自通知到达对方时解除。”

技能训练

实训主题：利用网络寻找客户，以电子邮件形式进行交易磋商，最终签订销售合同。

实训地点：网络实验室。

实训目的：

（1）学习利用网络搜集客户及产品资料；

（2）掌握利用电子邮件进行交易磋商的技巧及英语表达；

（3）掌握进出口合同各条款内容。

背景材料

卖方假定为广元外贸进出口公司 GUANGYUAN FOREIGN TRADE IMP. AND EXP. CORP.（351 TIANHE ROAD GUANGZHOU CHINA），买方假定为 S.D. TRADING SAS DI BERTINT STEFAND E.C.（VIA TRAVERSA DI LOLO 50，50044 LOLO DI PRATO（PO）ITALY），贸易的产品假定为男童衬衫。其他磋商细节学生可自行设计。

实训过程设计：

结合所学知识，以 2 人为一组，针对某项具体贸易商品，商定成交条件、成交数量、包装条款、装运条款、付款条件、保险条款、索赔、仲裁、人力不可抗力等具体条款的内容，并最终订立达成进出口销售合同。

本章小结

出口洽商准备及谈判成交过程包括以下几个环节：国际市场调研——选定目标市场——建立客户关系——磋商（询盘、发盘、还盘、接受）——签订合同或确认书。每个环节的工作出现任何问题都可能造成洽商失败，或给合同的履行带来严重后果，或直接造成经济损失。

市场调研是出口交易磋商前必要的准备工作，它为出口商制订营销目标，掌握市场的第一手资料，最后做出决策提供依据。调研内容包括出口产品概况、目标市场的综合情况、客户的资信情况、销售渠道、竞争者的生产经营状况等。

出口经营方案是在市场调研基础上，综合出口企业内外可控制与不可控制因素，结合市场需求制订的行动方案。出口经营方案是业务员素质的综合体现。

交易磋商或谈判要根据双方的利益来考虑。交易磋商的形式有口头和书面两种。磋商内容包括品质、数量、包装、价格、运输、保险、支付等问题。磋商程序有询盘、发盘、还盘、接受等几个环节，其中发盘和接受是不可缺少的两个步骤。

合同订立要合法，才能受到法律保护。合同条款是双方的权利和义务的具体体现，务必要认真对待，否则不论哪一方违反合同规定都要负法律责任。

综合练习

一、选择题

1. 我国某进出口公司于 2011 年 4 月 15 日用特快专递向美国 ABC 公司发盘，限 2011 年 4 月 29 日复到有效。4 月 25 日下午 3 时同时收到 ABC 公司的表示接受的特快专递和撤回接受的电传。根据《联合国国际货物销售合同公约》，对此项接受（　　）。

A. 可以撤回　　B. 不得撤回，合同成立

C. 在我方同意的情况下，可以撤回　　D. 以上均不正确

2. 在交易磋商中，有条件的接受是（　　）。

A. 接受的一种形式　　B. 还盘的一种形式

C. 发盘的一种形式　　D. 询盘的一种形式

3. 卖方还盘限15日前复到有效，14日下午收到买方复电要求修改交货期，正准备答复时，次日上午又收到买方来电接受发盘，（　　）。

A. 此时，已按卖方发盘条件达成合同　　B. 此时，合同尚未达成

C. 此时，已按买方提出条件达成合同　　D. 交货期的修改未实质变更原发盘

4. 按《公约》规定，一项发盘（　　）。

A. 必须表明各项交易条件　　B. 必须表明主要交易条件

C. 只需表明货物名称、数量和单价　　D. 只需表明成交意愿

5. 按《公约》规定，一项发盘的生效是（　　）。

A. 发盘发出时立即生效　　B. 发盘送达到受盘人时生效

C. 按发盘规定的时间生效　　D. 被收盘人接受生效

6. 甲向乙发盘："可供贵厂一年生产所需的全部铁矿石，价格按交货时伦敦五金交易所价格计算。"根据《公约》规定，这是一项（　　）。

A. 询盘　　B. 邀请发盘　　C. 有效发盘　　D. 邀请递盘

7. 合同与确认书的区别是（　　）。

A. 法律效力不同　　B. 适用范围不同　　C. 内容繁简不同　　D. 成交金额不同

8. 我某出口公司于2011年7月14日向某外商发盘，注明8~9月份装运，17日复到有效，16日接对方来电称："14日电接受，希望努力在8月份装船"，于是（　　）。

A. 这笔交易达成　　B. 需经出口公司确认后交易才能达成

C. 这笔交易不能达成　　D. 按出口公司发盘条件成交

9. 构成有效发盘的条件之一是发盘的内容必须十分确定，按照《联合国国际货物销售合同公约》的规定在发盘中至少应规定（　　）。

A. 货物名称　　B. 货物价格　　C. 交易数量　　D. 支付方式

10. 书面合同不论采取何种格式，其基本内容通常包括（　　）。

A. 约首部分　　B. 本文部分

C. 约尾部分　　D. 合同适用的法律

11. 发盘效力终止的原因有（　　）。

A. 过期　　B. 被依法撤销

C. 被拒绝或还盘　　D. 遇到了不可抗力

12. 一方对另一方的发盘表示接受可以采取的方式有（　　）。

A. 书面　　B. 行为　　C. 口头　　D. 缄默或不行动

13. 构成一项有效的接受必须具备下列条件（　　）。

A. 接受必须由特定的受盘人作出

B. 接受必须是同意发盘所提出的条件

C. 接受必须在发盘规定的时效内送达发盘人

D. 接受必须表示出来

14. 根据《联合国国际货物销售合同公约》的规定，一项有效发盘的条件包括（　　）。

A. 向一个或一个以上特定的人提出并必须传达到受盘人

B. 表明人在得到接受时承受约束的意旨

C. 发盘的内容必须十分确定

D. 发盘中必须明确规定有效期

二、简答题

1. 构成一项法律上有效的发盘必须具备哪些条件?

2. 简述《公约》关于一项发盘能否撤销的规定?

3. 导致发盘效力终止的原因有哪些?

4. 构成一项有效的接受必须具备哪些条件?

5. 试述《公约》关于逾期接受的规定。

6. 简述一项合同有效成立的条件。

7. 简述发盘效力终止的三个原因。

三、案例分析题

1. 美国A公司10月4日向我B公司以传真发盘，出售电子元器件，规定于当天下午5时复到有效。B公司于当天下午4时以传真答复，对发盘中的价格及检验索赔条件提出了不同意见。10月5日，A公司与B公司通过电话进行洽商，双方各作了让步，B公司同意接受A公司的价格，A公司同意B公司提出的检验索赔条件，至此，双方口头达成了一致意见，并一致同意两公司的代表在广交会上签署合同。10月20日，A公司的代表去广交会会见了B公司的代表，并交给他一份A公司已签了字的合同文本，B公司的代表则表示要审阅后再签字。三天后，A公司的代表再次会见B公司的代表，而B公司的代表仍未在合同上签字。A公司的代表即索回了未签字的合同。11月份，A公司致电B公司要求开证履约，B公司不同意，双方当事人发生争议。试问:（1）双方于5日通过电话协商达成一致意见是否表示合同已于此时成立？（2）要求签署书面合同是否仅仅是一种形式而不会影响到合同的有效成立？（3）双方最终是否建立合同关系?

2. 我国某进出口公司向国外某商人询购某商品，不久，我方收到对方8月15日的发盘，发盘的有效期至8月22日。我方于8月20日回电“若价格能降至56美元/件，我方可以接受”。对方未作答复，8月21日，我方得知国际市场行情有变，于当日又向对方去电表示完全接受对方8月15日的发盘。

问：我方的接受能否使合同成立，为什么?

四、操作题

1. 请根据下述要求拟写一份建立业务关系的传真。注意：本公司的业务范围主要是轻工业品。Toneveal Products Corp. 的 Mr . Shaheen Kamal 今早发来传真，准备增订20 000打木尺，同时还提到加拿大的 Shide Trading Co. 想进口一些儿童玩具。请你马上发一份传真给加拿大客户，询问一下详细情况，推荐一下我们的长毛绒玩具。另寄一份原来的价目表，并告知对方上面有些品种的价格与实际价格稍有不同，有些新产品还没有编进去。新的价目表正在印制，完成后会立即寄给他们。

2. 刘先生接到印尼客户来函，客户认为我方牛肉罐头价格太高，希望能降价 20%。因为该客户以前从未经营过我方产品，当地消费者不熟悉我们这个品牌，需要客户去做宣传，发广告，以便消费者了解、认可。这些需要花费，才能挤入这个市场，占领市场后，再通过扩大销售量来弥补这部分损失。该客户在当地市场经营该项商品已有30余年，经营渠道畅通。鉴于我方产品质量优秀、交货期适当，客户才予以还盘，以期将我方产品推入市场。基于上述情况，请根据产品成本、质量、数量、支付方式等条件，仔细分析研究一下，给客户做一答复（进货成本：24元/罐，对外报价CIF雅加达USD4.50/罐，每月可共20 000罐）。

3. 操作资料：

下列合同条款不完善，请用英文写出正确完整的合同条款。

品名及规格：中国大米 Chinese Rice

不完善率（Broken Grains）：15%

杂质（Admixture）：1%

水分（Moisture）：14%

数量：1 000吨

包装：麻袋装

价格：每吨420美元CIFC2净价英国

交货：2010年9月份交货卖方并需保证货物于2010年10月15日前到达买方

保险；一切险、战争险、受潮受热险

支付：信用证方式支付

第十一章　进出口合同的履行

教学要求

能力目标

- 能协调进出口合同履行各环节所涉及的相关部门的业务工作
- 能审核及缮制全套进出口业务单证
- 能处理外汇核销及出口退税环节的工作

知识目标

- 熟悉进出口业务流程及注意事项
- 掌握信用证审核方法、改证流程
- 掌握各种结汇单据的缮制要点

开篇案例

一先一后，哪个信用证有效

中国南方某公司与丹麦AS公司在2004年9月按CIF条件签订了一份出口圣诞灯具的商品合同，支付方式为不可撤销即期信用证。AS公司于7月通过丹麦日德兰银行开来信用证，经审核与合同相符，其中保险金额为发票金额的110%。就在我方正在备货期间，丹麦商人通过通知行传递给我方一份信用证修改书，内容为将保险金额改为发票金额的120%。我方没有理睬，仍按原证规定投保、发货，并于货物装运后在信用证交单期和有效期内，向议付行议付货款。议付行审单无误，于是放款给受益人，后将全套单据寄丹麦开证行。开证行审单后，以保险单与信用证修改书不符为由拒付。试问：开证行拒付是否有道理，为什么？

启示：按照国际惯例《跟单信用证统一惯例》的相关规定，信用证经过修改后，银行即受该修改后的信用证的约束。出口商可自行决定修改内容或拒绝修改，但其应发出是否同意修改的通知。当出口商告知其接受修改之前，原证对开证行继续有效，即原证的条款对出口商仍具有约束力。但如果出口商未发出接受或拒绝的通知，而其提交的单据与原证的条款相符，则视为出口商拒绝其修改；如果出口商提交的单据与经修改后的信用证条款相符，则视为出口商接受了其修改。从这时起，信用证就被视为已经修改。总之，出口商是否同意修改的信用证可以用结汇提交单据来表示。在本案中，我方公司在收到有关信用证修改的通知后，并未发出接受或拒绝修改的通知，而且在交单时向银行提交了符合原信用证规定的单据，受益人以其行为作出拒绝信用证修改的表示，原信用证的条款对受益人仍然有效，信用证的修改因未获得受益人的同意而无效。因此，开证行审单后，以保险单与信用证修改书不符为由拒付是不合理的。

第一节　出口合同的履行

我国出口贸易中，大多数按 CIF 条件成交，并按信用证支付方式收款，履行这种出口合同，涉及面广，工作环节多，手续繁杂，且影响履行的因素很多，其中以证（催证、审证和改证）、货（备货、报验）、船（租船订舱、办理货运手续）和款（制单结汇）4 个环节的工作最为重要。为了提高履约率，各外贸公司必须加强同有关部门的协作与配合，力求把各项工作做到准确细致，尽量避免出现脱节情况，做到环环扣紧，井然有序。

一、催证、审证和改证

（一）催证

催开信用证是指通过信件、电报或其他电讯工具催促对方及时办理开立信用证手续并将信用证送达我方，以便我方及时装运货物出口，履行合同义务。在实际业务中，有时国外进口商在遇到市场发生变化或资金发生短缺的情况时，往往会拖延开证。对此，应催促对方迅速办理开证手续，特别是大宗商品交易或按买方要求而特制的商品交易，更应结合备货情况及时进行催证，必要时，也可请我驻外机构或有关银行协助代为催证。

（二）审证

为确保收汇安全和合同顺利执行，防止导致经济上和政治上对我方不应有的损失，应该在国家对外政策的指导下，对不同国家、不同地区以及不同银行的来证，依据合同进行认真的核对与审查。一般来说，在审查国外来证时，应考虑下列 4 个方面：政治上是否符合我国对外政策；对安全及时收汇是否有保障；对与我国有贸易协定的国家的来证是否符合协定的规定；来证的条款是否符合合同规定，证内所列条款我方能否履行。

1. 银行的审核

（1）审核开证行。从政策上来看，来证各项内容应符合我国方针政策，不能有歧视性内容，并且注意在政治上没有往来（无外交关系）国家的国家资本银行直接开来的信用证，我们不能接受。

从资信方面来看，对于资信不佳的开证行，除非另有资信较为可靠的银行为其进行保兑，否则此类信用证不能接受。

（2）审核信用证上的签字或印鉴是否真实。审核电开信用证的密押是否相符，必要时请与我方有来往的第三者银行加以证实确定真伪。

以上两个方面审核由通知银行负责。

2. 出口商的审核

信用证是依据买卖双方所签订的买卖合同而开立的，因此信用证的内容应与买卖合同的内容相符。出口商收到信用证后，必须依据买卖合同将信用证的内容与买卖合同逐条核对，若发现有不符之处，应立即要求进口商修改信用证，否则出口商的收款难以保证。出口商审证要点主要包括如下方面。

（1）检查信用证的付款保证是否有效。应注意有下列情况之一的，不是一项有效的付款保证或该项付款保证是存在缺陷问题的。

第一，信用证明确表明是可以撤销的；此信用证由于无须通知受益人或未经受益人同意可以随时撤销或变更，应该说对受益人是没有付款保证的，对于此类信用证，一般不予接受。信用证中如没有表明该信用证是否可以撤销，按 UCP600 的规定，应理解为是不可以撤销的。

第二，应该保兑的信用证未按要求由有关银行进行保兑。

第三，信用证未生效。

第四，有条件的生效的信用证，如："待获得进口许可证后才能生效"。

第五，信用证密押不符。

第六，信用证简电或预先通知。

第七，由开证人直接寄送的信用证。

第八，由开证人提供的开立信用证申请书。

（2）检查信用证的付款时间是否与有关合同规定相一致。应特别注意下列情况。

第一，信用证中规定有关款项须在向银行交单后若干天内或见票后若干天内付款等情况。对此，应检查此类付款时间是否符合合同规定或公司的要求。

第二，信用证在国外到期。规定信用证国外到期，有关单据必须寄送国外，由于无法掌握单据到达国外银行所需的时间且容易延误或丢失，有一定的风险。通常要求在国内交单付款。在来不及修改的情况下，必须应提前一个邮程（邮程的长短应根据地区远近而定）以最快方式寄送。

第三，如信用证中的装期和有效期是同一天即通常所称的"双到期"，在实际业务操作中，应将装期提前一定的时间（一般在效期前 10 天），以便有合理的时间来制单结汇。

（3）检查信用证受益人和开证人的名称和地址是否完整和准确。受益人应特别注意信用证上的受益人名称和地址应与其印就好的文件上的名称和地址内容相一致。买方的公司名称和地址写法是不是也完全正确？在填写发货票时照抄信用证上写错买方公司名号和地址是有可能的，如果受益人的名称不正确，将会给今后的收汇带来不便。

（4）检查装运期的有关规定是否符合要求。超过信用证规定装运期的运输单据将构成不符点，银行有权不付款。检查信用证规定的装运期应注意以下几点：

第一，能否在信用证规定的装期内备妥有关货物并按期出运，如来证收到时装期太近，无法按期装运，应及时与客户联系修改；

第二，实际装运期与交单期时间相距太短；

第三，信用证中规定了分批出运的时间和数量，应注意能否办到，否则任何一批未按期出运，以后各期即告失效。

（5）检查能否在信用证规定的交单期交单。如来证中规定向银行交单的日期不得迟于提单日期后若干天，如果过了限期或单据不齐有错漏，银行有权不付款。

交单期通常按下列原则处理：信用证有规定的，应按信用证规定的交单期向银行交单；信用证没有规定的，向银行交单的日期不得迟于提单日期后 21 天。

（6）检查信用证内容是否完整。如果信用证是以电传或电报拍发给了通知行即“电讯送达”，那么应核实电文内容是否完整，如果电文无另外注明，并写明是根据国际商会丛刊第 600 号即《跟单信用证统一惯例解释通则》，那么该电文是可以被当做有效信用证执行。

（7）检查信用证的通知方式是否安全、可靠。信用证一般是通过受益人所在国家或地区的通知/保兑行通知给受益人的。这种方式的信用证通知比较安全，因为根据国际商会丛刊第 600 号《跟单信用证统一惯例解释通则》的有关规定，通知行应对所通知的信用证的真实性负责；如果不是这样寄交的，应特别注意，应该首先通过银行调查核实。

（8）检查信用证的金额、币制是否符合合同规定。主要检查内容有：信用证金额是否正确；信用证的金额应该与事先协商的相一致；信用证中的单价与总值要准确，大小写要一致；如数量上可以有一定幅度的伸缩，那么信用证也应相应规定在支付金额时允许有一定幅度；如果在金额前使用了“大约”一词，其意思是允许金额有 10%的伸缩；检查币制是否正确，如合同中规定的币制是“英镑”，而信用证中使用的是“美元”。

（9）检查信用证的数量是否与合同规定相一致。除非信用证规定数量不得有增减，那么，在付款金额不超过信用证金额的情况下，货物数量可以容许有 5%的增减。

特别注意的是以上提到的货物数量可以有 5%增减的规定一般适用于大宗货物，对于以包装单位或以个体为计算单位的货物不适用。如：5000 PCS 100% COTTON SHIRTS（5000 件全棉衬衫）由于数量单位是“件”，实际交货时只能是 5000 件，而不能有 5%的增减。

（10）检查价格条款是否符合合同规定。不同的价格条款涉及的具体费用如运费、保险费由谁分担。

如合同中规定是：FOB SHANGHAI AT USD 根据此价格条款有关的运费和保险费由买方即开证人承担；如果信用证中的价格条款没有按合同的规定作上述表示，而是做了如下规定：CIF NEW YORK AT USD 对此条款如不及时修改，那么受益人将承担有关的运费和保险费。

（11）检查货物是否允许分批出运，是否允许转运。除信用证另有规定外，货物是允许分批付运、允许转运的。需要特别注意的是，如果信用证中规定了每一批货物出运的确切时间，则必须按此照办，如不能办到，必须修改。

（12）检查有关的费用条款。信用证中规定的有关费用如运费或检验费等应事先协商一致，否则对于额外的费用原则上不应承担；银行费用如事先未商定，应以双方共同承担为宜。

（13）检查信用证规定的文件能否提供或及时提供。一些需要认证的单据特别是使馆认证等能否及时办理和提供；由其他机构或部门出具的有关文件如出口许可证、运费收据、检验证明等能否提供或及时提供；信用证中指定船龄、船籍、船公司或不准在某港口转船等条款能否办到等。

（14）检查信用证中有无陷阱条款。应特别注意下列信用证条款是有很大陷阱的条款，具有很大的风险。

第一，1/3 正本提单直接寄送客人的条款。如果接受此条款，将随时面临货、款两空的危险。

第二，将客检证作为议付文件的条款。

接受此条款，受益人正常处理信用证业务的主动权很大程度上掌握在对方手里，影响安全收汇。

（15）检查信用证中有无矛盾之处。如：明明是空运，却要求提供海运提单；明明价格条款是 FOB，保险应由买方办理，而信用证中却要求提供保险单。

（16）检查有关信用证是否受 UCP600 的约束。明确信用证受国际商会丛刊第 600 号《跟单信用证统一惯例解释通则》的约束可以使我们在具体处理信用证业务中，对于信用证的有关规定有一个公认的解释和理解，避免因对某一规定的不同理解产生的争议。

（三）改证

信用证的修改要求，通常由出口人（受益人）提出，有时也有由进口人主动向开证行提出的。《跟单信用证统一惯例》规定：未经开证行、保兑行和受益人同意，不可撤销信用证既不能修改，也不能取消。因此，对不可撤销信用证中任何条款的修改，都必须在有关当事人全部同意后才能生效。如遭出口人拒绝接受，则此项修改不能确定，信用证仍以原款为准。改证是由进口人通过开证行办理，修改通知如同开立信用证一样，须经通知行转送受益人，而不能由开证行直接通知或由进口人径自寄交受益人。此外，修改信用证还应注意：

（1）对于需要修改的内容应一次向国外客户提出，以避免高额的改证费和暴露我方的业务不足；

（2）收到银行信用证修改通知书后，仍应再进行审核，如所修改内容还难以接受，则仍应及时拒绝，否则将被认为已同意接受修改；

（3）对于已接受的信用证修改书，应立即将其与原证附在一起，并注明修改次数，以免与原证脱节，造成信用证条款不齐，影响及时办理议付；

（4）必须在收到通知银行的“修改通知书”后，才能办理装运事宜，绝不可仅凭买方通知“证已照改”或其他类似的词句的通知就发货装船。

二、备货、报验

备货工作是指卖方根据出口合同的规定，按质、按量地准备好应交的货物，并做好申请报验和领证工作。

（一）备货

备货是进出口贸易中的一项非常重要的工作，备货时应注意以下问题。

1. 有关货物问题

（1）货物的品质、规格。应按合同的要求核实，必要的时候应进行加工整理，以保证货物的品质、规格与合同或信用证规定一致。

（2）货物的数量。应保证满足合同或信用证对数量的要求，备货的数量应适当留有余地，万一装运时发生意外或损失，以备调换和适应舱容之用。

（3）备货时间，应根据信用证规定，结合船期安排，以利于船货衔接。

2. 有关货物包装问题

出口货物要经过各种环节的长途运输，中途还要经过多次搬运、装卸甚至转运。为了货物的安全起见，应注意以下问题：

（1）尽量安排将货物装运到集装箱中或牢固的托盘上；

（2）必须将货物充满集装箱并做好铅封工作；

（3）集装箱中的货物应均匀放置且均匀受力；

（4）为了防止货物被盗窃，货物的外包装上应注明识别货物的标签或货物的品牌；

（5）由于运输公司按重量或体积计算运费，进出口企业应尽量选择重量轻的小体积包装，以节省运输费用；

（6）对于海运货物的包装，应着重注意运输途中冷热环境变化出现的潮湿和冷凝现象；

（7）对于空运货物的包装，应着重注意货物被偷窃和被野蛮装卸的情况。

随着技术进步，自动仓储环境处理的货物越来越多，货物在运输和仓储过程中，通常由传送带根据条形码自动扫描分拣。

3. 有关货物外包装的运输标志问题

正确刷制运输标志具有重要意义，在运输标志的准备上应注意以下问题：

（1）刷制运输标志应符合有关进出口国家的规定；

（2）包装上的运输标志应与所有出口单据上对运输标志的描述一致；

（3）运输标志应既简洁，又能提供充分的运输信息；

（4）所有包装上的运输标志必须用防水墨汁刷写；

（5）有些国家海关要求所有的包装箱必须单独注明重量和尺寸，甚至用公制，或英语或目的国的语言注明；

（6）在运输包装上的运输标志大小尺寸适中，使相关人员在一定距离内能够看清楚；

（7）运输标志应该至少在包装箱的四面都刷制，以防货物丢失；

（8）除了在外包装上刷制运输标志之外，应尽量在所有的货运单据上标注相同的运输标志。

（二）报验

出口商在完成货物的交货准备工作之后，在货物交付之前，若该出口货物是属于国家强制性检验检疫项目时，出口商应依照相关规定，并按一定的程序申请检验检疫，取得出口检验校疫证明；若该出口货物是买卖合同中规定出口商须在出口装运前进行检验检疫的，则出口商应按合同规定在交付前，完成相关检验检疫手续，取得合格证明。

报验的一般程序如下。

1. 申请

凡需要法定检验出口的货物，应由出口企业填写《出口商品检验申请书》，向当地商检机构申请办理报验手续。申请时，须随附下列单据或证件：

（1）出口货物明细单；

（2）出口货物报关单或其他供通关用的凭证；

（3）对外贸易合同或售货确认书及有关函电、信用证等；

（4）凭样品成文的，要提交样品。

2. 检验

检验的内容包括商品的质量、规格、数量、重量、包装及是否符合安全、卫生要求等。

3. 出证

商品检验合格后，由商检机构签发“检验证书”，或在“出口货物报关单”上加盖检验印章。对检验不合格的商品，商检机构签发“不合格通知单”。根据不合格的原因，商检机构可酌情同意申请人申请复验（复验原则上仅限一次），或由申请单位重新加工整理后申请复验。复验时，应随附加上整理情况报告和“不合格通知单”，经复验合格，商检机构签发商品合格的“检验证书”。

三、租船、订舱和装运

（一）租船、订舱

在 CIF 或 CFR 条件下，租船订舱是卖方的责任之一。如出口货物数量较大，需要整船载运的，则要对外办理租船手续；对出口货物数量不大，不需整船装运的，则安排了订班轮或租订部分舱位运输。

（1）各进出口公司填写托运单（B/N），作为订舱依据。所谓托运单是指托运人根据贸易合同和信用证条款内容填写的向承运人办理货物托运的单证。承运人根据托运单内容，并结合船舶的航线挂靠港、船期和舱位等条件考虑，认为合适后，即接受这一托运，并在托运单上签章，留存一份，退回托运人一份，至此订舱手续即告完成，运输合同即告成立。

（2）船公司或其代埋人在接受托运人的托运单证后，即发给托运人装货单（S/O）。装货单俗称下货纸。其作用有三：一是通知托运人货物已配妥××航次××船，装货日期，让其备货装船；二是便于托运人向海关办理出口申报手续，海关凭以验放货物；三是作为命令船长接受该批货物装船的通知。

（3）货物装船之后，即由船长或大副签发收货单，即大副收据。收货单是船公司签发给托运人的表明货物已装船的临时收据。托运人凭收货单向外轮代理公司交付运费并换取正式提单。

（二）报关

报关是指进出口货物装船出运前向海关申报的手续。按照我国海关法规定：凡是进出国境的货物，必须经由设有海关的港口、车站、国际航空站进出，并由货物所有人向海关申报，经过海关放行后，货物才可提取或者装船出口。

办理报关手续一般有以下几个步骤。

1. 申报

海关接受申报时，一般要求申报人出示以下证明：

（1）申报单位在海关办理的“企业海关注册登记手册”；

（2）申报人员的《报关员证》；

（3）有申报单位和申报人员盖章的“出口货物报关单”一式两份；

（4）随附单证，如出口许可证或有关主管机关的批准文件、法定商品检验证书、合同、产地证明、发票、装货单、装箱单、减免税证明文件、出口收汇核销单以及海关认为必要的其他有关单据。

2. 查验

海关对上述文件按照国家有关政策规定进行审核。海关还要对出口货物进行查验，以确保实际货物与报关单证所列一致。查验货物须在海关规定的时间和处所进行，在特殊情况下，由海关派人到发货人仓库查验。海关查验时，出口方要派人到现场，协助海关搬运货物，开拆和封装货物等。海关按规定收取费用。

3. 缴纳出口税

按照我国进出口关税征收办法的规定，须纳税的出口货物必须纳完税才能出口。

4. 出口放行

出口货物由申报人按照海关的规定办妥申报手续，经海关审核单证和查验有关货物，办理纳税手续后装运出境。

（三）投保

凡是按 CIF 价格成交的出口合同，出口方在装船前，须及时向保险公司办理投保手续，填制投保单。出口商品的投保手续，一般都是逐笔办理的。出口企业在确定船期、船名后，办理投保手续的程序如下。

1. 投保申请

由出口企业填制运输险投保单，一式两份。一份由保险公司签署后交出口企业作为接受承保的凭证；一份由保险公司留存，作为制作、签发保险单的依据。

2. 缴纳保险费，获取保险单

出口企业收到由保险公司签署的投保单后，向保险公司缴纳保险费，然后获取由保险公司签发的保险单。

（四）做好“四排”、“三平衡”的工作

“四排”是指以买卖合同为对象，根据进程卡片反映的情况，其中包括信用证是否开到、货源能否落实，进行分析排队，并归纳为 4 类，即“有证有货、有证无货、无证有货、无证无货”。“三平衡”是指以信用证为依据，根据信用证规定的货物装船期和信用证的有效期远近，结合货源和运输能力的具体情况，分轻重缓急，力求做到证、货、船三方面的衔接和平

衡，尽力避免交货期不准、拖延交货期或不交货等现象的产生。

四、制单结汇

（一）结汇

出口货物装运以后，出口企业应按照信用证的规定，正确缮制各种单据。在信用证规定的交单有效期内，递交银行办理结汇手续。

我国出口结汇的办法有收妥结汇、押汇和定期结汇三种。

（1）收妥结汇又称收妥付款，是指议付行收到外贸公司的出口单据后，经审查无误，将单据寄交国外付款行索取货款，待收到付款行将货款拨入议付行账户的贷记通知数时，即按当日外汇牌价，折成人民币拨给外贸公司。

（2）押汇又称买单结汇，是指议付行在审单无误的情况下，按信用证条款买入受益人的汇票和单据，从票面金额中扣除从议付日到估计收到票款之日的利息，将余款按议付日外汇牌价折成人民币，拨给外贸公司。

（3）定期结汇是议付行根据向国外付款行索偿所需时间，预先确定一个固定的结汇期限，到期后无论是否收到国外付款行的货款，议付行都主动将票款金额折成人民币拨交外贸公司。

（二）结汇单据的缮制

现代国际贸易大都采取象征性交货方式，即单据买卖、凭单交货、凭单付款。在信用证业务中，银行只凭信用证，不管合同；只凭单据，不问货物。因此，对各种结汇单据的缮制是否正确完备，与安全迅速收汇有着十分密切的关系。

对于结汇单据必须做到以下几点。

第一，正确。制作的单据只有正确，才能保证及时收汇，并可避免发生错装、错运事故。

第二，完全。必须按合同和信用证的规定，提供各种单据，单据的份数和单据本身的项目内容必须完整无缺。

第三，及时。应在信用证的有效期内，及时将单据提交议付银行办理结汇手续。

第四，简明。单据内容应按信用证要求和国际惯例填写，力求简明，切勿加列不必要的内容，弄巧成拙。

第五，整洁。单据的布局要美观、大方，缮写或打印的字迹要清楚，单据表面要清洁，对更改地方要加盖校对图章。有些单据如提单、汇票，以及其他一些单据的主要项目，如金额、件数、重量等一般不宜更改。

主要结汇单据有汇票、发票、提单、保险单、产地证明书、普惠制单据、装箱单和重量单、检验证书等。有关制单的事宜参见本章第三节的内容。

五、出口收汇核销与出口货物退税

（一）出口收汇核销

出口收汇核销是指国家为了加强出口收汇管理，保证国家的外汇收入，防止外汇流失，指定外汇管理等部门对出口企业贸易项下的外汇收入情况进行监督检查的一种制度。世界上许多国家都实行这项制度。我国自 1991 年 1 月 1 日起，也开始对出口企业的收汇进行跟踪核销。根据《出口收汇核销管理办法》的规定，我国的核销工作由国家外汇管理局在海关、银行等部门的配合下具体实施。

办理出口收汇核销的基本程序如下。

1. 申领核销单

出口企业派人到当地外汇管理部门申领有顺序编号的出口收汇核销单。申领应提供本单位经营进出口业务的批准文件，出口企业应如实填写。

2. 报关审核

在出口报关时，海关将核对报关单和出口收汇核销单的内容是否一致，以及报关单上的核销单编号与所附的核销单是否一致，然后在核销单上盖"验讫"章。

3. 银行出具核销专用联

当贷款汇至出口地外汇指定银行后，该银行向出口企业出具"结汇水单"时，将提供出口收汇核销专用联，上面载有核销单编号，供出口企业办理核销用。

4. 外汇管理部门核销

出口企业凭出口收汇核销专用联的结汇水单及其他规定的单据，到国家外汇管理部门办理核销手续。国家外汇管理部门按规定办理核销后，将在核销单上加盖"已核销"章，并将其中的出口退税专用联退还出口企业。

（二）出口货物退税

出口退税是国家为了降低出口产品成本，增强出口竞争力，鼓励出口而制定的一项政策措施。即在国际贸易业务中，对我国报关出口的货物退还或免征在国内各环节和流转环节按税法规定缴纳的增值税和消费税，对出口货物实行零税率。

对有进出口经营权的生产企业自营或委托外贸企业代理出口货物，实行"免、抵、退"税的办法。实行"免、抵、退"税办法的"免"税，是指对生产企业自营或委托外贸企业代理出口的自产货物，免征本企业生产销售环节增值税；"抵"税，是指生产企业出口自产货物所耗用的原材料、零部件、燃料、动力等所含应予退还的进项税额，抵顶内销货物的应纳税额；"退"税，是指生产企业出口的自产货物在当月内应抵顶的进项税额大于应纳税额时，经主管退税的税务机关批准，对未抵顶完的部分予以退税。

我国政府为了加强对出口退税的管理，采取了出口退税与出口收汇核销挂钩的办法。办理出口退税的基本程序如下。

1. 申请

从 2005 年起，在出口单位办理出口退税手续时，填写出口产品退税申请表，向国家税务机构提交增值税专用发票、出口货物报关单退税联、出口收汇核销单等凭证，送当地商务管理部门稽查签章，然后报所在地主管出口退税业务的税务机关。

2. 上报

由企业所在地主管出口退税业务的税务机关（国税局）进行审核，符合条件和要求的，按照税收退税审批权限，逐级上报上级税务机关。

3. 批复

企业所在地主管出口退税业务的税务机关接到上级税务机关批准的退税通知签发《税收收入退回书》给出口退税的企业，并把退税款划到企业银行账户。

第二节 进口合同的履行

进口合同经过买卖双方磋商，依法成立后，双方都应做到“重合同、守信用”，履行合同规定的义务。作为进口商既要按时开出信用证，又要密切注视对方履约情况，必要时应监督对方按合同履行交货义务，以保证进口任务的完成。在我国的进口交易中，大多数以 FOB 条件成交，以信用证方式付款。这类合同的履行程序一般包括：申领进口许可证、开立信用证、租船订舱、装运、办理保险、审单付款、接货报关、检验、拨交以及可能出现的索赔。这些环节的工作是由进出口公司、运输部门、商检部门、银行、保险公司、海关以及用货部门等各有关方面分工负责、紧密配合而共同完成的。

一、进口许可证的申领

目前，我国仍实行进出口许可证管理制度和外汇管制，故在外贸磋商之前，应先办理一系列申报审核手续，有些商品需要先向主管部门领取准许进口的批文之后，才能向对外经贸部门申领进口许可证。申领程序如下。

（一）申请

由进口单位或需要进口产品的单位向发放许可证机关提出申请报告，申请报告的内容包括进口商品名称、规格、数量、单价、总值、进口国别或地区、贸易方式、对外成交单位、报关口岸等项目。同时，还要附有关的证件和资料，如主管部门的批准文件或进口合同等。

（二）审核、填表

发证机关收到上述申请报告、有关证件和材料后进行审核，如果审核通过，则申请人按照规定的要求填写“中华人民共和国进口申请表”，并在表上加盖申请单位公章。

（三）发证

发证机关收到申请表后，经审核无误，在安排订购市场和选择交易对象三个工作日内签发“中华人民共和国进口许可证”。进口许可证一般是一式 4 联，将第一、第二联交给申请人，凭此向海关办理进口报关手续和向银行办理付汇手续。如果进口单位在办理进口过程中情况发生变化，需要对进口许可证的内容作某些变更，必须在许可证有效期内，到原发证机关办理换证手续。发证机关根据实际情况，给予换证，并收回原许可证。

二、开立信用证

为保证企业严格按照正常贸易活动的外汇需要来使用外汇，杜绝各种形式的套汇、逃汇、骗汇等违法犯罪行为，我国规定企业对外付汇要通过国家审核，实行进口付汇核销制度。采用信用证结算方式时，进口商须在开证前到外汇指定银行领取《贸易进口付汇核销单（代申报单）》，凭以办理进口付汇手续，其他结算方式下，则在付款前领此单。

进口合同签订并确认以信用证为结算方式后，进口商着手开立信用证。

（一）申请开立信用证的一般程序

1. 交开证申请书

一般是填写开证申请书，开证申请人根据合同和自己的要求，在开证申请书中选择适当的项目或填写特殊的要求。

2. 提交有关的文件和证明

主要是有关部门的审批文件、进口配额或进口许可证、外贸合同等。

3. 审核与开证

开证行对开证申请书的内容和相关资料进行审核，以及对开证人资信进行审核。开证行若审核所有资料无误，则可予以安排开证。

4. 进口企业交纳开证保证金

一般而言，如果开证申请人在开证行批准的授信额度内申请开证，则无需交纳开证保证金；如果开证申请人在开证行没有授信额度或开证金额超过授信额度，则开证行将要求进口企业先付一部分开证保证金，或以自身及第三方资产作抵押担保。

（二）信用证的修改

出口方收到信用证后，常提出修改信用证的请求，常见的原因有发现信用证与合同不符，装运期与有效期已过，须变更装卸口岸，增加数量、金额，某些条款受益人认为无法履行等等。对信用证的修改不是随意的，银行对此有一定的要求。

（1）信用证的修改一律按原信用证的寄递途径进行。若出口方提出修改，应先与进口方进行交涉，由进口方向开证行申请修改，然后再由开证行通过通知行将修改通知书转递给出口方；若修改由进口方提出时，也由进口方向开证行申请修改，并请开证行通过通知行将修改告之受益人。

（2）在不可撤销信用证下，任何一方对信用证的修改，都须取得各当事人的同意尤其是进出口双方的同意，方能生效。

（3）当信用证的修改项目不止一项时，必须接受全部项目，否则必须全部退回，不能接受其中某项，拒绝其中某项。

三、租船、订舱及装运

按 FOB 价格条件进口的合同，应由我方按时派船接货，其交货地点是装运港船上。合同中一般都规定，卖方应在交货前一定的时期内将预计的装船日期通知买方，买方接到卖方通知后才办理租船订舱。

目前，我国进口货物的租船订舱工作统一委托外运公司办理，其具体程序是：进口公司在接到卖方的上述通知后，使向外运公司填交进口订舱联系单，连同合同副本，委托外运公司安排船只或舱位。在办妥租船订舱手续后，应及时向卖方发出装船通知，以便卖方备货装船，避免出现船等货的情况。通知内容包括船名、预计到达装运港日期及装载数量等，并要求卖方确认，只有在对方确认后才能派船前往受载。如派出船只因故未能到达受载，也应及时向对方说明原因，取得谅解，以免发生争执，造成损失。货物装船后，卖方应向买方发出已装船通知，以便买方办理投保。

因此，FOB 进口合同的三个通知至关重要，即卖方的货妥通知、买方的派船通知和卖方装船后的通知。

四、投保货运险

FOB 或 CFR 交货条件下的进口合同，保险由买方办理。目前，我国进口货物的保险由各进出口公司与中国人民保险公司签订预约保险合同，简称“预保合同”或“预约保单”。在预约保险合同中，对外贸企业进口的商品应投保的险别、保险费率、适用条款以及赔偿的支付办法都做了具体规定。按照预约保险合同的规定，所有按 FOB、FCA、CFR 及 CPT 条件进口的货物都由中国人民保险公司承保。进口公司在收到国外装船通知后，只要将船名、提单号、开航日期、商品名称、数量、装运港、目的港、保险金额等内容通知中国人民保险公司，该公司便自动承保。货物装船后，出口方应及时向进口方发出装船通知，以便进口方及时办理保险和接货等工作。

五、审单和付汇

银行（开证行或其指定的付款行）收到国外寄来的汇票及单据后，对照信用证的规定，核对单据的种类、份数和内容。由于进口货物规格比较复杂，所以当国外商人装船后将装运单据交当地银行议付货款时，议付行就须审单，如内容无误，即可付款。然后，由中国银行和有关进出口公司再对单据进行审查无误后，对外付款。同时，进口方按照人民币当日外汇牌价，向中国银行买汇赎单。

审单是履行进出口合同的重要环节，既关系到按时、按质、按量地完成进口任务，也关系到我国外汇的支付问题，所以审单必须认真负责，不能马虎，做到“单证一致”、“单单一致”，防止错发、错运。如中国银行发现单据与信用证规定不符，应由通知国外议付银行改证或凭担保付款，或拒绝接受单据或货到检验合格后付款，以维护我方的合法权益。在单证不符的情况下，切不可轻易付款或保持缄默。

六、商品检验

对进口商品进行检验是进口方的权利，一般在买卖合同中都对货物的检验作出明确的规定。进口商品经检验合格，并符合合同的规定，进口方就应接受货物，否则进口方有权拒收货物，并要求损害赔偿。对进口商品进行检验不仅是为了让进口方行使合同规定其享有的权利，也是国家对部分进口商品必须进行检验的法律规定。凡是列入《进出口商品检验种类表》的所有进出口商品，不论买卖合同是否规定要进行商品检验，这些商品的进出口都必须接受国家检验检疫机构的检验。

报验的程序一般如下。

（一）申报

对列入《进出口商品检验种类表》的进口商品都应进行商检。报验时，由于货物还没有报关，不能提货。所以，进口企业只能填好报验单，列出所要检验的项目，连同合同副本及一些必要的单证和进口报关单一起交给检验检疫机构。由检验检疫机构审核无误后，在进口报关单上加盖“已接受报验”印章。申请人凭此向海关办理进口报关手续。海关则凭检验检疫机构的“已接受报验”印章接受报关与放行。

（二）检验

商检机构对进口货物进行抽样，然后按法定或合同规定所要检验的项目进行检验。

（三）出证

商品检验合格后，由检验检疫机构签发检验证书。如果检验不合格，检验检疫机构签发不合格证书。

七、报关和纳税

进口报关是指进口货物的收货人或其代理人向海关交验有关单证，办理进口货物申报手续的法律行为。进口报关必须由海关准予注册登记的报关企业或有权经营进口业务的企业负责办理，报关员须进行海关培训和考核认可。办理报关的程序如下。

（一）填写进口货物报关单

申报时，要填写进口货物报关单。另外，还要交验有关的单证，如进口许可证和国家规定的其他批准文件、提单或运单、商业发票、装箱单、免税或免验货物的证明、海关认为有必要提供的进口合同、产地证明及其他文件。

根据我国《海关法》的规定，向海关申报的时限为自运输工具申报进境之日起 14 天内。超过 14 天的期限未向海关申报的，由海关按日征收进口货物 CIF 价格的 0.05%的滞报金；超过 3 个月未向海关申报的，可由海关依法提交变卖。

（二）查验

海关接受申报后，对进口货物进行检查，以核对与进口货物报关单及其他单据文件上所列是否一致。查验应在海关规定的时间和场所进行，即在海关监管区域内的仓库、场地进行。查验时，进口方应派人到场并负责开拆包装。在特殊情况下，由报关人申请，经海关同意，也可由海关派相关人员到进口方的仓库、场地查验。

（三）纳税

进口方在收到海关的税款缴款书后，应当及时履行纳税义务。根据《海关法》的规定，进口方应在海关签发税款缴款书的次日起 7 天内（星期日和节假日除外）向指定的银行缴纳税款。逾期未缴的，将依法追缴并按滞纳天数征收应缴款额 0.1%的滞纳金。

进口关税的计算方法是：首先，确定计算税额的价格，即完税价格；然后，按进口货物适应的进口税率计算出税额。我国计算进口关税是以货物到达我国口岸的 CIF 价格作为完税价格。

（四）放行

放行又称"结关"，是进口货物在办完海关申报、查验和纳税后，由海关在报关单和货运单据上签字和加盖"验讫"章，进口企业或其代理人持海关签字并盖有放行章的货物提单提取进口货物。未经海关放行的货物，任何单位和个人都不得将货物提走。但是，对保税货物和加工贸易项下的进口货物，海关放行不等于"结关"，海关还要对货物进行后续监管，直到以后办完海关手续。在此之前，未经海关许可，任何人不得转让或移作他用。

八、验收和拨交货物

凡属进口的货物，都应认真验收，如发现品质、数量、包装有问题应及时取得有效的检验证明，以便向有关责任方提出索赔或采取其他救济措施。进口索赔事件虽不是每笔交易一定发生，但为了维护我方的利益，对此项工作应当常备不懈，随时注意一旦出现卖方违约或发生货运事故，切实做好进口索赔工作。为此，必须注意下列事项。

（1）查明原因，分清责任的基础上确定索赔对象。

① 向卖方索赔。凡属下列情况者，均须向卖方索赔：原装数量不足；货物品质、规格与合同规定不符；包装不良致使货物受损；未按期交货或拒不交货等。

② 向承运人索赔。凡属下列情况者，均须向承运人索赔：到货数量少于运输单据所载数量；运输单据是清洁的，而货物有残缺情况，并且属于承运人过失所致。进口人可根据不同运输方式的有关规定，及时向承运人或其代理人发出索赔通知。

③ 向保险公司索赔。由于自然灾害、意外事故或运输中其他事故的发生，致使货物受损并且属于承保险别范围之内；属于承运人的过失造成货物残损、遗失，而承运人不予赔偿或赔偿金额不足抵补损失的，只要属于保险公司承保范围以内的，应及时向保险公司索赔。

（2）提供索赔证据。在办理索赔时，要注意证据确凿，还必须制备索赔清单和证明文件，并且应随附检验证明书、发票、装箱单、提单副本等。同时，对不同的索赔对象还要另附有关文件，如保险单、联合检验报告、理货报告、残损短缺证明等。在问题未得到解决之前，索赔商品应保持原状，有的还要拍照存查，以便必要时作举证之用。

（3）关于索赔金额和索赔期限。根据国际贸易惯例，买方向卖方索赔的金额应与因卖方违约所造成的实际损失相等。除受损商品的价值外，有关的费用也可提出，如商品检验费、装卸费、仓储费、合理的预期利润等也应计入索赔金额。

索赔应在合同规定的索赔有效期内提出，过期无效。如果商检工作可能需要更长的时间，可向对方要求延长索赔期限。《公约》规定，买方行使索赔权的最长期限是自其实际收到货物起不超过两年。我国则规定为一年，向轮船公司索赔期限为货物到达目的港交货后一年之内。索赔一旦提出，就不再受索赔期限的限制。

货物进口后，应及时向用货单位办理拨交手续，如用货单位在卸货港所在地，则就近拨交货物；如用货单位不在卸货地区，则委托货运代理将货物转运内地，并拨交给用货单位。在货物拨交后，外贸公司再与用货单位进行结算。

第三节　主要进出口结汇单据

一、主要进出口结汇单据

进出口结汇单证是指在国际贸易结算中使用的各种单据、证明和文件。在进出口业务中，常用的结汇单证大致可分为基本单证和附属单证。基本单证包括汇票、商业发票、运输单据和保险单据等，即俗称的“一票三单”。附属单据包括海关发票、检验证书、包装单据、装船通知、受益人证明、产地证明。结汇单证具有付款依据、履约证明和物权凭证的作用。以下重点介绍几种进出口常用单据及其制作要点。

（一）商业发票

商业发票简称发票，它是卖方向买方开具的载有交易货物名称、数量、价格等内容的总清单，是货物装运的总说明。商业发票见样单（见表 11.1）。

表 11.1　商业发票样单

COMMERCIAL INVOICE

Issuer

Invoice No.: ____________

To

Invoice Date: ____________

S/C No.: ____________

L/C No.: ____________

Terms of Payment: ____________

Transport Details: From ____________ To ____________ Via ____________

By ____________

Marks and Numbers	Number and kind of package Description of goods	Quantity	Unit Price	Amount
TOTAL AMOUNT (IN WORDS)				

____

1. 商业发票的作用

（1）发票是交易的合法证明文件，是货运单据的中心，也是装运货物的总说明；

（2）发票是买卖双方收付货款和记账的单据；

（3）发票是买卖双方办理报关、纳税的计算依据；

（4）在信用证不要求提供汇票的情况下，发票代替了汇票作为付款依据；

（5）发票是出口人缮制其他出口单证的依据。

2. 商业发票的内容及缮制要点

（1）出票人名称与地址：一般情况下，出票人也就是出口公司，制单时应标出出票人的中英文名称和地址（以信用证为准）。

（2）发票名称：发票上应有"Invoice"（发票）字样。一般情况下应按信用证对发票的具体要求制作。例如，如果信用证要求提供的是"Commercial Invoice"（商业发票），则发票的名称必须有"Commercial"字样，否则发票则与信用证的要求不符。

（3）发票抬头人名称和地址（Messrs）：采用信用证支付货款时，如果信用证上有指定抬头人，则按照来证规定制单，否则一般情况下填写申请人或收货人的名称和地址。但采用托收方式时，填写的合同买方的名称和地址应放在不同行；第三方抬头；由某公司代表开证。

（4）运输资料（Transport details）：填写货物实际的起运港、目的港以及运输方式，如果货物需要转运，应该把转运港的名称表示出来。

如：from Guangzhou to Helsinki w/t at HONGKONG by vessel。

（5）发票号码（Invoice no.）：发票号码是出口商制作发票的编号，这是发票中不可缺少的内容之一。

（6）发票日期（Invoice date）：发票的日期就是发票的制作日期，也应理解为发票的签发日期。一般情况下，发票的日期应略早于汇票日期，同时不能迟于信用证的有效期，发票的制作地点一般是出口公司的出单地点，在发票上应有反映。发票的日期应在运输单的出单日期之前。

（7）信用证号码（L/C.N0）：这一项只有在采用信用证付款时才填写信用证号码。

（8）开证日期（L/C. date）：按信用证填写。

（9）合同号码（S/C. No）：发票中应反映进出口双方贸易合同的号码。信用证中经常规定要在发票上加注合同号码。但是，如果信用证规定加注的合同号码与实际合同号码不符并且来不及修改时，发票上应按信用证的要求加注错误的合同号码。不过，可在错误的合同号码后面注明"正确的合同号码应为......"。

有时，信用证要求在发票上加注开证行名称和信用证的号码，则应将其加注在发票上。

（10）支付方式（Terms of payment）：按合同、信用证填写。

（11）唛头及件号（Marks and number）：发票的唛头按照信用证或合同的规定填写，并与托运单、提单等单据唛头保持一致，如果货物为裸装货或散装货，可填写"N/M"。

（12）货物内容（Description of goods）：常采用描述的英文术语，Description of goods; Covering shipment of; Description of merchandise; Covering the following goods by; Covering value of; Shipment of goods。

发票上的商品名称应与信用证中规定的商品名称完全一致。如果信用证中的商品名称有错误或漏字等并且未来得及修改，发票上的商品名称也应将错就错，以保证发票与信用证规定的完全一致。不过，可在错误的名称后面加注正确的名称。

银行只负责审核单据表面上的一致性。因此，商品名称的表面性应与信用证的要求保持一致，不可使用商品名称的简写、繁写、同义词或同义名称等。

（13）商品的包装、件数（QUANTITY）：发票中列明的货物的数量（件、个、条等）和重量应与信用证中货物描述的数量和重量完全一致，并与提单等基本单据中货物的数量和重量一致。

（14）单价（Unit Price）：包括货币、金额和计量单位，如 L/C 有具体规定，单价应与信用证相同，如果 L/C 无规定，则按合同逐项填写。

（15）总值（Amount）：发票的总值不能超过信用证规定的最高金额。按照 UCP600 规则，开证银行可以拒绝接受超过信用证所许可金额的商业发票，但是如果信用证上总值前有“大约”、“大概”等词语，交货时允许有 10%左右的增减幅度。

在实际装运时，如果信用证金额有余额，可用发票金额制单结汇。但是如果信用证金额不够，在交货时可作如下处理：

第一种情况：发票金额比信用证金额多一点，如多 4 美元，可在发票上加注“Written off USD4，net proceed USD10000，00 美元；

第二种情况：发票金额比信用证金额多一些，如 40 美元，可在发票上加注“Less USD40.00，net proceed USD10000 美元；

第三种情况：发票金额比信用证金额多许多，如 4 000 美元，则须征得进口商和开证行同意，才可以按照发票的实际金额制单。

（16）声明文句：信用证要求的在发票内特别加列船名、原产地、进口许可证号码等声明文句。

如：证明索道货物与合同或订单所列货物相符合。

We certify that the goods named have been supplied in conformity with order No.888.兹证明本发票所列货物与第 888 号合同相符。

如：证明原产地。We hereby certify that the above goods are of Chinese origin.兹证明以上所列货物均产自中国。

如：证明货真价实。We certify that this invoice is in all aspects true and correct both as regards to the price and description of the goods referred herein.证明本发票所列货物在价格，品质方面真实无误。

如：证明已经航邮有关单据。

This is to certify that two copies of invoices and packing list have been airmailed direct to applicant immediately after shipment.兹证明发票和装箱单在装货完毕后立即通过航邮直接寄往买方后。

（17）出单人签名或盖章：商业发票只能由信用证中规定的受益人出具。除非信用证另有规定，如果以影印、电脑处理或复写方法制作的发票，作为正本者，应在发票上注明“正本”字样。按照 UCP500 规定，商业发票不必签字，但是有时来证规定发票必须手签，则不能用盖章形式，对墨西哥、阿根廷出口，必须手签（手签条款）。同时还可能出现回签条款。

小资料 11.1

佣金主要支付方式及计算

佣金的支付主要通过以下几种方式。

第一，汇付：货款按合同价格条款 CIF5%结算的，佣金应该另汇，一般采用票汇的方法。

第二，票扣：如果信用证上规定扣除佣金（less5%comm.or5%already deducted），则在发票上扣除。

第三，议扣：信用证开足全部货款金额，并规定议付行在议付单据时扣除。这种情况在对阿曼、巴林、阿联酋等中东国家比较常见。

第四，部分票扣、部分议扣。

第五，货记账单（Credit note）：信用证开来-扣除佣金的净值，发票上不能表示已经扣除的佣金，发票开列全部金额，汇票开列已扣除金额，并另单独出具账单。

在国际贸易中，计算佣金的方法不一，有的按成交金额约定的百分比计算，也有的按成交商品的数量来计算，即按每一单位数量收取若干佣金计算。

在我国进出口业务中，计算方法也不一致，按成交金额和成交商品的数量计算的都有。在按成交金额计算时，有的以发票总金额作为计算佣金的基数，有的则以 FOB 总值为基数来计算佣金。如按 CIF 成交，而以 FOB 值为基数计算佣金时，则应从 CIF 价中减去运费和保险费，求出 FOB 值。然后以 FOB 值乘以佣金率，即得出佣金额。

计算佣金的公式如下：

$$单位货物佣金额 = 含佣价 \times 佣金率$$

$$净价 = 含佣价 - 单位货物佣金额$$

上述公式也可写成：

$$净价 = 含佣价（1 - 佣金率）$$

$$含佣价 = 净价/（1 - 佣金率）$$

小资料 11.2

折扣的计算方式

折扣通常是以成交额或发票金额为基础计算出来的。

$$单位货物折扣额 - 原价（或含折扣价）\times 折扣率$$

$$卖方实际净收入 = 原价 - 单位货物折扣额$$

折扣一般是在买方支付货款时预先予以扣除。也有的折扣金额不直接从货价中扣除，而按暗中达成的协议另行支付给买方，这种做法通常在给暗扣或回扣时采用。

小资料 11.3

某些国家对发票的特殊规定

1. 智利：发票内要注明运费、保险费和 FOB 值。

2. 墨西哥：发票要手签，一般发票要求领事签证，可由贸促会代签，并注明："There is no MEXICAN consulate here" .在北京由墨西哥驻华使者签证。

3. 澳大利亚：发票内应注明发展中国家声明，可享受优惠关税待遇。

4. 伊拉克：要求领事签证，由贸促会代替也可。

5. 黎巴嫩：发票应加注正式真实性的语句。

"We hereby certify that this invoice is authentic，that it is the only one issued by us for the goods herein，that the value and price of the goods are correct without any deduction of payment in advance and its origin is exclusively China."

6. 科威特：发票内要注明制造厂商名称和船名，注明毛净重并以千克表示。

7. 巴林：发票内应注明货物原产地，并且应该手签。

8. 秘鲁：如用信用证要求领事签证，可由贸促会代替，发票货名应该以西班牙文表示，同时要注明FOB价值、运费和保险费。

9. 斯里兰卡：发票要手签。

10. 委内瑞拉：发票货名应该以西班牙文表示。

11. 土耳其：产地证不能联合在发票内。

12. 伊朗：发票内应注明关税号。

13. 尼泊尔、印度：发票手签。

小资料 11.4

《UCP600》对商业发票的要求

（1）发票必须由信用证中指定的受益人出具（可转让信用证除外）。

（2）发票必须以开证申请人为抬头人（可转让信用证或信用证另有规定除外）。

（3）发票无须签字（除非信用证另有规定），但是如果信用证要求的证明文句是在未要求签字的发票上表示的，则该证明文句应签字且加注日期。

（4）除非信用证另有规定，银行拒受金额超过信用证金额的商业发票。

（5）商业发票对货物的描述，必须与信用证一致。

（二）装箱单的制作

装箱单是补充商业发票内容之不足，通过表内商品的包装件数、规格、唛头、重量单项目的填制，明确阐明商品的包装情况，有利于买方对进口商品包装和数量的了解以及国外买方在货物到达目的港时，供海关检查和核对货物。为了保持与发票一致，号码和日期与发票完全相同，但一般不显示价格、装运情况，对货物的描述应和提单及产地证内容一致。装箱单见样单（见表11.2）。

装箱单的制作内容及要点如下：

（1）出口公司的中英文和地址：同商业发票；

（2）单据名称：常见的名称有 PACKING LIST（装箱单）、WEIGHT LIST（重量单）、MEASUREMENT LIST（尺码单）；

（3）填写出口公司的名称和地址：同商业发票；

（4）填写发票的开票日期：同商业发票；

（5）填写发票的号码：同商业发票；

（6）填写合同号码或销售确认书号码：同商业发票；

表 11.2　装箱单样单

PACKING LIST

Issuer	
	Invoice No.:
	Invoice Date:
To	
	S/C No.:
	L/C No.:

Marks and Numbers	Number and kind of package Description of goods	Quantity	Package	G.W. (@,TOTAL)	N.W (@,TOTAL)	Meas.(m^3)

（7）填写装运港、目的港和中转港名称以及运输方式和船名：同商业发票；

（8）唛头：同商业发票；

（9）填写商品的名称：同商业发票；

（10）数量（Quantity）：填写商品的数量，这里是运输包装单位的数量，而不是计价单位的数量；

（11）净重（N.W）：填写商品的单位净重和总净重；

（12）毛重（G.W）：填写商品的单位毛重和总毛重；

（13）尺码（Measurement）：填写商品的单位尺码和总尺码；

（14）总量（Total）：包括全部货物的总包装件数，毛、净重和总尺码等项目；

（15）出口公司落款、出单人：同商业发票。

（三）海运提单的制作

海运提单（Ocean Bill of Lading）是承运人确认已收到托运人的货物，并已装船或待以装船，而签发给托运人的收据，它由承运人单方面签发，所以是托运人与承运人之间运输合同的证明，有物权凭证的作用，卖方可通过掌握海运提单来控制货物。海运提单如样单（见表 11.3）所示。

表 11.3　海运提单样单

1. Shipper Insert Name, Address and Phone ZHEJIANG LIGHT INDUSTRIAL PRODUCTS IMPORT AND EXPORT CORPORATION		B/L No.YB5008
2. Consignee Insert Name, Address and Phone TO ORDER OF BLUE SKY HOLDINGS LTD.HONGKONG.		中远集装箱运输有限公司 COSCO CONTAINER LINES TLX: 33057 COSCO CN FAX: +86(021)6545 8984 **ORIGINAL** Port-to-Port or Combined Transport
3. Notify Party Insert Name, Address and Phone (It is agreed that no responsibility shall attached. to the Carrier or his agents for failure to notify) BLUE SKY HOLDINGS LTD.HONGKONG.		**BILL OF LADING** RECEIVED in external apparent good order and condition except as other- Wise noted. The total number of packages or unites stuffed in the container, The description of the goods and the weights shown in this Bill of Lading are Furnished by the Merchants,and which the carrier has no reasonable means Of checking and is not a part of this Bill of Lading contract. The carrier has Issued the number of Bills of Lading stated below,all of this tenor and date, One of the original Bills of Lading must be surrendered and endorsed or sig- Ned against the delivery of the shipment and whereupon any other original Bills of Lading shall be void. The Merchants agree to be bound by the terms And conditions of this Bill of Lading as if each had personally signed this Bill of Lading. SEE clause 4 on the back of this Bill of Lading(Terms continued on the back Hereof,please read carefully). *Applicable Only When Document Used as a Combined Transport Bill of Lading.
4. Combined Transport * Pre - carriage by	5. Combined Transport* Place of Receipt	
6. Ocean Vessel Voy. No. SUNFENG V.188	7. Port of Loading SHANGHAI, CHINA	
8. Port of Discharge HAMBURG W/T AT HONGKONG	9. Combined Transport * Place of Delivery	

Marks & Nos. Container / Seal No.	No. of Containers or Packages	Description of Goods(If Dangerous Goods,See Clause 20)	Gross Weight Kgs	Measurement
N/M CONTAINER NO: GVDU2041118/SEAL21281	200 CARTONS	TOYS AS PER ORDER NO.P01009 AS PER LETTER OF CREDIT NO: LC-515	4200KGS	17.200M^3
		Description of Contents for Shipper's Use Only(Not part of This B/L Contract)		

10. Total Number of containers and/or packages(in words)TWO HUNDREN CARTONS ONLY
Subject to Clause 7 Limitation

11. Freight & Charges FREITHT COLLECT Declared Value Charge	Revenue Tons	Rate	Per	Prepaid	Collect

Ex. Rate:	Prepaid at Total Prepaid	Payable at No. of Original B(s)/L THREE(3)	Place and date of issue SHANGHAI FEB.20, 2007. Signed for the Carrier, COSCO CONTAINER LINES ***

LADEN ON BOARD THE VESSEL SUNFENG V.188
DATE　FEB. 20, 2007　BY　COSCO CONTAINER LINES

海运提单的格式由各船公司自行确定，在形式上均各有特色，但都包括了以下的主要内容。

（1）承运人（Carrier）：提单上必须表明以轮船公司身份注册的承运人，以防欺诈，否则银行不予接受。

（2）托运人（Shipper）：即发货人，信用证方式下为信用证受益人，托收方式下为托收的委托人。

（3）收货人（Consignee）：按规定填写。记名提单直接填收货人，不记名提单填“to Bearer”，指示提单填“to Order”或“to the Order of ×××”。凡指示提单都需进行背书才能有效转让。

（4）被通知人（Notify Party）：信用证方式下按规定填写。该栏必须要有详细的名称和地址。

（5）船名、港口。

提单项目	转船	直达
Pre-carriage by:	第一程船船名	空白
Place of Receipt:	船方收货的港口	空白
Ocean Vessel Voy. NO.:	第二程船船名	船名
Port of Loading:	转运港	装运港
Port of Discharge(Destination):	卸货港	卸货港
Place of Delivery:	最终目的地	与卸货港同则空白

（6）唛头（Marks）和集装箱号码（Container NO.）：若信用证规定了唛头，则按其规定，若未规定则按双方约定或由卖方自定。无唛头则填“N/M”。集装箱货物要注明集装箱号码。

（7）包装与件数（NO.& Kind of Packages）：单位件数与包装都要与实际货物相符，并在大写合计数内填写英文大写文字数目，若有两种以上不同包装单位，应分别填写，再合计。散装货，只填 in Bulk。

（8）商品名称（Description of Goods）：按信用证规定，并与发票等单据一致，若货物品名较多，可用总称。

（9）毛重和体积（GW & Mear）：若信用证无特别规定，则只填总毛重和总体积。若为集装箱货，毛重包括货物的毛重和集装箱的皮重，体积则按集装箱计，一般一个 20 尺的集装箱体积为 33.2CBM。

（10）运费支付（Freight & Charges）：一般有两种，Prepaid 或 Collect。

（11）签发地点与日期（Place and Date of Issue）：地点一般在装运港所在地，日期按信用证要求，一般要早于或与装运期为同一天，要避免倒签提单和预借提单。

（12）承运人签章：提单必须由承运人或其代理人签字才有效。若信用证要求手签，也须照办。

（13）提单签发份数（NO.s of Original B/L）：信用证方式下按信用证规定，一般都是三份。

（14）提单号码（B/L NO.）：在提单右上角，主要是为了便于联系工作和核查。

（15）其他：提单上还应注明 on Board 字样，正本要注明 Original，有时还要注明货物的交接方式，如 CY-CY，CFS-CY 等。

（四）保险单的制作

出口货物在长途运送和装卸过程中，有可能会因自然灾害、意外事故或其他外来因素而导致受损。为了保障收货人在货物受损后获得经济补偿，一般在货物出运前，货主都向保险公司办理有关投保事宜，并按合同或信用证要求仔细、认真地填写货物运输险投保单交给保险公司，保险公司若接受了投保，就签发给投保人一份承保凭证即保险单（Insurance Policy）。保险单如样单（见表 11.4）所示。

表 11.4　保险单样单

海洋货物运输保险单

发票号次：　　　　　　　　第一正本　　　　　　　　保险单号次

INVOICE NO　　　　　　THE FIRST ORIGINAL　　　　　　POLICY NO NP47/

中国人民保险公司（以下简称本公司）

This Policy Of Insurance witnesses that People's Insurance Company of China（hereinafter called "the Company"）at the request of CHINA NATIONAL METALS AND MINERALS I/E CORP

（以下简称被保险人）的要求，由被保险人向本公司缴付约定（hereinafter called the "Insured"）and in consideration of the agreed premium being paid to the Company by 的保险费，按照本保险单承保险别和背面所载条款与下列 the Insured, undertakes to insure the undermentioned goods in transportation subject to the conditions of this 特殊条款承保下述货物运输保险，特立本保险单。

Policy as per the Clauses printed overleaf and other special clauses attached hereon。

标　记 MARKS. & NOS.	包装及数量 QUANTITY	保险货物项目 DESCRIPTION OF GOODS	保险金额 AMOUNT INSURED
AS PER INVOICE NO.AG(29)88012	600BAGS	BLAKE(SILVER)OAMORPHOUS GRAPHITE POWDER	USD3, 713.00

总保险金额：

Total Amount Insured: SAY U.S.DOLLARS THREE THOUSAND SEVEN HUNDRED AND THIRTEEN ONLY.

保费　　　　　　　　费率　　　　　　　　装载运输工具

Premium As Arranged　　Rate As Arranged　　Per Conveyance S.S. YUETKONG 542

开航日期　　　　　　　　　自　　　　　　　至

Slg on or abt. AS PER B/L　　From NINGBO　　To BEIRUT

承保险别：

Conditions: COVERING ALL RISKS AND WAR RISK AS PER OCEAN MARINE CARGO CLAUSES OF THE PICCDATED 01，01，1981.

所保货物，如遇出险，本公司凭第一正本保险单及其有关证件给 Claims, if any, payable on surrender of the first original of the Policy together with other relevant documents。付赔款。所保货物，如发生本保险单项下负责赔偿的损失或事 In the event of accident whereby loss or damage may result in a claim under this Policy immediate notice。

故，应立即通知本公司下述代理人查勘。

applying for survey must be given to the Company's Agent as mentioned hereunder:

中国人民保险公司 XX 分公司

THE PEOPLE'S INSURANCE CO. OF CHINA

XX BRANCH

赔款偿付地点

CLAIM PAYABLE AT ____USD IN BEIRUT____

DATE______________________________ ______________________

投保单的内容与保险单基本相似，不同的保险公司都有自己固有的保险单格式，其基本内容及缮制要点如下。

（1）出单公司的名称（The Name of the Issuing Company）：出具保险单公司的全称及公司标记一般会用较醒目的字体预先印制在保险单的最上端，以宣传公司形象及帮助被保险人确定保险单责任的承担者。

（2）保单编号（Policy No）：各套保险单的右上方一般预先印有一个与上、下套保险单前后相连的流水编号，但这并非是真正的保单编号，保单编号一般在制作保单时才编制确定。各保险公司编制保单编号的规定各不相同，但一般均由三部分构成，即该保险公司下属出具保单的分支公司编号、出单年份、险种保险业务连续号。

（3）被保险人（The Insured）：由于保险单是可转让的单证，被保险人只要在保险单背面签章，保险单的权益就转让给了任何保单持有人，所以除非信用证上有明确规定，否则投保人便被作为被保险人。

根据信用证规定和被保险人的不同情况，常见的缮制方法有以下几种。

① 一般情况下，投保人与被保险人系同一个人，不指定受益人。来证若无明确规定，由卖方投保时，被保险人一栏应填具信用证上受益人的名称，并由该受益人在保单背面作空白背书。

② 信用证规定须转让给开证行或第三方时，则被保险人一栏内在信用证上受益人名称之后再打上“Held to the Order of××”，并由该受益人在保单背面作空白背书。

③ 信用证指定以“个人名义”或“来人”（To Order）为抬头人，则在被保险人一栏内直接打上“××”或直接打"To Order"，信用证上的受益人不要背书。

④ 信用证指定“Endorse To the Order of ××”，则在被保险人一栏内仍打上信用证中受益人名称，同时保单背面由信用证上的受益人空白背书的上方打上“Held/Pay to The Order of ××”。

（4）标记（Marks & No）：标记一般应按发票或提单上所标的唛头填写，且内容需要与其他相关单证相符。但如信用证无特殊规定，为简化起见一般可打“As Per Invoice No. ××”

（参照商业发票上的货物标记）。因为若向保险公司索赔时，被保险人须递交相关商业发票，所以这两种单据可相互参照。

（5）包装及数量（Quantity）：散装货物和信用证有规定外，一般不打重量。应显示“袋”（Bag）、“木箱”（Case）、“纸板箱”（Carton）等。

保单上如果未表明“货物的数量”，银行便无法确定信用证所规定的货物数量是否已全部投保，所以开证行可据此拒付。

（6）保险货物项目（Description of Goods）：保险单内必须有对货物的描述，如果货物名称单一，可按发票上的名称填写；如果货物的项目很多，该描述可以用统称，但不得与信用证和其他单据中对货物的描述有矛盾。

（7）保险金额（Amount Insured）：保险金额一般应以信用证规定的货币种类及金额表示。如果信用证对保险金额没有规定，那么一般按照发票金额加成 10%计算，要求加成比例超过 10%的，保险公司会根据实际情况确定是否可以接受，银行可以接受的最低保险金额为付款、承兑或议付金额的 110%或发票总额的 110%，以两者中较大者为准。除非信用证规定投保金额不少于（Not Less Than）110%，则保险金额大于或小于 CIF 或 CIP 金额的 110%者均不可轻易接受。发票金额中有时含有“佣金”与“折扣”，除非信用证另有规定，佣金不需扣除，保险金额一律按发票金额计算；而“折扣”需要扣除，保险金额按发票金额扣减折扣后计算。

（8）总保险金额（Total Amount Insured）：总保险金额的币种须与信用证或合约的规定一致，且应使用币种的全称（例：美元不能用“USD”，而应写“U.S.DOLLARS”）。大小写金额须相符，因为保险金额精确到个位数，所以大写金额后应加上“ONLY”，以防涂改。

（9）保费（Premium）和费率（Rate）：因费率不公开，固在保费和费率一栏内通常打“As Arranged”（按照约定）。如果信用证要求注明“保费已付”（Premium Paid），可将原印制的“As Arranged”删掉改打上“Paid”或“Prepaid”。

（10）装载运输工具（Per Conveyance）：海运直达轮，则在该栏显示船名。如需中途转船，填写一程轮船名或已知的第二程轮船名。除非信用证另有规定，保单只有船名没有注明航次，银行应予接受。陆运则填写“by Train”；空运则填写“by Air”；邮包则填写“by Parcel”。

（11）开航日期（Slg. On or abt）：海运可填 as per B/L；空运可填 as per AWB 等。

（12）起讫地点（From…to…）。如选用海运直达船，则“From××”即提单中的“Port of Loading”；“To××”即提单中的“Port of Discharge”。如果信用证上的目的地（一般为内陆）非提单卸货港，则保单上的起讫地点应按信用证规定原样显示（例：信用证上要求“Port of loading：Shanghai”；“Port of discharge：Hamburg”；“Final destination：Austria”则保单上应显示：From Shanghai to Hamburg in transit to Austria.）；如选用海运非直达船，则保单上的转运地点应注明。例如，从上海经香港转纽约：From shanghai to New York W/T at Hongkong，）；如选陆、空、邮运，则可在“To××”栏中直接填上目的地即可。

（13）承保险别（Conditions）。进出口货运险适用的保险条款种类较多，国内一般采用中国保险条款，包括主险条款、一般附加险条款和特别附加险条款。国际上常用的货物运输保险条款包括英国协会条款和美国协会条款。信用证上应有对保险类别和附加险别明确的要求。如果对保险类别应用了含意不明的词语，如通常险别（Usual risks）或惯例险别（Customary risks），银行将接受所提示的任何保单而不受任何漏保之责。当信用证规定投保一切险时，银行将接受任何有一切险批注或条款的保险单据而不负任何漏保之责。

（14）保险人在货运目的地的检验代理人（Named Survey Agent）。保险人选择的检验代理人应位于货运目的地，如当地没有符合条件的检验代理人，则应尽可能就近选择。保险代理人除需提供名称外，还需有详尽的地址及联系电话，以便被保险人在货物出险后与其联系。

（15）赔款偿付地点（Claim Payable at）。如果信用证无特殊指定，一般显示信用证上规定的目的港或打上"Destination"。

信用证要求以汇票货币为赔付货币时，则在赔付地点之后加注"in the Currency of the Draft"；若信用证明确指定以某种货币为赔付货币时（例：美元），则在赔付地点后直接注明"in USD"。

（16）出单地点和日期（Place and date of issue）。出单地点按出单公司的实际所在地填写。

除非信用证另有规定，或除非在保险单上表明："保险责任最迟于货物装船或发运或接受监管之日起生效"（the cover is effective at the latest from the date Of loading On board dispatch or taking charge of the goods）外，银行将不接受出单日期迟于装船或发运或接受监管的保单。

（17）出单人（Issued by）。保险单据必须在表面上由保险公司或保险人或他们两者的代理人开立和签署。除非信用证另有规定，银行也将接受保险经纪人以保险公司代理人的身份开立和签署的保险证明。

（18）对保险单据的其他要求。

第一，大小写金额只能更改一处，其他地方不能超过两次，更改处需加盖校正章或签字确认。

第二，保险单上各个项目应按保单格式提供的位置填写，不能超出格式提供的空格位置，更不能与格式上的铅字重叠。

第三，内容排列应整齐，行距要统一。

第四，被保险人名称、商品名称、大写金额、条款、地名及月份等单词的第一个字母需大写的不能小写。

第五，保险单措辞要明确，内容要和发票、提单等有关单证相符。保险条款既要明确承保的责任范围又要正确反映客户的要求。

（五）原产地证明书的制作

原产地证书是证明商品的原产地，即货物的生产或制造地的一种证明文件。它是进口国对进口货物确定关税待遇、进行贸易统计、实行数量限制和控制从特定国家进口的主要依据。形象地说，原产地证书是商品进入国际贸易领域的经济国籍和护照，出具原产地证书已成为国际贸易中的一个重要环节。在我国，原产地证书主要有一般的原产地证书（见表 11.5）和普惠制原产地证明书。根据规定，一般的原产地证书既可以向出入境检验检疫局申领，也可向贸促会申领，而普惠制产地证明书格式 A（见表 11.6）只有出入境检验检疫局有权签发。这些证书通常由出口商填制，经签证机构认可盖章后即成为正式文件。

表 11.5　一般原产地证明书样单

<table>
<tr><td colspan="2">ORIGINAL</td></tr>
<tr><td>1. Exporter
ZHEJIANG GREAT CORPORATION HANGZHOU CHINA</td><td rowspan="2">Certificate No.

**CERTIFICATE OF ORIGIN
OF
THE PEOPLE'S REPUBLIC OF CHINA**</td></tr>
<tr><td>2. Consignee
ABC CO.LTD. HONGKONG</td></tr>
<tr><td>3. Means of transport and route
ON JAN 25，2007 FORM SHANGHAI CHINA TO HONGKONG　BY SEA</td><td rowspan="2">5. For certifying authority use only</td></tr>
<tr><td>4.Country / region of destination
HONGKONG</td></tr>
</table>

6. Marks and numbers	7. Number and kind of packages; description of goods	8. H.S.Code	9. Quantity	10. Number and date of invoices
G-III HONGKONG	MEN'S DOWN JACKET 10000PCS PACKING IN 100CTNS AS PER L/C NO: BONY0100345 **	6203.3200	10000KGS	911R121101 JAN.15, 2007

11. Declaration by the exporter	12. Certification
The undersigned hereby declares that the above details and statements are correct，that all the goods were produced in China and that they comply with the Rules of Origin of the People's Republic of China. ZHEJIANG GREAT CORPORATION HANGZHOU CHINA ++++++ JAN.20，2007 SHANGHAI -- Place and date，signature and stamp of authorized signatory	It is hereby certified that the declaration by the exporter is correct. CHINA COUNCIL FOR THE PROMOTION OF INTERNATIONAL TRADE *********JAN.22，2007 CHINA -- Place and date，signature and stamp of certifying authority

1. 贸促会原产地证书（Certificate of Origin）的缮制

证书编号一般提前由出证机构编印好。其内容填制要求如下。

（1）出口人（Exporter）：L/C 受益人或合同的卖方，应说明公司的名称与地址。

若经其他国家或地区需填写转口商名称，可在出口商后面加填英文 VIA，然后再填写转口商的名称、地址和国家。

（2）收货人（Consignee）；应填写最终收货人的名称、地址、国名等。根据情况可以是 L/C 的开证申请人、提单通知人或 L/C 规定的特定收货人。

（3）运输方式和路线（Means of transport and route）：填写起运港、目的港和运输方式。如需转口也应说明在何处转运。

（4）目的港（Country / region of destination）：应填写最终目的港。

（5）供官方使用：此栏目正常情况下空白，但是在下列情况下需要加注。

① 货物已经出口，签证日期迟于出货日期，签发“后发”证书时，此栏盖上“ISSUED RETROSPECTIVELY”红色印章。

② 证书遗失、被盗或者损毁，签发“副本”证书时盖上“DUPICATE”，并在此栏注明原证书的编号签证日期，并申明原证明书作废。

其文字是：THIS CERTIFICATE IS IN REPLACEMENT OF CERTIFICATE OF ORIGIN NO.DATED WHICH IS CANCELLED.

（6）唛头及包装号（Marks and number of packages）：应与发票和海运提单内容相一致。

（7）货名、包装件数和种类（Description of goods，number and kind of packages）：货名与发票一致，包装件效应在小写数字后用括号加注大写英文数字。

（8）HS 税目号（H. S.Code）：此栏要求填写 4 位数的 HS 编码，即《商品分类和编码协调制度》为不同类商品加列的商检序列号，如手风琴的 H. S. code 为 9204。

（9）数量或重量（Quantity or Weight）：数量按商品的计量单位填写，以重量为单位的应说明毛重或净重。

（10）发票号码及日期（Number and date of invoice）：按照申请出口货物的商业发票填写。该栏日期应早于或同于实际出口日期。发票日期应按月、日、年顺序填写。月份一律用英文缩写。

（11）出口商声明（Declaration by the exporter）；此栏下为声明的地址、日期，及有权签字人的签字和盖章，地址通常为出口商所在地，日期晚于或等于发票日。

（12）签证机构证明（Certification）：此栏下应注明签证地址、日期、证明机构签字和盖章，签证地址为签证机构所在城市，日期应同于或晚于发票和出口商声明日期。

表 11.6 普惠制产地证明书样单

ORIGINAL

1. Goods consigned from(Exporter's business name,address,country) NINGBO MOSS BEARING CO.，LTD.，NINGBO，CHINA	Reference No. GENERALIZED SYSTEM OF PREFERENCES CERTIFICATE OF ORIGIN （Combined declaration and certificate）
2. Goods consigned to（Consignee's name，address，country） FERNANDO DE BESSA MOREIRA，LDAVIA SA CARNEIRO-Z IND，MAIA I-SEC IX LOTE 29-GUARDA-MOREIRA-4470 MALA	FORM A Issued in THE PEOPLE'S REPUBLIC OF CHINA (country) See Notes overleaf
3. Means of transport and route（as far as known） ON NOV.30，2000 FORM NINGBO CHINA TO LEIXOES PORTUGAL BY SEA	4. For official use

续表

5. Item num-ber	6. Marks and numbers of packages	7. Number and kind of packages; description of goods	8. Origin criterion （see Notes overleaf）	9. Gross weight or other quantity	10. Number and date of invoices
1	JOSEPHINE LEIXOES PORTUGAL PACKED IN 20 CTNS	BEARINGS 800KGS PAKCED IN 20 CTNS AS PER L/C NO.:CPP0000E AS PER S/C NO. BB3887 NOV.1，2006 **	P	N.W.800 KGS	7K128 NOV.20,2006

11. Certification	12. Declaration by the exporter
It is hereby certified，on the basis of control carried out，that the declaration by the exporter is correct. CHINA ENTRY AND EXIT INSPECTION BUREAU	The undersigned hereby declares that the above details and statements are correct，that all the goods were produced in CHINA （country） and that they comply with the origin requirements specified for those goods in the Generalized System of Preferences for goods exported to PORTUGAL
	NINGBO MOSS BEARING CO.，LTD.，NINGBO，CHINA
+++ NOV.27，2006 CHINA -- Place and date，signature and stamp of certifying authority	*** NOV.25，2006NINGBO -- Place and date，signature and stamp of authorized signatory

2. 普惠制原产地证书（GSP Form A）的制作

（1）证书编号（Certificate NO.）：这一栏不能空白。

（2）出口方（Exporter）：填写出口商的名称和地址，并且要详细。此项为强制性填写。

注意：如果需要填写转口商的名称时，可在出口商后面加填英文 VIA，然后再填写转口上名称、地址和国家。

如：GUANGDONG TEXTILES IMP&EXP KNITEARS

CO.LTD.，15/F GUANGDONG TEXTILES MANSION

NO 168 XIAO BEI ROAD.GUANGZHOU，CHINA

VIA HONGKONG DAMING CO.LTD

NO.566 GUANGDONG ROAD HONGKONG

（3）收货人（Consignee）此项为非强制性填写。如出口到欧盟和挪威可以自由选择是否填写；或如果直接运往给惠国，在对方要求此栏为空时，可以不用填写。

（4）运输方式和路线（Means of Transport and Route）：还要真实填写货物出运的日期。

（5）供官方使用（For official use）：此栏目正常情况下空白，但是在下列情况下需要加注。

① 货物已经出口，签证日期迟于出货日期，签发"后发"证书时，此栏盖上"ISSUED RETROSPECTIVELY"红色印章。

② 证书遗失、被盗或者损毁，签发"副本"证书时盖上"DUPICATE"，并在此栏注明

原证书的编号签证日期，并申明原证明书作废。其文字是：THIS CERTIFICATE IS IN REPLACEMENT OF CERTIFICATE OF ORIGIN NO.DATED WHICH IS CANCELLED。

（6）商品顺序号（Item NO.）：在收货人、运输条件相同的情况下，如同批出口货物有不同品种，则可根据不同类别的商品依次列出顺序号（1、2、3、4…），单项商品，此栏填 1。

（7）唛头及包装号（Marks and number of packages）：唛头要与发票等相关票据一致，要详细填写；在唛头里不能出现产品非中国制造的字样；在没有买方唛头的情况下，需用“N/M”标示。

（8）包装件数、包装种类以及商品的名称（Description of goods，number and kind of packages）：包装件数必须用英文和阿拉伯数字同时表示；商品名称必须写具体，而不能写统称；商品的商标、牌名以及货号一般可以不填。商品名称填写完毕后，应该在下一行加上表示结束的符号（*******），以防止加填伪造内容；国外信用证有时要求填写合同，信用证号码，可以填写在此栏处。

（9）原产地标准（Origin criterion）。

① 如果本商品完全是出口国生产的，不含任何进口成分，出口到所有给惠国，填写“P”。

② 如果出口商品含有进口成分，那么出口到欧盟、挪威、瑞士和日本的填写“W”，其后签上商品的 HS（海关编码）产品目号。

③ 含有进口成分的产品，出口到加拿大填写“F”，而且进口成分不能超过产品出厂价的 40%。

④ 含有进口成分的产品，出口到波兰、俄罗斯、乌克兰、捷克、斯洛伐克 5 国，填写“y”，加上进口成分价值占该产品离岸价格的百分比，条件是比例不能超过 50%。如：y40%。

⑤ 出口到澳大利亚、新西兰的，此栏可以空白。

（10）毛重和其他数量（Gross weight or others quantity）：此栏应以商品的正常计量单位填。在以重量计价的，一般填写毛重。如果只有净重的，在填写时还需标注“N.W.”。

（11）商业发票的日期和号码（Number and date of invoice）

（12）签证当局的证明（Certification）：检验检疫局的签证地点和日期。其前签章日期不能早于发票和申请日期，但也不能晚于出运期。

（13）出口商申明（Declaration by the exporter）：在生产国上填写“中国”。进口国横线上填写最终进口国，并且进口国必须和目的港一致。申请单位授权专人应该在此栏手签，表上申报地点、日期并加盖申请单位中英文印章。但是此栏日期不得早于发票日期。盖章时应避免进口国名称和手签人姓名。

（六）汇票的填制

汇票（Bill of Exchange）是出票人签发的，要求受票人在见票时或在指定的日期无条件支付一定金额给其指定的受款人的书面命令。在信用证项下的国际结算业务中，即期付款有时不一定需要汇票，可以发票代替。而对于远期付款，汇票一般都是必要的，因付款人须凭汇票承兑，并承担到期付款的责任，而持票人必要时可凭承兑的汇票贴现或经背书转让。汇票如样单（见表 11.7）所示。

表 11.7 汇票样单

凭

Drawn under THE BANK OF TOKYO，LTD.，NAGOYA OFFICE

信用证或购买证第 号

L/C or A/P No. 123A-456

日期 年 月 日

Dated OCT.6，2007

按 息 付 款

Payable with interest @ ______% per annum

号码 汇票金额 中国杭州 年 月 日

No. ZJ200711 Exchange for USD9，500.00 Hangzhou, China 2007

见票 日 后（本 汇 票 之 副 本 未 付）付

At XXX sight of this FIRST of Exchange（Second of exchange being unpaid）

Pay to the order of BANK OF CHINA，ZHEJIANG BRANCH 或其指定人

金额

the sum of UNITED STATES DOLLARS NINE THOUSAND FIVE HUNDRED ONLY

此致

To: THE BANK OF TOKYO，LTD.，

NEW YORK AGENCY，NEW YORK，N.Y.

ZHEJIANG KINGTEX TRADING CO.，LTD.

卢路

信用证结算方式下的汇票缮制，不仅要严格符合信用证的要求，还要符合汇票的规范制法。内容和要点如下。

（1）出票依据（Drawn under）：是表明汇票起源于交易是允许的。一般内容有三项：即开证行名称、信用证号码和开证日期。出票依据是说明开证行在一定的期限内对汇票的金额履行保证付款责任的法律根据，是信用证项下汇票不可缺少的重要内容之一。

（2）利息（Interest）：此栏填写合同或信用证规定的利息率。若没有规定，此栏留空。

（3）号码（Number）：一般填写商业发票的号码。

（4）小写金额（Amount in figures）：一般填写确切的金额数目。除非信用证另有规定，汇票金额所使用的货币应与信用证和发票所使用的货币一致。在通常的情况下，汇票金额为发票金额的 100%，但不得超过信用证规定的最高金额为限。如果信用证金额有“大约”等字样，则有 10%的增减幅度。

（5）付款期限（Tenor）汇票的填写应按照信用证的规定。即期的汇票，要打上“AT SIGHT”。在汇票“AT”与“SIGHT”之间的空白处用虚线连接，表示见票即付。如远期汇票，应在“AT”后打上信用证规定的期限。

信用证中有关汇票期限的条款有以下几种。

第一，以交单期限起算日期。如 “This L/C is available with us by payment at 60 days after receipt of full set of documents at our counters”。

此条款规定付款日期为对方柜台收到单据后的 60 天，因此在填写汇票时只须写：“At 60 days after receipt of full set of documents at your counters”。

注意，信用证中的 “Our counter”（我们的柜台），系指开证行柜台，而在实际制单中，应改为 “Your”（你们的）的柜台，指单据到达对方柜台起算的 60 天了。

第二，有的汇票是以装船日期为起算日期的。如 “We hereby issue our irrevocable documentary letter of credit No.194956 available at 30 days after B/L date by drafts”。

那么在制单时就要填写 “30 days after B/L date”。制单时，从提单日期起算 30 天。.

第三，也有少数汇票的起算日期是以发票日期起算的。如：“Drafts at 60 days from invoice date”。因此，在制单时应在此栏目里填写：“ At 60 days from invoice date”，从发票开出日期起算的 60 天了。

（6）受款人（Payee）：又称收款人，收款人一般是汇票的抬头人，是出票人指定的接受票款的当事人。有的是以出口商或以其所指定的第三者为受款人。在国际票据市场上，汇票的抬头人通常有三种写法。

第一，记名式抬头（Demonst rative order）：即在受款人栏目中填写：“付给×××人的指定人”（Pay to the order of ×××），这种类型的抬头是最普遍使用的一种。

第二，限制性抬头（Restrictive order）：即在受款人栏目中填写 “仅付给×××人”（PAY TO ××× ONLY）或“限付给×××人，不许转让”（PAY TO ××× ONLY，NOT TRANSFERABLE）。

第三，持票人抬头（Payable to bearer）：即在受款人栏目中填写 “付给持票人”。

（7）大写金额（Amount in words）：用大写英语文字表示，并在文字金额后面加上 “ONLY”，以防止涂改。如：“SAY UNITED STATES DOLLARS FIVE THOUSAND SIX HUNDRED ONLY”。信用证使用的货币、上面所使用的小写金额应与大写金额相一致。

（8）付款人及付款地点：汇票的付款人（Payee）即汇票的受票人（Drawee），也称致票人。在汇票中表示为“此致×××”。凡是要求开立汇票的信用证，证内一般都指定了付款人。如果信用证没有指定付款人，按照惯例，一般做成开证行为付款人。填制汇票的一般做法是：

第一，当信用证规定须开立汇票而又要求明确规定有付款人时，应理解为开证行就是付款人，从而打上开证行的名称、地址；

第二，当信用证的条款为：“DRAFTS DRAWN ON APPLICANT” 时，应填写该信用证的开证人名称及地址；

第三，当信用证要求为：“DRAWN ON US” 时，应理解 “US” 为开证行名称及地址。

还有，付款人旁边的地点就是付款地点。它既是汇票金额的支付地，也是要求付款地，或拒绝证书做出地。

（9）出票人签字（Signature of drawer）：出票人即签发汇票的人，在进出口业务中，通常是出口商（即信用证的受益人）。一般打上出口商的全称，并由出口商经理签署或盖章。

汇票的出票人一般是信用证指定的受益人，按来证照打。汇票的出票人也应当同其他单据的签署人名称相符。

汇票必须注明出票地点，因为如果在一个国家出票，在另一个国家付款时，假如发生争议，确定以哪个国家的法律为依据，来判断汇票所具备的必要项目是否齐全，从而使之有效。对此，各国采用出票地法律或行为地法律的原则，即以出票行为的当地法律，认为汇票已具备必要项目而生效时，付款地点也同样认为有效。

（七）受益人证明

受益人证明（Beneficiary's Certificate / Statement/ Declaration）也称出口商证明（Exporter's Certificate），顾名思义是由受益人按合同、信用证和有关规定，对外出具的说明其已履行了合同义务、完成了某工作或行为符合进口商和进口国要求的各种证明文件。

常用受益人证明通常包括寄单证明（Beneficiary's Certificate for Dispatch of Documents）及寄样证明（Beneficiary's Certificate for Dispatch of Shipment Sample）。受益人证明如样单（见表 11.8）所示。

表 11.8　受益人证明样单

GUANGHUA LIGHT INDUSTRIAL PRODUCTS IMPORT AND EXPORT CORP.
62 JIANGXI ROAD，HANGZHOU，CHINA

BENEFICIARY'S CERTIFICATE

TO: WHOM IT MAY CONCERN　　　　DATE: 28TH OCT.，2006

RE: L/C NO. 513179/WL INVOICE NO. GLI200607

WE HEREBY CERTIFY THAT 6 COPIES OF INVOICE WITH 2 COPIES OF NON-NEGOTIABLE BILLS OF LADING HAVE BEEN SENT DIRECT TO AGENTS PAKISTAN GENERAL TRADER，P.O. BOX 5520 KARACHI IMMEDIATELY AFTER SHIPMENT BY REGISTERED POST.

GUANGHUA LIGHT INDUSTRIAL PRODUCTS
IMPORT AND EXPORT CORP.

....
Authorized Signature

很多信用证均要求提供此类单证，其内容的缮制依据来证规定而定。一份受益人证明一般只有 5 个栏目，即发票号码、信用证号码、出证日期、证明内容和受益人公司名称及签字。"受益人证明"可根据信用证的具体要求确定其名称，其证明的内容可按信用证要求的文句打印，有时需作时态调整。受益人证明一般不分正副本，但如果来证要求正本，可打上"Original"字样。

（八）装船通知

在 CPT、FOB、CFR 及 FCA 条件下，装船通知为成交的合同买方提供办理货物保险的凭证。装船通知（Shipping Advice）或称装船声明（Shipping Statement），即按照信用证或合同规定，发货人通常在装船后将装船通知进口商，以便及时办理保险或准备提货租仓。通知方式经常是担保通知。装船通知如样单（见表 11.9）所示。

表 11.9　装船通知样单

GUANGHUA LIGHT INDUSTRIAL PRODUCTS IMPORT AND EXPORT CORP.
62 JIANGXI ROAD，HANGZHOU，CHINA
SHIPMENT ADVICE

TO:　EASTERN FEDERAL UNION　　　　DATE: 28TH OCT.，2006
INSURANCE CO. LTD.，QUNAR
HOUSE，M.A. JINNAH ROAD，KARACHI

JEVAN TRADING CO.，
15 MARVI BLGH. MARRIO ROAD
P.O. BOX 4666，KARACHI-78000

RE:　L/C NO. 513179/WL INVOICE NO. GLI200607
OPEN POLICY NO. 099421/94/GAL/JEVAN

WE HEREBY INFORMED YOU THAT THE GOODS UNDER THE ABOVE MENTIONED CREDIT HAVE BEEN SHIPPED. THE DETAILS OF SHIPMENT ARE STATED BELOW. PLEASE COVER INSURANCE.
COMMODITY: LOVELY BRAND ALARM CLOCKS
QUANTITY: 720PCS
INVOICE VALUE: USD1440.00
OCEAN VESSEL: LONG XING
DATE OF SHIPMENT: 28TH OCT.，2006
PORT OF LOADING: NINGBO
PORT OF DESTINATION: KARACHI
MARKS:　ABDOLTAH
KARACHI
NO.1-30

GUANGHUA LIGHT INDUSTRIAL PRODUCTS
IMPORT AND EXPORT CORP.

Authorized Signature

买方为了避免卖方因疏忽未及时通知，所以经常在信用证中明确规定，卖方必须及时发出装船通知，并规定通知的内容，而且在议付时必须提供装船通知的副本。

装船通知没有固定的格式，它可以由各出口企业自行制定，其制作主要包括以下内容。

1. 抬头人

抬头人即接受该通知的人，按信用证的要求填写，一般为与买方签订保险合同的保险公司或信用证开证申请人，或信用证指定的代理人的名称和地址。

2. 各种编号和日期

按信用证的编号填写，主要包括发票编号、日期、信用证号码、预约保险单号码、通知的发送日期等。

3. 货物运输情况

货物运输情况包括装运港、目的港、中转港名称、装运日期、运输工具名称、提单号、预计开船日期、预计到达日期。

4. 货物内容

货物内容包括唛头、货物名称、规格、数量、重量、包装件数、总金额等。

5. 特殊条款

信用证规定的以上各栏目以外的内容，均属特殊条款。

6. 签署

通知的右下角，由出口公司盖章并签字。

二、制作并审核结汇单据的基本原则

对于结汇单据，其制作和审核必须做到以下几点。

第一，正确。制作的单据只有正确，才能保证及时收汇，并可避免发生错装、错运事故。

第二，完整。必须按合同和信用证的规定，提供各种单据，单据的份数和单据本身的项目内容必须完整无缺。

第三，及时。应在信用证的有效期内，及时将单据提交议付银行办理结汇手续。

第四，简明。单据内容应按信用证要求和国际惯例填写，力求简明，切勿加列不必要的内容，反而弄巧成拙。

第五，整洁。单据的布局要美观、大方，缮写或打印的字迹要清楚，单据表面要清洁，对更改的地方要加盖校对图章。有些单据如提单、汇票，以及其他一些单据的主要项目如金额、件数、重量等一般不宜更改。

技能训练

实训主题：国际贸易合同履行模拟练习。

实训地点：教室。

实训目的：通过国际贸易合同履行模拟练习，使学生能独立与外商签订完整的合同，并从技术条款方面保证合同的准确性，使学生能独立履行国际货物买卖合同，熟练地与有关方面当事人建立各种工作关系，增强学生公关意识及沟通与协调能力，使学生能独立处理履约过程中出现的各种技术问题，正确进行索赔和理赔工作。

实训过程设计：

采用分组模拟教学法。

买卖双方分别由三人组成，分组进行合同的模拟履行。根据合同，双方当事人按照一定的程序分别履行合同，填制各种单据，实现货款转移。

首先在商务系统内谈判签约，依据签约的性质学生分别与国家机关、外汇管理局、运输、保险、检疫、海关等系统进行业务往来，直至履行完合同义务，正确缮制全部单据，到银行交单，办理结汇，到税务系统办理退税，最后在商务系统办理索赔和理赔工作。

外贸业务手工模拟训练系统由商务系统、国家机关系统、外汇管理系统、银行系统、运输系统、保险系统、检验检疫系统、海关系统、税务系统组成。

一、商务系统

由教师提供贸易基本素材，学生分为买卖双方进行谈判，谈判结束达成交易，签订合同。原为买方的签订进口合同，在后面的外贸业务模拟训练中执行进口合同；相反原为卖方的签订出口合同，在后面的外贸业务模拟训练中执行出口合同。学生应从技术方面掌握进出口贸易合同的基本条款，签订的合同即要对自己有利，又要根据市场状况等各方面情况灵活把握。双方要了解买卖货物的基本情况和基本政策，比如是否需要进出口许可证及其他进出口证明，是否要交纳进出口关税和其他税费等。

执行出口合同的学生，收到信用证审查无误后，要缮制发票、箱单、产地证等；货物订仓后，发运前（FOB、CFR）向买方发出装船通知。如果审查 L/C 后，发现与合同不符应要求对方改证，收到经通知银行转来的正确无误的信用证修改后，再履行出口义务。

执行进口合同的学生，要在卖方发货前发出装船指示（FOB）或由卖方代为租船。

二、国家机关系统

学生在签订进出口合同前后，对需要申领进出口许可证及其他进出口证明的要事先到国家机关系统申领。

由学生（在教师指导下）扮演国家机关（外经贸部、特派员办事处、各地经贸委）的工作人员，负责发放进出口许可证及其他进出口证明。

障碍设计:

（1）申领进口机电产品证明书，应在签订进口合同之前，而有些进出口产品则先签合同后再申领许可证，所以交易的产品需要许可证或其他证明的，在签定合同时应注明，以买方（卖方）最后确认为准；

（2）进出口许可证申请单填制不规范。

三、外汇管理系统

学生在执行进出口合同前应先到外汇管理局申领出口收汇核销单、进口付汇核销单。

由学生（在教师指导下）扮演外汇管理局的工作人员，负责发放出口收汇核销单和进口付汇核销单及进出口核销。

障碍设计:

（1）新建企业必须到外汇管理局备案；

（2）申领核销单的企业以前核销业绩必须很好，否则限制发放；

（3）在核销时所有单据的金额必须一致否则不予办理。

四、银行系统

执行出口合同的学生应经常向银行询问信用证是否已到，待正本信用证收到，审查无误后，才能开始执行，出口后要向银行交单，最后办理结汇。

由学生（在教师指导下）扮演银行职员，负责审查单据。

障碍设计:

（1）有不符点的退回重制;

（2）交单已很长时间（超过20天）货款还没回来;

（3）各单据出单时间不符合逻辑关系;

（4）国外银行提出不符点;

（5）国外银行拒付。

执行进口合同的学生应填好开证申请，交纳开证抵押金，待信用证开出后要求一份信用证副本存档。待对方单据到来后，审单付款。

五、运输系统

执行出口合同的学生应根据信用证或合同要求的最迟装运期与货运代理联系，确定运费（CFR、CIF）和船期，发出货运委托，开船前要求对方提供提单样本，开船后要求对方出具正本提单。

执行进口合同的学生应与货运代理联系，询问装运进口货物船只的到港时间，以便接货。

由学生（在教师指导下）扮演船公司或货运代理的业务员，负责与执行出口合同的学生谈判以确定运费（CFR、CIF）和船期，负责告诉执行进口合同的学生船舶到港时间。

提单由学生自己缮制，自己签章。

障碍设计:

（1）不能按时启航（超过信用证的最迟装运期）;

（2）因爆舱，集装箱没装上船（超过信用证的最迟装运期）。

六、检验检疫系统

学生应正确填制出境货物报检单或进境货物报检单，提供必要的报检资料，根据信用证、合同要求及报关所需，向检疫局要求出具各种检验证书。

由学生（在教师指导下）扮演检疫局的工作人员。

障碍设计:

（1）对申请单填制涂改或不正确的不予受理;

（2）对报检资料不全的不予受理;

（3）对检疫不合格的不予出证书;

（4）产地证涂改，填制错误不予签发。

检验检疫合格的，检验检疫证书由学生自己缮制。

七、保险系统

执行出口合同的学生（CIF）应在货物发运前，根据货运代理发回的配仓回执（其中包括船名、航次、提单号、起运港、目的港等）与保险公司联系，询问保费，办理保险。

执行进口合同的学生（CFR、FOB）在货物发运前，根据卖方的装船通知，办理保险。

学生（在教师指导下）扮演保险公司的业务员，负责与其他学生确定保费。

保险单由学生自己缮制。

障碍设计:

（1）学生办理保险必须在货物发运（提单日期）前;

（2）资料不全，保险单错误不予办理；
（3）货物在海上遭遇风险。

八、海关系统

学生应正确填制报关单，提供报关所需的全部资料。货物出运后，由海关打印结汇及退税报关。

学生（在教师指导下）扮演海关的工作人员审查单据。

障碍设计：

（1）对报关单填制错误、资料不全（如应出具进出口许可证而没有）的不予受理；
（2）未交纳进口关税的不予放行；
（3）未在规定时间报关的收取滞报金（0.5%）；
（4）未按规定时间交纳关税的收取滞纳金（0.5%）。

九、税务系统

执行出口合同的学生，在外汇管理系统办理出口收汇核销后，持必要证明，到税务系统办理退税。

由学生（在教师指导下）扮演税务系统的工作人员，对资料不全的不予办理。

十、外贸业务手工模拟训练单据准备

教师事先制作各种空白单据，将空白单据存入U盘，每一组拷贝一份，学生应将模拟实训过程中所要制作的单据全部存入该文件中（需要纸质单据的应打印出来），以备教师考核。

电子空白单据有合同、发票、箱单、提单、保险单、一般产地证、普惠制产地证（FORM A）、质量证书、数量证书、汇票、信用证及其修改、货运委托书、通关单、换证凭单、受益人证明、装船通知、配仓回执等。

各种纸质单据有出口收汇核销单、进口付汇核销单、开证申请、出境货物报检单、进境货物报检单、普惠制产地证申请书、一般产地证申请书、合同、发票、箱单、提单、保险单、一般产地证、普惠制产地证（FORM A）、质量证书、数量证书、汇票、信用证及其修改、货运委托书，进出口货物报关单、通关单、换证凭单、进出口许可证、受益人证明、配仓回执、进口机电产品登记证明、结汇水单、无木质包装证明等。

模拟实训过程中，学生所制的结汇单据必须打印，不能手填。

本章小结

本章主要阐述了进出口合同的履行程序。

出口合同的履行包括准备货物、落实信用证、组织装运、制单结汇等，并对履行合同的重点和难点作了详细的介绍。

备货就是卖方根据合同的规定，按时、按质、按量准备好应交的货物，并做好申请报验和领证工作。

审证、改证是卖方履行合同的重要步骤，直接涉及交易能否顺利完成。审证首先要从政策、银行资信和付款责任以及信用证性质等方面进行审查，再从商品品质、规格、数量、包装、单据、特殊条款等方面审查。发现问题，一次向客户提出改证，不要多次提出，否则增加双方的手续和费用。对修改内容只能全部接受或拒绝，部分接受当属无效。

租船装运是卖方履行合同的根本，涉及几个部门的配合衔接，协调不好，会影响货物按时装运。

制单结汇是交易的最后一环，它要求业务员认真、仔细，具有高度的责任感。

外汇核销与出口退税是保证出口企业取得预期经济效益的关键，它要求企业与海关、外管局、税务局、银行等部门衔接，共同把这项工作做好。

进口合同的签订与履行十分重要，在开立与修改信用证、安排运输、投保、审单、付款、报关、检验以及进口索赔等环节上不能有任何疏漏，否则不同程度的损失或后果都可能发生。虽然进出口双方执行的是同一份合同，但却是在各自履行自己的义务，因此进口合同的履行有其特殊的内容和行为，搞清这一点，才能分辨进出口双方的权利、责任和义务，把进出口合同的要求落到实处。

进出口结汇单据重点介绍了几种常用单据的内容及缮制要点。

综合练习

一、单项选择题

1. 出口公司收到银行转来的信用证后，侧重审核（　　）。

A. 信用证内容与合同是否一致　　B. 信用证的真实性

C. 开证行的政治背景　　D. 开证行的资信能

2. 信用证的基础是买卖合同，当信用证与买卖合同不一致时，受益人应要求（　　）。

A. 开证行修改　　B. 开证申请人修改

C. 通知行修改　　D. 议付行修改

3. 信用证开出后，对方要求修改某些条款，则应（　　）。

A. 区别情况处理　　B. 不得批准

C. 按统一规定处理　　D. 在半月内处理

4. 如果信用证未规定交单期限，则认为在运输单据签发日期后（　　）天内向银行交单有效，但不能迟于信用证有效期。

A. 7天　　B. 15天　　C. 21天　　D. 30天

5.（　　）是指议付行收到收益人的单据和（或）汇票后，经审查无误，将单据和汇票寄交国外付款行索取货款，待收到付款行将货款拨入议付行账户的贷记通知书时，即按当日外汇牌价折成人民币收入受益人账户。

A. 定期结汇　　B. 收妥结汇　　C. 交单结汇　　D. 票据结汇

6. 在出口结汇时，由出口商签发的，作为结算货款和报关纳税依据的核心单据是（　　）。

A. 海运提单　　B. 商业汇票　　C. 商业发票　　D. 海关发票

7. 进口货物的质量与合同规定不符，则进口方应向（　　）提出索赔。

A. 卖方　　　　　　B. 承运人　　　　　　C. 保险公司　　　　　D. 银行

8. 向出口方索赔时，在以下的索赔依据中不必出具的是（　　）。

A. 提单　　　　　　B. 装箱单　　　　　　C. 发票　　　　　　D. 保险单

二、判断题

（　　）1. 汇票一般为一式两份，每份都具有同等的效力，其中一份付讫，另一份则自动失效。

（　　）2. 进口国要求提供海关发票主要是作为其海关减免关税的依据。

（　　）3. 提单的签发日期可早于信用证规定的最迟装运日期。

（　　）4. 提单的被通知人应与信用证规定一致，通常是出口人。

（　　）5. 一切信用证必须规定一个到期日和一个交单付款、承兑的地点。

（　　）6. 信用证的到期日与最迟装运期应有一定的时间间隔，通常要求信用证的到期日规定在装运期后 21 天。

（　　）7. 修改信用证时不必经过开证行，而直接由申请人修改后交给受益人即可。

（　　）8. 在履行 FOB 或 FCA 术语成交的进口合同中，进口企业负责洽租运输工具或指定承运人。

三、案例分析

1. 某外贸公司以 FOB 内地口岸价与香港某公司成交钢材一批，港商即转手以 CFR 釜山价卖给韩国商人。港商开来信用证是 FOB 上海，现要求直运釜山并在提单上表明“freight prepaid”（运费预付），试分析港商为什么这样做，该外贸公司应如何处理？

2. 我国南方某公司与马来西亚一客商签订茉莉花茶一批，合同规定一级茶叶。但卖方实际交货时发现一级茶叶已无库存，便在未征得买方同意的情况下，用特级茶叶取代一级茶叶交货，并告知对方：“特级茶叶按一级茶叶计价，不另外收费。”请问卖方这种做法是否妥当？并说明理由。

四、综合制单练习

要求：阅读背景资料，按照信用证单据条款要求，结合所学知识，自行设计缮制结汇单据。

背景材料：

（1）信用证

RECEIVED FROM:　SANWHKHHAXXX

UFJ BANK LIMITED,

HONG KONG BRANCH HONG KONG

MESSAGE TYPE　: MT700　ISSUE OF A DOCUMENTARY CREDIT

: **27:** SEQUENCE　OF　TOTAL

1/1

: **40A:** FORM OF DOC.　CREDIT

IRREVOCABLE

: **20:** DOC.　CREDIT NUMBER

BONY0100345

: **31C:** DATE OF ISSUE

070110

: **31D:** EXPIRY

DATE 070315 PLACE CHINA

: **50:** APPLICANT

ABC CO.LTD. HONGKONG

: **59:** BENEFICIARY

ZHEJIANG GREAT CORPORATION HANGZHOU CHINA

: **32B:** AMOUNT

CURRENCY USD AMOUNT 80000，00

: **39A:** PERCENTAGE CREDIT AMOUNT TOLERANCE.（%）

05/05

: **41D:** AVAILABLE WITH/BY

ANY BANK

BY NEGOTIATION

: **42C:** DRAFTS AT…

SIGHT

: **42D:** DRAWEE

ISSUING BANK

: **43P:** PARTIAL SHIPMENTS

ALLOWED

: **43T:** TRANSSHIPMENT

PROHIBITED

: **44A:** LOADING IN CHARGE

SHANGHAI，CHINA

: **44B:** FOR TRANSPORT TO …

HONGKONG

: **44C:** LATEST DATE OF SHIP.

070305

: **45A:** DESCRIPT. OF GOODS

MEN'S DOWN JACKET QUANTITY:10000PCS

UNIT PRICE:USD8.00 TT AMOUNT:USD80000.00

ORIGIN:CHINA CFR HONGKONG

PACKING:STANDARD EXPORT PACKING

: **46A:** DOCUMENTS REQUIRED

+ SIGNED COMMERCIAL INVOICE ONE ORIGINAL AND FIVE COPIES.

+ PACKING LIST INDICATING COLOR AND QUANTITY ONE ORIGINAL AND THREE COPIES.

+ FULL SET OF CLEAN ON BOARD OCEAN BILLS OF LADING MADE OUT TO ORDER OF SHIPPER AND ENDORSED IN BLANK，MARKED FREIGHT PREPAID NOTIFY APPLICANT.

+ CERTIFICATE OF ORIGIN ISSUED BY CHINA COUNCIL FOR THE

PROMOTION OF INTERNATIONAL TRADE .

+ CERTIFICATE OF QUANTITY IN DUPLICATE ISSUED BY BENEFICIARY

+ BENEFICIARY'S FAX COPY OF SHIPPING ADVICE TO APPLICANT AFTER SHIPMENT ADVISING L/C NO.SHIPMENT DATE，VESSEL NAME，NAME，QUANTITY AND WEIGHT OF GOODS.

：**47A**：ADDITIONAL COND.

1. A DISCREPANCY HANDLING FEE OF USD50.00（OR EQUIVALENT）AND THE RELATIVE TELEX/SWIFT COST WILL BE DEDUCTED FROM THE PROCEEDS NO MATTER THE BANKING CHARGES ARE FOR WHOEVER ACCOUNT.
2. DISCREPANT DOCUMENTS WILL BE REJECTED BUT IF INSTRUCITONS FOR THEIR RETURN ARE NOT RECEIVED BY THE TIME THE APPLICANT HAS ACCEPTED AND/OR PAID FOR THEM，THEY MAY BE RELEASED TO APPLICANT . IN SUCH EVENT BENEFICIARY/NEGOTIATING BANK SHALL HAVE NO CLAIM AGAINST ISSUING BANK.
3. TOLERANCE OF 5 PERCENT MORE OR LESS ON QUANTITY OF GOODS AND AMOUNT IS ACCEPTABLE.
4. ALL DOCUMENTS MUST BEAR THIS L/C NO.

：**71B**：DETAILS OF CHARGES

ALL BANKING CHARGES OUTSIDE LC ISSUING BANK ARE FOR ACCOUNT BENEFICIARY INCLUDING OUR REIMBURSEMENT CHARGES.

：**48**：PRESENTATION PERIOD

WITHIN 10 DAYS AFTER THE DATE OF SHIPMENT BUT WITHIN THE CREDIT VALIDITY.

：**49**：CONFIRMATION

WITHOUT

：**78**：INSTRUCTIONS

1. DOCUMENTS MUST BE SENT THROUGH NEGOTIATING BANK TO OUR ADDRESS：G/F FAIRONT HOUSE，8 COTTON TREE DRIVE，CENTRAL，HONG KONG IN 1 LOT BY COURIER SERVICE.
2. UPON RECEIPT OF COMPLIANT DOCUMENTS，WE SHALL REIMBURSE YOU AS INSTRUCTED.
3. EACH DRAWING/PRESENTATION MUST BE ENDORSED ON THE REVERSE OF THE CREDIT.

（2）其他信息

1. INVOICE NO.911R121101　DATE: JAN.15，2007
2. SHIPPING MARKS:　G-III

　HONGKONG

3. QUANITITY OF SHIPMENT: 10000PCS
4. PACKED IN CARTON: 100PCS/CTN
5. GROSS WEIGHT PER CARTON:100KGS
NET WEIGHT PER CARTON: 90KGS
6. MEASUREMENT:7.50CBM
7. DATE OF SHIPMENT: JAN 25，2007
8. VESSEL NAME AND VOL. NO: MAYFLOWER V.1398
9. SHIPPING COMPANY: COSCO，SHANGHAI

第十二章　经销、代理、寄售与展卖

教学要求

能力目标

- 能够根据实际情况，灵活选用这四种贸易方式
- 能够订立各种独家经销和独家代理的协议或条款

知识目标

- 了解经销、代理的含义，尤其是独家经销和独家代理
- 掌握独家经销和独家代理的区别
- 熟悉独家经销和独家代理的基本做法及其协议的主要内容
- 掌握寄售和展卖的特点和基本做法

开篇案例

独家代理引起的纠纷

韩国A公司与我国B公司签订了一份独家代理协议，指定由B公司为中国的独家代理商。在定协议时，韩国A公司正在试验改进该产品。不久，当新产品试验成功后，A公司又指定我国另一家公司C为新产品的经销商。结果B公司与韩国A公司发生了纠纷。韩国A公司能与C公司签订第二份独家代理协议么？

启示：代理是国际贸易的主要方式之一，而独家代理是在指定地区和期限内单独代表委托人行为，从事代理协议中规定的有关业务的代理人。委托人在该地区内，不得再委托其他代理人。A 公司在指定我国 C 公司为新产品的经销商前，应查看一下其与我国 B 公司签订的代理协议中是否规定有新产品生产后协议的使用问题。若该协议中规定“协议适用新产品”，则 A 公司无权与我国另一家 C 公司签订新产品独家经销协议。

国际贸易方式是指国际间商品流通所采取的形式和具体做法。由于国际间交易的商品种类繁多、千差万别，加之各国和各地区交易的习惯做法各不相同，故贸易方式也多种多样。本章所介绍的贸易方式主要包括经销、代理、寄售、展卖。在实际贸易活动中，需要熟悉主要贸易方式的业务范围、操作流程和合同要点，以保证在贸易活动中为我方争取应得的利益。

第一节 经 销

一、经销的含义及种类

经销是世界各国广为采用的一种贸易方式，属于转卖性质的一种贸易方式。在经销贸易中，供货商或出口商在价格和支付条件方面往往给予经销商适当的优惠，经销方式下，国外经销商可以通过买卖合同购得货物，自行任意出售商品，不需要再签订经销协议，也可以由出口人给予国外经销商在国外一定地区或指定市场，在一定期限内，销售指定货物的权利，通过双方签订经销协议规范双方的行为。

（一）经销的含义

1. 经销的含义

经销（Distribution）是指进口商（即经销商 Distributor）与国外出口商（即供货商 Supplier）订立经销协议（Distributorship Agreement），承担在规定的期限和地域内销售指定商品的一种方式。

2. 经销的特点

经销业务中的经销商是买方，供货商是卖方，二者是买卖关系，在这种关系下，供货人按照协议规定向经销人供应指定的商品，经销人以自已的名义买进商品，自行销售，自负盈亏。即使经销人在协议规定的区域内转售此类商品时，也是以自己的名义进行，接受转售商品的客户与国外供货商不构成合同关系。

（二）经销的种类

按照经销商权限的不同，经销方式分为两种：一种是独家经销（Sole Distribution）也称包销（Exclusive Sole），它是指经销商在协议规定的期限和地域内，对指定的商品享有独家专营权的经销方式；另一种是一般经销也称定销，在这种方式下，经销商不享有独家专营权，供货商可在同一时间、同一地区内，委派几家商号来经销同类商品。

二、独家经销

（一）独家经销的含义

独家经销是指出口企业与国外一个客户或几个客户组成的集团即独家经销商达成书面协议，由前者把某一种商品或某一类商品给予后者在约定地区和一定期限内独家经营的权利。独家经销方式可以说是承包方式，即由后者向前者承包一定商品在一定期限和地区内销售。所以，独家经销方式在我国又习称为包销方式。

独家经销商与出口企业之间的关系是买卖关系。独家经销商从出口企业处购进货物后，自行销售，自负盈亏，承担货价跌落及库存积压的风险。

独家经销方式中各有关当事人之间相互的关系如图 12.1 所示。

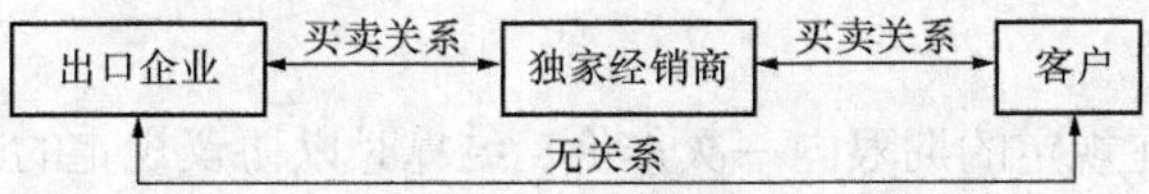

图 12.1　独家经销方式当事人关系图

（二）独家经销的利弊

独家经销方式通过协议，确定了双方在一定期限内稳定的关系。这种关系既是互相协作的，又是互相制约的，在规定的期限内，在规定地区的经营和市场开发上，双方有着共同的目标，一致的利益，从而能在平等互利的基础上“同舟共济”。由于给予经销商独家专营的权利，就能充分调动经销商的经营积极性，促使对方专心销售约定的商品，并向用户提供必需的售后服务。这样，对出口企业来说，也能对市场销售作全面和系统的长期规划和安排，采取近期和远期的推销措施。

采用独家经销方式，有着有利的一面，但同时也存在着风险的一面。独家经销的弊端主要表现在：如市场情况发生变化，或独家经销商资信不佳和经营能力有限，就可能出现“包而不销”的情况，从而给出口商带来不利的影响；独家经销商有可能凭借其独家经营的地位，操纵和垄断市场，甚至对出口商供应的商品故意挑剔或进行压价；出口商一般只能同独家经销商打交道，而不能同其他客户普遍联系成交，因而缺乏机动灵活性。

（三）独家经销协议

独家经销协议是供货人和包销人之间订立的确立双方法律关系的契约。独家经销协议的内容可繁可简，这要由订约双方根据商品的特点、销售地区的情况以及双方当事人的意图加以决定。在实际业务中，许多独家经销协议只原则地规定双方当事人的权利义务和一般交易条件，以后每批货的交付要依据经销协议订立具体买卖合同，明确价格、数量、交货期甚至支付方式等具体交易条件。

通常，独家经销协议主要包括以下内容。

1. 独家经销商品的范围

在独家经销方式下，包销人经销的商品可以是供货人经营的全部商品，也可以是其中的一部分，这要根据包销人的经营能力、资信情况等来合理确定。在协议中要明确规定商品的范围，以及同一类商品的不同牌号和规格，以便于执行。

2. 独家经销的区域

经销区域也就是包销人行使独家经营权的地理范围。经销的区域可大可小，确定经销区域时要考虑包销人的经营能力、经销网点的大小以及商品的性质等因素。对于经销区域的规定并非一成不变，它可以根据业务发展的具体情况，由双方协商加以调整。在独家经销协议中，规定了包销区域之后，供货人即要承担义务，在该区域内不再指定其他经销商经营同类商品，以维护包销人的专营权。

3. 经销数量或金额

在独家经销协议中通常都要规定包销人在一定期限内负责推销商品的数量或金额。这一规定具有双重意义，它既规定了包销人应承购的数额，也规定了供货人应保证供应的数额，对协议双方有同等的约束力。

4. 作价方法

包销的商品可以在规定的期限内一次作价，结算时以协议规定的固定价格为准。但这种做法对交易双方都有一定的风险，所以，大多数包销协议是采用分批作价的方法，即在协议中只规定由双方签订包销数额，一般采用规定最低承购额的做法。确定实际承购数额有各种不同的做法，一般以实际装运数为准，即在签订具体合同或成交确认书时予以确定，也可以规定，价格由双方随时或定期（如按季度）根据市场情况加以商定。

5. 经销商的其他义务

这主要包括做好广告宣传、市场调研和维护供货人权益等。在通常的独家经销协议中，往往规定，包销人有义务为其所经营的商品做广告宣传工作，以促进销售。在协议中还可以规定包销人承担市场调研的义务，这主要是指收集和报道当地市场的情况，供出口人在制定销售策略和改进产品质量时参考。有的独家经销协议中还规定，在包销区域内如果发生侵犯供货人知识产权的问题，包销人要及时向供货入通报，并配合供货人采取必要的行动，维护其合法权益。

6. 协议期限和终止条款

在这一条款中，首先要规定协议的生效时间，一般采用签字生效的做法。协议期限可规定为一年或若干年。本条款中还往往要规定延期条款，其做法可以是经双方协商后延期，也可以规定在协议到期前若干天如没有提出终止的通知，则可以继续延长一期。

除了协议期限届满可以终止外，如遇到下列情况之一，也可以终止协议：

（1）任何一方有实质性的违约行为，并在接到另一方的要求纠正该违约行为的书面通知后的一段时间内，未能加以纠正；

（2）任何一方发生破产清理或公司改组等严重事项，另一方提出终止协议的书面通知；

（3）由于发生了人力不可抗拒的意外事故，造成协议落空，而且遭受事故的一方在一定的期限之后仍无法履行协议规定的义务，另一方发出终止协议的书面通知。

除上述主要内容外，还应规定不可抗力及仲裁条款等一般交易条件，其规定方法与一般买卖合同大致相同。

（四）采用独家经销方式时应注意的问题

1. 慎重选择包销商

经验证明，如果包销商选择得当，他可以利用自己熟悉所在国或地区的消费习惯，以及政府条令、法规等方面的便利，及时为供货商提供必要的信息，如市场供需情况、消费者对产品的反映等，以帮助供货人改进产品，做到适销对路，并且减少不必要的法律纠纷。然而，如果包销商选择不当，其经营能力较弱，或者信誉不佳，则会使供货人陷入困境。有些包销商在市场情况不利时，拒绝完成包销协议中规定的承购数额，或“包而不销”，结果不仅不能使供货商通过包销方式达到扩大出口销售的目的，反而减少了出口销量，又失掉了其他客户。也有的包销商凭借自己多年来独家专营所形成的特殊地位，反过来制约供货商，如在价格以及其他条件上与其讨价还价，为自己谋取好处，却损伤了对方的利益。为了防止这类情况的发生，出口商在选择包销商时，必须认真进行资信调研，以防后患。

2. 订好独家经销协议

独家经销协议是确定供货人和包销人之间的权利和义务的法律文件，协议规定的好坏，直接关系到业务的成败。在协议中应合理确定包销的商品种类，因为并非所有的商品都适合采用包销方式。一些市场潜力较大，出口方货源又有限的畅销商品就不宜采用包销方式，以免捆住手脚。对于包销商品的数量或金额，也应根据实际情况合理规定，不要过高或过低。过高，完不成定额，会产生纠纷；过低，则达不到扩大出口的目的。另外，还应妥善地规定包销的区域和期限。一开始，区域不宜过大，期限不宜过长。以后随着双方合作的发展情况再逐步调整。关于其他条款，均可根据双方的共同意愿，作出合理明确的规定。

第二节　代　　理

一、代理的含义和特点

代理（Agency）是指代理人（Agent）按照委托人（Principal）的授权，代表委托人与第三人订立合同或实施其他法律行为，由委托人直接负责由此而产生的权利与义务的贸易方式。

在国际贸易中的代理方式中，双方当事人是委托人与代理人的关系，这与经销方式中经销商与供货商之间的买卖关系有着本质的区别。代理人是接受委托人的指定，并根据其指示行事的；代理人有积极推销指定商品的义务，但没有必须购买指定商品的责任；代理人只居中间介绍，所获得的酬劳是佣金，并非赚取差价，他对经营上的盈亏不负任何责任。

代理的特点如下：

（1）代理人只能在委托人的授权范围内，代表委托人从事商业活动；

（2）代理人一般以委托人的名义与第三者签订合同；

（3）代理人通常运用委托人的资金从事业务活动；

（4）代理人不管交易当中的盈亏，只取佣金；

（5）代理人只居中间介绍生意，不承担合同履行责任。

二、代理的种类

（一）国际贸易中的代理按委托人授权的大小划分为：总代理、独家代理和一般代理。

总代理（General agent）是委托人在指定地区的全权代表，他有权代表委托人从事一般商务活动和某些非商务性事务。

独家代理（Sole agent or exclusive agent）是在指定地区和期限内单独代表委托人从事代理协议中规定的有关业务的代理人。

一般代理（Agent）又称佣金代理（Commission agent），是指不享有独家经营权的代理，即在同一地区和期限内可以有几个代理人同时代表委托人从事有关业务。

（二）代理按照行业性质的不同又可分为：销售代理、购货代理、运输代理、广告代理、诉讼代理、仲裁代理、银行代理和保险代理等。

三、独家代理

（一）独家代理的含义和特点

独家代理是指出口企业与国外的独家代理商签订书面协议，在约定的期限和地区范围内，给予对方独家推销约定商品的权利——专营权。

独家代理商与出口企业之间的关系是委托代理关系，独家代理商为出口企业寻访客户，进行交易磋商，由代理商以自己的名义与第三者购货人订立合同，只是在特定情况下，根据协议规定由被授权代理人以出口企业的名义代订销售合同，由出口企业承担法律后果。在独家代理方式下，出口企业是委托人，独家代理商是代理人，出口企业和独家代理商之间的关系是委托代理关系。独家代理商不负盈亏，不承担货价涨落的风险，只收取佣金，但由于代理商很多是以自己的名义与第三者购货人订立合同，并由其向第三者承担法律后果，如由于第三者不履行义务致使委托人受损时，独家代理商应对委托人承担责任。

独家经销方式中各有关当事人之间的相互关系如图 12.2 所示。

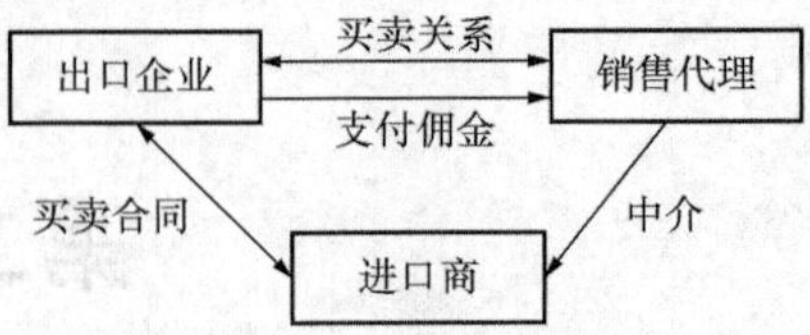

图 12.2　独家代理方式当事人关系图

（二）独家代理协议

独家代理协议是规定出口企业和独家代理商之间的权利和义务的协议，我国现阶段一般使用的独家代理协议的内容主要有以下几个方面。

1. 独家代理的权限及其对等义务

独家代理的权限即独家代理约定商品的专营权，委托人给予独家代理商专营权后，委托人在约定期限和约定地区内，不得将约定商品在同一区域内另选代理商或自己直接销售。

代理商应严格按照委托人的指示办事，不得越权订立任何使委托人受约束的合同、协议或作出任何使委托人受约束的行为。

卖方授予独家代理商专营权后，并不意味着代理商即负有不经营或不代理具有竞争性的他人商品的义务，因此出口企业应要求享有对等的权利，即规定代理商在约定期限和约定地区内不得销售或代理销售与约定商品相同、类似或有竞争性的其他来源的商品，作为授予独家代理权的对等条件。

2. 独家代理推销的商品、地区和期限

在独家代理协议中，应将代理商品的种类、名称、规格等作明确、具体的规定，以免日后因授权不明确而引起争议。代理商品的范围，应根据出口企业的经营意图，代理商的规模、经营能力及资信等状况决定。

代理地区是独家代理商享有专营权的地区范围，代理地区的大小应根据代理商的经营能力及其销售网络来决定。此外，还应考虑地区的政治区域划分、地理和交通条件以及市场差异程度，合理决定代理地区是保护双方利益的重要问题。另外，为维护卖方的权益，还应规定代理商不得将约定商品越区代理。

独家代理协议的期限不宜过长，也不宜过短，如出口企业给予代理商较长的期限，而代理商不积极推销时，出口企业就会陷入被动境地；相反，如期限太短，代理商就不大愿意大力推销，积极开拓。

目前，在我国的出口实践中，独家代理期限以规定为一年的居多。

3. 最低代销额

出口企业授予独家代理商对于约定商品的专营权后，即使代理商不努力推销，出口企业

也无法在代理区域内越过代理商主动地去销售约定商品，所以为保障卖方的权益，应在协议中规定最低代销额。最低代销额一般以出口企业实际收到的货款计算，计算的期限不宜太长也不宜太短，多数以半年或一年为计算最低代销额的期间，如届时代理商由于其本身的能力而未能完成最低代销额的，也应在协议中规定处理的方法。

4. 代理佣金

代理佣金是代理商为委托人推销商品所得的报酬，支付代理佣金也是委托人的一项主要义务。在独家代理协议中，应就佣金率、佣金的计算方法和佣金的支付时间和方法作明确规定。

5. 宣传推广和商情报告

对独家代理商来说，对代理商品进行宣传推广是他的应尽义务。为明确责任，独家代理协议应当规定独家代理商有促进销售和宣传推广的义务，以及卖方应提供宣传推广所必需的资金。

独家代理商应承担定期或不定期向卖方提供商情报告的内容，通常是关于代理商的工作情况、有关进口国的政策法令及客户的反映等。

6. 例外规定

在独家代理协议中，出口企业在授予独家代理商专营权时往往需保留一定的销售权限，即在协议中作出出口企业得直接销售的例外规定，这种例外规定通常属于下列情况：政府机构或国营企业向委托人直接购货、进行国际招标或参与合资经营等，出口企业在进行上述业务时，不受协议约束，也不付给佣金或报酬，其销售额也不列入协议的最低推销额。

案例 12.1 代理商切莫随意变更交易条款

甲公司与乙进出口公司（以下简称乙公司）签订代理出口协议一份。协议约定甲公司委托乙公司代理出口花生果1 000吨，出口单价随信用证，协议总金额约为720万元人民币。甲公司的主要义务是：组织货源，并负责装船前的一切工作。乙公司的主要任务是：对外签订出口合同；办理有关的出口手续；货物装船后，及时向银行提交有关单据，办理结汇手续，并根据当日银行汇率折人民币（扣除代理费及可能出现的有关费用）划拨甲公司账户。在代理出口过程中，双方实际出口花生果554.485吨，乙公司先后共付给甲公司货款12.5万美元和18万元人民币，余款一直未付，甲公司遂于1999年将乙公司诉诸法庭。

在审理过程中，甲公司向法庭提交了乙公司报检时先后向商检提交的出口合同（合同现实的交货方式均为CIF，付款方式分别有L/C、D/P和CAD），证明其已全部履行了其义务。乙公司则辩称，此笔代理出口业务的销售方式为寄售，并向法庭提交了一份其与荷兰某进出口公司签订的寄售协议。但是乙公司无法证实曾将该协议送达甲公司并经甲公司确认该协议内容，也无法证实在代理出口协议履行过程中甲公司曾委托乙公司以寄售方式销售其货物。在审理过程中，一审法庭根据乙公司向法庭提交的海运提单依法从海关调取了乙公司出口报关时所提交的7份外销合同，7份外销合同显示的交货方式均为CIF，付款方式为L/C（7份外销合同均为格式合同，合同上只显示信用证一种付款方式）。法院经审理认为，甲乙两公司所签订的代理出口协议合法有效，法院所取得的海关档案材料系乙公司出口报关所提交，其证据力远远高于甲乙双方单方所举相关证据。根据海关档案材料证实，甲公司委托乙公司代理的554.485吨花生果已全部出口，并且在结汇问题上不存在任何障碍，甲公司如约履行了代理出口协议约定的全部义务，即应享有收取货款的权利。乙公司所述为甲公司代理的该批货物系寄售的主张，依据不足，不予支持，乙公司应按照代理出口协议和外销合同原定的货款支付方式和价款，在扣除代理费和有关的费用后，还应给付甲公司货款170多万元，并承担逾期付款违约金及案件诉讼费等，共计200余万元。

分析：

代理方式下，代理商与出口商之间是委托与被委托关系。代理人应该在委托人授权范围内行事，并应对委托人诚信忠实。委托人对代理人在授权范围内的代理行为承担民事责任。

本案中乙公司作为甲公司的代理，在甲公司如约履行了代理出口协议约定的全部义务之后，乙公司应按照代理出口协议和外销合同原定的货款支付方式和价款，在扣除代理费和有关的费用后，将全部余款付给甲公司。

四、经销和代理的区别

经销与代理的区别，如表12.1所示。

表12.1 经销与代理的区别

	代理	经销
合同双方关系	代理	买卖
销售行为	以委托即厂商的名义销售	以自己的名义从事销售
收入	佣金收入	商品买卖的差价收入
法律关系	代理行为即委托人行为，代理商与第三人之间在授权范围内发生的民事行为的法律后果归于委托人（供货商）	经销商与用户之间发生的民事行为的法律后果须由自己承担

第三节 寄 售

一、寄售的含义与性质

寄售（Consignment）是一种委托代售的贸易方式，指寄售人（Consignor）先将准备销售的货物运往国外寄售地，委托当地代销人（Consignee）按照寄售协议规定的条件代为销售后，再由代销人向货主结算货款。

在寄售方式中，寄售人和代销人之间是委托与受托关系，而非买卖关系。寄售协议属于行纪合同（或信托合同）性质。按照我国合同法的解释，行纪合同是指行纪人接受委托人的委托，以自己的名义，为委托人从事贸易活动，委托人支付报酬的合同。在寄售业务中的代销人属于行纪人，他也是一个赚取佣金的受托人，其权利义务与代理人相似，但又有区别。最主要的区别是代理人在从事授权范围内的事务时，可以用委托人的名义，也可以用自己的名义，但代销人只能用自己的名义处理寄售合同中规定的事务，而且受托人同第三方从事的法律行为不能直接对委托人发生效力。由此可见，寄售既不同于包销，又与一般的代理业务有区别。

二、寄售的特点及利弊

（一）寄售业务的特点

寄售与正常的出口销售相比，具有以下特点。

（1）寄售人与代销人是委托代售关系。代销人只能根据寄售人的指示代为处置货物，在委托人的授权范围内以自己的名义出售货物、收取货款并履行与买主订立的合同，但在货物售出前其所有权仍属寄售人。

（2）寄售是由寄售人先将货物运至寄售地，然后再寻找买主，因此它是凭实物进行的现货交易。

（3）寄售方式下，代销人不需承担风险和费用，货物售出前的一切风险和费用均由寄售人承担。

（二）寄售方式的优缺点

1. 寄售方式对于寄售人、代销人和买方都有其明显的优点

（1）对寄售人来说，寄售有利于开拓市场和扩大销路。通过寄售可以与实际用户建立关系，扩大贸易渠道，便于了解和适应当地市场需要，不断改进品质和包装。另外，寄售人还可根据市场供求情况，掌握有利的推销时机。

（2）代销人在寄售方式中不需垫付大量资金，也不承担商业风险，只需提供销售服务，就可获取佣金，因此寄售方式有利于调动那些有推销能力，经营作风好，但资金不足的客户的积极性。

（3）寄售通常都是凭实物进行的现货买卖，买主可在交易现场按质论价，看货成交，付款后即可提货，大大节省了交易时间，减少了风险和费用，为买主提供了便利。

2. 采用寄售方式出口时，对于寄售人来讲存在的缺点

（1）承担的贸易风险大。寄售人要承担货物售出前的一切风险，包括运输途中和到达目的地后的货物损失和灭失的风险，货物价格下跌和不能售出的风险，以及代销人资信不佳而导致的损失。

（2）资金周转期长、收汇不安全。寄售方式下，货物售出前的一切费用开支均由寄售人负担，而货款要等货物售出后才能收回，不利于其资金周转。此外，一旦代销人违反协议，也会给寄售人带来意料不到的损失。

三、寄售协议的主要内容

寄售协议是寄售人和代销人之间就双方的权利义务以及寄售业务中的有关问题签订的法律文件。寄售协议中一般应包括下列内容：协议性质、寄售地区、寄售期限、寄售商品名称、规格、数量、运输、保险、商品检验、作价办法、佣金的支付、货款的收付，以及对未售出货物的处理办法等。在签订寄售协议时，要特别注意以下几个条款。

（一）双方的义务与责任

在协议中，应明确规定双方的义务、责任以及在售出前货物的所有权仍属寄售人，风险和费用一般也由寄售人承担，并规定寄售货物售出时，所有权由寄售人直接转移给买方。

（二）寄售区域及寄售商品

寄售协议必须规定委托代销的商品及销售的指定地区。

（三）寄售商品的作价方法

规定寄售商品的作价方法大致有 4 种。

1. 规定最低限价

代销人在不低于最低限价的前提下，可以任意出售货物，否则必须事先征得寄售人同意。

2. 随行就市

代销人可在不低于当地市价的情况下出售寄售货物，寄售人不作限价。这种做法使代销人有较大的自主权。

3. 销售前征得寄售人同意

代销人在得到买主的递价后，立即征求寄售人意见，确认同意后，才能出售货物。也有的是规定一定时期的销售价格，由代销人据以对外成交。

4. 规定结算价格

货物售出后，双方依据协议中规定的价格进行结算。对于代销人实际出售货物的价格，寄售人不予干涉。这种做法，代销人须承担一定的风险。

（四）佣金的支付

佣金是寄售人付给代销人作为其提供服务的报酬。除了采用结算价格方式以外，寄售人都应支付给代销人一定数量的佣金。佣金结算的基础一般是发票净售价，通常解释为用毛售价减有关费用（如已包括在售价之内），如销售税、货物税、增值税、关税、包装费、保险费、仓储费、商业和数量折扣、退货的货款和延期付款的利息等。

关于佣金的支付时间和方法，做法各异。代销人可在货物售出后从所得货款中直接扣除代垫费用和应得佣金，再将余款汇给寄售人，也可先由寄售人收取全部货款，再按协议规定计算出佣金汇给代销人。佣金多以汇付方式支付，也有的采用托收方式收取。

（五）货款的收付

寄售方式下，货款多数是在货物售出后收回。寄售人和代销人之间通常采用记账的方法，定期或不定期地结算，由代销人将货款汇给寄售人，或者由寄售人用托收方式向代销人收款。为了保证收汇安全，有的当事人在协议中加订“保证收取货款条款”，或者在协议之外另订“保证收取货款协议”，由代销人提供一定的担保。

（六）剩余商品的处理办法

由于寄售属于委托代售方式，寄售商品在未售出之前所有权归寄售人，所以在寄售协议中通常都用明确的文字规定，在寄售期结束后，对未售出的剩余商品，代销人可以退给寄售人。当然，双方也可以作出其他约定，如有的规定剩余商品可作价卖给代销人，或者规定剩余商品自动转入下一个寄售期继续销售。

第四节 展 卖

一、展卖的含义及做法

展卖（fairs and sales）是利用展览会、博览会、展销会、交易会及其他会展形式，对商品实行展销结合，以展促销的一种贸易方式。

展卖可以采取各种不同的方式，我国企业可以到海外参展，利用国外举办的各种展卖会，来推销商品。还可以参加国内举办的展卖会，与各国同行同台竞争，一比高下。

到海外参展时，从展卖商品的所有方和客户的关系来看，展卖的做法主要有两种：一是将货物通过签约方式卖断给国外客户，由客户在国外举办或参加展览会；另一种方式是由双方合作，展卖时货物所有权不变，展品出售的价格由货主决定。国外客户承担运输、保险、劳务及其他费用，货物出售后收取一定手续费作为补偿。展出结束后，未售出的货物可以折价卖给合作的客户，或运往其他地方进行另一次展卖。

除此之外，还可以将寄售和展卖方式结合起来进行。即在寄售协议中规定，代销人将寄售的商品在当地展卖。至于展卖的有关事项，可在该协议中同时规定，也可另签协议作出规定。

无论是哪一种做法，展卖作为一种商品推销方式，其基本特点可概括为：把商品的展览和推销有机地结合起来，边展边销，以销为主。展卖这种方式的优点主要表现在以下方面：

（1）有利于宣传出口商品，扩大影响，招揽潜在买主，促进交易；

（2）有利于建立和发展客户关系，扩大销售地区和范围；

（3）有利于开展市场调研，听取消费者的意见，改进产品质量，增强出口竞争力。

二、我国开展展卖的方式

我国从 20 世纪 50 年代就开始举办广州中国出口商品交易会，以后又陆续开展了各种类型的交易会、展览会、小交会，并多次参加国外举办的博览会。随着改革开放的深入进行，展卖业务在我国也得到更为广泛地运用，极大地促进了我国对外经济贸易的发展。

（一）国际博览会

国际博览会（International Fair）也称国际集市，是指在一定地点定期举办的，由一国或多国联合组办，邀请各国商人参加交易的贸易形式。

这一方式不仅为买卖双方提供了交易方便，而且越来越多地作为产品介绍和广告宣传以打开销路，以及作为介绍新产品、新工艺进行技术交流的重要方式。参加博览会的商人除进行现场交易外，还可通过这一机会同世界各国建立更广泛的商业关系。

国际博览会可分为综合性和专业性两种类型。凡各种商品均可参加展出和交易的博览会属于综合性，又称“水平型博览会”，比较著名的有智利的圣地亚哥和叙利亚的大马士革国际博览会，其展出期限长、规模大，而且对普通公众开放，当地人习称为庙会；凡只限某类专业性商品参加展览和交易的博览会属于专业性的，又称“垂直型博览会”，如比较著名的纽伦堡玩具博览会、慕尼黑的体育用品博览会以及法兰克福的消费品博览会等，它们都是专业性很强的国际博览会。

（二）中国进出口商品交易会

中国进出口商品交易会的前身是中国出口商品交易会又简称广交会，是中国各进出口公司联合举办的，邀请国外客户参加的一种集展览与交易相结合的商品展销会。我国于 1957 年春举办了首届广交会，以后每年春、秋两季各举办一次。2006 年秋，中国迎来了第 100 届广交会。半个世纪以来，中国利用广交会定期邀请国外客户来华集中谈判成交，根据“平等互利、互通有无”的对外贸易原则，以出口为主，进出结合，有买有卖，形式多样，极大地促进了中国的对外贸易发展，加强了中国同世界各国的经济联系。根据形势的发展，中国政府在 2007 年将中国出口商品交易会更名为中国进出口商品交易会。

中国进出口商品交易会的作用主要表现在以下几方面：

（1）来会的各国客商和友好团体众多，加强了与各国客户的广泛联系，便于了解国外市场动态，开展行情调研，熟悉客户的资信和作风。

（2）因交易会采取当面洽商、看样成交的方式，有利于及时发现与解决问题。

除了广交会外，近年来在我国各地和各口岸还定期开展了各种类型的会展业务，例如，小交会、博览会、洽谈会、高新技术成果交易会等，均产生了巨大的社会影响和经济效益。

三、开展展卖业务应注意的问题

展卖是一种将产品宣传、推销和市场调研结合起来的贸易方式。它所带来的经济效益，不能单纯地从一次展卖会的销售额来衡量。经验证明，一次成功的展卖会后，由于建立了广泛的客户联系，往往会给参展者带来数量可观的订单。为了进一步、更有效地开展展卖业务，应注意下列问题。

（一）选择适当的展卖商品

展卖这种交易方式并不是对所有商品都普遍适用的，它主要适合于一些品种规格复杂、用户对造型、设计要求严格，而且性能发展变化较快的商品，如机械、电子、轻工、化工、工艺、玩具、纺织产品等。选择参展商品时，要注意先进性、新颖性和多样性，要能反映现代科技水平，代表时代潮流。

（二）选择好合作的客户

到国外参加展卖会之前，应选择合适的客户作为合作伙伴。选择的客户必须具有一定的经营能力，对当地市场十分熟悉，并有较为广泛的业务联系或销售系统。通过客户开展宣传组织工作，扩大影响，联系各界人士，这对展卖的成功具有重要作用。

（三）选择合适的展出地点

一般来说，应选择交易比较集中，市场潜力较大，有发展前途的集散地进行展卖。同时还应考虑当地的各项设施，如展出场地、旅馆、通信、交通等基本设施所能提供的方便条件和这些服务的收费水平。

（四）选择适当的展卖时机

这对于一些销售季节性强的商品尤为重要。一般来说，应选择该商品的销售旺季进行展卖，每次展出的时间不宜过长，以免耗费过大，影响经济效益。

技能训练

实训主题：独家代理协议。

实训地点：教室/网络实验室。

实训目的：运用学过的知识及网络资源，签订独家代理协议。

背景材料

（1）甲方：××实业有限公司

地址：中国DD市寸进路25号

电话：（0500）2877932

传真：（0500）2876415

（2）乙方：YY贸易有限公司

地址：新加坡滑铁卢街126号（0718）

电话：3366436

传真：3397862

（3）甲方指定乙方为其在新加坡地区的独家代理，负责新加坡地区“金鱼”牌洗衣机的销售。在代理期内，商品的订单价值不低于10万美元。甲方按净发票售价向乙方支付5%的佣金。代理期限为一年。

实训过程设计：

（1）将全班同学平均分成小组，按每组5～6人进行讨论；

（2）通过网络资源，查找独家代理协议的样本；

（3）根据所学知识及所占有的资料，签订独家代理协议。

本章小结

在经销方式下，双方当事人通过包销协议建立起一种较为稳固的购销关系。经销业务中的两个当事人即供货人和经销人之间是一种售定性质的买卖关系，货物由经销人购买、销售、自负盈亏。采用经销方式，出口人与经销商之间的权利与义务是由包销协议所确定的。经销协议内容的繁简可根据商品的特点、经销地区的情况以及双方当事人的意愿加以确定。经销有优点，但同时经销也有一定的弊端。

代理是指由出口商作为委托人与国外的代理商达成协议，授权代理人推销其商品、签订合同，由此而产生的权利和义务直接对出口商发生效力。代理人在出口商授权的范围内行事，通常按达成交易的数额提取约定比例的佣金而不管交易的盈亏。国际贸易买卖中的销售代理可分为：总代理、独家代理和一般代理。在国际贸易中，承担特别责任的代理人起着十分重要的作用，它们主要有国际货运代理人、保险代理人、保付代理人、保兑银行等。

寄售是按双方签订的协议进行的，寄售人和代销人之间是委托与受托关系，寄售协议属于行纪合同（又称信托合同）性质。寄售既不同于经销业务，又与一般的销售代理业务有区别。寄售方式对于寄售人、代销人和买方都有明显的优点，但也存在缺点，因此采用寄售方式要选好寄售地和代销人，并对寄售货物的存放地点做好安排。

综合练习

一、单项选择题

1. 独家代理和包销两种贸易方式，(　　)。

A. 前者是委托代理关系，后者是买卖关系

B. 前者是买卖关系，后者是委托代理关系

C. 都是委托代理关系

D. 都是买卖关系

2. (　　) 是指不享有独家经营权的代理。

A. 独家代理　　B. 一般代理　　C. 销售代理　　D. 购货代理

3. 在同一代理地区及期限内，对特定商品（　　）。

A. 独家代理具有专营权，而一般代理不具有专营权

B. 独家代理与一般代理都具有专营权

C. 独家代理与一般代理都不具有专营权

D. 一般代理具有专营权，而独家代理不具有专营权

4. 一般经销也称（　　）。

A. 统销　　B. 包销　　C. 代销　　D. 定销

5. 代理协议也可以表述为（　　）。

A. 代理条款　　B. 代理契约　　C. 代理合同　　D. 代理规则

6. 寄售作为一种贸易方式，是按双方签订的协议进行运作的，其协议双方之间的关系是(　　)。

A. 买卖关系　　B. 委托与受托关系　　C. 经销关系　　D. 包销关系

7. 寄售人与代销人之间的关系为（　　）。

A. 委托代理　　B. 买卖　　C. 协议　　D. 委托受托

8. 受托人同第三方从事的法律行为，不能直接对委托人发生的为（　　）。

A. 包销　　B. 独家代理　　C. 总代理　　D. 一般代理

9. 寄售方式下，风险与费用划分点为（　　）。

A. 货物出运时　　B. 货物到达寄售地时

C. 货物在寄售地卖出时　　D. 货款交付时

10. 寄售货物未售出运回寄售人所需费用的承担者应为（　　）。

A. 代销人　　B. 寄售人

C. 代销人或寄售人　　D. 代销人和寄售人

二、简答题

1. 国际贸易中的代理有哪些种类？

2. 经销和代理的区别有哪些？

三、案例分析

1. 经销商选择不当造成损失

我方A公司与美国B公司签订一份独家经销协议，A公司把该公司经营的草制品（狗窝）在美国的独家经营权（购买权）授予B公司，期限为一年。一年来，由于B公司销售不力，致使A公司蒙受很大损失。

问题：

（1）A公司蒙受损失的原因；

（2）如何选择经销商。

2. 寄售协议不明确导致纠纷

A公司与国外B公司达成一项寄售某种工艺品的协议。协议规定，由B公司挑选A公司所经营的工艺品一批，拉出货单。A公司须在协议规定的期限内，将该批货物发运到约定的寄售地点，交给B，由B在当地参加各种展销会，代为销售，期限为一年。货物售出后，B扣除3%的费用和佣金，再将余款汇交给A，每3个月结算一次。后A公司按协议规定发运了货物，但B公司只在第一季度按时结算了货款，二、三季度均拖延付款，到第四季度中期仍有近50万美元的货款未付。后经A公司一再查问，得知因市场情况不好，出现大量库存，另外因当地各种费用开支增加，使B不堪重负。为此，B要求A予以补偿，但被A拒绝，双方之间发生争执。

问题：

（1）该案例对你有什么启示；

（2）寄售协议的基本内容有哪些？

第十三章　其他贸易方式

教学要求

能力目标

- 能够根据实际情况，灵活选用贸易方式
- 能够订立各种贸易方式的协议或条款

知识目标

- 掌握招投标的特点和方式，熟悉招投标的一般程序
- 了解拍卖的性质和特点，熟悉拍卖方式适用的贸易条件
- 了解期货交易的概念和特点，熟悉期货交易的功能和原理，理解其基本做法
- 了解加工装配业务的特点，掌握加工装配业务合同的基本内容

开篇案例

投标人未了解市场行情造成损失

某年，美国B公司公开招标，采购某种商品。我方A公司拟参与投标，于当年3月初购买了全套招标文件。文件规定：投标的截止日期为当年6月30日。A公司花费了一个多月的时间编制出投标文件，并于4月下旬寄给B指定的收件人，同时按招标文件的规定交纳了2 000美元的投标保证金。5月中旬，生产该种商品的原材料大幅涨价。A公司在投标时所报的价格明显偏低，如中标，A公司将会蒙受很大的损失。于是，A公司与B公司联系，要求修改标书，提高报价。但B公司以标书已送达为由，拒不接受A的要求。等到6月中旬，该原材料价格仍在上涨，A认为按原报价已不可能与B进行交易。6月下旬，A通知B撤销其投标文件。B公司遂按规定没收了A公司交纳的2 000美元的投标保证金。

启示：在招投标业务中，投标人的投标行为属于合同法中的要约，也就是实务中的发盘性质。招标人要求投标人在投标时交纳一定数量的保证金是为了防止投标人中标后反悔，拒签合同或单方面撤销其标书给招标人造成损失。对于在投标截止日期前已送达的标书，招标人是否有权提出修改或撤销的问题，不同国家和地区的法律、法规对此的规定存在差异。作为投标人在投标之前应了解这方面的规定。另外，本案中，投标人对于市场行情的变化趋势缺乏了解，以及投标文件寄送过早，都是导致其蒙受损失的原因。

当前，在国际贸易中流行着各种各样的贸易方式，有些贸易方式可以交叉进行。随着国

际贸易的发展，新的贸易方式还在不断地涌现。本章主要介绍招投标、拍卖、期货交易和加工装配贸易等几种贸易方式，虽然这些贸易方式与其他贸易方式相比并不普遍，但也非常值得了解。这些贸易方式在国际贸易中具有很大的灵活性，能够适应国际贸易中各种不同的需要。准备开展国际贸易的企业可以根据企业自身的状况、产品的特点、商品销售的意图等选择适合自己的贸易方式，开展灵活多样的贸易。

第一节　招标、投标与拍卖

一、招标与投标

招标与投标都是一种传统的贸易方式。一些政府机构、市政部门和公用事业单位经常用投标方式采购物资、设备、勘探开发资源或招包工程项目，有些国家也用招标方式进口大宗商品。世界银行贷款项目和国际间政府贷款项目，通常也在贷款协议中规定，运用这些贷款采购物资、设备，发包工程时，必须采用国际竞争性招标方式。

（一）招标与投标的基本概念

招标是指由招标人（买方）发出招标公告或者招标单，提出准备购买的商品的种类、数量、规格等要求以及其他买卖条件，邀请卖方在规定时间、地点进行投标，以选定合适的贸易伙伴的行为。

投标是投标人（卖方）应招标公告的邀请，根据招标人规定的要求和条件，按照自身能力，向招标人发盘争取中标以达成交易。

招标和投标是一种贸易方式的两个方面，通过竞买竞卖的方式，使招标方可以选择最有利的条件成交。由于招投标方式具有公平竞争的特点，因此在经济活动中的应用日益广泛，尤其在国际承包工程方面以及政府公共支出方面应用较多。

目前，国际上的竞争性招标方式包括公开招标和选择性招标两种方式。

公开招标是指招标人在国内外报刊杂志上发布招标通告，将招标的意图公布于众，邀请有关企业和组织参加投标。招标通告一般只简要地介绍招标机构、所采购物资的名称和数量、投标期限、索取招标文件的地点和方式等。这在法律上是一种要约的邀请行为。凡有意投标者均可按照招标通告的规定索取招标文件，详细考虑后办理各项投标手续。

选择性招标是指招标人不公开发布招标通告，只是根据以往的业务关系和情报资料，向少数客户发出招标通知。非公开招标多用于购买技术要求高的专业性设备或成套设备，应邀参加投标的企业通常是经验丰富，技术装备优良，在该行业中享有一定声誉的企业。

（二）招标与投标的程序

1. 招标

招标前准备工作包括三个方面：发布招标公告、资格预审、编制招标文件。

招标公告一般为介绍招标项目的主要内容，说明需要采购的商品或拟兴建项目的各种要求和条件以及投标须知等。按照国际惯例，选择性招标下，招标通知须发给指定投标人；公开招标需要在公开发行的报纸或期刊上刊登招标广告、招标通知，招标广告一般于招标前两日发出。

招标人需对要求投标的自然人、法人进行资格预审，主要确定其在各方面是否有投标能力。预审内容包括投标人的基本情况、财务状况、生产能力、市场信誉等方面。审查合格的投标人会收到招标人寄送的招标文件，又称标单，内容包括合同条款格式以及投标、开标日期等，唯独价格条件由投标人投标时才提出。并且，标单中还会有要求投标人交纳投标保证金或银行保函的条款，作为投标担保。

2. 投标

投标人在投标前需要做一定准备工作，如编制投标资格审查表、分析招标文件、寻找投标担保单位等。投标人需要按照招标文件的要求，量力而行地编制投标文件。投标文件为要约，在投标有效期内不得撤标，因此要慎重制订。另外，投标人还需要按招标人要求出具银行保函或备用信用证，在投标截止日期前投标人需要将投标书、保函或备用信用证以及其他必要文件递送招标人。

3. 开标与评标

开标是招标人在指定日期、时间和地点将收到的投标文件启封，并对投标书中的标价和提出的交易条件进行评估，并择优选择投标人作为合作伙伴。开标有公开开标和不公开开标两种方式。公开开标是国际招标的主要方式，一般由招标委员会召集，投标人均可参加，在开标会议上，当众拆开标书，宣读标价，并当众检查保证书是否符合规定。若与规定不符，可当场宣布标书作废，不公开招标是由招标人自行选中投标人，投标人不参与开标。

评标是招标人对投标书的贸易条件、技术条件及法律条件进行评审比较，选出最佳投标人作为中标人，主要确定投标人的履约能力。评标的原则是准确性、公开性和保密性，通过评标最终选定合适的中标人。

4. 签订合同

中标人需在规定时间与招标人签订具体的买卖合同或工程承包合同,并交付履约保证金。通常，在招标文件中已确定了合同条件以及合同协议书的格式，协议生效后，双方必须按照合同要求履行义务。

二、拍卖

拍卖是一种具有悠久历史的交易方式，在今天的国际贸易中仍被采用。通过拍卖成交的商品通常是品质难以标准化或难以久存或按传统习惯以拍卖出售的商品。另外，在某些不动产和无形资产的交易中也常常采用拍卖方式。

（一）拍卖的概念及特点

1. 拍卖的概念

国际贸易中的拍卖是由经营拍卖业务的拍卖行接受货主的委托，在规定的时间和场所，按照一定的章程和规则，以公开叫价的方法，把货物卖给出价最高的买主的一种贸易方式。

2. 拍卖的特点

国际货物的拍卖方式具有以下特点。

（1）拍卖是在一定的机构内有组织进行的。拍卖一般都是在拍卖中心，在拍卖机构的统一组织下进行。拍卖机构可以是由公司或协会组成的专业拍卖行，专门接受货主委托从事拍卖业务，也可以是大贸易公司内部设立的拍卖行，还可以是由货主临时组织的拍卖会。

（2）拍卖具有自己独特的法律和规章。拍卖不同于一般的进出口交易。这不仅体现在交易磋商的程序和方式上，也表现在合同的成立和履行等问题上。许多国家的买卖法中对拍卖业务有专门的非同一般的规定。除此之外，各个拍卖行又订立了自己的章程和规则，供拍卖时采用。这些都使得拍卖方式形成了自己的特色。

（3）拍卖是一种公开竞买的现货交易。拍卖采用事先看货，当场叫价，落槌成交的做法。拍卖开始前，买主可以查看货物，做到心中有数。拍卖开始后，买主当场出价公开竞买，由拍卖主持人代表货主选择交易对象。成交后，买主即可付款提货。

（二）拍卖的出价方法

拍卖的出价方法主要有以下 4 种。

1. 增价拍卖

增价拍卖也称英式拍卖，这是最常用的一种拍卖方式。拍卖时，由拍卖人提出一批货物，宣布预定的最低价格，然后由竞买者相继叫价，竞相加价，有时规定每次加价的金额幅度，直到拍卖人认为无人再出更高的价格时，则用击槌动作表示竞买结束，将这批商品卖给最后出价最高的人。如果竞买者的出价都低于拍卖人宣布的最低价格或称价格极限，卖方有权撤回商品，拒绝出售。

2. 减价拍卖

减价拍卖又称荷兰式拍卖，这种方式先由拍卖人喊出最高价格，然后逐渐减低叫价，直到有某一竞买者认为已经低到可以接受的价格，表示买进为止。这种减价拍卖，成交迅速，经常用于拍卖鲜活商品。以上两种出价方法都是在预定的时间和地点，按照先后批次，公开叫价，现场确定，当时成交。

3. 密封递价拍卖

密封递价拍卖又称招标式拍卖。采用这种方法时，先由拍卖人公布每批商品的具体情况和拍卖条件等，然后由各买方在规定时间内将自己的出价密封递交拍卖人，以供拍卖人进行审查比较，决定将该货物卖给哪一个竞买者。这种方法不是公开竞买，拍卖人有时要考虑除价格以外的其他因素。有些国家的政府或海关在处理库存或罚没物资时往往采用这种拍卖方式。

4. 网上拍卖

网上拍卖并不是一种全新的拍卖方式，而是以互联网作为媒介进行的拍卖活动。采用网上拍卖方式，竞买人不必亲临拍卖现场，只需在计算机前点击键盘，足不出户即可完成交易。网上拍卖首先要求竞买人按规定登记注册，并提供一定的保证金。具体操作形式也包括前面所提到的增价拍卖、减价拍卖和密封递价拍卖等方式。采用增价拍卖时，通常会预先设定拍卖截止时间，到时出价最高的人就成为买受人。

（三）拍卖的一般程序

拍卖业务进行的程序，一般可分为三个阶段。

1. 准备阶段

货主事先把商品运到拍卖人指定的仓库，由拍卖人进行挑选、整理、分类、分批编号，拍卖人还要印发拍卖目录，并刊登广告。参加拍卖的买主可以在规定的时间内到仓库查看货物，了解商品品质，拟定自己的出价标准，做好拍卖前的准备工作。

2. 正式拍卖

正式拍卖是在规定的时间和地点，按照拍卖目录规定的次序逐笔喊价成交。拍卖过程中，买主在正式拍卖的每一次叫价，都相当于一项发盘，当另一竞买者报出更高价格时，该发盘即行失效。拍卖主持人以击槌的方式代表卖主表示接受后，交易即告达成。

3. 成交与交货

拍卖成交后，买主即在成交确认书上签字，拍卖行分别向委托人和买主收取一定比例的佣金，佣金一般不超过成交价的 5%。买主通常以现汇支付货款，并在规定的期限内按仓库交货条件到指定仓库提货。由于拍卖前买主可事先看货，所以，事后的索赔现象较少。但如果货物确有瑕疵，或拍卖人、委托人不能保证其真伪的，必须事先声明，否则拍卖人要负担保责任。

第二节 期货交易

一、期货交易的概述

（一）期货交易的含义

期货交易是指在期货交易所内，按一定规章制度进行的期货合同的买卖。现代期货交易是在期货交易所内进行的。目前期货交易所已经遍布世界各地，期货交易的品种基本上都是属于供求量较大、价格波动频繁的初级产品，如谷物、棉花、食糖、咖啡、可可、油料、活牲畜、木材、有色金属、原油，以及贵金属如金、银等。随着金融创新的不断发展，金融期货交易成为发展最快、交易最活跃和影响最大的期货交易。

（二）期货交易的基本特征

1. 以标准合同交易为主

期货交易市场不是买卖实际货物的市场，而是买卖品质、规格、数量、包装、交货地点和方式、检验、支付、解决争议等条款及内容都已经标准化了的期货合同的市场。买卖双方只需协商确定价格和交货期两项条款，以及合同份数。据此，人们常把在商品期货交易所中进行的标准合同交易称为“买空卖空”。买进期货合同的一方称为“多头”，而卖出期货合同的一方则被称为“空头”。在进行期货合同交易时，买卖双方并不直接见面，而是通过经纪人来进行。当然，买卖双方在合同到期时也可要求交收实际商品来结清，但这种情况在期货合同交易中极为罕见。

2. 特殊的清算制度

从理论上讲，当期货合同所规定的交货期限届满时，必须收缴实际货物，但是在许多商品期货市场上都设立了清算制度或财力雄厚的清算所，负责处理在商品交易所内达成的所有交易的结算和合同的履行。在期货市场上，买卖双方达成交易后，均需立即在清算所进行登记，登记后买卖双方不再存在合同责任关系，而是分别与清算所建立合同关系，清算所分别成为期货合同的卖方和买方。期货市场上的清算办法主要有对冲和实物清算两种。所谓对冲是指当期限即将到达时，原来卖出货物的一方可以通过伺机买进同一时期交货的期货合同来抵冲卖出的货物，而本来买进货物的一方则可以选择恰当的时机卖出同一交货期的期货合同来抵冲买进的货物，通过对冲，使买卖双方只与价格发生关系，而不必牵涉到实际货物的买卖。所谓实物清算是指当期货经营者只买不卖“多头”或只卖不买“空头”，而规定的交割期到达时，处于空头地位的经营者根据规定向清算所交付提货仓单，收取约定的货款，再由清算所将收到的仓单交给处于多头地位的经营者并向其收取价款的做法。

3. 严格的履约保证金制度

为了防止因交易一方丧失偿付能力逃避合同义务，而使交易的另一方蒙受损失，确保期货交易合同的履行以及清算制度的正常运行，各个商品期货交易市场中的清算所都施行了严格的履约保证金制度，该制度一般包括原始押金交纳制度和亏损时补交押金制度。原始押金制度是指规定在每笔交易达成时，买卖双方均需向清算所交纳合同金额的一定百分比（一般为5%~10%）作为押金。而所谓亏损时向清算所补交押金制度，则是指清算所在每个交易日结束时，对每位会员进行盈亏测算，对所有会员的每笔交易进行名义上的结算然后将该名义结算价格与会员在当日收市前的最后一个成交价进行比较，一旦发现会员名义亏损已经超出规定的百分比，清算所便会立即向该会员发出补交一定金额押金的通知。会员在接到通知后，必须在次日期货交易所开市前按规定补交押金，否则清算所有权终止该会员的交易，并按结算价对其交易进行清算。

二、套期保值

根据买卖双方交易目的的不同，期货市场上的交易分为性质不同的两种交易形式，即投机交易形式和套期保值形式。本节主要介绍套期保值形式。

（一）套期保值的含义

套期保值又称为海琴，是期货市场交易者将期货交易与现货交易结合起来进行的一种市场行为。其定义可概括为交易者在运用期货交易临时替代正常商业活动中，转移一定数量商品所有权的现货交易的做法。其目的就是要通过期货交易转移现货交易的价格风险，并获得这两种交易相配合的最大利润。

套期保值的基本特征是在现货市场和期货市场对同一种类的商品同时进行数量相等但方向相反的买卖活动，即在买进或卖出实货的同时，在期货市场上卖出或买进同等数量的期货，经过一段时间，当价格变动使现货买卖上出现盈亏时，可由期货交易上的亏盈得到抵消或弥补。从而在“现”与“期”之间、近期和远期之间建立一种对冲机制，以使价格风险降低到最低限度。

（二）套期保值的做法

套期保值者在期货市场上的做法有下列两种。

1. 卖期保值

卖期保值是指套期保值者根据现货交易情况，先在期货市场上卖出期货合同（或称建立空头交易部位），然后再以多头进行平仓的做法。例如，生产厂商或加工商在采购原材料的同时，为了避免价格波动的风险，往往采取卖期保值的做法。

2. 买期保值

与卖期保值恰好相反，买期保值是指套期保值者根据现货交易情况，先在期货市场上买入期货合同（或称建立多头交易部位），然后再卖出期货合同进行平仓的做法。通常中间商在采购货源，为避免价格波动，固定价格成本时，经常采取买期保值的做法。

第三节　对 销 贸 易

一、对销贸易的含义

对销贸易是指在互惠的前提下，由两个或两个以上的贸易方达成协议，规定一方的进口产品可以部分或全部以相对的出口产品来支付。

对销贸易方式将进出口相结合，一方的出口必须以进口为条件，体现了互惠的特点，即双方相互提供出口机会；此外，对销贸易是以出口抵补或部分抵补进口为基本特征。一方从国外进口，不用或不完全用现汇支付，而是以向对方出口来抵补或部分抵补进口所需款项。这样做，有利于保持国际收支的平衡，对外汇储备较紧张的国家具有重要意义。

二、对销贸易的形式

对销贸易可以运用在各种交易中，其基本形式有易货贸易、互购、回购、抵销。

（一）易货贸易

易货贸易是在买卖双方之间进行的货物或劳务等值或基本等值的直接交换，不涉及现金的收付。通过易货贸易，交易双方可以在不增加外汇支出的情况下，以商品或劳务换回本国所需的各种物资，从而促进本国经济的发展和改善本国的贸易平衡状态。在采用易货贸易方式交易时，买卖双方当事人以一份易货合同，确定交易商品的价值和作为交换的商品或劳务的种类、规格、数量等内容。为了减少交易商品以及用于交换的商品和劳务的价格可能的波动所造成的影响，一般的易货贸易均为一次性交易，并且合同履约期较短。

（二）互购

1. 互购的含义

互购，顾名思义就是交易双方互相购买对方的产品。根据联合国欧洲经济委员会的解释，在互购交易中，“先出口方自己或由第三方在规定的期限内，从先进口方（或进口国的第三方）购买商定数量或价值的商品”。互购贸易涉及使用两个既独立而又相互联系的合同。在这种方式下，交易双方先签订一个合同，约定由先进口国（往往是发展中国家）用现汇购买对方的货物（如机器、设备等），并由先出口国（通常为发达国家）在此合同中承诺在一定时期内（例如 12 个月）买回头货；之后，双方还需签订一个合同，具体约定由先出口国用所得货款的一部分或全部从先进口国购买商定的回头货。在互购方式下，作为回头货的商品与进口的商品无关。

互购贸易的特点是交货期较短（一般为 1～5 年），两笔交易都用现汇支付，一般是通过信用证即期付款或付款交单来进行，有时也可采用远期信用证付款方式。它与传统的现汇交易的不同之处只是在于，先出口的一方在第一份合同中作出回购对方货物的承诺，从而把先后两笔不一定等值的现汇交易结合在一起。

2. 互购贸易与易货贸易的区别

（1）互购不是单纯的以货换货，而是现汇交易，并且不要求等值交换。

（2）互购通常涉及使用两个既独立而又相互联系的合同。双方可在第一份合同中将先出口方承诺回购的商品的品名、数量、价格、金额等具体订明。但这在实际业务中有时很难办到，因此在多数情况下，对此只能作一些原则性的规定，只规定回购的义务和金额，其他细节再按约定的时间另行商定具体合同。

（3）一笔互购交易有时要涉及两个以上的当事人。除非双方另有约定，按照目前国际上的做法，在征得对方同意的基础上，先出口方的回购义务和先进口方的供货义务可分别由其他第三方来完成。

（三）回购

回购这种做法多出现于技术或设备的交易。按照回购协议，先进口国购进技术或设备，同时由先出口国向先进口国承诺购买一定数量或金额的由该技术或设备直接制造或派生出来的产品，用以抵付所购技术、设备的价款。这是回购与互购贸易的主要区别。

在实际业务中，由于回购贸易涉及的金额较高，由设备进口国以赊购方式或利用信贷购进技术或设备，然后以向对方返销该技术或设备所生产出来的相关产品所得的款项，分期偿还进口设备的价款和利息，或偿还贷款及利息，这是回购贸易最常见、最基本的做法。

在当前国际贸易中，有时所交易的设备本身不生产物质产品，或其直接产品不为对方需要或不好销。在这种情况下，也可由双方协议，由设备进口方提供双方所能接受的其他产品偿付进口。这种做法比较复杂，双方当事人往往会在产品的选定问题上发生分歧而使交易延缓甚至无法达成。从设备进口方的角度看，为了不影响其正常的出口外汇收入，一般不愿用其传统出口商品作为抵补，而愿意提供一些他们拟扩大出口或争取出口的次要产品。但从设备供应方的角度来看，通常都希望取得在国际市场上畅销或他们需要的产品。这两方面的统一有时是很难做到的。在此需要指出的是，回购非常接近于我国当前采用的补偿贸易，但与回购相比，我国采用的补偿贸易内涵更广，做法更加灵活。

（四）抵销

抵销是指一方在进口诸如国防、航空或宇航、计算机、信息交流等设备时，以先期向另一方或出口方提供的某种商品和/或劳务、资金等抵销一定比例进口价款的做法，抵销的方式可以是为生产该设备而提供的零部件、投入的资金、所转让的技术以及技术培训、项目研究开发等。抵销贸易在发达国家之间，以及发达国家与发展中国家的军火交易或大型设备交易中常被采用。抵销贸易的常见方式如下。

1. 合作生产

合作生产即根据政府之间的协议，允许先进口国政府或生产商获取有关技术来生产全部或一部分设备出口国生产的军火等设备。在此方式下，先进口国购买的是标的设备的技术和设计，然后以返销在该设备中所使用的零部件抵付进口货款。先进口方可以进口，也可以不进口有关设备。

2. 许可生产

同合作生产方式类似，在此方式下，先进口国购买标的设备的技术和设计，设备出口方许可对方参与全部或某些特殊部分的生产，以所得款项抵付其进口货款。与合作生产不同之处在于，许可生产是在设备出口方的某一公司与先进口国政府或生产商之间进行的，而不是政府与政府之间的交易。意大利和英国经常采用这种抵销方式购买美国设计的直升飞机的生产许可。

3. 分包商生产

分包商生产即军火设备的零部件或某些组成部分在海外生产。分包商生产不一定涉及许可或技术信息。

4. 海外投资

如先进口国的工业基础薄弱，以返销商品来抵付进口设备价款的余地很小，在此情况下，设备出口方往往将出口设备的货款用于在当地进行投资。

5. 技术转让

抵销交易下的技术转让可采取的方式有：在海外进行研发、对海外投资的附属机构或合资公司提供技术支持等。

按照返销的商品种类，抵销贸易有直接抵销和间接抵销两种类型。

第四节　加工贸易与补偿贸易

随着科学的进步、生产力的发展、国际贸易的扩大和跨国公司的兴起，世界范围内正逐步实现各种生产要素的优化配置。国际贸易方式随之发生重大改变，由过去直接出口本国资源产品的方式，逐渐向大量进口中间产品和原材料，然后加工制造成品出口的加工贸易方式转变。

一、加工贸易

加工贸易是指国内企业从境外保税，即经海关批准并同时办理相关手续，准予暂时免交进口环节关税、增值税及相关许可证件，进口全部或部分原辅材料、零部件、元器件、配套件、包装物料等，经加工或装配后，将成品或半成品复出口的交易形式。该项业务主要包括来料加工和进料加工两种贸易方式。

（一）来料加工

1. 来料加工的含义及特点

来料加工是指由外商免费提供全部或部分原材料、辅料、零部件、元器件、配套件、包装料件等，由加工方按对方要求进行加工装配，成品交对方销售，加工方只收取工缴费的交易形式。来料加工贸易主要是为了吸收外资，同时利用国内劳动力资源等方面的优势。

来料加工业务与一般进出口贸易不同，具体来说，该项业务有以下几个特点。

（1）原材料、辅料、零部件、元器件、配套件、包装料件等均由外商提供，加工方企业无需对外付汇。

（2）进口料件、加工成品所有权属外方所有，加工方无权随意处置；由于加工方对成品的质量、款式等主要技术指标不能擅自修改，因此只能严格按照外商的设计和工艺要求，加工成品。

（3）原辅材料采购、成品销售由外商负责，无需加工方自行寻找客户；同时，加工方无需自备物料，自备资金。

（4）中、外双方属委托加工关系，原辅材料及成品的所有权始终属于外商所有，在业务过程中并没有发生所有权的转移，中方仅负责产品质量及交货期，其余经营风险由外商承担。

2. 来料加工的主要做法

近几年，我国来料加工贸易发展很快，从当前的实际情况分析，可细分为如下几种做法。

（1）外商提供加工装配所需的原材料、辅料、零部件、元器件，我国承接加工方利用现有的厂房、设备、水电、劳动力等，按外商的要求进行加工装配，成品交外商运出我国境外，由其自行销售，我方只收取工缴费。

（2）外商除提供加工装配所需的原材料、辅料、零部件、元器件外，还免费提供加工装配时所必需的全部或部分机器、设备，我方按外商的要求进行加工装配，成品交外商自行销售。待来料加工合同到期后，外商免费提供的全部或部分机器、设备或归还给外商，或按双方合同规定解决。

（3）外商提供加工装配的原材料、零部件、元器件外，还提供加工装配所必需的辅料或辅助零部件、辅助元器件，并按外商的要求加工装配，成品交客商运出我国境外，由其自行销售。我国加工装配工厂除收取工缴费外，所提供的辅助材料或零部件、元器件作价向外商收取。

（4）外商提供加工装配所需的原材料、辅料、零部件、元器件，作价提供加工装配必须的全部或部分机器、设备，我方按外商的要求进行加工装配，成品交外商自行销售。我方用赚取的工缴费分期分批偿还客商所提供的机器设备，在机器设备的价款偿还完毕后归我方所有。这是一种将来料加工和补偿贸易结合起来的做法，有利于提高加工效率和质量，在我国沿海乡镇企业用得比较普遍。

3. 来料加工合同的主要内容

（1）对来料来件和成品的规定。明确规定来料来件的质量、数量要求和到货时间。

（2）对耗料率和残次品率的规定。耗料率又称原材料消耗定额，是指每单位成品消耗原材料的数额。残次品率是指合格产品在全部成品中的比率。指标定得过高，则委托方成本增加，成品收入减少；定得过低，则承接方难以完成。因此，要合理规定。

（3）对工缴费结算的规定。工缴费结算办法有来料来件和成品均不作价与对来料来件和成品分别作价两种，二者之间的差额即为工缴费。

（4）对运输和保险的规定。来料加工涉及原料运进和成品运出两段运输，须明确规定由谁承担运输责任和费用。涉及的保险包括两段运输险以及货物加工期间存仓的财产险。

此外，来料加工合同还应订立工业产权的保证、不可抗力和仲裁等预防件条款。

（二）进料加工

1. 进料加工的含义及特点

进料加工是指加工方用外汇购买进口的原材料、辅料、零部件、元器件、配套件、包装物料等，经加工成品或半成品后再外销出口的交易形式。由于进口原料的目的是为了扶植出口，所以进料加工又可称为“以进养出”。

根据国家有关规定，经营进料加工应具备一定的条件，主要有：经营人必须是经主管部门或其授权主管部门批准的具有外贸出口经营权的进出口公司，其他单位和个人不得经营；用外汇购进的进口原料，零部件必须加工成成品复出口；进口的料件和加工的成品的所有权归经营人，经营人自负盈亏。

进料加工业务有以下几个特点：

（1）加工方自行从国际市场组织原辅材料，进口时需对外付汇；

（2）加工方需自行开拓国际市场，寻找客户，接洽订单；

（3）加工方对从原辅料进口直至成品销售的全过程独立承担商业风险。

2. 进料加工的具体做法

进料加工的具体做法，归纳起来，大致有以下三种。

（1）先签订出口合同，再根据国外买方的订货要求从国外购进原料，加工生产，然后交货。

（2）先签订进口原料的合同，加工出成品后再寻找市场和买主。

（3）对口合同方式。即与对方签订进口原料合同的同时签订出口成品的合同，原料的提供者也就是成品的购买者。但两个合同相互独立，分别结算。

（4）在养殖业方面，包括从国外引进农、牧、渔业的优良品种，经过国内企业种植或繁育出成品再出口，如养鳗鱼、淡水鱼，种植蔬菜等，这种做法，人们又称为“进料种养”。

3. 进料加工业务与来料加工业务的异同

进料加工与前面所讲到的来料加工有相似之处，即都是“两头在外”的加工贸易方式，但两者又有明显的不同。

（1）从经济效益方面来看，在来料加工中，由于加工方不参与原辅料采购及成品销售等环节，经营效益则相对较低；而在进料加工中，供需双方直接见面，无论是原辅材料采购，还是最终成品销售，加工方均有相当大的主动权，合同条件的磋商透明度较高，便于加工方谋求更大的经济利益。

（2）从风险方面来看，在来料加工中，加工方只是受托方，不需对外付汇，不用考虑原料的来源和成品销路，只收取工缴费，其相应承担的资金、市场等风险较低；而在进料加工中，加工方是赚取从原料到成品的附加价值，要自筹资金、自寻销路、自担风险、自负盈亏，故此须自行承担上述各类风险。

（3）从双方关系方面来看，在来料加工业务中，外商与承接来料加工的企业之间是委托与被委托关系，加工方只是获得一部分劳动报酬，至于所产生的成品附加价值有多大，无从得知；在进料加工业务中，加工企业完全是自主经营，与销售料件的外商和购买成品的外商之间均是买卖关系，加工方可以赚取原材料到成品的差价，因此创汇率较高。

（4）从所有权方面来看，在进料加工中，原料进口和成品出口是两笔不同的交易，均发生了所有权的转移，原料供应者和成品购买者之间也没有必然的联系；而来料加工在加工过程中均未发生所有权的转移，原料运进和成品运出属于同一笔交易，原料供应者即是成品接受者。

二、补偿贸易

（一）补偿贸易的含义

补偿贸易是商品贸易、技术贸易和信贷相结合的产物。它实际上是不用现汇而是在信贷的基础上买进国外机器、设备、原材料、生产技术和其他制成品或劳务，在项目建成投产后，用这些引进技术和设备生产出的产品或商定的其他商品或劳务去偿还贷款本息的一种特殊木息贸易方式。它是从 20 世纪 60 年代末 70 年代初开始，逐渐发展起来的一种新的贸易方式。

（二）补偿贸易与一般贸易的区别

从上述定义和特点可以看出，补偿贸易是一种特殊类型的贸易方式，它与一般进出口贸易不同，具体体现在以下几个方面。

（1）支付工具不同。补偿贸易一般是用商品来支付的；而一般贸易通常是以货币为支付工具的。

（2）银行信贷支持不同。补偿贸易通常离不开银行信贷，信贷构成这种贸易方式的重要组成部分；而一般贸易往往不用以信贷为条件。

（3）交易程序不同。补偿贸易的双方当事人，具有两重身份，既是卖方又是买方，有时甚至于供货或销售的义务还可让给第三方，交易程序比较复杂；而一般贸易，一方为买方，另一方为卖方，交易程序比较简便。

（三）补偿贸易的做法

在当前我国开展的补偿贸易中，按照用来偿付的标的的不同，其具体做法大体上可分为以下几类。

1. 直接产品补偿

直接产品补偿，又称产品回购或者返销，指双方在协议中约定，由设备供应方向设备进口方承诺购买一定数量或金额的由该设备直接生产出来的产品。这是补偿贸易最基本的做法。它一般适用于设备和技术贸易，在国际上有人称之为“工业补偿”。但是这种做法有一定的局限性，因此它通常要求生产出来的直接产品及其质量必须是对方所需要的，或者在国际市场上有销路，否则不易为对方所接受。

2. 间接产品补偿

间接产品补偿，又称产品换购或者互购，指首次进口的一方用于支付进口货款的商品，不是由进口物质直接生产出来的产品，而是双方商定的其他商品来偿还。由于这种贸易有时候并不直接与其他生产相联系，故在发达国家有人称之为“商业性”补偿贸易。它主要用于当引进的设备所生产的直接产品非对方所需或在国际市场上不好销时，可由双方根据需要和可能进行协商，用这种方式回购其他产品来代替。采用这种方式，补偿品比直接产品补偿的范围扩大，设备供应商可根据其实际需要作出多种选择，因而双方达成补偿贸易的机会增大。

3. 劳务补偿

劳务补偿，指交易双方根据协议，由设备提供方代设备引进方购进所需的技术、设备，货款由其垫付，而设备引进方按设备供应方的要求加工生产后，从应收的工缴费中分期扣还所欠款项。这种做法常见于同来料加工和来件装配相结合的中小型补偿贸易中。

4. 多边补偿

多边补偿，又称转手补偿，指由第三国替代首次进口的一方承担或提供补偿产品的义务。这种形式的补偿贸易形式比较复杂。

5. 综合补偿

在实践中，将上述做法有机结合起来使用，即进行综合补偿。这种做法是根据实际情况的需要，部分用直接产品或其他产品或劳务补偿，部分由现汇支付等。总之，补偿贸易的双方当事人可根据设备引进方对设备和技术的需求情况以及设备的先进程度，结合设备供应方的经营能力和商品市场的供求关系，灵活机动掌握。

（四）补偿贸易合同

补偿贸易合同是补偿贸易的当事人执行协议的依据，也是规定双方当事人之间权利和义务的重要法律文件。因此，不论采用哪种补偿形式，双方磋商达成协议后，一般都要签订补偿贸易的书面文件。目前，我国对外签订的补偿贸易合同以及国外使用的产品回购合同，均没有统一的固定格式，其具体内容可以根据交易双方意愿协商制定。但在其内容中，既要规定设备供应方提供设备和相关技术的条款，又要规定补偿品偿付的条款，因此较一般贸易合同要复杂。

一般来说，补偿贸易合同的内容应包括引进设备的名称、规格、型号、性能、技术规范、安装、培训、信贷条件以及产品回购的具体措施等。

1. 有关技术及技术协助方面的规定

一般应包括设备的名称、型号、规格、性能、参数，同时应明确设备的安装责任，对方应负责的技术协助（包括人员培训）的内容，以及质量保证及其期限等。如果涉及专利或专有技术，还应明确规定设备供应方的有关保证，以便减少纠纷。

2. 有关信贷的条件

这部分一般包括贷款金额、计价和结算货币、利率、偿还期限、偿还办法以及银行担保等内容。其中贷款的偿还期限是较重要的内容。贷款的偿还期限是指补偿贸易合同规定的支付进口设备贷款和利息应还清的期限，它一般由贸易规模、补偿做法、国际市场以及交易双方各自的条件来决定。

3. 有关回购义务的规定

前已述及构成补偿贸易的条件之一是设备供应方承诺回购产品或劳务的义务，因此在订立补偿贸易合同时，有关这方面的内容，需要在合同中具体、明确的规定。

（1）回购产品的名称、品种、规格。如双方约定用直接产品偿付，则在合同中就应将产品的品质和规格订明；如双方约定用其他产品偿付，则应将产品的名称、品种、规格以及质量标准等明确规定。

（2）回购的额度。在回购交易中，设备供应方对于设备进口方回购承诺比例的大小，直接关系到为设备进口方提供多大偿还能力。一般来说，回购的数量有下列规定方法：在一定时期内，设备供应方须向设备引进方购买一定数量的产品；在一定时期内，设备供应方须向设备引进方购买一定金额的产品；规定在一定时期内，设备供应方须向设备引进方购买一定数量的产品；在一定时期内，按进口设备和技术的总值的一定比例计算。

（3）回购产品的作价。对于单笔货物的补偿，一次付清且交货期限较短、金额较小的补偿贸易，可在合同中或确定产品品种时确定回购产品的价格；如回购产品是分期分批交货，持续时间长，可采取先确定一个双方均能接受的作价方法，以避免因国际商品市场情况发生变化所带来的价格风险。

（4）对回购产品销售地区的限制。回购的产品，多数情况都用于转售，除非有时自用外。但在这个问题上，双方经常存在着分歧。对于承诺回购义务的一方来说，通常希望尽量减少对回购货物转售的限制。而对于回购产品的供方来说，则通常希望能对产品销售的地区加以限制。按照国际贸易的习惯做法，如果回购产品的供方在合同中未对其产品的转售加以限制，则可推定对方可任意转售其回购的产品。因此，在补偿贸易合同中，对于回购产品具体销售地区的限制，交易双方一定要做出明确、具体的规定。

此外，在补偿贸易合同中还有一个相当重要的条款就是要求进口方提供担保。该条款由担保人向设备引进方保证：如果设备引进方不能以补偿贸易合同的标准偿还产品或以现汇方式偿付进口设备的本金和利息，则由担保人负担赔付，其赔付金额为设备价款加利息的总和。

技能训练

实训主题：补偿贸易合同条款。

实训地点：网络实验室。

实训目的：运用学过的知识及利用网络资源，签订补偿贸易合同。

背景材料

甲方：中国吉林省××制钉厂

乙方：加拿大多伦多××贸易有限公司

乙方提供年产能力约两万吨的AWN型电镀锌铁丝全套设备12种共25台，总金额为CIF中国大连2 420 000美元整。

甲方以乙方提供之设备、铁丝、模具、镀锌球等原料生产的镀锌铁丝的加工费分5年偿还乙方所提供的设备的货款，补偿期满后，甲乙双方采用来料加工方式继续合作。

乙方拟要求甲方加工镀锌铁丝。甲乙双方商定加工费在5年补偿期内平均不低于102美元/吨。乙方同意全部返销甲方用上述设备生产出的镀锌线材，包销期限为15年。付款条件为甲方通过中国银行长春分行向乙方开出以乙方为受益人的不可撤销的远期信用证，分期付款。

实训过程设计：

（1）学生熟悉背景材料，并上网收集补偿贸易合同范文；

（2）整理搜集资料，结合所学知识，拟定补偿贸易合同；

（3）将全班同学平均分成小组，按每组5～6人进行讨论，每组提交一份纸质的补偿贸易合同；

（4）上述案例属于补偿贸易的哪种方式，除了这种方式外，还有哪些方式。请结合案例说明。

本章小结

随着国际分工的日益深化，招投标在国际上的运用也日趋广泛。目前，国际上采用的招标方式有国际竞争性招标、谈判招标、两段招标等。招投标的一般程序基本上都包括招标前的准备、投标人递价、供货商或承包商的选择和合同的签订履行等4个阶段。

拍卖是最古老的财产所有权转让方式之一。拍卖的范围很广泛，凡是法律、法规允许出售的物品和财产权利都可以拍卖。在国际贸易中，按竞买人出价方式的不同，拍卖通常分为增价拍卖、减价拍卖、密封递价拍卖和网上拍卖。拍卖与招标有本质的区别，具体表现在拍卖方式可使卖方的效益最大化；而招标方式可使买方的效益最大化。拍卖的程序一般可分为拍卖前的准备、正式拍卖和成交与交货三个阶段。

加工贸易是现代国际贸易发展过程中出现的一种新型贸易方式。加工贸易的形式主要包括来料加工和进料加工两种贸易方式，进料加工与来料加工有相似之处，都是“两头在外”的加工贸易方式，但两者又有明显的不同。加工贸易是一项比较复杂的涉外经济活动，要使加工贸易业务取得较好的经济效益，要从多方面做好加工贸易业务的准备工作。经过业务洽谈，交易双方可以签订加工贸易合同或协议，作为进行加工贸易业务的依据。加工贸易在性质上不同于国际货物买卖，加工贸易合同在内容上与一般货物买卖合同有很多不同之处。

补偿贸易是从20世纪60年代末70年代初开始，逐渐发展起来的一种新的贸易方式。补偿贸易购入的是机器设备，出口的是产品，可以说是一种进出口相结合的特殊的信贷交易。在当前我国开展的补偿贸易中，其具体做法大体上可分为直接产品补偿、间接产品补偿、劳务补偿、多边补偿以及综合补偿等。补偿贸易合同的内容应包括引进设备的名称、规格、型号、性能、技术规范、安装、培训、信贷条件以及产品回购的具体措施等。由于开展补偿贸易是相对比较复杂的贸易方式，因此在进行运作时，不仅要慎重选择交易客户，对引进设备的质量和性能仔细验收，而且还要注意补偿品的及时交货和其在国际市场上的行情。

综合练习

一、单项选择题

1. 下列有关国际竞争性招标投标的说明中，正确的是（　　）。

A. 招标投标是一种竞卖方式，对买方比较有利

B. 招标投标是一种竞卖方式，对卖方更为有利

C. 招标投标是一种竞买方式，对买方比较有利

D. 招标投标是一种竞买方式，对卖方更为有利

2. 在国际招标投标业务的过程中，（　　）相当于交易磋商中的发盘性质。

A. 招标　　B. 投标　　C. 开标　　D. 评标

3. 减价拍卖在业务中又称作（　　）。

A. 英国式拍卖　　B. 荷兰式拍卖

C. 投标式拍卖　　D. 密封递价拍卖

4. 下列有关拍卖的描述中，（　　）是不正确的。

A. 拍卖最常见的方式是由低到高的增价拍卖方式

B. 蔬菜、花卉等鲜活商品多采用荷兰式拍卖方式

C. 货主对于要拍卖的商品可以提出保留价格

D. 拍卖主持人是作为竞买者的代理人主持拍卖

5. 下列各项中，（　　）并非商品期货交易的特点。

A. 以标准期货合同作为交易标的

B. 采用特殊的清算制度

C. 是一种公开的竞卖方式

D. 具有严格的保证金制度

6. 下列有关套期保值的解释中，正确的是（　　）。

A. 交易者在卖出现货的同时买入同等数量的期货合同

B. 交易者在卖出现货的同时买入同等金额的期货合同

C. 交易者在买入现货的同时卖出同等数量的期货合同

D. 交易者在买入现货的同时卖出同等金额的期货合同

7. 补偿贸易与易货和反购方式的主要区别在于（　　）。

A. 补偿贸易仅仅适用于机械设备的采购业务中

B. 补偿贸易是以信贷作为基础的

C. 补偿贸易以对开信用证方式进行结算

D. 开展补偿贸易时要分别签订两个合同

8. 以下关于补偿贸易的特征的描述中，(　　) 是错误的。

A. 补偿贸易是在信贷的基础上进行

B. 设备供应方承担回购产品或劳务的义务

C. 设备供应方就是直接的投资方

D. 补偿贸易的当事人之间是买卖关系

9. 对外加工装配业务从性质上讲是一种 (　　)。

A. 资本输出　　B. 商品出口　　C. 技术出口　　D. 劳务出口

10. 在下列贸易方式中，发生了原材料运进和成品运出，但并未发生所有权转移的是 (　　)。

A. 易货贸易　　B. 补偿贸易　　C. 进料加工　　D. 来料加工

二、多项选择题

1. 国际通行的招标方式包括 (　　)。

A. 国际竞争性招标　　B. 限制性招标　　C. 谈判招标　　D. 两段招标

2. 在招投标业务中，导致招标失败的情况包括 (　　)。

A. 最低的报价已超过招标人可接受的标准

B. 投标人所提出的条件均不符合要求

C. 个别人投标，缺乏竞争性

D. 投标人的报价悬殊太大

3. 国际贸易中，习惯上采用拍卖方式成交的商品主要有 (　　)。

A. 裘皮　　B. 茶叶　　C. 艺术品　　D. 电子产品

4. 下列有关国际货物拍卖方式的说法中，(　　) 是错误的。

A. 国际货物拍卖是一种公开的竞卖方式

B. 拍卖均由最低价喊起，最后的出价人便是买主

C. 主持人代表货主以击槌方式接受买主的递价

D. 国际货物拍卖均按照国际上统一的规则进行

5. 我们说期货交易具有特殊的清算制度，这是指 (　　)。

A. 所有的交易者都在统一时间到指定银行进行清算

B. 所有的期货合约由清算所进行统一交割、对冲和结算

C. 清算所对所有的买方是卖方，对所有的卖方又是买方

D. 期货交易双方分别同清算所建立起一定的法律关系

6. 下列对于投机交易中的多头的解释中，错误的是 (　　)。

A. 多头是指交易者预计期货行情看跌，先抛出期货合约的做法

B. 多头是指交易者预计期货行情看涨，先买进期货合约的做法

C. 多头是指交易者为了转移实货交易的风险，卖出期货合约的做法

D. 多头是指交易者为了转移实货交易的风险，买进期货合约的做法

7. 开展补偿贸易有利于 (　　)。

A. 设备的出口方利用外资

B. 设备的进口方利用外资

C. 设备的出口方发展技术贸易

D. 设备的进口方发展服务贸易

8. 下列有关加工贸易的论述中，不正确的是（　　）。

A. 加工贸易方式下，原料来自国外，成品又销往国外

B. 加工贸易方式下，双方当事人之间均不存在买卖关系

C. 开展加工贸易时，原料和成品的所有权均未发生转移

D. 开展加工贸易时，原料供应者和成品购买者没有必然联系

9. 在下列贸易做法中，属于对销贸易范畴的是（　　）。

A. 产品回购　　B. 互购或反购　　C. 招标与投标　　D. 进料加工

10. 来料加工与进料加工的相同之处在于（　　）。

A. 都属于“两头在外”的加工贸易的范畴

B. 我方都可获取由原料到成品的附加价值

C. 都有利于发挥我劳动力资源方面的优势

D. 原料和成品的出入境都发生了所有权的转移

三、案例分析

内地某医药保健品公司 A 与香港某公司 B 于 1988 年 3 月在深圳签订乳胶卫生检查手套的来料加工合同。合同规定 B 公司应在 1988 年 3 月至 1989 年 1 月分批向 A 公司提供 500 吨天然一级离心乳胶原料。A 公司应于 1988 年 5 月至 1989 年 3 月向 B 公司分批发运乳胶卫生检查手套 3 000 万只，工缴费为每千只 29 美元，总金额为 87 万美元。合同签订后，B 公司于 1988 年 2 月 4 日向 A 公司供料 175.89 吨。公司在收到原料后安排生产，由于 B 公司要求改变成品包装，经双方协商同意，A 公司推迟了成品供货时间。A 公司从 1988 年 7 月起至 11 月，先后向 B 公司提供 800 万只乳胶手套。此后，乳胶手套的国际市场价格暴跌，B 公司停止向 A 公司供料，并不再开证接受 A 公司的成品手套。对此双方当事人发生争议，经多次协商不能达成协议。A 公司向中国国际经济贸易仲裁委员会申请仲裁。

问题：此案例对你有什么启示？

参考文献

[1] 胡涵钧. 国际经贸实务[M]. 上海：复旦大学出版社，2002.

[2] 黎孝先. 国际贸易实务（第五版）[M]. 北京：对外经济贸易大学出版社，2011.

[3] 刘文广，张晓明. 国际贸易实务[M]. 北京：高等教育出版社，2006.

[4] 冷柏军. 国际贸易实务[M]. 北京：对外经济贸易大学出版社，2005.

[5] 陈晶莹、邓旭主编.《2000 年国际贸易术语解释通则》解释与应用[M]. 北京：对外经济贸易大学出版社，2000.

[6] 贾建华. 国际贸易理论与实务[M]. 北京：首都经济贸易大学出版社，2008.

[7] 李健. 新编进出口实务[M]. 北京：中国水利水电出版社，2005.

[8] 郎丽华. 国际贸易案例精选[M]. 北京：经济日报出版社，2005.

[9] 杨良宜著. 提单及其付运单证[M]. 北京：中国政法大学出版社，2001.

[10] 杨良宜、姚洪秀. 航次租船合同与租船实务[M]. 北京：中国政法大学出版社，1994.

[11] 梁宇贤. 票据法新论（修订新版）[M]. 北京：中国人民大学出版社

[12] 苏宗祥. 国际结算[M]. 北京：中国金融出版社，2004.

[13] 刘德标. 国际结算规则[M]. 北京：对外经济贸易大学出版社，2004.

[14] 周辉斌. 银行保函与备用信用证法律实务[M]. 北京：中信出版社，2003.

[15] 中国国际商会中国国家委员会组织翻译. 审核跟单信用证项下单据的国际标准银行实务（ISBP）[M]. 北京：中国民主法制出版社，2003.

[16] 中国国际商会中国国家委员会组织翻译. ICC 银行委员会意见汇编 1995-2001[M]. 北京：中国民主法制出版社，2003.

[17] 中国国际商会中国国家委员会主编. ICC CHINA 银行委员会意见汇编 1998-2003[M]. 北京：中国民主法制出版社，2003.

[18] 张彦欣. 国际贸易操作实务[M]. 北京：中国纺织出版社，20D5.

[19] 张卿. 国际贸易实务[M]. 北京：对外经济贸易大学出版社，2002.

[20] 郑书媛. 实用进口单证[M]. 北京：电子工业出版杜，2005.

[21] 幸理. 国际贸易实务[M]. 武汉：华中科技大学出版社，2006.

[22] 胡涵钧. 国际经贸实务[[M]. 上海；复旦大学出版社，2002

[23] 董俊英. 国际贸易单证[M]. 北京：经济科学出版社，2003.

[24] 万晓兰. 新编国际货物贸易实务与操作[M]. 北京：经济科学出版社，2004.

[25] 徐景霖. 国际贸易实务[M]. 大连：东北财经大学出版社，2002.

[26] 韩玉军. 国际贸易实务[M]. 北京：中国人民大学出版社，2007.

[27] 冷柏军. 国际贸易实务[M]. 高等教育出版社，2010.

[28] 易露霞，方玲玲. 国际贸易实务案例教程[M]. 清华大学出版社，2010.

[29] 郭建军. 国际货物贸易实务教程[M]. 科学出版社，2005.

[30] 叶德万，陈原. 国际贸易实务案例教程[M]. 华南理工大学出版社，2006.

[31] 胡丹婷. 国际贸易实务[M]. 北京：机械工业出版社，2007.